INVENTAIRE SOMMAIRE

DES

ARCHIVES HOSPITALIÈRES

ANTÉRIEURES A 1790

Rédigé par M. Alfred LEROUX, Archiviste

HAUTE-VIENNE

PREMIER FASCICULE

VILLE DE LIMOGES : SÉRIES A à D

(Le second fascicule comprendra la suite de l'inventaire des archives hospitalières de Limoges, celui des villes de Bellac, Dorat, Magnac-Laval et Saint-Yrieix et les tables analytiques. Les deux fascicules formeront un seul volume)

LIMOGES

IMPRIMERIE TYPOGRAPHIQUE D. GELY, IMPRIMEUR DE LA PRÉFECTURE

10, rue des Grandes-Pousses, 10

1884

COLLECTION

des

INVENTAIRES SOMMAIRES

des

ARCHIVES HOSPITALIÈRES ANTÉRIEURES A 1790

HAUTE-VIENNE

INVENTAIRE SOMMAIRE

DES

ARCHIVES HOSPITALIÈRES

ANTÉRIEURES A 1790

RÉDIGÉ PAR M. ALFRED LEROUX, ARCHIVISTE

HAUTE-VIENNE

VILLES DE LIMOGES, BELLAC, LE DORAT, MAGNAC-LAVAL
ET SAINT-YRIEIX

LIMOGES

IMPRIMERIE TYPOGRAPHIQUE D. GÉLY, IMPRIMEUR DE LA PRÉFECTURE
10, rue des Grandes-Pousses, 10

1884

LES INSTITUTIONS CHARITABLES

DANS

L'ANCIEN DIOCÈSE DE LIMOGES

ESQUISSE HISTORIQUE

I.

ÉTAT MATÉRIEL DES DÉPOTS HOSPITALIERS. — RENSEIGNEMENTS GÉNÉRAUX QU'ILS FOURNISSENT.

Des quarante-deux hôpitaux qui existaient sur le territoire actuel de la Haute-Vienne en 1790, dix seulement se retrouvèrent debout au commencement de notre siècle (1). Cinq d'entre eux ont conservé plus ou moins intactes leurs archives anciennes. Ce sont, par ordre d'importance des fonds : Limoges, Magnac-Laval, Saint-Yrieix, le Dorat et Bellac. Les hôpitaux d'Eymoutiers, Lussac-les-Églises, Rochechouart et Saint-Junien ne possèdent plus rien, et celui de Saint-Léonard n'est représenté que par quelques pièces des Archives départementales, qui seront inventoriées un jour dans le supplément de la série H de ces Archives. C'est aussi le cas pour l'hôpital d'Aixe, tombé dans les premières années de la Révolution.

Le fonds de l'hôpital de LIMOGES (avec ceux des hôpitaux et des confréries unis) comprend 1054 articles se décomposant ainsi qu'il suit : 199 registres, 557 cahiers, 2778 pièces parchemin, 7749 pièces papier, 301 sceaux, 10 rouleaux et 2 plans. — XIᵉ-XVIIIᵉ siècles.

Le fonds de l'hôpital de MAGNAC-LAVAL comprend 71 articles se décomposant ainsi qu'il suit : 2 registres, 171 cahiers, 182 pièces parchemin, 2994 pièces papier et 4 plans. — 1376-XVIIIᵉ siècle.

Le fonds de l'hôpital de SAINT-YRIEIX comprend 135 articles se décomposant ainsi qu'il suit : 7 registres, 132 cahiers, 23 pièces parchemin et 775 pièces papier. — 1587-XVIIIᵉ siècle.

Le fonds de l'hôpital du DORAT comprend 22 articles se décomposant ainsi qu'il suit : 3 registres, 8 cahiers, 14 pièces parchemin et 261 pièces papier. — 1491-XVIIIᵉ siècle.

Le fonds de l'hôpital de BELLAC comprend 17 articles se décomposant ainsi qu'il suit : 3 cahiers et 32 pièces papier. — 1631-XVIIIᵉ siècle.

(1) Voy. Rougier-Châtenet, *Statistique de la Haute-Vienne*, 1808, p. 235. — Nous ne pouvons nous occuper ici des dépôts hospitaliers de la Creuse et de la Corrèze, quoiqu'ils soient compris dans les limites de l'ancien diocèse de Limoges. Mais on trouvera au chapitre V de notre notice quelques renseignements essentiels pour l'histoire des hôpitaux de ces deux départements.

De ces cinq dépôts d'archives hospitalières celui de Limoges parut seul digne d'être mentionné dans *l'État des dépôts publics et particuliers d'actes et de titres de la Généralité de Limoges* rédigé en 1769 par les soins de M. de l'Épine, subdélégué. Son importance est en effet hors de pair, moins cependant par le nombre des documents qu'il renferme que par leur variété, leur intérêt historique et l'ancienneté de quelques-uns. En effet, près d'un septième des 1054 articles mentionnés tout à l'heure est formé par les archives provenant des anciens hôpitaux et confréries charitables de notre ville, unis en 1660 pour former l'hôpital général de Limoges. De là les divisions de notre inventaire en : 1° fonds de l'hôpital général proprement dit, séries A à H, documents postérieurs à 1660 (sauf dans la série B, comme nous l'expliquons plus loin) ; 2° fonds des hôpitaux et confréries unis, fonds I à VIII, documents antérieurs à 1660.

Toutefois il a fallu, pour nous conformer aux instructions ministérielles en cette matière, maintenir un classement antérieur qui remonte au XVIII° siècle, et faire entrer dans la série B du fonds de l'hôpital général proprement dit tous les titres de propriété et procédures y relatives des premiers hôpitaux et des confréries dont l'hôpital général fut l'héritier. Dans cette portion ainsi scindée de nos archives hospitalières, les actes des XI° et XII° siècles se rencontrent fréquemment et les textes en langue provençale y sont plus nombreux que dans aucun autre dépôt de la Haute-Vienne. A côté des contrats de donation, de vente ou d'échange qui abondent dans toutes les archives, on trouve dans ces anciens fonds des bulles de papes et des statuts de confréries laïques qui ont aux yeux de l'historien une valeur particulière.

En regard de ces précieux documents, le fonds de l'hôpital général proprement dit ne saurait mettre que ses lettres patentes de fondation, les pièces qui s'y rapportent et les registres de délibérations du Bureau. C'est bien peu.

Les nombreux terriers, lièves et répertoires inventoriés dans les séries B et D appartiennent au XVII° siècle et plus généralement au XVIII°. Ils prouvent que les vieux titres n'avaient pas cessé d'être consultés au point de vue des droits utiles qu'ils établissaient (1). Les noms de Duroux et de Nadaud (le jeune) qu'on trouve en tête de quelques-uns de ces répertoires nous autorisent même à dire que la valeur purement historique de ces milliers de chartes n'était point méconnue de tout le monde. Maint renseignement du *Pouillé* de Nadaud (l'aîné) provient aussi d'une étude approfondie de ces archives et corrobore encore notre assertion.

Rien de semblable ne se constate pour les archives de Magnac et de Saint-Yrieix : ces dernières furent pourtant l'objet de soins minutieux de la part du sieur Gondinet, syndic de l'hôpital, pendant la première moitié du dernier siècle, sans autre dessein du reste que de sauvegarder les droits de propriété de l'établissement. Quant aux dépôts du Dorat et de Bellac, nous sommes hors d'état de dire si l'on prit jamais à leur égard des mesures de conservation efficaces.

Depuis la Révolution les divers dépôts hospitaliers de la Haute-Vienne ont été abandonnés sans contrôle à la garde des commissions hospitalières. Si ceux de Limoges, de Magnac et de Saint-Yrieix n'ont pas souffert de cet abandon, les autres ont subi mille avanies qui finalement les ont fait disparaître en totalité ou bien les ont réduits à l'état de pauvreté où nous trouvons aujourd'hui ceux du Dorat et de Bellac. Il n'était que temps d'intervenir pour sauver quelques débris.

Un de nos prédécesseurs aux Archives de la Haute-Vienne, M. Maurice Ardant, visita vers 1856 le dépôt de l'hôpital général pour en séparer les documents étrangers qu'on y avait transportés jadis sans raison. Ce fut tout. Son successeur M. Achard est le premier qui se soit véritablement préoccupé de la situation des Archives hospitalières. Sous l'impulsion de la circulaire ministérielle du 10 juin 1854, il institua vers 1868-69 une enquête aux fins de connaître ce qui pouvait subsister de ces archives. Leur état actuel se trouva dès lors constaté en fait. M. Achard eût certainement obtenu qu'on prît en leur faveur quelques mesures de conservation si la funeste guerre de 1870-71 n'avait tourné d'un autre côté ses préoccupations et interrompu pour des années l'œuvre qu'il avait commencée.

Nous avons cru qu'il y avait urgence à rentrer dans la voie qu'il avait ouverte et, dès le mois de septembre 1879, nous entreprenions l'inventaire des archives hospitalières de Magnac-Laval. Celui de Bellac et du Dorat suivit

---

(1) Cf. sur ce point les *Registres de délibérations*, E. 1, fos 67 v°, 83, r°, 99 v°, 218 v° et 225 v° et E. 2, f° 249 v°. Il résulte de ce dernier passage qu'en septembre 1793 les archives de l'hôpital furent réunies par Tourniol, ancien archiviste du Collège, aux archives du district.

en septembre-octobre 1882, puis celui de Saint-Yrieix aux mois d'avril-mai 1883. Quant à l'inventaire bien autrement important des archives de l'hôpital de Limoges, commencé en juillet 1880 il n'a pu être achevé qu'au mois de septembre 1883, en raison des occupations plus pressantes que nous imposaient d'autres travaux (1).

On verra, en ce qui touche ce dernier dépôt, que nous ne nous sommes pas borné à donner au public l'inventaire détaillé et méthodique des richesses qu'il contient. Près de cinquante pièces ont été reproduites intégralement soit dans les *Documents historiques concernant la Marche et le Limousin* que nous avons publiés en collaboration avec MM. E. Molinier et Ant. Thomas (2 vol. in-8°), — soit dans les *Chartes et Chroniques pour servir à l'histoire de la Marche et du Limousin*, qui s'impriment actuellement. Nous les avons soigneusement indiquées en note, afin d'éviter à nos successeurs toute réédition inutile et faciliter en même temps aux non-Limousins la connaissance directe de ces documents. L'étude de la langue et de la diplomatique limousines pourra tirer profit de ces publications non moins que l'histoire des institutions.

Tels qu'ils sont et malgré les pertes subies, les dépôts d'archives que nous avons dénommés fournissent encore plus d'un secours pour l'étude de l'histoire provinciale. Outre les faits relatifs aux hôpitaux et confréries charitables, que nous résumons ci-après, on pourra recueillir dans notre inventaire et dans les pièces publiées une foule d'autres indications précieuses, par exemple :

Sur les confréries dont les noms suivent : *Confratria beati Marcialis de Fenestra* ; *Conf. candelarum pauperum hospitalis sancti Geraldi et lamperii sancte Crucis* ; *Conf. fidelium deffunctorum que fit annuatim in ecclesia predicta sancti Geraldi* ; Conf. de Saint-Antoine ; *Conf. tresdecim candelarum ardentium ante altare sancti Salvatoris in monasterio sancti Marcialis* ; *Conf. tortillorum qui deponuntur coram Domino Jhesu Christo* ; *Conf. tortillorum qui defferuntur ante corpus Christi in visitatione infirmorum ecclesie sancti Michaelis de Leonibus* ; *Conf. beate Marie de elemosina sancti Martialis Lemovicensis* ; Conf. de Saint-Martial de la Courtine ; *Conf. pannorum quibus pauperes induuntur in castro Lemovicensi* ; *Conf. tresdecim candelarum beate Marie de Arenis que nunc deservitur in parrochiali ecclesia beati Michaelis de Leonibus* ; Conf. des SS. Anges ; *Conf. cerei pistorum et lampadarii ex nunc ardentis ante altare sancte Crucis et sancti Austriclinirni monasterii sancti Martialis Lemovicensis* ; Conf. du Pavillon de Saint-Pierre-du Queyroix ; *Conf. fidelium deffunctorum beate Marie de Arenis* ; *Conf. beate Marie virginis que fit et tenetur in capella hospitalis sancti Martialis*, etc. ;

Sur les vicairies des Peytaux, de Malamas, de Sainte-Radegonde, des SS. Léobon et Gérald ;

Sur l'abbaye de Dalon (2), le prieuré des Touches et celui de Saint-Gérald de Limoges ;

Sur diverses communautés de femmes des deux derniers siècles : Sœurs de Saint-Alexis, Filles de la Sagesse, Sœurs de Sainte-Claire, Religieuses Dominicaines, Sœurs de la Providence, etc. ;

Sur neuf ou dix hôpitaux dont plusieurs n'ont plus d'archives : Luzignan, Chalais, Tulle, la Souterraine, Bourganeuf, Uzerche, Guéret, Saint-Léonard, Bordeaux, Paris, etc. ;

Sur plus de quarante paroisses disséminées dans l'ancien diocèse de Limoges ;

Sur la topographie des anciens quartiers de Limoges et des environs de la ville.

On trouvera également : des indications relatives aux évêques et aux vicomtes de Limoges du XIᵉ siècle, aux chevaliers limousins qui prirent la croix au XIIᵉ siècle, aux seigneurs de Tersannes et de Dompierre, à quelques familles dont les descendants existent encore ; — des noms d'orfèvres et d'argentiers : Philippot Légier dit Philippot d'Orléans, XVᵉ siècle ; Mathieu Veyrier, 1464 ; Jacques Veyrier et Guillaume de Solignac, 1489 ; Jean Tonucau, 1499 ; Peirot Bruneau, 1491 ; Jacques Junaillat, 1510 ; Jean Pelette, 1551 ; Martial Peyteau, 1559 ; etc. ; — des noms de sculpteurs : Pierre Deschamps, 1693 ; Bellet, 1745 ; Moriseau, 1748 ; etc. ; — des noms de peintres : Vinceudon, 1658 ; Martin, 1706 et 1745 ; etc. ; — des noms de médecins : Jacques Balestier, 1500 ; Léonard Rochette 1537 ; le sr. Couzel, avant 1561 ; Paris de Buat, 1571 ; Joseph Fayen, 1622 ; Jean Guérin, 1627 ; Mathieu Morel, 1678 ; etc. ; — des noms de pharmaciens, de chirurgiens, de notaires, de chanoines, de curés de paroisses et de chefs de monastères ; — des mentions de vêtures, d'abjurations, d'élections de bailes, de procès, etc.

L'histoire locale pourrait aussi s'enrichir de quelques traits nouveaux empruntés aux visites pastorales, aux

(1) Voy. nos Rapports annuels à M. le Préfet de la Haute-Vienne, 1879-1883, dans la collection des *Rapports des Chefs de service*.

(2) Cf. *Bull. Soc. arch. du Limousin*, XIV, 79.

petites écoles, particulièrement celles de Magnac, au long procès soutenu par l'hôpital de Limoges contre le duc de Bouillon touchant la vicomté de Turenne et la baronnie de Malemort (1), aux associations de charité, aux vieilles enseignes de Limoges et des petites villes de notre contrée, au singulier compromis en vertu duquel le tènement de Veyrinas-Chadenier appartenait alternativement à la paroisse de Nexon et à celle de Saint-Hilaire-las-Tours.

Les forléaux renseigneront sur le prix des grains, les registres de comptes sur le prix des bestiaux et de la main-d'œuvre, les contrats de vente sur le prix des terres.

Les inventaires de meubles et d'objets d'art, les correspondances privées ont une portée plus grande. Malheureusement ils appartiennent tous aux temps modernes.

II

LES CAUSES DE LA MISÈRE DANS LA MARCHE ET LE LIMOUSIN (2).

Quand, au XI⁰ siècle, le vicomte de Ventadour ou tel autre baron limousin surveillait du haut de son donjon la campagne environnante pour épier l'approche de l'ennemi, un désolant spectacle s'offrait parfois à ses regards. Pour peu que les gens de guerre fussent loin ou que la trève des armes fût respectée, les alentours de la demeure seigneuriale et de l'abbaye voisine étaient comme envahis par des troupes d'hommes, de femmes et d'enfants dont, à d'autres moments, on eût à peine soupçonné l'existence. A peine vêtus de sordides haillons, chétifs et faméliques, ces malheureux représentaient la population rurale du fief. Après eux, ou même confondus avec eux, le seigneur et les moines voyaient arriver chaque jour d'autres mendiants non moins misérables, non moins dignes de pitié que les premiers : lépreux errant de lieu en lieu, sans famille et sans gîte, pèlerins à la besace vide et aux pieds sanglants, soldats mutilés et impotents, criminels fugitifs pourchassés, tous les déshérités du monde, tous les opprimés de la société du temps, toutes les victimes de la violence féodale.

Et cela durait depuis des siècles sans qu'on eût encore rien tenté d'efficace dans notre contrée pour soulager de pareils maux, sans que les préceptes formels de charité et de justice que proclame l'Évangile eussent germé dans les cœurs en une floraison d'œuvres de miséricorde et de fraternité.

C'est qu'en effet, dans cette société de violents et de batailleurs qui avait pris possession du sol au V⁰ siècle, le bruit des armes étouffait toujours la voix de l'Église ; et ceux qui avaient mission pour parler de paix et de pitié

---

(1) Cf. B. 11 et E. 1 et 2.

(2) Quelques-uns des traits de ce chapitre paraîtront peut-être d'une portée trop générale. S'ils ne sont point particuliers au Limousin, ils appartiennent pourtant aussi à cette province et ressortent clairement de l'étude attentive des chroniques locales et des chartes de nos archives. Nous ne pouvions par conséquent les passer sous silence. Voy. Adhémar de Chabannes, Bernard Itier et les *Chroniques de St-Martial* dans leur ensemble, Geoffroi de Vigeois, Étienne Maleu, Gérard de Frachet, Bernard Gui, etc. Voy. aussi les nombreuses chartes analysées dans notre *Invent. des Arch. dép. de la Haute-Vienne*, série D, ou publiées dans nos *Documents historiques sur la Marche et le Limousin* et dans nos *Chartes et Chroniques pour servir à l'histoire du Limousin et de la Marche*. — Nous renverrons avec plus de précision à chacune de ces sources toutes les fois qu'il s'agira de faits précis et circonstanciés.

voyant partout le triomphe de la force, avaient fini par croire au droit des puissants et par faire trop souvent cause commune avec eux.

Au XIe siècle pourtant une lueur commence à poindre dans notre Limousin. Les terreurs de l'An mil sont passées, la trève de Dieu s'impose peu à peu (1), la société ecclésiastique s'organise définitivement par la fondation de nombreuses paroisses (2); des conciles se tiennent à Limoges, les monastères fondés depuis plusieurs siècles s'affermissent, d'autres naissent; le diocèse voit à sa tête quelques prélats éminents, comme Gérald du Cher, qui prennent en main la conduite de la chose publique. Il devient manifeste que la société secoue les plus vieux haillons de sa misère et aspire à l'ordre, à la paix et à la justice. Les abbayes disséminées dans la campagne, tout en continuant à donner l'aumône aux mendiants qui se présentent à leurs portes, semblent avoir fait plus encore : elles en recueillent quelques-uns, les malades au moins, les impotents, à qui elles ouvrent l'infirmerie de la communauté. Bientôt on tente davantage; à côté de l'infirmerie des moines, on ouvre celle des passants, des *hospites*, sous la surveillance de l'aumônier du monastère. C'est cette infirmerie qui, dans les centres un peu importants, à Limoges en particulier, deviendra bien souvent l'origine d'un véritable hôpital que les siècles suivants verront s'organiser et grandir peu à peu. Nous montrerons plus loin la progression croissante de ce mouvement charitable qui durait encore très visiblement au XIVe siècle. Pour juger de sa valeur, il nous faut au préalable rechercher quelle était l'étendue des maux à soulager.

L'indigence avec son cortège de maux physiques et de misères morales atteint aujourd'hui encore une foule de malheureux dans les couches inférieures de la population de notre contrée. A regarder les choses de haut, il semble cependant que son empire diminue insensiblement, sans toutefois qu'on soit en droit de croire que cet empire puisse cesser à bref délai. Le progrès que nous constatons est dû incontestablement à l'action d'agents nouveaux que l'ancien régime et, à plus forte raison, le moyen âge ont à peu près ignorés. Contre la maladie, la vieillesse, les accidents, la peste, la famine, l'incendie, notre société offre des remèdes qui, s'ils ne sont pas d'une efficacité absolue, protègent du moins contre la mendicité, ce premier et dernier recours des hommes du moyen âge. Mais ces remèdes, ces garanties, ne sont devenus possibles que du jour où le monde féodal et ses iniquités, les guerres privées et leurs violences, l'ancien régime et ses choquantes inégalités ont disparu de la face de notre pays. Le XIIIe siècle, le XVIIe siècle même, qui ont porté si haut quelques-unes des manifestations de l'activité humaine, étaient socialement et économiquement inférieurs au XIXe siècle et condamnés par conséquent à porter le poids de situations dont nous sommes aujourd'hui débarrassés.

Quand, par exemple, le vilain du fief de Châlus avait peiné toute l'année sur son champ de travail, et qu'il lui fallait, après la moisson, mettre à part la gerbe du seigneur, celle de l'abbé d'Altavaux et souvent encore celle d'un propriétaire foncier autre que le seigneur ou l'abbé (3), ce qui restait était bien souvent insuffisant pour nourrir et le vilain et sa famille. A la longue, il est vrai, il bénéficiait de ce fait que, sa redevance ayant été fixée à perpétuité à un taux invariable, elle devenait après quelques siècles trois, quatre et cinq fois moins lourde pour lui, dans la proportion où la valeur de l'argent diminuait. Et ainsi peut s'expliquer l'aisance relative à laquelle parvinrent au XIVe siècle, en Limousin, quelques familles de paysans qui avaient derrière elles trois ou quatre générations d'ancêtres économes et actifs. Mais tant de misères pesaient sur la terre que c'était miracle de voir le tenancier libre en triompher définitivement. Quand ce tenancier était assez riche pour posséder des serfs et se faire aider dans la culture de son tènement, il trouvait quelque fois dans le rendement du sol une ample compensation à ses peines ; mais d'ordinaire, le travail des serfs, paresseux ou infirmes, ne rapportait guère. D'ailleurs, en Limousin, la terre est ingrate, le sous-sol peu profond et la population toujours clairsemée dans le plat pays. Le clergé et la noblesse, maîtres de la terre dans sa presque totalité, ne réussissaient donc pas à la faire mettre en valeur. De là les procès perpétuels qu'engendra jusqu'à la Révolution le non-paiement des redevances (4). Les famines aussi étaient fré-

---

(1) Les *Chevaliers de St-Martial* mentionnés par la *Chronique* du monastère dès 1167 (p. 57. de l'édition Duplès-Agier) sont considérés comme les membres d'une confrérie de *Pacifères*, à l'instar de celle du Puy.

(2) Voy. en particulier le *Cartulaire d'Aureil*, D, 656 des Arch. dép. de la Haute-Vienne.

(3) Voy. notre inventaire du fonds d'Altavaux, série D. des Arch. dép. de la Haute-Vienne, *passim*.

(4) Nous en avons constaté près de 500 contre les seuls tenanciers du Collège des Jésuites de Limoges entre 1698 et 1762. Voy. notre inventaire de la série D.

quentes. Il suffit pour s'en convaincre d'énumérer celles qu'eût à subir notre province aux XIIe, XIIIe, XVIe et XVIIe siècles ; nous en comptons une trentaine, sans pourtant les connaître toutes. En voici le relevé sommaire : 1155, 1159, 1202, 1235, 1237, 1254, 1258, 1270, 1404, 1517, 1528, 1529, 1530, 1531, 1532, 1533, 1556, 1557, 1562, 1573, 1586, 1594, 1627, 1630, 1631 (1), 1672, 1676 (2), 1690, 1696 (3).

On remarquera que le XIVe siècle ne figure pas dans ce relevé et que le XVe siècle n'y est représenté que par une seule date. Il n'en faudrait pas conclure que la guerre de Cent ans, néfaste à tant de titres, ne porta aucun préjudice à la culture rurale dans notre province. Nous savons le contraire par nombre d'actes de cette époque où sont stipulées des réductions de rentes en faveur des tenanciers ruinés par les gens de guerre (4). La lacune de notre liste provient de ce que nous n'avons emprunté nos dates qu'aux chroniqueurs, lesquels sont fort rares en Limousin au XIVe et au XVe siècle.

A la fin du Xe siècle, un mal terrible qu'on appela la Peste des Ardents, avait exercé ses ravages sur notre province et enlevé au travail des champs nombre de bras. Les chroniques de St-Martial estiment, non sans exagération peut-être, à 40,000 le nombre de ceux qui périrent des atteintes de ce feu dévorant (5). Sous ce nom générique de peste on désigna, pendant tout le moyen âge et même plus tard encore, diverses épidémies d'origine et de nature différentes qui, aux yeux des populations, avaient ce caractère commun de frapper les vaillants comme les faibles et de résister à tous les moyens curatifs que connaissait la science de l'époque. C'est qu'en effet le seul remède efficace eût consisté à détruire la source même du fléau en détruisant les foyers de pestilence où il s'engendrait, ces cimetières qui entouraient les églises dans l'enceinte même de Limoges, ces agglomérations de maisons sans lumière et sans air, bordant les rues étroites où les immondices, les eaux croupissantes, les cadavres d'animaux accomplissaient en liberté leur œuvre délétère (6). Quoi d'étonnant dans de pareilles conditions si, cinq ou six fois par siècle, la terreur du fléau faisait fuir les populations. Antérieurement au XVIe siècle, nos chroniqueurs n'enregistrent guère le souvenir de ces épidémies, comme si elles étaient passées à l'état de fait ordinaire. Ils ne parlent même point de la terrible Peste noire de 1348 qui enleva à l'Europe un tiers de ses habitants. Les Registres consulaires sont muets également sur ce sujet jusqu'en 1531 ; cependant, dans les années qui suivent, ils notent fort exactement les faits de ce genre. Il en faut donc conclure que le premier quart du XVIe siècle fut réellement privilégié à cet égard. Mais quelle sombre énumération dans la suite ! Peste en 1531-32, en 1544, en 1547-48, où 6 à 7,000 personnes périssent ; en 1549, en 1563-64, où 1,000 maisons sont atteintes et 5 à 6,000 personnes périssent ; en 1584, en 1586 ; 610 maisons sont frappées à cette dernière date. Ce fut bien pire en 1630-31 ; au dire des chroniqueurs, 20,000 personnes (7), tant dans la ville que dans le reste de la province, auraient été victimes du fléau. Et ce n'était point seulement le chef-lieu de la province qui avait à souffrir de pareilles calamités. Ahun en 1191, Massignac en 1587 (8), d'autres localités encore eurent leurs pestes particulières qui ne se confondent pas avec les précédentes.

---

(1) Cf. *Chron. de St-Martial*, éd. Duplès-Agier, p. 55, 138, 192, 155, 158, 200 ; — *Chron.* de Pierre Foucher, publ. par M. E. Molinier, au tome II des *Documents historiques*….; — *Annales de 1638*, aux dates ; — *Reg. consul.*, t. I, II, III, aux dates ; — Hist. de Fr. XXI, p. 800, *De pretiis annonae.* — En septembre 1467, Louis XI avait autorisé l'établissement d'un péage sur toute charge de vin entrant à Limoges, en raison de la misère des habitants. Voy. le registre coté *Ac singularem* (p. XVI v°), fonds de l'évêché, aux Arch. dép. de la Haute-Vienne. A la suite de la famine de 1529, le lieutenant-général du gouverneur et sénéchal de Limoges délivra aux Limousins une attestation de pauvreté et misère. (Voy. cette pièce ap. Leymarie, *Lim. hist.* 115. Cf. la *Chronique* du chanoine Foucher). On comptait 500 pauvres aux obsèques de l'évêque Jean de Langeac en 1541, c.-à-d. à une époque où la population de Limoges s'élevait à 12 ou 15,000 âmes, tout au plus. (Cf. Foucher, *Chron.*):

(2) Pour les années 1672 et 1676, voy. Pierre Mesnagier, *Chron.* ms., p. 342. L'auteur estime à 17 ou 1,800 le nombre des pauvres nourris chaque jour à Limoges. Ce chiffre est confirmé par un *Procès-verbal d'apposition de scellés* cité par M. Laforest, *Limoges au XVIIe siècle*, 493.

(3) Pour les années 1690 et 1696, cf. la *Corresp. des contrôleurs génér.* I. *passim*, et le *Mémoire* de M. de Bernage *sur la Génér. de Limoges*, ch. des Tailles.

(4) Voy. notre *Inventaire* du fonds de l'hôpital général, B, 162, 177, 270, et celui des Arch. départementales, série D, *passim*.

(5) P. 43 et 149. Cf. la *Chron.* d'Adhémar de Chabannes. — Cette peste reparut plusieurs fois ou XIe et au XIIe siècle. Voy. en particulier Geoffroi de Vigeois, *Chron.* ch. 27.

(6) Voy. ap. *Reg. consul.*, I, 459, 474 et II, 4, divers traités passé par les consuls de Limoges au milieu du XVIe siècle pour l'enlèvement des immondices.

(7) L'exagération est évidente. Admettons, sans marchander, que le chiffre est trop fort de moitié.

(8) *Chron. de St-Martial*, p. 63, et *Invent. des Arch. dép. de la Haute-Vienne*, D. 357.

Au moyen âge, le travail industriel et agricole était rare en Limousin et ne retenait aux champs et dans les villes qu'une faible partie de la population. Le reste se faisait nomade pour vivre plus sûrement et quêtait de lieu en lieu ses moyens d'existence : colporteurs, rouliers, petits marchands, compagnons de métiers, allaient de ville en ville, de château en château, offrant leurs bras et leurs services. A côté de ces nomades réguliers il y en avait d'autres dont la besace, plus vide encore, s'il est possible, ne se remplissait que des dons reçus : moines itinérants, pèlerins de toute condition, mendiants de profession, besoigneux ou non, infirmes ou non, qui venaient demander au nom de la Vierge et des Saints les moyens de prolonger leur misérable vie. Il ne faudrait point juger ces derniers avec nos idées modernes et les déclarer indignes de toute pitié. Fainéants et vicieux ils l'étaient à coup sûr, au moins pour la plupart. Mais le travail ne leur eût-il inspiré aucune horreur qu'ils eussent été fort empêchés d'en trouver assez pour en tirer un salaire rémunérateur. Et puis, la mendicité tendait de plus en plus à devenir un droit. Le XIIIe siècle avait vu s'élever des ordres nouveaux qui, par réaction contre les ordres anciens devenus riches, n'avaient voulu compter sur d'autres moyens d'existence que la charité publique. Ces moines mendiants qui donnaient gratuitement le pain de l'âme pouvaient bien croire en effet qu'ils avaient quelque droit à recevoir non moins gratuitement le pain du corps. La charité publique en fut d'autant excitée; nombre d'hôtelleries charitables s'élevèrent dans les faubourgs (1), et l'aumône fut bientôt considérée comme la dette des riches. La justice sociale n'a guère connu au moyen âge d'autre forme que celle-là.

Et comme si le servage, la famine, la peste et le chômage ne suffisaient point à accabler la population de notre province, les guerres privées apportaient, comme ailleurs, leur contingent annuel de misères et de ruines : guerre de château à château, de village à village; guerres des consuls de Limoges contre leur suzerain, des chanoines de Saint-Yrieix contre les moines de Solignac, des bourgeois de Brive contre les vicomtes de Malemort et de Turenne, des habitants de Magnac contre ceux du Dorat, des seigneurs de Lastours contre ceux d'Autefort, des comtes de la Marche contre les barons de Lusignan et, brochant sur le tout, guerre des partisans du roi de France contre ceux du roi d'Angleterre à la fin du XIIe siècle d'abord, et de nouveau au XIIIe, au XIVe et au XVe siècle (2). C'est l'époque des routiers, le temps où Aymerigot Marcel à Ventadour, Peyrot le Béarnois à Chalusset semaient la terreur parmi les populations des villes et des campagnes par leurs déprédations et leurs excès. Vivant uniquement de pillage, habitués à verser le sang, à laisser libre cours aux passions les plus brutales de la bête humaine, ces routiers qui ne respectaient pas même les églises, respectaient encore moins la chaumière du paysan quand ils avaient espoir d'y trouver quelque chose à leur convenance. C'était le droit de la guerre, et comme ce droit avait été formulé par ceux-là mêmes qui en profitaient, c'eût été peine perdue de le contester.

Quand, après Louis XI, l'action du pouvoir royal se fut substituée partout à celle des seigneurs féodaux, un peu de paix s'introduisit dans le pays. L'ardeur guerrière des nobles et de leurs compagnons est détournée par Charles VIII et ses successeurs sur l'Italie et bientôt sur l'Empire. La sécurité des campagnes se trahit par ce fait que les châteaux seigneuriaux bâtis à cette époque sont plutôt des demeures de plaisance que des forteresses (3). Toutefois les guerres civiles n'ont pas encore pris fin totalement. La troisième des guerres de religion eut, pendant quelques semaines, le Limousin pour théâtre, et la bataille de la Roche-l'Abeille est restée célèbre dans nos annales. La Ligue, et les violences qui la signalèrent des deux côtés, fut le dernier acte du drame militaire de cette époque. Au siècle suivant, on constate bien encore çà et là des prises d'armes plus ou moins considérables entre les petits seigneurs de la contrée (4); mais elles ne font guère de bruit et les dévastations qui en résultent sont toujours étroitement localisées. Si, au temps de la Fronde, Turenne et Condé viennent exécuter en Limousin une des passes de leur long duel, c'est du moins la dernière manifestation des luttes civiles dans notre contrée.

Est-il nécessaire de dire que ces luttes avaient pour conséquence naturelle de troubler profondément la vie sociale et d'entraîner la ruine de nombre de gens aisés? Pour le prouver il suffirait de montrer certains services publics cessant de fonctionner, de rappeler en particulier qu'en 1650 le Collège de Limoges fut contraint de fermer ses portes aux 1000 écoliers qu'il instruisait alors, et de réduire le nombre de ses régents pour subvenir aux besoins

(1) Voy. le chapitre suivant.

(2) Voy. surtout les chroniques locales, *passim*, ap. Labbe, *Bibl. mss.* II, et ap. *Hist. de France*, XXI. Cf. Froissart pour le XIVe siècle.

(3) Par exemple le château de Lambertie et le manoir de Ballerand, arr. de Rochechouart.

(4) Particulièrement du côté de Châteauneuf-la-Forêt. Voy. *Invent. des Arch. dép.* D. 1129.

des autres. Il suffirait peut-être même de constater qu'à cette époque les confréries charitables de notre ville furent obligées de consacrer une partie de leurs faibles revenus au soulagement de personnes de condition réduites tout-à-coup à un dénuement absolu (1). Mais s'il y a progrès manifeste dans le fait de la disparition des guerres privées, il n'en est pas moins avéré que certaines traditions militaires du moyen âge se perpétuèrent jusqu'à la fin de l'ancien régime au profit des hommes d'armes, aux dépens des populations. Pour être au service du roi, les soudards des temps modernes n'en conservaient pas moins toutes les exigences, toutes les brutalités, toutes les mœurs de leurs ancêtres du XIVe siècle. La discipline militaire un peu plus forte, la résistance des opprimés un peu plus audacieuse, la répression des pouvoirs publics un peu plus énergique n'empêchaient point que le passage d'un régiment de dragons dans une ville de province, à plus forte raison dans de simples bourgs, ne fût pour la plupart des habitants le commencement de la misère. Nous possédons à cet égard les doléances des consuls de Limoges, les plaintes d'un bourgeois de Saint-Yrieix, le témoignage des chroniqueurs du temps et maintes procédures où les méfaits de ces brigands sont narrés tout au long : réquisitions ruineuses, pillage des maisons, incendie des granges, morts d'hommes, outrages aux femmes, c'étaient là jeux ordinaires pour ces défenseurs de la patrie (2). Qu'on juge par là des excès qui purent être commis quand, sur la fin du siècle, à la veille de la révocation de l'Édit de Nantes, ces mêmes dragons furent envoyés à Argentat et dans quelques autres centres protestants de la Généralité, avec licence de s'y comporter comme en pays ennemi !

Lorsque le fléau était passé, les moins malheureux parmi les victimes pouvaient relever leurs maisons et attendre, sans trop de peine, la récolte de l'année suivante. Les plus courageux et les plus valides se remettaient au travail pour regagner jour après jour le sac d'écus volé, la provision de grains dilapidée, le bétail emporté. Mais beaucoup, trop pauvres ou trop faibles, devaient se résigner à leur ruine et allaient grossir le nombre de ceux qui vivaient de la charité publique à la porte des hôpitaux et des couvents.

Est-ce tout et n'avons nous pas enfin énuméré toutes les plaies sociales du bon vieux temps ? Hélas non, et il nous faut encore constater une autre cause, et non la moindre, de la misère publique dans notre province. En plein règne de Louis XIV, alors que les violences de la Fronde devaient être oubliées, il y avait encore sur les confins de la Marche nombre de petits seigneurs qui faisaient peser sur les populations de leurs domaines le poids d'une intolérable cupidité. Colbert le rappelle lui-même en 1681 dans une lettre à l'Intendant de la Généralité de Limoges : « ….Je suis bien ayse de vous faire observer, Monsieur, que l'on a toujours accusé les gentilshommes et personnes de puissance de cette Généralité de faire un grand nombre de vexations sur les peuples, sous prétexte de péages, corvées, vinages, double tailles, augmentation des droits seigneuriaux du double et du triple et enfin par une infinité d'autres moyens qui sont à charge au peuple. » L'abus n'était pas nouveau ; les grands jours de Poitiers en 1634 avaient eu pour but d'y mettre fin (3). Peine perdue : l'abus reparut et Pierre Robert, lieutenant général au siège du Dorat, est obligé, quelques années plus tard, de consigner dans sa *Chronique* la déclaration suivante (4) : « Quant aux vauriens, bien que le nombre en soit assez grand partout, soit dans le Dorat et dans Bellac, néanmoins l'on peut dire avec vérité qu'il y en a plus grande quantité parmi le peuple de Bellac qu'ailleurs, *et principalement parmi les gens de qualité.* » Les violences de ces gens de qualité recommencent en 1662, si bien que l'intendant de la Généralité, Claude Pellot, s'en plaint au ministre (5). Quand Daguesseau, le père du chancelier, arriva dans notre province en 1665, « il trouva dans le Limousin des gentilshommes dont la naissance ne servoit qu'à rendre les attentats plus dangereux parce qu'ils étoient plus impunis et qui, par des faussaires qu'ils avoient à leur gages ou par les ministres et les instruments de leurs violences, exerçoient sur les peuples une espèce de tyrannie » (6). Colbert le constate encore en 1672

---

(1) Voy. dans l'*Invent. des Arch. hospit. de Limoges*, fonds de la conf. des Pauvres à vêtir, le registre E. 2.

(2) Voy. les *Reg. consul.* I. 387, 421, 428, 471, II. 135, 472, 473 ; — le *Journal* des Jarrige, et celui d'un sieur Gendinet, de Saint-Yrieix ; — l'*Invent. des Arch. dép. de la Haute-Vienne*, D, 479 et 761.

(3) Ces grands jours de Poitiers mériteraient d'être étudiés au point de vue limousin. Voy. le *Discours* de Pierre Robert qui assistait à ces assises (Coll. de Dom Fonteneau, XXX, 421), ses *Mémoires* (ibid. 415), les *Archives curieuses* de Cimber et Danjou, VI, et les *Mémoires* d'Omer Talon, I. 120, édit. de 1732.

(4) Coll. de Dom Fonteneau à la bibliothèque de Poitiers, XXX, 427 et ss.

(5) Voy. la *Corresp. administrative* publ. par Depping, II, 874.

(6) *Discours sur la vie de M. Daguesseau* par le chancelier Daguesseau, son fils, p. 31 de l'édition de 1720.

lorsqu'il écrivait à l'intendant de Bourges: «Il y a sur les confins de cette Généralité et de celle de Limoges et de Poitiers une bande de quelques gentilshommes notés et mal famés, qui vont avec attroupement et port d'armes de dix-huit ou vingt hommes. Les principaux sont Demoras sieur de Chamboran, Perajon, Sourolles, du Mont, Montrange et Clavières, tous du côté d'Argenton, du Limousin ou de la Marche. » Ainsi armés et en nombre, ils pressuraient leurs vassaux et en extorquaient tout ce qu'ils pouvaient. Colbert renouvelle contre eux à plusieurs reprises ses instructions à l'intendant de Limoges. Le procureur du Roi s'en mêle à son tour et quelques uns des coupables furent arrêtés et condamnés à mort. Mais la plupart paraissent avoir échappé au châtiment par la protection dont les couvraient, au dire de Colbert, quelques uns des juges de la province (1). Si l'on a pu relever, non sans fierté, que nos annales limousines ne conservent trace d'aucun soulèvement des classes pauvres contre les riches, même aux époques les plus désastreuses de l'histoire, il n'est que plus grave de constater à tant de reprises l'oppression du pauvre par le riche, du paysan par le noble.

Ces diverses sources de la misère publique que nous venons de distinguer, étaient heureusement intermittentes, et d'ailleurs elles n'entraînaient point pour tout le monde une même mesure de souffrances. Au sein du Tiers-état même, il y avait une grande inégalité de conditions sociales, d'où résultait l'inégale répartition des calamités publiques. Mais l'égalité se retrouv..it assez bien devant l'impôt, et sur ce point au moins les membres du troisième ordre, dans les couches moyennes et inférieures, pouvaient se reconnaître comme membres d'une même famille. La taille pesait sur tous, à quelques exceptions près, très lourdement, puisque le Tiers-état seul alimentait le trésor public, non point proportionnellement à ses ressources, mais dans la mesure des besoins du pouvoir central, d'autant plus grands souvent que la misère était plus générale.

Ce serait, à coup sûr, une étude instructive que de rechercher quelles charges pécuniaires pesaient sur la bourgeoisie et le peuple de notre contrée au moyen âge. On la tentera sans doute quelque jour. Pour la période de l'ancien régime, nous n'avons qu'à écouter les témoignages contemporains. Ils nous feront toucher du doigt les conséquences iniques qu'entraînait le privilège des deux premiers ordres. Les quelques millions que le clergé jetait plus ou moins régulièrement dans le trésor royal sous le nom de don gratuit, outre qu'ils étaient singulièrement disproportionnés à la fortune réelle des donateurs, n'eurent jamais pour effet de soulager véritablement les taillables du Tiers-état. On en jugera par les déclarations suivantes.

La première est empruntée au *Mémoire* de M. de Bernage, intendant de la Généralité de Limoges à la fin du XVII° siècle (2) :

« Les tailles montoient jusqu'à 2,100,000 ll. quelques années auparavant de la distraction de St-Jean-d'Angély (3); mais les peuples ont été si accablés par les impositions extraordinaires, jointes à la mortalité et aux disettes, qu'on a été obligé de faire des diminutions considérables. Il en fut accordé une de 300,000 ll. pour une seule année, sur les remontrances de M. de Bouville, et quelques autres depuis sur celles de M. de Bernage, montant à 50,000 écus ou environ, en plusieurs années.

« Outre ces diminutions, Sa Majesté ayant été informée de l'état déplorable de cette province, eut la bonté, nonobstant les besoins pressans de l'Estat, d'accorder de grandes sommes pour estre employées en aumônes. M. de Bouville en obtint pour plus de 20,000 ll., M. de Bernage pour 60,000 ll. en trois années, outre 3,000 quintaux de riz qui furent distribués en 1696 aux habitans du bas Limousin. Cet argent fut employé en achapt de grains dont partie fut donnée en pure aumône pour la subsistance des pauvres, partie fut vendue au plus bas prix pour apporter l'abondance dans les marchés et le reste fut donné pour ensemencer les terres. »

Le célèbre *Mémoire* composé par Turgot en 1766 renferme des déclarations analogues sur la surcharge d'impositions dont souffrait la Généralité de Limoges. Il suffit d'y renvoyer le lecteur.

Quant aux Cahiers de 1789, ils formulent les mêmes doléances avec plus de force que jamais. Nous en extrayons les articles suivants :

« Nous recommandons au zèle de nos députés d'obtenir que les États généraux fassent disparoître l'inégalité ma-

(1) *Lettres de Colbert*, publ. par Pierre Clément, IV, 143, 144 note, 74 et 513 ; Cf. VI, 404.

(2) Tome II de nos *Documents historiques*.

(3) C.-à-d. avant que l'Élection de St-Jean-d'Angely fût distraite de la Généralité de Limoges.

HAUTE-VIENNE. — ARCH. HOSPITALIÈRES. — INTRODUCTION.

nifestement injuste qui se trouve dans la répartition générale des impôts. Il est prouvé jusqu'à l'évidence que, dans notre Généralité, les subsides enlèvent à peu près la moitié du prix de la production des biens, tandis que dans les provinces qui nous avoisinent, ils n'excèdent guère le quart du produit territorial. Le rapport de nos impositions à celles de la Saintonge est de quatre à deux. MM. nos députés sont en état de le constater démonstrativement » (1).

« Le génie fiscal ayant épuisé ses ressources, forcé de dévoiler une longue suite de déprédations dans les finances, laisse à combler par la nation l'abyme qu'il a creusé. L'excès dans les subsides présente en même temps la nécessité de soulager le Tiers-état, qui depuis des siècles en supporte tout le poids.

« Ainsi, d'une part, des besoins, et de l'autre, la réclamation du Tiers commandent la réforme des abus multipliés, et la suppression de tous privilèges pécuniaires.

« Lorsque sans distinction les citoyens d'un même état supporteront proportionnellement toutes les charges, elles seront moins pesantes, leur extension sera moins à craindre, parce que tous auront intérêt de veiller à l'intérêt commun.

« Tant de raisons réunies décideront sans doute le clergé, la noblesse, à ne plus défendre des prétentions qui les ont jusqu'ici fait compter parmi le nombre des oppresseurs du Tiers-état. Que s'ils tenaient encore à ce système, si leur trop longue jouissance était pour eux un prétexte de chercher à la prolonger, tous pouvoirs de nos députés cesseront.

« Jusqu'à présent, ce n'est pas seulement l'impôt qui a pesé sur le Tiers-état de la province du Limousin ; la manière dispendieuse de le percevoir, l'injustice dans la répartition en ont doublé la charge; l'intrigue, la bassesse, la faveur y ont soustrait une foule de particuliers, et la classe indigente a payé pour les protégés.» (2).

Au XVIII° siècle, la misère un moment soulagée renaît donc plus grande dans notre province. Elle s'étend visiblement à mesure que l'on approche de la Révolution, sans que les généreuses réformes de Turgot aient pu autre chose que rendre moins affreuse qu'ailleurs les péripéties de cette *guerre du pain* qui marque le siècle d'un si sombre trait. On a prétendu expliquer cette misère par l'introduction de la grande industrie à Limoges, vers 1737. Cette explication ne suffit point, puisque le mal se constate dès avant la mort de Louis XIV. Où donc est la cause? Le servage n'existe plus guère, les régiments du Roi, au lieu de courir le pays d'étape en étape, deviennent sédentaires et l'on bâtit à Limoges des casernes pour leur logement. Les disettes sont plus rares, quoique celles de 1709, 1750 et 1770 aient laissé de tristes souvenirs (3) ; les épidémies ont presque disparu. Encore une fois, où donc est la cause du mal ? — Nous croyons qu'elle est commune à toutes les provinces du royaume et qu'elle résulte presque uniquement de la funeste guerre de la succession d'Espagne qui, en imposant au pays des charges immenses en un temps où Colbert et Louvois n'étaient plus là pour les rendre productifs, avait desséché les sources de la richesse nationale et paralysé à la fois l'agriculture, le commerce et l'industrie. Nous ne pensons pas que la misère des classes laborieuses fut alors plus profonde qu'elle avait jamais été ; le dénûment absolu d'une partie de la population agricole et industrielle se constate à tous les siècles. Mais, au commencement du XVIII° siècle, elle fut sûrement plus commune et s'étendit à un plus grand nombre de classes. Le 2 juin 1703, l'intendant de la Généralité écrivait au contrôleur général : « J'apprends qu'il y a déjà plusieurs familles de la campagne qui, n'espérant plus de récolte et n'ayant rien chez eux, commencent d'abandonner leurs maisons, et les collecteurs de plusieurs parroisses sont venus dire qu'ils allaient remettre leurs rôles et abandonner leur paroisse, leur étant impossible de lever un

----

(1) Cahier du Clergé des sénéchaussées de Limoges et St-Yrieix, § V.

(2) Cahier du Tiers-état des sénéchaussées de Limoges et Saint-Yrieix, §§ X et XVI. — Cf. Louis Duval, *Cahiers de la Marche*, ch. II.

(3) Sur la disette de 1756, voy. *l'Invent. des Arch. hospit. de Limoges*, II. 1. Sur celle de 1770-71 voy. *l'Invent. des Arch. dép. de la Haute-Vienne*, C. 3 et surtout les *Œuvres* de Turgot, II, *passim*. — Cf. le supplément à la *Gazette d'Utrecht* du 25 mai 1770. « On écrit de Tours qu'il y a eu une sédition à l'occasion de la cherté du pain....La calamité est encore plus grande dans le Limousin et dans la Marche : On y compte plus de quatre mille personnes mortes de faim ou de misère. M. Doublet de Persan, maître des requêtes, qui a des terres fort étendues dans la dernière province, y a fait passer des secours considérables....M. l'intendant de Limoges, pour remédier aux calamités dont sa province est affligée, a mis une espèce de taxe, mais portant volontaire, sur les gens aisés. Il paroît que la cour a désapprouvé cette conduite et lui en a fait des reproches. Sur quoi M. Turgot très piqué qu'un zèle, qu'il croyoit louable, lui eût attiré une semblable aventure, a envoyé sa démission. On assure que le ministre mieux instruit lui a rendu plus de justice et lui a écrit une lettre satisfaisante qui l'a engagé à retirer cette même démission »

sol » (1). On peut voir dans les registres de comptes de l'hôpital de Saint-Yrieix (2) quelle étrange variété de professions et de conditions se rencontre à cette époque parmi les mendiants de la porte qui ne font que passer, et parmi ceux de la ville qu'on secourt à domicile d'une façon permanente. Le noble y coudoie le paysan de son ancien domaine ; le curé de campagne fait concurrence à ses paroissiens ; l'officier de fortune, que ses blessures ont forcé de quitter le service, se rencontre avec d'obscurs matelots échappés aux galères d'Alger ; le catholique irlandais avec le calviniste sous le coup des édits du Roi ; le cultivateur ruiné par l'hiver de 1709 avec le marchand ruiné par des débiteurs insolvables. C'est une lamentable procession qui dure un demi siècle, sans qu'on sache tenter rien d'efficace pour la disperser. Aussi, dès 1730, rencontrait-on dans les campagnes des troupes de mendiants vagabonds dont les déprédations semant partout l'effroi apportaient aux habitants des châteaux comme le pressentiment des revendications qui allaient clore le siècle. Le magistrat ne voulut voir dans ces malheureux que des fainéants crimininels, et on les pourchassa comme tels. Cette mesure stérile supprimait momentanément les dangers de la situation sans modifier la situation elle même. C'est par de tels expédients que l'ancien régime s'acheminait tout doucement à sa perte (3).

On a quelquefois taxé d'exagération le sombre portrait que Labruyère nous trace des paysans contemporains du grand roi. Nous sommes persuadé, quant à nous, qu'il est d'une rigoureuse fidélité pour le Limousin, et nous fondons notre conviction sur l'ensemble des faits que nous venons d'énumérer. Quant à la population laborieuse des villes et spécialement de Limoges, sa condition ne vaut guère mieux, et son indigence se constate visiblement par la progression ascendante du nombre des enfants exposés à l'hôpital à partir de 1724 (4).

Voilà ce que valait sous certains côtés, et à prendre les choses en gros, l'ordre social que la Révolution a détruit. Toutefois il serait injuste de méconnaître que ses imperfections, si grandes qu'elles nous paraissent, étaient moralement atténuées par le fait qu'on les considérait comme inhérentes à toute société et conséquemment sans remède. Or l'homme accepte d'ordinaire ce qu'il croit ne pouvoir éviter. Et puis, l'Église enseignant les promesses de la vie à venir, les plus déshérités trouvaient encore en eux assez de foi pour se résigner au présent et attendre sans trop de murmures les compensations suprêmes. Il faut tenir compte de ces conceptions morales et religieuses du temps pour comprendre la longue patience de nos ancêtres du Tiers-état et leur courageuse soumission à l'ordre établi.

III.

HOPITAUX, LÉPROSERIES, HOSPICES, CONFRÉRIES CHARITABLES ET AUMONES PARTICULIÈRES

A LIMOGES, PENDANT LE MOYEN-AGE.

Nous venons de constater les besoins : voyons maintenant les secours.

L'histoire générale des institutions hospitalières dans l'ancienne France se divise en trois grandes périodes :

1º La période du haut moyen âge, depuis l'époque où le clergé possédant des revenus fixes en consacre le quart au soulagement des indigents, sous des formes multiples. Cette période, qu'on peut étendre jusqu'au commencement du XIº siècle, n'est marquée en France que par un très petit nombre de fondations hospitalières, la charité ne

(1) *Correspond. des control. génér.*, II. nº 821. Cf. les nos 146, 206, 555, 986 et 1171.

(2) Série E de *l'Inventaire* de ces archives, *passim*.

(3) Voy. *l'Invent. des arch. hospit. de Limoges*, H, 3 et E. 1, f. 89.— Cf. diverses ordonnances des lieutenants généraux et de police de Limoges contre les mendiants, 1662, 1679, 1703, 1736, 1739, 1756, *ibid.* G. 1, et ap. *Invent. des Arch. dép. de la Haute-Vienne*, C. 360.

(4) Voy. plus loin au chap. IV, vers la fin.

s'exerçant guère que par des distributions manuelles de pain, de vêtements et d'argent. C'est surtout le cas en Limousin.

2° La période du moyen âge féodal. Elle commence d'une manière générale avec ce renouvellement de l'esprit religieux qui suit les terreurs de l'An mil. On bâtit des églises, on bâtit aussi des hôpitaux. Toutefois, dans le diocèse de Limoges, ce mouvement ne commence que fort tard, vers le milieu du XIIᵉ siècle seulement. Le caractère de cette période se définit par opposition avec la période suivante : il est foncièrement ecclésiastique, à la différence de ce que nous constaterons à partir du XVIᵉ siècle. La direction des maisons hospitalières est partout aux mains du clergé séculier ou régulier. C'est par exception qu'on rencontre quelquefois des hospices (nous ne disons pas des hôpitaux) dirigés et administrés par des laïques.

3° La période de l'ancien régime pendant laquelle les institutions hospitalières se laïcisent. Le concile de Vienne en 1311 avait émis le vœu que les séculiers fussent partout chargés de l'administration du revenu des pauvres. Ce vœu resta pendant deux siècles lettre morte ou à peu près. Mais, repris par François I et le concile de Trente, il fut appliqué avec persévérance par Henri II et Charles IX. Sous l'action de ces diverses circonstances, Limoges se mêla au mouvement général beaucoup plus vite que précédemment. La première phase de cette troisième période était à peine terminée qu'il entrait non moins résolument dans la seconde en réclamant, dès 1657, la fondation d'un hôpital général, c'est-à-dire la réunion en un seul établissement de tous les hôpitaux particuliers et de toutes les confréries charitables disséminés dans la ville. Cette concentration de toutes les forces secourables dura sans modification jusqu'à la Révolution.

Dans le reste du diocèse, le développement historique du régime hospitalier est le même qu'à Limoges et passe par semblables périodes. Seulement, comme la marche est plus lente, l'évolution est à peine accomplie quand s'ouvre, avec l'année 1792, la quatrième période de l'histoire qui nous occupe.

Une tradition enregistrée au VIᵉ siècle (1) attribue à un duc Étienne, contemporain de saint Martial, la fondation du premier hôpital de Limoges. Le duc, qui avait abandonné ses richesses au Saint pour construire des églises, aurait aussi, à la suggestion de ce dernier, ouvert un asile suffisamment doté pour nourrir trois cents pauvres par jour, en l'honneur du Christ, de la Vierge et de Ste Valérie. Il aurait même plus tard fondé un second hôpital placé sous le vocable de saint Martial et non moins généreusement doté que le premier, en faveur de six cents pauvres (2). Ce duc Étienne, ses grandes richesses, les six cents pauvres nourris chaque jour, tout cela a un faux air de légende et trahit visiblement son origine. Ce qu'il peut y avoir de vrai au fond de ce récit se borne sans doute à ceci, que quelque riche patricien du IIIᵉ siècle, devenu chrétien, aida saint Martial à soulager les misères qui l'entouraient. Il y aurait, croyons-nous, imprudence à prétendre préciser davantage les faits.

En tout cas, ces deux hôpitaux, s'ils ont réellement existé, ne semblent pas avoir traversé la grande « tribulation normande » du IXᵉ siècle. L'hôpital St-Martial dont nous allons parler, a une origine beaucoup plus récente, et qui nous est clairement connue.

Le monastère St-Martial, autour duquel devait s'élever peu à peu la ville des consuls en opposition ou au moins en rivalité avec la cité de l'évêque, remonte au IXᵉ siècle. Comme tous les grands monastères bénédictins fondés à cette époque, il possédait une infirmerie où l'on soignait les moines atteints de quelque mal. Qu'on y ait admis à l'occasion et dans certaines circonstances, des malades du dehors, clercs ou laïques, le fait est possible, sans toutefois qu'on puisse l'affirmer (3). Il semble en effet que la charité monacale, en ce temps là, consistât moins à soulager les malheureux atteints de maladie qu'à les empêcher de mourir de faim en leur faisant l'aumône du pain. C'était l'office ordinaire de l'aumônier du monastère, et nous voyons qu'au temps de l'abbé Isembert (fin du XIIᵉ siècle) on secourait ainsi 200 pauvres à la fois. En certaines occasions, à la distribution du pain on ajoutait une ration de vin et des vêtements, mais c'était par exception. L'infirmerie des moines avait été magnifiquement restaurée vers 1179 par l'abbé que

---

(1) Voy. la *Vie de St-Martial* par le Pseudo-Aurélien, publ. par Walter de Gray-Birch. — C'est cette tradition que l'on retrouve au XVIᵉ siècle dans nos *Reg. consul.* I. 252, « extraicte d'ung vieulx livre en parchemyn du monastère Sainct-Martial. »

(2) *Vie de St-Martial*, mss. des Xᵉ et XIᵉ siècles. Bibl. nat. fds. lat. 10864, 11749, 11884, 15437.

(3) Voy. pourtant l'art. 1 du *Second cartul. de l'aumônerie de St-Martial*, publ. au tome II de nos *Documents historiques*.

nous venons de nommer et agrandie plus tard par un des sacristes de St-Martial (1). A cette époque, sa destination spéciale et restreinte est d'autant moins douteuse que l'hôpital des pauvres existait depuis quelques années dans une aile séparée des bâtiments. Il avait été commencé en 1153 ou 1154 par l'abbé Albert (2), achevé sans doute quelques années plus tard et entouré de murs par l'abbé Pierre, antérieurement à l'année 1174.

Cet hôpital ayant été consumé par un incendie en l'année 1211, fut aussitôt relevé grâce à la générosité d'une noble femme appelée Luce de St-Hilaire (3). Les frais de reconstruction montèrent à 5,000 sols qui vaudraient peut être, aujourd'hui, 25 ou 30,000 francs. Les aumôniers du monastère étaient les directeurs de cet hôpital sous le contrôle de l'abbé. Les noms des premiers nous ont été conservés : W. de Manauc, Jaufre, Lacelle, Ramnol d'Afriac et W. Chauchegrue, antérieurement à 1212 (4). Ils sont distincts des infirmiers que l'on rencontre à la même époque. Les deux établissements ne peuvent donc être confondus.

Les chroniques de St-Martial ne nous apprennent rien de plus sur l'hôpital du monastère, et notre curiosité doit se tenir pour satisfaite des rares détails que nous venons de recueillir. Que de choses pourtant nous voudrions connaître, dont il ne nous est rien dit ! Quels étaient les revenus de cet établissement et quel était le nombre de ses malades ? Sous quel régime vivaient-ils ? Quel fut le développement donné à la première organisation ? Et mille autres questions auxquelles les chroniques ne répondent jamais.

L'hôpital St-Martial était à peine terminé que l'évêque de Limoges projetait d'en élever un autre. Gérald du Cher, dont l'épiscopat fut marqué par un grand nombre d'œuvres de ce genre, réussit avec l'appui du vicomte de Limoges, semble-t-il, à fonder un second hôpital hors des murs de la ville. Cet hôpital fut placé sous le vocable de saint Gérald, patron d'une petite église voisine, laquelle allait en outre donner son nom à un prieuré de moines qui fut adjoint à l'hôpital et chargé de sa direction (5). Cette double fondation est de l'année 1158 (6). Si la chronique que nous avons suivie est exacte, l'infirmerie des moines n'aurait point été à St-Gérald le point de départ de l'hôpital, comme nous l'avons vu à St-Martial. Il faut bien remarquer en outre la différence d'origine qui existe entre nos deux hôpitaux, l'un fondé par les moines de St-Martial dans l'enceinte du château, sous l'œil des consuls ; l'autre par l'évêque de Limoges, entre les deux villes, sous la garde des vicomtes. Certains événements ultérieurs ne s'expliquent bien qu'en raison de cette double origine.

L'hôpital St-Gérald suivit la destinée du prieuré. En 1182, pendant les guerres de Henri II d'Angleterre contre ses fils, il eut à souffrir des sorties que les bourgeois de Limoges firent plusieurs fois de ce côté (7). Le droit d'asile dont il jouissait (8) ne semble pas l'avoir mis à l'abri de toute ruine, puisqu'on dût le reconstruire de fond en comble vers 1222 (9).

L'élément laïque paraît avoir eu son rôle dans cet hôpital. Les frères donats, *fratres donati*, qu'on voit prodiguer leurs soins aux malades de l'établissement, n'étaient point, à coup sûr, des religieux du prieuré : ils agissaient sous les ordres et le contrôle de ceux-ci, mais ne participaient certainement pas à tous leurs exercices religieux.

L'hôpital St-Gérald obtint de bonne heure des bulles de privilège qui purent, à certains égards, le mettre hors de pair avec son rival l'hôpital St-Martial (10). Le vicomte Gui en 1239, Édouard II en 1246, lui accordèrent à leur tour

---

(1) Pour tous ces faits voy. les *Chron. de St-Martial.* 14 et 113. — Les mêmes chroniques nous apprennent (p. 14) que quelques années plus tôt, un autre abbé, Pierre V, *edificavit a fundamento claustra infirmorum que nulla ibi erant.*

(2) *Chron. de St-Martial,* 55.

(3) *Ibid.,* 80 et 257.

(4) *Ibid.,* passim.

(5) Voy. ap. *Invent. des Arch. hospit. de Limoges,* fonds II, B. 5. un acte de 1313 où il est dit que le prieur de l'hôpital n'est que le recteur et l'économe du bien des pauvres.

(6) Voy. Bernard Gui, *Chron.* ap. *Hist. de France ;* — *Chron. de St-Martial,* 150. D'après cette dernière source (p. 60), le monastère de Saint-Gérald n'aurait été consacré qu'en 1180 ; — *Invent. des Arch. hospit. de Limoges,* B. 538.

(7) *Chron. de St-Martial,* p. 61 ; — *Annales de* 1638, p. 154.

(8) Voy. la bulle de 1217 que nous citons plus loin.

(9) *Hospitali novo,* lit-on dans un bref de 1223, ap. *Documents historiques....* 1, 269.

(10) Voy. les bulles de 1164, 1184 et 1217. publiées dans nos *Documents historiques.* 1.

des lettres de protection qui purent le préserver de bien des malheurs (1). En tout cas, il vit ses revenus croître et son importance augmenter par l'union qui lui fut faite, vers 1229, d'une aumônerie fondée quelques années plus tôt au faubourg du Pont St-Martial par un certain Aymeric Lagorce. L'évêque avait revendiqué ses droits de juridiction sur cette aumônerie; le fondateur les avait contestés. Il en était résulté un procès au cours duquel Aymeric Lagorce fut excommunié. Au bout de quelque temps une transaction intervint : à la demande du fondateur, l'aumônerie fut placée sous la direction du prieur de St-Gérald, et celui-ci en reçut l'investiture de l'évêque, comme d'un bénéfice ordinaire (2).

L'hôpital St-Gérald eut, dès l'origine, dans sa dépendance, plusieurs prieurés et hôpitaux de campagne dont il tirait quelques revenus, sans compter le produit de domaines fonciers (3). Il fut encore aidé dans sa tâche par deux confréries de charité où l'élément laïque domine : celle des Suaires et celle des Pauvres à vêtir, réunies vers 1310-1317 en une seule confrérie (4). Comme nous consacrons un paragraphe spécial à ces associations et à leurs congénères, nous n'insisterons pas présentement sur leur rôle.

Dans ce grand mouvement de la charité publique on ne pouvait oublier les lépreux. Rebutants et hideux ils l'étaient sans conteste, mais ils n'en méritaient que plus de compassion. Aussi vit-on s'établir assez rapidement à Limoges plusieurs maisons destinées au soulagement de ces malheureux : St-Jacques du Naveix appelé quelquefois St-Jacques le Teigneux ou l'Infirmerie blanche (5), ou encore la Léproserie des Casseaux, — et la maladrerie de la Maison-Dieu dite Léproserie noire, par opposition à celle du Naveix (6).

La plus importante et en même temps la première en date est la Maison-Dieu. Elle fut ouverte vers 1140, à quelques cents mètres des murs de la ville, par l'initiative de l'évêque Gérald du Cher et d'une confrérie du St-Esprit qui se vouait depuis quelques années déjà au soin des lépreux.

Cette maladrerie a subsisté jusqu'au commencement du XVIIe siècle. Mais, antérieurement à 1348, date à laquelle elle fut placée sous la direction de l'abbesse de la Règle, son histoire est mal connue. Il ressort toutefois des documents contemporains qu'à l'origine elle fut desservie par la confrérie que nous avons nommée tout à l'heure, laquelle était composée de laïques et d'ecclésiastiques, obéissant à un prieur. Bientôt, vers 1225, un nouveau régime intérieur succède à celui-là : le clergé n'exerce plus dans la maison que des fonctions spirituelles ; les lépreux deviennent maîtres chez eux. Ils nomment leur recteur et confient le service de la maison à des laïques rétribués. Ils sont si bien une personnalité morale que les legs et autres donations sont faits à leur nom et administrés sous leur autorité. Toutefois leurs revenus, à cette époque, paraissent provenir en majeure partie des quêtes qu'ils étaient autorisés à faire dans toute l'étendue du diocèse (7).

En 1321, un vent de persécution souffle contre les lépreux par toute la France. On les accuse d'avoir empoisonné les fontaines, de complicité avec les Juifs. On ne fut point en peine de prouver l'accusation. Une ordonnance royale du 21 juin 1321, développée dans quelques actes subséquents, condamna au feu les lépreux qui s'avoueraient coupables, et beaucoup d'entre eux furent brûlés publiquement à Rodez, à Cahors, à Périgueux, à Limoges et ailleurs. L'ordonnance portait en outre que les biens des lépreux seraient mis en la main du Roi. Cet article dut singulièrement déplaire aux consuls de Limoges qui prétendaient à la juridiction des revenus de la maladrerie à titre de cofondateurs. Ils ne paraissent point toutefois avoir fait longtemps opposition au sénéchal du Roi, et celui-ci put à son aise établir son autorité sur la Maison-Dieu.

---

(1) Voy. l'Invent. des Arch. hosp. de Limoges, H. 1.

(2) Charte XLVIII de nos Documents historiques. 1 — Cf. une charte de 1237 dans nos Chartes et Chroniques.... L'aumônerie du pont Saint Martial, appelée quelquefois petit hôpital St-Martial, existait encore à la fin du XVe siècle.

(3) Voy. la bulle de 1164, citée plus haut. Cf. l'art. H 1. du fonds. II de l'Invent. des Arch. hospit. de Limoges.

(4) Voy. les art. B, 5 et 6, fonds VIII de l'Invent. des Arch. hospit. de Limoges.

(5) Voy. l'Invent. des Arch. dép. de la Haute-Vienne, D 416 et 417 — et l'Invent. des Arch. hospit. de Limoges, fonds VII, B. 1. Cette maladrerie existait en 1212.

(6) On trouve mentionnée en 1180 et 1200 une infirmerie à Montjauvy, faubourg de Limoges. On n'en connaît rien de plus.

(7) Voy. pour tout ce qui concerne la Maison-Dieu, les actes analysés dans l'inventaire des archives hospitalières de Limoges, fonds III, et publiés en partie dans nos Documents historiques.... t. I. — Cf. Chron. de St-Martial, 117 ; Invent. des Arch. dép. de la Haute-Vienne, D, 258 Registre Ac singularem, p. 22, du fonds de l'évêché aux Arch. dép. de la Haute-Vienne.

Comment s'affirma cette nouvelle domination et quels changements introduisit-elle dans le régime de l'établissement ? On peut le conjecturer en partie par la teneur d'une ordonnance de Charles le Bel (juillet 1322) stipulant que les lépreux présents et à venir seraient désormais enfermés dans des maisons particulières avec défense d'en sortir. C'était donc la claustration complète (1).

Quelques années plus tard, environ 1348, l'abbesse de la Règle fut mise en possession de la Maison-Dieu et chargée d'en gérer les revenus. Mais les motifs de cette innovation ne sont nulle part expliqués.

Cette maladrerie se composait de vastes bâtiments auxquels était annexée une chapelle. Le tout fut ruiné par les Anglais au commencement du règne de Charles VI. Il y eut un projet de reconstruction vers 1399, sans que nous puissions dire s'il fut exécuté. Les consuls essayèrent de ressaisir leurs anciens droits, en prétextant que l'abbesse de la Règle n'appliquait point au service de l'établissement les revenus qu'elle percevait au nom des lépreux. Déboutés de leurs prétentions, ils obtinrent du moins que les bâtiments fussent réparés. D'après Nadaud, il y avait 13 lépreux à la Maison-Dieu en 1468 et seulement 10 en 1482. Nous constaterons bientôt la décadence rapide de cet établissement (2).

C'est donc à l'époque féodale qu'on vit s'organiser chez nous, assez tardivement du reste, le régime hospitalier qui devait subsister jusqu'aux temps modernes. Mais à côté des hôpitaux et des maladreries, il y avait les hospices dont nous n'avons encore rien dit. Nous laissons de côté, en raison du silence des textes, les hospices d'Aigoulène, de St-Michel, de Grandmond et de St-Léonard que quelques écrivains limousins prétendent avoir existé dans notre ville. Quant à l'aumônerie de la Salle épiscopale, elle semble provenir d'un legs important fait par Aymeric de la Serre, évêque de Limoges († en 1272), pour la fondation d'une maison de secours (3). Mais l'hospice du Pont St-Martial nommé plus haut et celui de St-Maurice dans la Cité, fondés par deux particuliers (4), ceux de Vieille-Monnaie (5) et de St-Jacques des Arènes ont, pour nous, une existence certaine. Ce dernier, comme aussi St-Jacques du Naveix, avait été fondé avant 1200 en vue des pèlerins qui traversaient la ville pour se rendre à Compostelle ou ailleurs (6). Par leur organisation et la nature des secours qu'ils fournissaient, ces maisons rappelaient plutôt une hôtellerie de faubourg qu'un hôpital de malades. Ils accordaient gratuitement le vivre et le couvert aux voyageurs de toute profession qui traversaient la ville. Aussi les désignait-on sous le nom générique d'*hospitia* qui, dans la langue du moyen âge, s'appliquait à toute espèce d'hôtellerie. C'est d'ailleurs le sens qu'a retenu le mot hospice dans la langue administrative de nos jours, puisqu'il désigne plus particulièrement les établissements où l'on nourrit les enfants abandonnés, les vieillards, les incurables, tandis que le nom d'hôpitaux est réservé à ceux où l'on soigne les malades ordinaires.

Saint-Jacques des Arènes et Saint-Jacques de la Cité furent transformés au XIII° siècle, l'un en hôpital, l'autre en maladrerie. Mais les autres hospices paraissent avoir conservé plus longtemps leur caractère primitif. Les établisssements de cette sorte ont à peu près disparu depuis le XVI° siècle. Leur grand nombre, aux siècles antérieurs, s'explique par les causes que nous avons indiquées dans le second chapitre de cette introduction.

Les anciennes associations connues sous le nom de confréries n'avaient point toutes mêmes caractères et ne poursuivaient point toutes même but. Les unes, dites de charité, travaillaient avant tout au soulagement des misère physiques dans les classes inférieures de la société. Les autres, de dévotion pure, ne s'occupaient que de

---

(1) Pour tous ces faits voy. *Bibl. Ec. des Chartes*, 4° série, III, 2651 ; — Registre *Te igitur*, publ. par la *Soc. des Etudes du Lot* ; — *Ordon. des rois de France*, aux années ; — *Chron. de St-Martial*, 152.

(2) Nadaud est notre seule autorité pour tous les faits postérieurs à 1322. Il a connu, en effet, plusieurs documents qui semblent aujourd'hui perdus. L'inépuisable obligeance de M. Louis Guibert nous a promis de profiter des manuscrits de ce savant, conservés au grand séminaire de Limoges.

(3) Voy. le testament de cet évêque ap. *Bull, Soc. arch. du Lim.*, IV, 120.

(4) Celui de St-Maurice fut fondé en 1319 par un bourgeois nommé Jecan Roche. Il existait encore en 1470.

(5) Appelé aussi quelquefois hôpital St-Jean de Jérusalem, parce qu'il avait été fondé, à ce que l'on croit, par les hospitaliers de ce nom au commencement du XIV° siècle. Cf. diverses mentions de cet hôpital ap. *Invent. des Arch. hospit. de Limoges*, B, 526, p. 123 et *Invent. des Arch. dép. de la Haute-Vienne*, D, 399.

(6) Cf. *Invent. des Arch. hospit. de Limoges*, F. 25.

prières, de pratiques et de cérémonies de culte. Les confréries de pénitents, nées au XVI° siècle seulement, étaient à la fois des associations de charité et de dévotion, dont l'activité tendait à réaliser ici-bas l'idée mystique de l'expiation. Quant aux confréries de métiers, c'étaient des sociétés de secours mutuels, formées sous le patronage de quelque saint par les membres d'une corporation industrielle ou marchande.

Quoique ces confréries exerçassent toutes, sous des formes plus ou moins variées et dans une aire plus ou moins étendue, des œuvres de miséricorde, nous ne considérerons ici que les premières, parce qu'elles faisaient de ces œuvres leur objet principal. Encore ne pourrons-nous guère que fixer par approximation leurs dates d'origine et les faits essentiels de leur existence, les textes connus ne nous permettant point d'apporter à un sujet déjà traité un complément d'informations nouvelles (1).

Ces confréries, nous les avons déjà nommées : celle des Pauvres à vêtir et celle des Suaires à l'hôpital Saint-Gérald ; celle du Saint-Esprit à la Maison-Dieu. L'objet des deux premières est clairement indiqué par leurs noms mêmes : d'une part, vêtir ceux qui ne l'étaient point et qu'on appelait pour cette raison les pauvres honteux ; d'autre part gratifier d'un linceul et ensevelir décemment les morts trop pauvres pour s'assurer, par leurs seules ressources, cette marque suprême de respect. Mais leur origine nous échappe. On peut affirmer toutefois qu'elles ne sont pas antérieures aux Croisades et qu'elles prirent naissance dans la première moitié du XII° siècle, quelques années avant la fondation de nos deux grands hôpitaux (2). Elles se composaient principalement de laïques, d'artisans surtout (3), et c'est par ce côté qu'elles se recommandent plus particulièrement à notre attention, car nous saisissons là une des formes de l'association communale, si active à cette époque.

La mauvaise gestion de quelques bailes fit péricliter de bonne heure les deux associations et amena au XIII° siècle l'intervention des consuls. Les mesures que prirent nos magistrats municipaux pour sauvegarder le bien des pauvres furent si peu efficaces qu'ils durent, dans les premières années du XIV° siècle, obliger les deux associations à confondre leurs revenus pour retrouver quelque puissance et répondre avec plus d'efficacité à ce qu'on attendait d'elles. A partir de 1317 nous ne les voyons plus désignées dans les textes que sous le nom de *Coffrairia deus Paubres vistir et de las Chieiras*, ou encore, mais postérieurement, sous celui de confrérie des Pauvres à vêtir, vivants et morts (4).

Les consuls eurent dès lors la haute direction de l'œuvre par le contrôle incessant qu'ils exerçaient sur l'emploi des revenus, à tel point qu'au XIV° siècle on les considère comme les chefs naturels, mieux encore comme les fondateurs de la confrérie (5). Leur tâche n'était point des plus faciles ; car si l'on pouvait compter sur les legs et autres dons reçus par la confrérie et sur les quêtes faites aux portes de la ville ou des églises, à certains jours solennels, on comptait plus encore, à ce qu'il semble, sur les cotisations personnelles de chaque confrère pour alimenter la caisse sociale. Il en résultait toutes sortes de tiraillements, d'abus, de passe-droits que nous révèlent les statuts de 1380 (6). Qu'on ajoute à cela les procès perpétuellement engagés contre les tenanciers de la confrérie pour non-paiement de leurs rentes, et l'on comprendra comment la décadence, déjà sensible au XV° siècle, ne fit que croître au siècle suivant. Quand la confrérie fut unie à l'hôpital général en 1660, elle n'était plus que l'ombre d'elle-même.

Une foule d'usages curieux et pittoresques se rattachent au fonctionnement de cette confrérie. Quelques-uns donnent une haute idée de l'esprit d'égalité qui régnait à certains moments dans ces petites associations et de la fraternité qui unissait non-seulement leurs membres, mais même les membres de la commune toute entière. D'autres, il faut le dire, prêtent à la médisance. La pratique de fêter par des banquets certains anniversaires,

---

(1) Nous renvoyons à une récente notice de M. Louis Guibert (ap. *Cabinet hist.*, 1884) les lecteurs désireux de connaître avec quelque détail l'histoire des confréries de charité et de dévotion dans notre ville. Le même écrivain a traité des confréries de pénitents dans le *Bull. Soc. arch. du Lim.* (t. XXVII, p. 1), et des confréries de métiers dans la *Réforme sociale* (sept. et oct. 1883).

(2) L'ancien Registre consulaire AA, 1, des Archives communales de Limoges ne les mentionne pour la première fois qu'en 1229.

(3) Voy. les listes de noms du registre B, 9, fonds VIII des Arch. hospit. de Limoges.

(4) Voy. les art. B 5 et 6, fonds VIII, de *l'Invent. des Arch. hospit. de Limoges*.

(5) Voy. la liève de 1380 ap. *Invent. des Arch. hospit. de Limoges*, fonds VIII, B. 9.

(6) Art. B. 9, du fonds VIII de *l'Invent. des Arch. hospit. de Limoges*.

certaines fêtes de saints et de patrons engendra bien vite une licence contre laquelle les statuts s'élèvent fréquemment. Pour beaucoup de confrères indignes, ripailler en commun était devenu la grande affaire.

De la confrérie du Saint-Esprit l'histoire n'a presque rien à dire. On conjecture seulement qu'elle naquit, comme les précédentes, dans la première moitié du XIIᵉ siècle et qu'elle fut l'artisan principal de la fondation de la maladrerie connue sous le nom de Maison-Dieu. Il en faudrait conclure que son premier objet avait été de secourir les lépreux isolés, dont on constate l'existence en Limousin dès la seconde moitié du XIᵉ siècle (1). En tout cas, la confrérie exerça dans l'établissement fondé en 1140 un rôle actif qui s'affirme par la part que prennent ses bailes aux transactions passées par la Maison-Dieu. Composée de laïques et soutenue par les consuls, elle eut quelques luttes à soutenir contre l'évêque de Limoges. Mais elle disparut au XIVᵉ siècle, vers l'époque où l'organisation de la Maison-Dieu subit la transformation dont nous avons parlé (2).

A côté des manifestations collectives de l'esprit de charité, il faut faire une place aux manifestations individuelles dont les testaments, les actes de donations, les épitaphes funéraires, les biographies et autres documents de ce genre nous ont conservé des preuves multiples. La plus ancienne forme de la charité, parce qu'elle est la plus praticable, c'est l'aumône secrète donnée de la main à la main, dans un esprit de véritable fraternité. Mais peu efficace, en raison de son inégale répartition, elle s'accumula de bonne heure entre les mains d'un seul. Point n'est besoin de textes explicites pour affirmer qu'il en fut ainsi dans notre Limousin dès l'origine. Nous le constatons d'ailleurs clairement au XIᵉ siècle et surtout au XIIᵉ, les donations faites à l'aumônerie de St-Martial à cette époque nous étant connues dans leur ensemble (3). Elles se perpétuent de la même manière aux siècles suivants et les pouvoirs ecclésiastiques : aumôniers, curés de paroisses, chefs de monastères, etc., deviennent partout les intermédiaires habituels entre le donateur et le donataire. Énumérer ici les noms de ces bienfaiteurs des pauvres est impossible, en raison de leur nombre d'abord, en raison aussi des lacunes de notre science. Bornons-nous à remarquer en passant que leurs générosités ont fait la fortune mobilière et territoriale de l'Église du moyen âge.

A partir du XIIIᵉ siècle toutefois, on constate que les donations prennent fréquemment une autre voie et que les pouvoirs laïques, nommément les consuls de Limoges, sont chargés de gérer les revenus des legs charitables. L'innovation est si grande qu'elle mérite d'être clairement expliquée (4).

En 1250, on voit Aymeric Laurent, bourgeois de la Rochelle, fonder une aumône de pain en faveur des indigents de notre ville. Les consuls choisis pour exécuteurs testamentaires transforment le legs en un capital et nomment quatre des leurs pour en percevoir la rente annuelle et faire la distribution des pains.

Vers la même époque, Simon Borzes, bourgeois de Limoges, fonde une aumône du même genre, distribuable à la St-Pierre de février, en faveur de mille religieuses du Limousin. C'est encore les consuls qui ont mission de surveiller le service de ce legs après la mort des héritiers immédiats du donateur.

D'autres bourgeois de Limoges, les Audoin, les Dupeyrat, les Mainbert, les Pierre Brun font, vers le même temps, des fondations analogues, qui pour fournir des chemises aux malades indigents, qui pour distribuer du pain aux communautés pauvres du pays. Au commencement du XIVᵉ siècle, toutes ces aumônes furent fondues en une seule qu'on appela l'aumône des Pains de Noël. Elle fut affermée à partir de 1461 et se perpétua sous ce régime jusqu'à l'établissement de l'hôpital général.

Le chroniqueur Geoffroy de Vigeois raconte qu'au commencement du XIIᵉ siècle l'usage s'introduisit en Limousin que les églises, les châteaux et les villes fissent, à certaines époques de l'année, des aumônes publiques prélevées sur leurs trésors respectifs (5). C'est à cet usage que l'on rattache l'institution de l'aumône ou charité Ste-Croix dont nous allons dire quelques mots.

---

(1) Voy. le *Cartulaire d'Aureil*, D. 656, des Arch. dép. de la Haute-Vienne, — et l'art. 1 du Second cartulaire de l'aumônerie de Saint-Martial dans nos *Documents historiques*, t. II.

(2) Voy. l'*Invent. des Arch. hospit. de Limoges*, fonds III.

(3) Voy. les deux Cartulaires publ. dans nos *Documents historiques*, t. II.

(4) Nous ne faisons que répéter ici ce que M. Louis Guibert a le premier mis en lumière dans l'étude sur les Confréries de charité, que nous avons citée plus haut.

(5) *Chron.* ch. XXXI.

La plus ancienne mention que l'on connaisse de cette aumône est de 1261. C'est là une date relativement moderne qui paraîtrait infirmer l'origine que nous indiquions tout à l'heure, si l'on ne savait combien sont rares les documents qui concernent l'administration de nos magistrats municipaux antérieurement au XIII° siècle. C'est aux consuls en effet qu'appartenait la gestion de cette aumône et le soin de la distribuer aux indigents de la ville, au jour de l'invention de la Ste-Croix. A cette époque, la dépense était alimentée par des revenus fixes, provenant sans doute de legs et autres dons que la générosité des particuliers avait ajoutés peu à peu au fonds primitif constitué sur les deniers publics. Le caractère communal de cette aumône n'en subsistait pas moins intégralement, à d'autres égards, et l'on est fondé à voir dans cette institution comme la première forme de l'assistance communale dans notre ville.

L'aumône de Ste-Croix et celle des Pains de Noël furent réunies dans la première moitié du XV° siècle. Leurs destinées se confondirent donc intimement jusqu'au jour où elles furent absorbées toutes deux par l'hôpital général (1).

Nous n'avons encore rien dit de l'aumône en argent. C'est qu'elle n'apparaît qu'assez tard dans notre ville, à la fin du XIII° siècle seulement, sous forme de dot aux jeunes filles pauvres, de dons aux prisonniers et aux malades (2). On lui préfère presque toujours l'aumône en nature que le bénéficiaire pouvait moins aisément distraire de son but.

IV

LES INSTITUTIONS CHARITABLES A LIMOGES SOUS L'ANCIEN RÉGIME.

1

Au commencement du XVI° siècle, les établissements hospitaliers sont partout dans le diocèse réduits à un état de malaise et de gêne qui trahit une décadence profonde. Les revenus ont décru, l'esprit de charité est comme mort chez les riches du siècle et le souci des pauvres diminue dans les rangs du clergé. Philippe de Montmorency, dans les Statuts synodaux de 1519, impose à tous les hospitaliers, aumôniers et infirmiers de son diocèse, l'obligation de dresser l'inventaire de leurs biens, meubles et immeubles, pour être soumis à l'ordinaire, et de tenir registre exact de leurs recettes et dépenses, pour empêcher que le bien des pauvres ne périsse par l'incurie de ceux qui en ont la gestion (3).

La mesure était singulièrement inefficace et ne pouvait guère retarder la ruine que l'on prévoyait. La question de la sécularisation du monastère St-Martial agitée dès 1532 parut aux consuls de Limoges une occasion propice pour s'immiscer plus directement dans l'administration de la charité publique, en se faisant céder par les religieux sécularisés le tiers des revenus de l'Aumônerie. A vrai dire, la cession ne fut pas faite aux consuls, mais à l'hôpital, à charge par celui-ci de supporter un tiers des charges qui incombaient à l'aumônier et de rendre à ce dernier les comptes de la gestion. Toutefois cette transaction eut pour conséquence la formation d'un Bureau de direction composé de trois administrateurs laïques nommés l'un par l'abbé, l'autre par l'aumônier, le dernier par les consuls. C'était pour ces derniers un pas décisif vers le but qu'ils ambitionnaient d'atteindre (4).

Au moyen âge, l'Église était seule, ou à peu près, à songer aux malheureux. En leur donnant l'aumône du pain, elle ne faisait d'ailleurs que rendre d'une main une faible partie de ce qu'elle avait reçu de l'autre par donations,

---

(1) Voy. les registres de ces deux aumônes dans l'*Invent. des Arch. comm. de Limoges*, GG, 206-230, publ. par M. A. Thomas.

(2) Voy. dans le fonds du prieuré St-Gérald, aux Arch. dép. de la Haute-Vienne, sous la cote provisoire H. 8372, le testament de Gérald Bruneau, bourgeois de Limoges, léguant diverses sommes au prieur, dont l'une pour marier les filles pauvres (1269).

(3) Titre XXVI des dits statuts, dans nos *Documents historiques*... t. 1.

(4) Voy. les art. B. 5 et 25 de l'*Invent. des Arch. hospit. de Limoges*, fond I, et les *Reg. consul.* 1, 248. — Cf., *ibid. passim*, les nominations de baîles faites par les consuls.

testaments ou spoliations plus ou moins déguisées. Mais voilà que les pouvoirs laïques prétendent se mêler à leur tour du soulagement des indigents, et leurs prétentions vont peu à peu si bien prévaloir qu'en moins d'un siècle et demi ils auront succédé partout aux pouvoirs ecclésiastiques.

En 1545, François 1er promulgait l'ordonnance de Blois qui transférait aux magistrats des villes l'administration des hôpitaux. A leur tour, Henri II, par l'édit de février 1553 et François II, par un autre édit de juillet 1560, rendaient cette rapide transformation définitive en obligeant les bailes des hôpitaux à présenter leurs comptes chaque année aux officiers des sièges royaux. La main mise des consuls de Limoges sur l'hôpital St-Martial se fit ainsi progressivement, au fur et à mesure des ordonnances (1). Elle est si bien établie dans la seconde moitié du siècle qu'ils ont seuls droit de nommer les quatre bailes chargés de gérer les biens des pauvres, pendant quatre années, à tour de rôle.

Ce même édit de 1560 commença pour l'hôpital St-Gérald ce qui était plus qu'à moitié fait déjà pour celui de St-Martial. Il en fut de même vraisemblablement pour les autres hôpitaux de la ville que nous avons dénommés précédemment. Nous n'en trouvons cependant la preuve certaine que fort avant dans le siècle suivant.

Ces faits, d'une importance capitale pour notre sujet, sont d'ailleurs les seuls qui nous aient été conservés. Pendant la seconde moitié du XVIe siècle on ne trouve plus trace pour ainsi dire de l'existence des établissements hospitaliers de Limoges. Ce n'est point qu'ils fussent moins nécessaires qu'auparavant ou que la misère des classes populaires ait trouvé ailleurs son soulagement. Mais le trouble de la société est si profond à cette époque, les guerres civiles ont si bien bouleversé les sources de la vie publique que les hôpitaux mal dotés, mal entretenus, mal dirigés, sont contraints de fermer leurs portes, ou du moins de ne l'ouvrir qu'à un nombre infiniment restreint d'indigents. Il dut se produire alors ce que l'on constate clairement au commencement du XVIIIe siècle : un effroyable désarroi de certains services publics, résultat de l'abandon où on les laissait pour porter toutes les forces vives au secours du catholicisme en péril. Notre conjecture s'appuie d'ailleurs sur deux curieux documents de cette époque qui donnent la plus triste idée des désordres de toute nature qui régnaient alors dans l'intérieur des deux grands hôpitaux de notre ville. Nous y renvoyons simplement le lecteur (2).

Quand la tempête parut un peu calmée, on songea de nouveau aux hôpitaux. En 1571 on répare les bâtiments de la Maison-Dieu ; en 1587 on commence à l'hôpital St-Martial la construction du bureau des pauvres ; l'établissement comptait alors 19 indigents. Quelques années plus tard, en 1595, il fut question d'agrandir l'hôpital St-Gérald, devenu trop étroit pour recevoir tous les malheureux qui s'y réfugiaient (3). Nous ne savons du reste s'il fut donné suite à ce projet. Les autres établissements se relevèrent peu à peu de leurs ruines, fort lentement toutefois, et c'est un fait curieux à constater que dans cette rénovation de l'esprit et des institutions catholiques, qui s'affirme si énergiquement dans notre province et particulièrement à Limoges durant la première moitié du XVIIe siècle, les œuvres de charité furent les dernières à trouver place dans les préoccupations de ceux qui dirigeaient le mouvement dont nous parlons. La fondation en 1614 du petit hospice des Récollets de St-François est de trop peu d'importance, son action fut forcément trop restreinte, malgré le zèle de Bardon de Brun, pour qu'on puisse l'opposer comme contredisant absolument ce que nous avançons ici. Cet hôpital n'était d'ailleurs qu'une association de religieux secourant à domicile les pauvres malades de la ville. Les consuls ont leur part de responsabilité dans ce retard. Puisqu'ils avaient maintenant la haute main dans la direction de l'assistance publique, à eux revenait le soin de provoquer, d'accomplir les réformes que commandait la situation. Mais ils restèrent cois, découragés sans doute par la diminution toujours plus grande de leur autorité et de leurs privilèges au profit des officiers du Roi. Ils ne furent tirés de leur inertie que par la terrible peste de 1631-1632 dont les horreurs se joignirent aux horreurs de la famine. Les consuls se réveillèrent au glas de ces funèbres années et tentèrent d'apporter quelques soulagements à la misère publique. Il faut rappeler d'ailleurs que toute la partie saine de la

---

(1) Voy. les art. H, 25 et 26 de *l'Invent. des Arch. hospit. de Limoges.*

(2) Voy. l'art. F, 1, du fonds St-Martial et l'art. F, 1, du fonds St-Gérald ap. *Invent.* — Cf. ap. *Reg. consul.*, III, 5, un curieux accord de 1592 entre les médecins de Limoges.

(3) Voy. l'art. B, 16 du fonds St-Martial et l'art. E, 1 du fonds de la Maison-Dieu, ap. *Invent.* — En 1587, l'hôpital St-Martial ne renfermait que 19 pauvres d'après B, 16.

population se fit un devoir de coopérer à cette œuvre et que les dames de la ville ne restèrent pas au-dessous des magistrats dans cet élan de la charité publique. Une chambre de santé fut installée dans les bâtiments alors abandonnés de la Maison-Dieu et servit au logement des pestiférés (1).

La véritable restauratrice de l'esprit de charité à Limoges, ce fut Marie de Petiot. Dès 1636 elle avait songé à se consacrer au service des pauvres, et elle fit alors aux hôpitaux St-Gérald et St-Martial quelques courts séjours que la faiblesse de sa santé ne lui permit malheureusement pas de prolonger. Quand elle rentra à St-Gérald, en 1648, elle y trouva une autre courageuse femme, Hélène Mercier, et Pierre Mercier son frère, qui avec leur seules forces avaient tenté la tâche malaisée de secourir les trente pauvres de l'hôpital (2) et de retarder ainsi, à force de dévouement et de zèle, la ruine imminente de l'établissement. Maledeu de Savignac les aida bientôt de son expérience en prenant la direction de l'hôpital. En ce temps là, la charité revêtait presque partout la forme ecclésiastique, parce qu'elle procédait presque partout de l'esprit de l'Église dans ce qu'il a de plus pur. L'un des premiers soins de Marie de Petiot fut de faire dédier la chapelle de l'hôpital à St-Alexis, le patron des pauvres ; c'était d'signer par avance le patron de l'hôpital général. Puis, au bout de dix années, elle prit l'habit religieux avec Hélène Mercier. Une proche parente de Marie de Petiot, Anne Descordes de Gry, imita bientôt leur exemple, et la communauté des sœurs hospitalières de St-Alexis se trouva constituée, 1657-1659 (3).

Les misères de la Fronde avaient excité le zèle de ces femmes de cœur. Marie de Petiot poursuivant résolument son but, avait fait poser en 1656 la première pierre de la maison conventuelle de St-Alexis. Le bâtiment se trouva achevé dans les premières semaines de l'année 1659, et les nouvelles religieuses en prirent possession au mois de février. Quelques mois plus tard, elles obtenaient dans une assemblée de ville convoquée le 15 mai, la reconnaissance officielle de leur existence. Nous verrons plus loin la place que ces religieuses se firent bientôt dans l'hôpital général.

L'évêque de Limoges, François de Lafayette, fut naturellement mêlé aux événements que nous venons de raconter. Les consuls négligeant leurs devoirs à l'égard des indigents de la commune, l'évêque voulut prendre leur place ; et comme il songeait à exercer un contrôle sur la gestion de tous les petits hôpitaux du diocèse, il ne crut pas que ceux de Limoges pussent être soustraits à son action.

En 1619, son prédécesseur Raymond de la Marthonie s'était déjà préoccupé de la situation des établissements hospitaliers du diocèse. Les résultats de son enquête, consignés dans les Statuts synodaux de 1619, se retrouvent dans la seconde édition de ces statuts publiée en 1629 par M. de Lafayette (4). Ils méritent d'être rappelés ici :

« Nous voyons, dit-il, à nostre grand regret, comme beaucoup de biens qui leurs ont esté pieusement leguez par la charité de nos predecesseurs ont esté si mal administrez par ceux qui en ont eu la charge, que plusieurs tiltres sont perdus, les édifices ruinez, les biens et heritages alienez ou detenus par les usurpateurs, les fruicts et revenus divertis ou appliquez au profit des particuliers, les maisons desmeublées, les pauvres et malades chassez, ou si mal traitez qu'ils sont contraincts de vaguer et mandier ailleurs des lieux pour se retirer et des aliments pour vivre, à la foule du peuple. Et quant aux hospitaux où les pauvres sont receus, l'ordre et la police y est si mal gardée, par la negligence de ceux à qui l'administration en est commise, qu'ils servent de retraite à plusieurs hommes et femmes de mauvaise vie, et aux feneants, au lieu d'estre le logement et l'habitation de ceux qui sont vraiement pauvres. De sorte que tous les réglements qui ont esté faicts cy-devant pour ce regard, tant par le dernier concile provincial de Bourges, que par les evesques nos predecesseurs, sont abolis, ou tombez en decadence. A quoy desirant apporter quelque remède selon nostre pouvoir et l'obligation que nous y avons, nous enjoignons à tous aumôniers, hospitaliers et autres ayant charge, administration ou gouvernement des hospitaux, hostels-Dieu, maladeries ou aumosneries dans le destroict de nostre diocèse, soit par tiltre, commission ou autrement, de nous apporter dans un mois après la publication du present statut, les tiltres et fondations, ensemble les inventaires de tous les biens meubles et immeubles, et l'estat des rentes et revenus des dictes maisons : à ce qu'ayant pris cognoissance de ce

---

(1) Sur la peste de 1631-1632 voy. les *Annales de 1638*, p. 400 ; — le *Reg. consul.* III, p. 270 ; — l'art. B, 4 du fonds St-Gérald, ap. *Invent.*

(2) Pour ce chiffre voy. l'art. E, 2, du fonds St-Gérald ap. *Invent.*

(3) Pour tous ces faits voy. Laforest, *Limoges au XVIIe siècle*, p. 404 de la seconde édition.

(4) Au chapitre XXXIV.

qui apartient aux pauvres, nous donnions ordre et procurions que le tout soit appliqué à son droict usage, conformement aux intentions pieuses des fondateurs. Et en cas que les dicts aumosniers ou administrateurs des hospitaux facent refus ou negligent de nous communiquer les dicts tiltres et inventaires, protestons de les y contraindre par les voyes de droict. Et à ces fins le present statut sera leu et publié en toutes les eglises et paroisses du diocèse, par trois dimanches consecutifs, à ce que personne n'en prétende cause d'ignorance. »

L'évêque renouvelait ensuite les prescriptions des anciens Statuts de 1519, que nous avons rappelés, et en formulait quelques autres qui visent plus particulièrement l'ordre moral dans tous les « lieux pitoyables » du diocèse, comme l'interdiction des blasphèmes, la séparation des sexes, le renvoi des pauvres fainéants etc., etc. (1)

Ce ne fut toutefois que beaucoup plus tard que François de Lafayette songea à faire valoir son autorité en ces matières. A la suite d'une visite faite à l'hôpital St-Gérald en 1645, il promulgua une ordonnance qui fit dresser l'oreille aux consuls; le conflit n'éclata cependant qu'en 1659, lorsque l'évêque prétendit s'arroger la nomination des bailes (2). Il l'eût peut-être emporté de haute lutte si la réunion des divers hôpitaux et confréries charitables de Limoges, réclamée par les consuls dès novembre 1657, n'avait été accordée par le Roi en l'année 1660. Les lettres patentes réglèrent d'autorité le mode de nomination des nouveaux administrateurs et assurèrent la prédominance de l'élément laïque. Le clergé gardera une part d'influence dans la direction du régime hospitalier; mais les bourgeois de la ville, les magistrats du Présidial, l'intendant de la Généralité surtout revendiqueront la leur. Si l'assistance des pauvres et des malades demeure encore, dans la seconde phase de cette période, une fonction de la commune, l'impulsion vient désormais du gouvernement central, et nous verrons tout à l'heure comment les vicissitudes de l'existence de notre hôpital sont étroitement liées aux vicissitudes mêmes de la royauté.

2

L'ancien hôpital général de Limoges a duré un peu plus de 130 ans. Mais ce laps de temps comprend deux parties bien distinctes que nous considérerons successivement.

Quand la communauté des sœurs hospitalières de St-Alexis se trouva constituée et que, d'autre part, les bâtiments de l'hôpital St-Gérald eurent été réédifiés, il fut aisé de prévoir que les institutions hospitalières allaient se rajeunir dans notre ville à l'égal des autres institutions de la piété catholique. On avait vu à l'œuvre Marie de Petiot, Maleden de Savignac et l'évêque François de Lafayette, et l'on savait ce qu'on pouvait attendre de leur zèle en pareilles circonstances. Mais, à vrai dire, le rajeunissement fut plutôt une métamorphose. Le pouvoir royal venait d'édicter l'ordonnance de 1656 qui créait à Paris un hôpital général où l'on devait recueillir indistinctement toutes les misères de la capitale. Les consuls de Limoges firent preuve à ce moment d'un esprit d'initiative qui n'était guère dans leurs habitudes, en réclamant pour leur ville, dès l'année suivante, l'application de l'ordonnance précitée. Il en résulta qu'au lieu de réformer simplement l'hôpital St-Gérald et successivement les autres hôpitaux de Limoges, on dut se préoccuper de grouper en un faisceau tous les anciens établissements, en absorbant au profit d'un seul les forces éparses qu'ils représentaient. Ce système de concentration eut ses opposants (3). Il assurait pourtant à l'institution projetée une puissance d'action qui devait dépasser la somme des puissances individuelles afférentes à chacun des anciens hôpitaux. Tous les dévouements, toutes les générosités, toutes les préoccupations allaient désormais se tourner vers l'hôpital général qui, d'ailleurs, par la division des services, pouvait prétendre à reproduire les destinations spéciales de chacun des hôpitaux supprimés.

Le vœu formulé une première fois par les consuls en novembre 1657 fut repris par eux au mois de mai 1659, du consentement des trois ordres, et présenté au Roi par l'évêque de Limoges. La réponse ne se fit point trop attendre

---

(1) Le paragraphe suivant mérite d'être relevé : « .... Et quant aux curés des paroisses ès quelles sont les hôpitaux, maladreries et autres lieux pitoyables, leur enjoignons de veiller et prendre garde que les pauvres, principalement les malades, y soient assistez et secourus en leurs nécessités corporelles et plus encore aux spirituelles, nonobstant qu'il y ait d'autres prestres députez à cest office; ensemble de nous donner avis des désordres et manquemens qu'ils y remarqueront. »

(2) Voy. l'art. H. 27 de l'*Invent. des Arch. hospit. de Limoges.*

(3) Entres autres les Génovéfains de St-Gérald et l'abbesse de la Règle comme prieure de la Maison-Dieu. Voy. Laforest, *ouv. cité*, p. 469.

puisque les lettres patentes autorisant la fondation de l'hôpital général sont datées de décembre 1660. L'année 1661 fut employée à exécuter leurs principales stipulations.

L'abbé de St-Martial avait par avance consenti à l'union des revenus de l'hôpital du monastère, c'est-à-dire à leur absorption en faveur de l'établissement projeté, à charge d'une redevance. Le consentement de l'abbesse de la Règle, qui nommait les bailes de la Maison-Dieu, fut facilement obtenu aux mêmes conditions. Il en fut de même sans doute pour l'hôpital St-Jacques qui dépendait du prieuré des Arènes, et pour l'aumônerie de la Salle épiscopale. Quant aux confréries de charité et de dévotion dont la réunion était stipulée dans les lettres patentes, elles se trouvèrent dissoutes en fait, et il n'y a pas apparence qu'on ait cru devoir indemniser leurs bailes en aucune façon. Ces confréries étaient au nombre de dix : celles des Pauvres à vêtir et des Suaires, celle des Aumônes Ste-Croix et des Pains de Noël, desquelles nous avons parlé précédemment ; — celles de N.-D. du Puy, de N.-D. de Rocamadour, des Chandelles de l'hôpital St-Gérald, de N.-D. la Joyeuse ou des Pastoureaux, des Treize Chandelles de N.-D. des Arènes, du Cierge des Boulangers, de N.-D. de la Règle ou des Tailladours, de N.-D. de la Conception ou de St-Laurent des Trépassés (1). L'aumône des Chantois, la rente des Quarteries et le monopole des inhumations (appelé droit de tentures), furent également attribués à l'hôpital général (2).

Nous ignorons le chiffre total des revenus qu'on assurait ainsi au nouvel établissement. Nous soupçonnons toutefois qu'il ne devait pas être bien considérable, puisque les hôpitaux et confréries dénommés avaient vu, depuis longtemps déjà, leurs ressources s'amoindrir par « le malheur des temps, » plus souvent aussi par la négligence et le gaspillage de leurs bailes. Les efforts que l'on tentera ultérieurement pour récupérer ces rentes arriérées entraîneront des frais de procédures qui seront à peine compensés par la reprise des droits ravis. Il est juste néanmoins de consigner ici que ces efforts furent faits et que la nouvelle administration prit à cœur de faire valoir les droits qu'on lui transmettait. Les terriers cotés B. 495 et B. 496, les lièves B. 522, 523 et 524, et les procédures entamées dans la seconde moitié du XVIIe siècle n'eurent point d'autre but.

Toutefois c'est plutôt par les donations subséquentes que l'hôpital réussit à accroître d'une manière sensible ses ressources fixes. Dame Anne Duboys, Me Joseph Limousin, conseiller du Roi, l'évêque François de Lafayette et ses successeurs, Mgr de Canisy et Mgr de l'Isle du Gast, Pierre Veyssière, trésorier de France au Bureau de la Rochelle, Dupeyrat de Beaupré, official du diocèse et Me Joseph Beaubrun, garde-scel de la Monnaie de Limoges, se placèrent par leurs générosités au premier rang des bienfaiteurs de l'hôpital (3).

Au XVIIe siècle, une institution se croyait d'autant plus forte qu'elle avait obtenu plus de privilèges et qu'elle sortait davantage du droit commun. On le vit bien à la fondation de notre hôpital. Nous avons mentionné déjà le droit qu'on lui attribua, à l'exclusion de toute autre corporation, de fournir les tentures et autres accessoires des inhumations, à beaux deniers comptants. C'était le plus clair du revenu parce que, la vanité s'en mêlant, nul à Limoges, dans les classes riches, n'eût cru être chrétiennement enterré s'il n'avait requis à ses obsèques outre l'assistance du clergé paroissial celle des pauvres de l'hôpital, en nombre plus ou moins considérable. Or, tout cela était coté à haut prix et réglé par le Bureau avec un soin minutieux, qui faisait payer cher au défunt les moindres velléités de son ostentation posthume : tant pour les cierges, tant pour les clochettes, tant pour une bannière, tant pour six pauvres, tant pour douze pauvres, etc. (4).

Un autre privilège, moins considérable toutefois, était celui de délivrer des lettres de maîtrise aux garçons chirurgiens employés près des malades et aux apprentis serruriers établis dans l'hôpital en vertu d'une fondation faite par un sieur Tindaraud (5). Non moins utile était le privilège concédé en 1672 de faire juger en première instance par le Parlement de Bordeaux tous les procès soutenus par l'établissement. C'était réduire singulièrement les frais qu'aurait entraînés la juridiction des lointains Parlements de Paris ou de Toulouse. Dans ce même esprit

---

(1) Sur ces confréries de dévotion, voy. l'art. de M. Louis Guibert cité plus haut, et notre *inventaire*, spécialement à la série B. et aux fonds divers qui suivent la série H.

(2) Pour tout ce qui concerne la fondation voy. la série A. de l'*Inventaire*.

(3) Série B. de l'*Inventaire*, art. 1 à 12. — L'hôpital général de Limoges conserve encore aujourd'hui les portraits de quelques-uns de ces premiers donateurs. (Voy. *Bull. Soc. arch. du Lim.* XXXI, 101).

(4) Voy. les art. C. 2-17 ap. *Invent. des Arch. hospit. de Limoges*.

(5) Voy. série B. 497 et 498 *passim* et série G. 131 ap. *Invent.*

on fit un pas de plus vers 1676 en attribuant au Présidial de Limoges la première instance, pour ne laisser au Parlement de Bordeaux que les appels. Par une faveur analogue l'hôpital général avait été dès l'origine soustrait à la juridiction du grand aumônier de France (1).

Le nouveau Bureau, présidé d'ordinaire par l'évêque (2), se composait de dix notables habitants choisis parmi les corps constitués de la ville et qu'on appela administrateurs. Le mode de leur élection est clairement déterminé par les lettres patentes de 1660. Ils s'adjoignirent un receveur général, un économe et un secrétaire pour la gestion intérieure de l'établissement, un avocat et un procureur pour soutenir leurs intérêts en justice, un médecin et un chirurgien pour visiter les malades. Cette organisation subsista jusqu'à la Révolution dans ses traits essentiels. Nous indiquerons en leur lieu les modifications légères qu'elle subit dans le premier tiers du XVIIIᵉ siècle.

Sous la direction immédiate du Bureau venaient les religieuses hospitalières de St-Alexis. Leur origine a été mentionnée en son temps, mais nous ne savons presque rien de leur histoire au XVIIᵉ siècle. C'est en septembre 1659 que la communauté fut autorisée par l'évêque, et reçut de lui un règlement spécial, malheureusement perdu sous sa forme première (3). Les religieuses s'étaient fait bâtir tout près de l'hôpital un monastère qu'elles occupèrent avant même d'être reconnues comme congrégation. Toutefois, elles résolurent plus tard de coucher à tour de rôle, six par six, dans l'hôpital même, afin d'être plus à portée des malades. Lous XIV leur concéda en 1672 et 1676 des lettres patentes, confirmées en 1754, qui les admettaient au bénéfice des privilèges de l'hôpital. Les caractères particuliers de cette congrégation étaient à l'origine de ne point admettre de sœurs converses, de refuser toute rémunération des pouvoirs étrangers et de s'abstenir des vœux de pauvreté. Nous reviendrons sur leur compte quand nous traiterons de l'hôpital au XVIIIᵉ siècle (4).

Les religieuses de St-Alexis n'étaient point seules à songer aux intérêts religieux des pauvres confiés à leurs soins. Martial de Malden s'en était aussi vivement préoccupé, et en 1659, alors que l'hôpital général n'existait encore qu'en espérance, il faisait commencer tout près de St-Gérald la construction d'une maison destinée à abriter une nouvelle communauté de prêtres qu'on appela le séminaire de la Mission. Préparer les jeunes gens à la prêtrise, faire des missions dans le diocèse, catéchiser les pauvres, et leur administrer les sacrements, tel était le triple but de cette institution. Une église fut ajoutée aux bâtiments en 1665 et servit aux exercices religieux des mendiants de l'hôpital et de leurs supérieurs (5).

En rappelant que les troubles de la Fronde avaient trouvé en Limousin un théâtre, nous avons indiqué sommairement les misères qui s'ensuivirent. Une délibération des consuls de novembre 1657 nous donne de cette époque une sombre idée en nous représentant les bandes de mendiants, oisifs et débauchés, qui couraient la contrée et fonçaient sur Limoges quand ils étaient repoussés de partout. On prit prétexte des désordres qu'ils causaient pour fermer, un beau jour, les portes de la ville, faire main basse indistinctement sur tous ceux qu'on put découvrir et les enfermer de vive force dans le nouvel hôpital (6). Ce procédé sommaire, renouvelé des Parisiens, n'était point pour troubler la conscience publique et nul ne songea à se scandaliser d'une mesure qui frappait pourtant plus d'un innocent, encore moins à prêter l'oreille aux protestations des victimes. D'ailleurs, celles-ci n'étaient elles point nourries et logées aux frais de l'hôpital ? Que pouvaient elles donc regretter ?

---

(1) Voy. les art. A, 2, 4 et 5 de l'*Invent*. — Quelques menus droits sur la halle au blé et les bancs charniers méritent à peine d'être mentionnés.

(2) Voy. l'art. F. 24, ap. *Invent*.

(3) Voy. un remaniement de ces statuts sous la côte F. 26. L'édition imprimée en 1804 doit s'éloigner encore plus de l'original.

(4) Voy. pour tous ces faits Laforest, *ouv. cité*, et Roy-Pierrefitte, *Monast. du Limousin*. Ce dernier travail a été reproduit dans le *Dict. des ordres religieux* de la collection Migne.

(5) Voy. le *Livre des affaires de la maison et séminaire de la Mission de Limoges* (p. 6) aux Arch. dép. de la Hte-Vienne. — Nous relevons dans ce même livre le passage suivant relatif à la chapelle (p. 7) : « En l'année 1675, quelques-uns des sieurs administrateurs [de l'hopital] ayant prétendu que la ditte église estoit de l'hospital, on fit une assemblée des anciens et nouveaux administrateurs, dans laquelle il fut dit et conclu que cette église estoit et appartenait au séminaire de la Mission. Cet aresté est dans le grand livre des registres de l'hopital, où l'on écrit toutes les resolutions des assemblées de l'administration. » — Cf. dans nos *Documents historiques....* II, le testament de Maleden de Savignac.

(6) Voy. les art. A, 1 et 2 et G, 1, ap. *Invent*. — Cf. la *Chron*. ms. de Pierre Mesnagier, à la Bibl. comm. de Limoges.

Les violences de ce genre étaient dans les mœurs du temps (1) et elles se constatent en plus d'une occasion, même au XVIII° siècle. Quelque mendiant contrevenait-il au règlement de l'hôpital, on le mettait au carcan. S'il y avait récidive ou si le coupable avait commis quelque faute grave, on le fustigeait devant tous d'un certain nombre de coups, selon le cas. Un malheureux fut fouetté et jeté dehors pour avoir découché. Quant aux fous dangereux, on les enfermait à demeure dans des loges spéciales où on leur appliquait sans aucun doute les traitements barbares que l'on préconisait alors partout (2). Il n'est pas à croire en effet que la réforme introduite par Pinel à Bicêtre vers 1793 ait jamais été tentée par anticipation à l'hôpital de Limoges.

Ces moyens curatifs réussissaient-ils ? Nous en doutons fort. Mais à côté des châtiments corporels il y avait aussi, chose plus grave, les contraintes morales exercées vis-à-vis des consciences. L'éducation forcée faisait partie du programme charitable, et l'on ne manquait point de la mettre en pratique à toute occasion : offices du dimanche, processions publiques, vénération des reliques exposées dans les églises paroissiales, les pauvres de l'hôpital étaient de toutes ces fêtes et leurs longues théories, au matin des jours solennels, défilaient humblement par les rues de Limoges pour la plus grande édification des passants. Il est vrai que le Bureau donnait l'exemple et assistait en corps fort dévotement à la clôture de l'ostension de la St-Martial et aux principales fêtes de l'année (3).

Ne nous scandalisons point outre mesure de ces abus, puisqu'il n'entrait encore dans l'esprit de personne qu'un mendiant recueilli à l'hôpital avait droit en ces matières à la libre disposition de lui même. L'âme humaine est un champ bien dur à défricher dans certains cas : nous en verrons la preuve tout à l'heure. On en concluait qu'il était légitime de recourir aux moyens extrêmes pour triompher de ses résistances.

Les règlements autorisaient donc en matière religieuse les pressions que nous venons de relever. Ils ne disent nulle part que les protestants recueillis à l'hôpital dussent faire acte de catholicisme pour obtenir les soins des religieuses. C'est cependant ce qui se produisait dans la pratique, et le Registre des délibérations du Bureau, mentionnant à l'année 1767 l'abjuration d'une pauvre calviniste de Bergerac, âgée de 60 ans, ajoute : « Sous cette considération, le Bureau a délibéré que ladite Couty devenue catholique demeureroit au dit hôpital pour y être nourrie avec les autres pauvres qui y ont droit » (4). Le fait se reproduisait fréquemment et nous pouvons le constater à vingt-cinq reprises entre 1699 et 1790, particulièrement aux dépens de soldats luthériens originaires d'Alsace (5). Le zèle excessif des religieuses se donnait d'autant plus volontiers carrière qu'il pouvait compter sur la complicité du Bureau.

Ces rares détails sur la population de l'hôpital au XVII° siècle représentent aujourd'hui toute la moisson de l'histoire. Les archives de cette époque, singulièrement pauvres dans leur ensemble, nous apprennent pourtant qu'en 1661 on fit évacuer 45 pauvres de l'hôpital St-Martial sur l'hôpital général qui en logeait déjà à peu près autant, et que, vers 1690, on comptait environ 300 pauvres dans l'établissement (6). Voilà tout. Les registres d'entrée et de sortie n'existant point encore, il nous est impossible de suppléer, même par conjecture, à la pénurie des renseignements obtenus. Au XVIII° siècle seulement nous serons pleinement édifié sur ce point comme sur beaucoup d'autres.

Dès l'origine, on dut distinguer soigneusement entre les diverses misères qui venaient s'abriter à l'hôpital, car toutes ne réclamaient pas mêmes secours et par conséquent n'exigeaient pas mêmes dépenses. A côté des malades plus ou moins incurables, dont le séjour à l'hôpital ne pouvait être déterminé que par la durée de leurs maladies,

---

(1) Les États de 1614 avaient demandé que les mendiants fussent étranglés et pendus (Voy. Florimond Rapine. *Relation*, art. 332) ; Colbert se contentait de les envoyer aux galères. M. Pierre Laforest aurait dû se souvenir de ces faits avant de partir en guerre contre Edouard VI d'Angleterre qui, au XVI° siècle, faisait marquer les mendiants d'un fer rouge. (Voy. *Limoges au XVII° siècle*, p. 448).

(2) Voy. ap. *Invent. des Arch. hospit.* de Limoges les registres E. 1, fos 31 ro, 46 ro, 48 ro ; E. 2, fo 128 vo ; C. 364.

(3) Voy. les registres E. 1 et 2, *passim*, ap. *Invent.* — Cf. la *Feuille hebdomadaire de la Généralité de Limoges*, 1785, p. 45.

(4) Voy. le registre des délibérations E, 2, fo 39, ap. *Invent.*

(5) Voy. l'*Invent. des Arch. comm. de Limoges*, par M. A. Thomas, art. GG 158-170, *passim*.

(6) Voy. les art. A 1, et E 2 du fonds St-Martial, ap. *Invent.*, et Laforest, *ouv. cité*, p. 491. — A la page 237, M. Laforest admet ce nombre de 300 pauvres pour le seul hôpital St-Martial dès l'année 1661 ! On voit combien il a été loin de compte en acceptant pour 1661 ce qu'il ne démontre que pour 1690.

il y avait les indigents qui ne faisaient que passer. On leur distribuait la soupe à certaines heures, on les couchait même pendant deux ou trois nuits, rarement plus longtemps, car il fallait faire place aux nouveaux venus et, en tout cas, ne point charger outre mesure le budget de l'établissement. Ces indigents étaient appelés les mendiants ou simplement les pauvres. Une fois congédiés, ils reprenaient leur bâton et leur besace pour aller quêter dans quelque hôpital voisin, à Angoulême ou à Poitiers, même secours et même abri. Et il en était de même par toute la France. Bien loin de faire cesser cette sorte d'intercourse de l'indigence, l'ordonnance royale de 1656 l'avait plutôt encouragée en assurant aux mendiants nomades, dans toutes les grandes villes pourvues d'un hôpital général, les moyens de ne point mourir de faim. Nous verrons plus tard l'emcombrement qui résultait, à certains moments, de leur affluence à Limoges et le remède radical qu'on y appliquait quand les ressources faisaient défaut.

On séparait les hommes des femmes, mais il ne semble pas qu'on ait jamais distingué, même parmi les simples mendiants, les vieillards des hommes dans la force de l'âge. Il n'y avait de catégories admises au XVII° siècle, outre celle dont nous venons de parler, que pour les aliénés, les enfants et les filles perdues. Nous avons résumé tout à l'heure ce que nous avons pu apprendre des premiers. Des seconds nous savons seulement qu'on les divisait en trois classes, suivant leur âge. Les plus petits « apprenaient à prier Dieu et à lire. » Les moyens (les médiocres, comme on disait alors) s'occupaient à filer le coton et à ourdir les trames. Les grands travaillaient dans les manufactures de l'hôpital à préparer les laines, ou bien étaient occupés aux gros ouvrages de l'intérieur. Dans ces grands, nous devons reconnaître au moins des garçons de 14 ou 15 ans, à voir les méfaits dont les accuse un mémoire de la fin du siècle. Ivrognes, débauchés et paresseux, chantant et jurant tout le jour, se couchant tôt et se levant tard, sans crainte de Dieu ni de leurs supérieurs, tel est le portrait qu'on nous en trace (1), portrait peu flatteur pour eux, assurément, peu flatteur aussi pour ceux qui avaient charge de les surveiller et de les diriger. Au lieu de prévenir les déportements par une discipline ferme et constante, on se bornait à les punir par les rigueurs du règlement.

L'histoire du Refuge ne commence qu'assez tard. Quand l'hôpital général ouvrit ses portes en 1661, les filles de mauvaise vie y furent admises pêle-mêle avec les autres misères (2). De leur contact journalier avec les simples mendiantes résultaient toutes sortes d'inconvénients qui n'échappaient à personne et l'on tenta sans doute, dès les premières années, d'isoler ces malheureuses dans quelques recoins de l'établissement. Cette mesure avait pour conséquence de limiter le nombre des admissions et d'abandonner à leur infortune bon nombre de femmes qui ne demandaient peut-être qu'à être sauvées.

Une pareille situation appelait les compassions de la charité chrétienne. Aussi relevons nous à partir de 1668 plusieurs clauses testamentaires portant donation pour servir à l'établissement d'un refuge. Jean Romanet sieur de Chez-Ribière, avocat en la cour, lègue 6000 ll. à cette fin ; Marguerite de Jumillac, veuve de Pierre Romanet, conseiller du Roi, imite cet exemple en 1674 ; Philippe de Jumillac, son frère, lègue 5000 ll. l'année suivante, toujours pour aider à l'établissement projeté. C'était mettre le Bureau en demeure de s'occuper de l'affaire. En 1674, il prit une délibération aux termes de laquelle on devait appeler des architectes « pour voir, visiter et examiner les endroits et la place qui se trouvera la plus commode, soit dans l'enceinte du dit hospital ou ez environs d'icelluy, où l'on puisse bâtir une maison de refuge et de retraite pour les filles pénitentes. » Le plan du bâtiment fut dressé par François Cluzeau, m° architecte, et l'autorisation de construire donnée par le lieutenant général, l'année suivante. De graves difficultés surgirent sans doute à ce moment puisque l'exécution du projet fut retardée de huit années. On le reprit enfin en 1683 et, après avoir obtenu du Roi des lettres patentes de fondation, on acheta deux maisons contiguës sises dans le voisinage de l'hôpital, pour y loger les filles perdues. Le nouvel établissement fut augmenté d'une chapelle bénite le 20 juillet 1685 par l'évêque de Limoges, et, si nous ne nous trompons, d'un troisième bâtiment construit à l'aide des donations dont nous avons parlé. Quelques legs subséquents, entre autres celui d'une somme de 6,685 ll. laissée en 1687 par Jean Romanet, sieur de las Gabias, permirent de faire face aux premiers besoins (3).

(1) Voy. l'art. E, 5 de l'*Invent. des Arch. hospit. de Limoges.*

(2) L'hôpital St-Gérald les admettait déjà de la même manière. Voy. l'art, E, 2, fonds II de l'*Invent.*

(3) Voy. les art. B, 540 et G. 119-124 ap. *Invent.*

La direction du Refuge fut naturellement confiée aux religieuses de St-Alexis sous le contrôle administratif du Bureau de l'hôpital et sous l'autorité spirituelle des prêtres de la Mission.

Les lettres patentes de 1660 portaient que les mendiants « valides ou invalides » enfermés à l'hôpital général seraient « employés aux manufactures et autres ouvrages de travail, selon l'ordre et manière qu'il sera jugé à propos. » C'était la reproduction d'un article des lettres de fondation de l'hôpital général de Paris, et c'est avec raison qu'on y a vu une inspiration de Colbert. Réduire le nombre des mendiants oisifs en développant le travail industriel. et inversement augmenter la somme du travail industriel en multipliant les bras qui s'y emploient, était une idée féconde que le célèbre ministre ne pouvait dédaigner. Toutefois, ce grand mot de manufacture ne doit pas nous faire illusion. Il ne s'agissait nullement d'organiser dans les hôpitaux la grande industrie à travail collectif qui suppose des capitaux, de l'espace et des débouchés certains. L'esprit pratique de Colbert visait seulement à faire exécuter par la population des hôpitaux la fabrication des étoffes grossières qui n'exigent que les opérations manuelles fort simples du cardage des laines, de leur filage et de leur tissage. Les mendiants étaient répartis en un certain nombre de boutiques où ils travaillaient sous le contrôle d'un surveillant. On obtenait avec cette organisation primitive assez d'étoffe chaque année pour habiller tous les pensionnaires de l'établissement et même pour fournir, par l'intermédiaire de quelques marchands, à la consommation de la ville. Double bénéfice par conséquent. pour l'hôpital d'abord. qui retirait de la vente des étoffes quelques mille livres par an, et pour les pauvres eux-mêmes qui recevaient une légère rémunération de leur travail ; sans compter qu'une fois rentrés dans la société, ils allaient remplir les ateliers de bras exercés, au grand profit de l'industrie nationale elle-même.

Nous n'osons affirmer que ces manufactures aient fonctionné dès la première heure. En tout cas elles existaient en 1670 et contribuaient déjà à accroître les revenus de l'établissement. puisqu'on percevait alors de ce chef un bénéfice net de 1037 ll. pour neuf mois de travail. On ne voit point que les filles du Refuge aient jamais été astreintes à ce genre de travail (1).

3

Le tableau que nous avons tenté de l'organisation de l'hôpital général durant la première partie de son existence pourra paraître bien incomplet à quelques lecteurs. L'on regrettera sans doute que certains traits soient si peu accentués et l'ensemble si imparfaitement ébauché. Mais si l'on veut bien se reporter à notre inventaire, on constatera que les archives de cette époque sont d'une pauvreté désolante et qu'il n'est guère possible d'en tirer au delà même de ce que nous avons donné. Du moins avons nous réussi à indiquer les lignes principales du sujet. Selon les directions qu'elles nous donnent, nous allons tâcher maintenant de grouper les faits singulièrement plus abondants que nous ont conservés les documents du XVIIIe siècle.

Au seuil de ce siècle, nous avons constaté précédemment un accroissement de la misère publique résultant de causes politiques. De l'excès du mal sortit enfin le souci du remède. Entre 1713-1720 nous en saisissons les premiers symptômes dans ce double fait qu'on agrandit les bâtiments et qu'on demande confirmation des privilèges de l'établissement. Bientôt après on se préoccupe de réorganiser les divers services de l'hôpital en vue d'une action plus énergique et d'un contrôle plus direct du Bureau. On remanie les règlements et on commence à tenir registre des enfants exposés ; les volumineux in-folios 54 – 76 de la série G de notre inventaire prennent naissance à l'année 1724. En 1732, quand on a suffisamment senti les avantages de cette méthode. on l'applique indistinctement à toutes les catégories de pauvres reçus à l'hôpital.

(1) Sur les manufactures de l'hôpital voy. les art. G. 125-130 et p. *Infrà.*

Enfin, on songea en 1734 à faire compulser de nouveau et classer les titres de propriété pour assurer à l'hôpital les ressources qui étaient le nerf même de son existence et régulariser le service derentes. Cette mesure parut si nécessaire qu'on en poursuivit l'application jusqu'au bout et qu'elle faisait encore l'objet d'une délibération du Bureau en 1761 (1).

C'est au souvenir de ces innovations multiples que le XVIII° siècle apparaît comme marquant une phase nouvelle dans l'existence de l'hôpital général de Limoges. Il nous faut maintenant reprendre en détail chacun des points, que nous venons d'indiquer, établir ensuite quelle était la situation économique de l'hôpital à cette époque et terminer par la revue des divers services que nous connaissons.

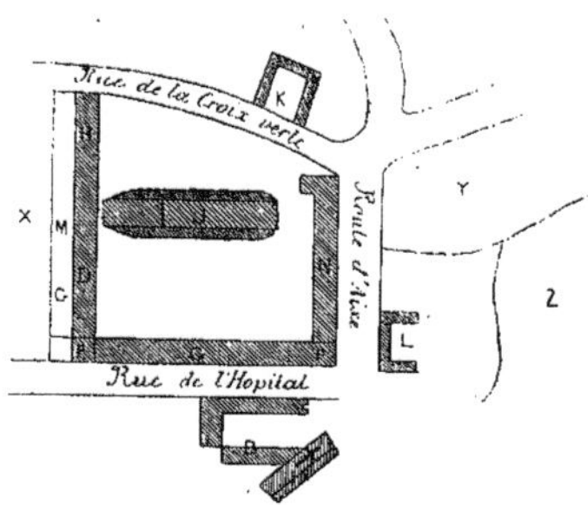

L'ancien hôpital St-Gérald relevé de ses ruines en 1657 comprenait un seul bâtiment, C, destiné aux malades, en bordure sur la rue actuelle de l'Hôpital. On y ajouta presqu'aussitôt un second corps de logis en retour, D, qui fut affecté aux mendiants. Ce fut là le premier noyau de l'hôpital général. A l'extrémité oriental du bâtiment C, on ménagea une chapelle provisoire, E, pour les pensionnaires de l'établissement. Le carré F formé par l'intersection du bâtiment C avec le bâtiment D servit d'habitation à M. Maleden de Savignac et de salle de délibérations au Bureau. Quant aux manufactures, elles furent reléguées sur les derrières, dans le rectangle G, et y restèrent jusqu'en 1766.

En 1659, M. de Savignac fit commencer pour le séminaire de la Mission le bâtiment H qui formait le prolongement de D. L'église J, qui existe encore, était perpendiculaire à ce bâtiment. La chapelle latérale de droite était affectée aux hospitalières qui habitaient en face (K). La chapelle de gauche ne devait servir qu'aux pauvres.

Quant au cimetière de l'hôpital, Y, il était situé vis-à-vis de la chapelle, sur l'emplacement des maisons qui bordent aujourd'hui la rue Dupuytren. Le Refuge (L), établi en 1683, était un peu plus bas et faisait face à la première chapelle de l'établissement.

M. de Savignac, lorsqu'il mourut en 1670, légua au séminaire de la Mission son habitation particulière, F, et le bâtiment H. En 1713 les Missionnaires cédèrent à l'hôpital le local F et le jardin attenant. On suréleva F de deux étages : ce fut un premier agrandissement. Par contre les donateurs firent construire l'aile M pour leur servir d'infirmerie.

Quinze ans plus tard, on voulut profiter d'un legs de 15000. ll., fait par M° Jean Rogier du Buisson, pour élever le bâtiment N, lequel relia la chapelle de la Mission au premier corps de logis de l'hôpital. Le rectangle projeté se trouva dès lors fermé (1730-1735). Ce nouveau bâtiment servit de grenier à blé et de bûcher. L'ancienne chapelle E, devenue depuis longtemps une simple chapelle mortuaire, fut agrandie par la même occasion.

A la suite de l'union du prieuré de St-Gérald, en 1760, on affecta au service de l'hôpital quelques maisons dépendant de ce prieuré, A et B. Deux ans plus tard, on acheta de nouveaux terrains (Z) compris entre le Refuge et le cimetière, en vue de constructions futures. C'est le troisième agrandisssement de l'hôpital général.

(1) Nous pourrions considérer comme une nouvelle preuve du zèle déployé en ces néfastes années le fait que les registres de délibérations du Bureau commencent en 1726, si nous ne savions, à n'en pouvoir douter, que ces délibérations étaient recueillies avec soin antérieurement à cette date et que la perte du premier registre est purement accidentelle (Voy. Laforest, *Limoges au XVII° siècle*, p. 496 de la seconde édition. Cf. ci-dessus. p. XXI, note. 1, la fin de la citation).

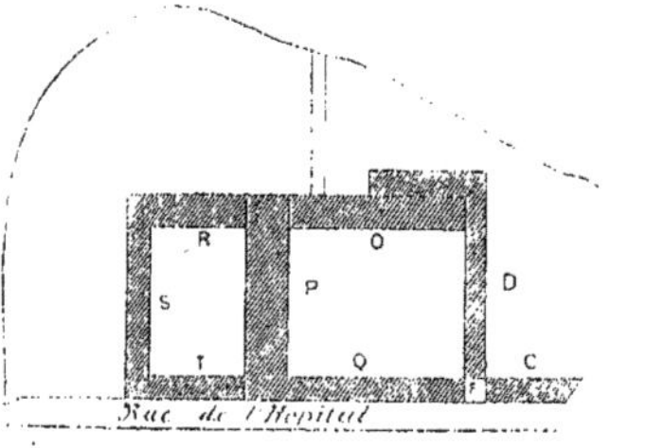

Le quatrième eut lieu de 1766 à 1770 ; c'est le plus important de tous. Il fut exécuté sur les plans de Trésaguet, ingénieur de la province, et eut pour conséquence le déplacement du local des manufactures et la suppression du jardin de St-Gérald (X). La première pierre en fut posée le 16 avril 1766 par Turgot, intendant de la Généralité. Elle contenait une double inscription que nous reproduisons ici, d'après la copie conservée dans le registre des délibérations du Bureau (E. 2, f° 28) :

ILLUSTRISSIMUS ET REVERENDISSIMUS
DOMINUS, DOMINUS
LUDOVICUS CAROLUS DUPLESSIS D'ARGENTRÉ,
EPISCOPUS LEMOVICENSIS,
DOM. ROULHAC,
HUJUSCE URBIS PRAETOR GENERALIS,
DOM. ROMANET,
PROCURATOR REGIUS,
DOM. CIBOT,
PAROCHUS MONTIS-GAUDII,
DOM. TEULIER,
CANONICUS SANCTI MARCIALIS,
DOM. FARNE DU PUYREJEAN,
DOM. BRISSET DU PUYDUTOUR,
DOM. GARAT, EQUES,
DOM. MURET, REGIS SCRIBA,
DOM. LAMY DE LA CHAPELLE,
DOM. PEYROCHE DU PUIGUICHARD,
DOM. BAILLOT D'ESTIVAUX, QUESTURAE PREFECTUS,
DOM. TANCHON, CAUSIDICUS,
HUJUS XENODOCHII ADMINISTRATORES,
HIS AEDIBUS CONSTRUENDIS
CURAM DEDERUNT,
ANNO DOMINI
MDCCLXVI,
DIE VERO MENSIS APRILIS XVI,
REGNANTE LUDOVICO XV.

ACCESSIT AD EXCOGITANDUM ET DIRIGENDUM
AEDIFICII MODUM
DOM. TRESAGUET,
IN PROVINCIA LEMOVICENSI
OPERUM REGIORUM DUCTOR.
PETRUS MALISSEN SCULPSIT.

Au revers de la plaque :

ILLUSTRISSIMUS ET NOBILISSIMUS VIR
DOM., DOM.
ANNA ROBERTUS JACOBUS TURGOT,
EQUES TORQUATUS,
REGI A CONSILIIS
LIBELLORUM SUPPLICUM MAGISTER,
REI FORENSIS, POLITICÆ ET ÆRARIÆ
IN DITIONE LEMOVICENSI
REGIUS PRÆFECTUS,
HUNC PRIMARIUM LAPIDEM POSUIT
ANNO DOMINI MDCCLXVI.

Les nouveaux bâtiments O P Q R S T n'avaient qu'un seul étage. Dans O on établit la boulangerie, les ateliers de tissage et la réserve des farines. Dans P on installa un réfectoire au rez-de-chaussée et un grenier à blé au premier étage. Q servit de buanderie et de séchoir, R de moulin et de filature, T d'atelier. Quant au bâtiment S, il fut destiné au logement des aliénés et des épileptiques.

Le cinquième agrandissement et le dernier que nous ayons à constater avant la Révolution eut lieu en 1774-76. Il est contemporain de la reconstruction du Collége, du Palais épiscopal, de la maison des Oratoriens et d'une partie de l'hôtel de l'Intendance. L'architecte Broussaud, lorsqu'on eut réglé le plan qui consistait à prolonger le bâtiment C sur les terrains acquis en 1762, ne crut pouvoir mieux faire que de reconstruire sur place le bâtiment N en le surélevant de deux étages. La chapelle mortuaire E tombait en ruines : elle fut transportée à l'autre extrémité du bâtiment N où elle a subsisté jusqu'en 1860 (1).

Nous n'avons point retrouvé l'état exact des dépenses qui résultèrent de ces divers agrandissements. On paraît toutefois avoir procédé avec économie, puisqu'on fit entrer dans la construction les matériaux provenant de la démolition de la tour Pissevache et des écluses de St-Étienne et de St-Martial. Déjà en 1637 les débris de la tour Chaufferette avaient été utilisés de la même manière.

La confiance qu'inspirait aux institutions de l'ancien régime la possession de leurs priviléges ne les empêchait pas de sentir ce qu'avait de précaire cette mise hors du droit commun, et elles ne manquaient jamais d'en demander confirmation quand quelque grave événement pouvait menacer la situation acquise. C'est ce qui eut lieu pour notre hôpital en 1720. L'aventure financière à laquelle le nom de Law est resté attaché, touchait à sa fin et la confiance du public était déjà fortement ébranlée. Le Bureau de l'hôpital, obligé d'accepter de ses débiteurs les billets de la banque royale, flairait de ce côté une aggravation prochaine des charges toujours plus grandes qui pesaient sur lui depuis près de 20 ans. A tout événement, on voulut se prémunir contre une catastrophe et l'on demanda au nouveau pouvoir royal de confirmer les priviléges concédés par Louis XIV en 1660. Cette confirmation fut accordée en juillet 1720, quelques mois avant la fuite de Law, et soumise immédiatement à l'homologation du Parlement de Bordeaux. C'était une sécurité. On l'accrut insensiblement par l'obtention de quelques priviléges d'importance secondaire, analogues à ceux que nous avons constatés à la naissance de l'établissement, tels que la perception d'un droit en faveur des pauvres à toute réception d'officier de justice, le monopole de la vente de la viande pendant le carême, avec licence de l'affermer, le bénéfice des amendes dont on frappait les contrevenants, l'attribution des pourceaux trouvés errants dans la ville, etc. (2).

La persistance que mettait le Bureau à revendiquer pour les pauvres tous les profits de cette nature prouve la difficulté qu'il y avait à équilibrer le budget de l'établissement. Comme ces menus priviléges ne produisaient en

___

(1) Sur ces constructions et reconstructions voy. les art. E. 1 et 2. passim, E. 114-120 de l'*Invent. des Arch. hospit. de Limoges.* — M. A. Giost, secrétaire en chef de l'hôpital général, avait utilisé avant nous ces divers renseignements pour faire l'historique des bâtiments de l'hôpital en s'aidant de quelques plans modernes. M. Giost a bien voulu nous communiquer son travail et nous venons d'en consigner les résultats. Nous tenons à remercier ici l'auteur de son désintéressement.

(2) Voy. série A. 5 et 6. — Le règlement pour la viande de carême a été publié par M. Laforest, ap. *Limoges au XVIIe siècle*, p. 638.

somme qu'un assez mince revenu et n'avaient point suffi à conjurer une crise financière dont nous parlerons tout à l'heure, on en chercha d'autres. Dès 1675 et de nouveau en 1688, l'hôpital avait demandé qu'on lui unît les revenus du prieuré de St-Gérald fondé, à ce qu'on prétendait, pour le service de l'hôpital du même nom. Cet hôpital ayant subi en 1660 la transformation que nous savons, s'était trouvé soustrait d'une manière absolue à toute juridiction du prieuré. Celui-ci ne remplissant plus les fonctions en vue desquelles on le disait institué, pouvait-il prétendre à vivre pour lui-même des rentes qu'il avait perçues originairement au profit des pauvres ? L'autorité ecclésiastique réussit d'abord à faire prévaloir cette opinion. Elle fut de nouveau et plus vivement attaquée au milieu du XVIIIe siècle et enfin, après trois années d'efforts, 1758-1761, le Bureau obtint l'union à l'hôpital de la manse priorale de St-Gérald, sous prétexte de subvenir aux frais des constructions que l'on projetait alors (1). Ce succès mit en goût d'en poursuivre d'autres et le Bureau réclama en 1762 l'attribution des effets mobiliers appartenant aux trois congrégations laïques instituées par les Jésuites dans leur Collège ; puis l'union d'une aumône de fondation que les mêmes Jésuites faisaient aux habitants d'Aureil et d'Éjaux, et d'une autre que distribuait l'abbé de Solignac. On arguait contre celle-ci qu'elle ne profitait qu'à des gens relativement aisés qui pouvaient facilement s'en passer. Il ne paraît pas toutefois que cette nouvelle tentative d'absorption ait réussi (2).

A la date où nous sommes arrivés, l'hôpital était encore sous le coup d'une situation critique qui avait mis le Bureau véritablement aux abois. Les charges annuelles s'élevaient en 1761 à la somme de 31,980 ll., alors que les revenus fixes et casuels ne montaient qu'à 25,597 ll. Différence en moins : 6,383 ll. Mais ce déficit était ancien, puisqu'en 1730 déjà les charges montaient à 35,010 ll., tandis que les revenus ne s'élevaient qu'à 24,000 ll. et qu'en 1737 les premiers atteignaient 20,000 ll. quand les seconds s'élevaient à peine à 11,419 ll. (3). Nous aurions sans hésiter attribué au désastre financier de Law la plus grande responsabilité dans la situation obérée que nous venons de constater, si un mémoire rédigé par le Bureau en 1737 n'en rejetait explicitement la faute sur les débiteurs ecclésiastiques. Voici les termes mêmes de ce mémoire : « La principale décadence a commencée en l'année 1724. Le clergé de ce diocèse devait à l'hôpital 61,000 ll. ; il les avoit empruntées en partie pour l'acquit des subsides et en partie pour le rachapt des greffes. Mais, après l'arrêt général du Conseil du 31 mai 1723, il obligea l'hôpital de luy passer une réduction de l'apport de cette somme de 61,000 ll. sur le pied de 2 %, qui est de 1,220 ll. pour tout revenu et par conséquent une perte de 1,630 ll. de rente, jusques à ce qu'on soit parvenu à obtenir le remboursement du principal » (4). Pour comble de malheur le pouvoir royal voulant faire face aux dépenses de la guerre d'Allemagne s'avisa en 1733 de retirer aux hôpitaux du royaume le subside financier qu'il leur accordait annuellement. Ce fut un rude coup pour les membres du Bureau. Ils commencèrent par diminuer les rations, par congédier quelques employés, par réduire le salaire des autres. Ils tentèrent en même temps d'accroître leurs ressources ordinaires par les quêtes à domicile. Mais rien n'y faisait : le déficit subsistait toujours. Désespérant d'arriver à balancer ses comptes, le Bureau se décida à refuser provisoirement toute nouvelle admission de pauvres dans l'hôpital. Ce fut encore peine perdue. Il fallut, au bout de quatre années, prendre le parti extrême de renvoyer tous ceux qu'on jugeait en état de gagner leur vie. Il restait encore à subvenir aux besoins de 250 pauvres infirmes ou caducs, dont l'entretien coutait 50 ll. par an, soit au total 12,500 ll. (5).

Les membres du Bureau de l'hôpital étaient au demeurant des hommes de cœur, que le spectacle de tant de calamités troublait profondément. Leur zèle semble avoir été à la hauteur des circonstances ; mais que pouvaient ils pour nourrir 400 mendiants quand toutes les ressources sur lesquelles ils avaient compté manquaient à la fois ? La supplique qu'ils adressèrent au cardinal Fleury vers cette époque traduit énergiquement leurs douloureuses préoccupations : « L'épuisement de notre hôpital, disent-ils, est au dessus de nos expressions. Nous avons fait les derniers efforts pour le soutenir, ces deux dernières années, contre la misère affreuse qui l'accabloit. Celle du tems où nous sommes est beaucoup au-dessus. Nous n'avons de ressource ny dans les facultés de l'hôpital, ny dans le

<hr>

(1) Voy. l'art. H. 1 de l'*Invent. des Arch. hospit. de Limoges*, et la note.

(2) Voy. les art. E. 2, E. 112 et H. 6, ap. *Invent. des Arch. hospit. de Limoges*. Cf. notre *Invent. des Arch. dép. de la Haute-Vienne*, série D. Introd. p. XXXVII.

(3) Voy. les art. E. 112 et H. 1, ap. *Invent*.

(4) Voy. l'art. E. 112, ap. *Invent*.

(5) Voy. le registre E. 1, f°s 59 et 79, et E. 112.

zèle du public qu'arrête le poids de la calamité ! » (1) La crise fut enfin conjurée par les remèdes énergiques que nous avons rappelés. Mais la convalescence fut longue. L'hôpital se releva pourtant insensiblement, grâce à une gestion plus sévère des revenus, et réussit même, comme nous l'avons vu, à tenter dès 1766 un agrandissement de ses locaux. Toutefois ce résultat final n'eût peut-être jamais été atteint si, vers 1755, l'État n'avait pris à sa charge une partie des pensionnaires de l'établissement. Sous ce nouveau régime, l'hôpital put entretenir en 1761 jusqu'à 614 pauvres. Il en avait 590 en 1775, alors que ses revenus s'élevaient seulement à 21,108 ll., dont il faut défalquer 9,830 ll. de charges extraordinaires (2). En 1779 nouvelle augmentation : 905 pauvres, dont 699 à la charge du Roi.

La seconde moitié du XVIII° siècle est donc une époque de prospérité matérielle pour notre hôpital. Mais la lourde main de l'État pesait maintenant sur lui. Le régime de l'assistance communale qui avait pris naissance au XIII° siècle et avait remplacé bientôt après celui de l'assistance monacale, disparaissait à son tour. Ce n'est point ici le lieu d'examiner si cette transformation était ou non désirable. Elle se légitima du moins par ses bienfaits : c'est le fait essentiel à retenir.

C'est sans preuve directe que nous assignons aux premières années du XVIII° siècle une division des fonctions administratives que nous constatons pour la première fois en 1728. Mais nous la croyons contemporaine des essais de réorganisation que nous avons rappelés, bien qu'il soit évident que cette division existait dès l'origine dans une certaine mesure. Quoi qu'il en soit, en 1728 les membres du Bureau se partageaient comme suit, pour deux ans, la surveillance des divers services de l'hôpital (3) :

Direction du spirituel — Recette générale — Recette des rentes — Boulangerie — Bûcher — Direction des gardes — Direction des enfants exposés — Manufactures et mobilier — Procédures — Direction du Refuge — Boucherie et bâtiments — Trésorerie.

La répartition paraît assez inégale et la surveillance du bûcher ne devait certainement point entraîner pour le titulaire autant de tracas que la direction des enfants exposés ou la conduite des procès. Mais cette inégalité des fonctions résultait de l'inégalité des conditions sociales qui existait entre les membres du Bureau, et le simple marchand ne se formalisait nullement sans doute d'être moins favorablement traité en cette occasion que le magistrat ou le noble.

Il ne faut point prétendre expliquer ici le fonctionnement de chacun de ces services. Outre que l'intérêt du sujet serait mince, les renseignements sont souvent trop peu précis pour qu'on puisse formuler les faits statistiques essentiels à connaître. Nous laisserons donc de côté tout ce qui concerne l'alimentation de l'hôpital, sa comptabilité, les procès qu'il eut à soutenir. Un simple coup d'œil jeté sur l'inventaire (séries E et B) permettra du reste à tout lecteur de se mettre au clair sur ces divers points. Quant au spirituel, nous ne saurions rien ajouter à ce que nous avons dit précédemment. Les prêtres de la Mission restèrent chargés jusqu'à la Révolution des intérêts moraux et religieux des pauvres de l'hôpital. Il n'y eut donc aucune innovation de ce côté.

Passons donc aux services importants, et en premier lieu au Refuge. Toute indication précise fait défaut sur le nombre des filles recueillies dans cette maison, sur leur condition, leur provenance, leur degré d'immoralité. Nous avons seulement noté que quelques unes y étaient envoyées par voie d'autorité administrative, voire par lettres de cachet. C'est ce que confirme directement un mémoire de 1775 où l'on lit ce passage : « Il y a dans cet hospice (le Refuge) plusieurs personnes d'un état honnête qui y sont reléguées par des ordres supérieurs, pour des raisons particulières autres qu'une continuité de dérèglement de mœurs. Elles s'y trouvent confondues avec celles qu'une publicité d'inconduitte y fait détenir. » Le nouveau règlement des hospitalières, édicté au XVIII° siècle, prévoit le cas où elles auraient à surveiller des « demoiselles » internées par ordre du Roi. La supérieure du Refuge doit les nourrir à sa table, leur témoigner tous les égards possibles et adoucir leur sort autant qu'elle pourra. Tout cela semble assez louche et l'on peut soupçonner là-dessous, sans calomnier l'ancien régime, quelques-unes des iniquités judiciaires dont il était coutumier (4).

(1) Voy. l'art. E. 112, ap. *Invent.*
(2) Voy. le détail des charges et des revenus à l'art. E. 113. Cf. *ibid.* et H. 1 pour le nombre des pauvres.
(3) A partir de 1775 le Bureau prit la résolution de se réunir une fois par semaine (Voy. le registre E. 2). Il en faut conclure qu'il ne se réunissait auparavant qu'une ou deux fois par mois.
(4) Voy. les art. E. 2 (1763) et F. 26, ap. *Invent.*

Aussi, le cas échéant, les prisonnières ne se faisaient-elles pas faute de reprendre leur liberté. Nous en avons deux exemples en 1733. L'état du local n'était point fait du reste pour les retenir, et les administrateurs l'avouaient eux-mêmes, vers 1775, lorsqu'ils décrivaient ainsi le Refuge : « Cet endroit des plus horribles et des plus malsains est d'une si ancienne construction que les personnes qui y sont détenues s'en sont très souvent évadées, par la facilité d'y faire des effractions. Il est si reserré qu'on ne peut y loger qu'une religieuse pour y présider avec une servante. Isolée et hors de portée de l'hôpital, la supérieure est dans une crainte continuelle de révolte par la difficulté de se procurer des secours. » L'obligation qu'on imposa aux pensionnaires de porter un costume spécial, sous prétexte d'humilité, ne tendait au fond qu'à rendre plus difficiles les évasions (1).

Les mendiants de toute catégorie semblent avoir constitué jusqu'à la Révolution le fond principal de la population hospitalière. Mais, dans la seconde moitié du XVIII° siècle, on s'occupe de les trier avec soin. Les vagabonds, les intraitables, les violents eurent à compter non plus seulement avec les rigueurs du règlement que nous connaissons, mais avec celles du dépôt de mendicité, beaucoup mieux dénommé la maison de force. Ce dépôt fut construit par l'ordre de Turgot vers 1765-1766, non loin de l'emplacement qu'occupe actuellement la maison d'arrêt. Il contribua, du moins à assainir un peu les rangs de la population de notre hôpital (2).

A mesure que l'hôpital avait augmenté ses ressources il avait du élargir ses cadres. Ce fut bien mieux quand la tutelle de l'État fut admise. On peut dire que, dans la seconde moitié du XVIII° siècle, toutes les misères et toutes les infortunes indistinctement se rencontrèrent dans la maison de St-Alexis. Les aveugles, les muets, les épileptiques (3), les soldats, les enfants exposés surtout vinrent lui demander guérison, soulagement ou protection. Mais si l'on parvenait à nourrir sans trop de peine cette foule d'abandonnés, il était moins facile de lui accorder l'espace qui faisait défaut. En dépit des nouvelles constructions et des agrandissements répétés que nous avons consignés précédemment, les locaux manquaient et il ne restait que le parti de faire coucher deux et trois pauvres dans le même lit. Aussi incroyable que nous paraisse aujourd'hui cette mesure, elle n'est que trop certaine et on la retrouve ailleurs qu'à Limoges (4).

Quant au mouvement annuel de cette population, on est embarrassé pour l'évaluer en chiffres exacts, quoique plusieurs registres d'entrée subsistent. Les récapitulations que nous avons citées plus haut pour les années 1761-1779 peuvent toutefois satisfaire notre curiosité sur ce point. Il est possible cependant de pousser plus loin l'investigation statistique pour les enfants exposés, grâce à la tenue régulière et à la conservation parfaite des registres qui les concernent. En divisant les soixante-quatre années comprises entre février 1725 et octobre 1788 en quatre périodes égales, aussi exactement que le permettent les sections matérielles desdits registres, nous obtenons les résultats suivants :

> De février 1725 à septembre 1741 (3 reg.).... 1,912.... enfants exposés;
> De septembre 1741 à septembre 1756 (3 reg.) 2,593   —   —
> De septembre 1756 à juillet 1772 (5 reg.)... 3,391   —   —
> De juillet 1772 à octobre 1788 (8 reg.)....... 5,613   —   —

Restent deux registres allant d'octobre 1788 à mars 1791, et donnant pour cette courte période un total de 1,802 enfants exposés, presque égal à celui de la première période de seize années.

Ces chiffres s'appliquant à une étendue de pays très variable, suivant que l'on se rapproche plus ou moins de la Révolution, il est nécessaire d'en préciser la valeur.

En effet, dans les premières années qui suivent l'organisation du service des enfants trouvés, on ne recueille guère que les enfants exposés à Limoges et nés dans la ville même. A mesure que l'hôpital accroît ses ressources et

(1) Voy. les art. E. 1, fos 55 et 74, E. 2, fo 28, E. 113, ap. *Invent.*

(2) Voy. l'*Invent. des Arch. dép. de la Haute-Vienne,* C. 362. — Cf. l'*Invent des Arch. hospit. de Limoges,* E. 113. — Le *Cahier des doléances* du clergé de Limoges donne à croire que le remède ne fut guère efficace : « Art. VII. Mendicité. Pour extirper ce fléau qui, né le plus souvent de l'oisiveté, enfante presque toujours la dépravation des mœurs, nous supplions Sa Majesté de proscrire sévèrement la mendicité dans tout le royaume. Les maisons de force n'ont jusqu'ici presque rien fait pour cet objet. Des bureaux de charité dans chaque paroisse feroient infiniment plus de bien.... »

(3) Voy. l'art. E. 113, ap. *Invent.*

(4) Voy. le registre E. 2, fo 62.

s'ouvre plus aisément aux intéressés, on apporte plus fréquemment des paroisses voisines, pour les abandonner à Limoges, les petits êtres dont on veut se défaire. L'administration provinciale, par humanité, favorisait d'ailleurs, à sa manière, cette tendance, en faisant très souvent entrer d'office à l'hôpital général les enfants trouvés dans les paroisses les plus éloignées de la Généralité. De ces diverses remarques, il résulte que notre statistique, applicable d'abord à Limoges seulement, l'est bientôt au Limousin même, et finalement à la Généralité de Limoges toute entière ; car, ni Angoulême, ni Tulle, ni aucune des autres villes de la circonscription, n'offraient, croyons-nous, un semblable secours à l'indigence. La progression constante des chiffres n'a donc point toute la portée qu'on serait tenté de lui attribuer de prime abord.

Une grave question se présentera naturellement à l'esprit de ceux qui liront les détails des registres que nous inventorions ci-après (1). Quel était le nombre des enfants illégitimes dans cette foule de déshérités qui trouvaient une dalle pour berceau en arrivant au monde ? Autrement dit, dans quelle proportion le vice et l'immoralité se faisaient-ils, concurremment avec la misère honnête, les pourvoyeurs de l'hôpital ? La question est malheureusement insoluble pour nous, comme elle l'était déjà pour les contemporains. C'était seulement dans des cas très exceptionnels que l'on pouvait constater l'identité des enfants abandonnés. Le plus souvent elle n'était qu'insuffisamment indiquée sur les langes du nouveau-né par quelques lignes rédigées avec les réserves que suggérait la prudence ou la honte. C'est donc indirectement, sur la foi de témoignages venus d'ailleurs, que nous pouvons affirmer que les naissances illégitimes étaient pour beaucoup dans l'encombrement des salles de l'hôpital à certaines époques.

Au service des enfants exposés se rattachait naturellement celui des nourrices et des gardiennes d'enfants. L'hôpital en avait 2,046 à son service en 1776 (2). Elles habitaient les paroisses voisines de Limoges, dans un rayon de quelques lieues. Les enfants leur étaient confiés jusqu'à l'âge de sept ans ; après quoi, si leurs nourriciers ne déclaraient vouloir les conserver (3), on les réintégrait à l'hôpital pour leur apprendre à lire, les catéchiser et leur enseigner ensuite quelque métier. Nous avons vu déjà comment cette population d'enfants était alors répartie en grands, en moyens et en petits, comme dans nos Lycées. C'est assez avant dans le XVII° siècle qu'on se préoccupa d'organiser en faveur des derniers une école régulière. Mais les seuls noms d'instituteurs et de gouvernantes que nous ayons relevés appartiennent tous au XVIII° siècle (4).

Aussi prudente que paraisse cette organisation, elle ne pouvait parer à tous les dangers. La plupart des enfants qui rentraient à l'hôpital à l'âge de sept ans périssaient en masse. Le Bureau constate, à plusieurs reprises, l'effrayante mortalité qui pèse sur eux et cherche les moyens d'y remédier en les maintenant à la campagne jusqu'à l'âge de 12 ans (5).

Les registres d'enfants exposés témoignent d'une foule d'autres faits moins importants, qui ont pourtant leur intérêt. On les trouvera consignés dans l'inventaire même.

Comme au siècle précédent, les pauvres de l'hôpital continuaient à être astreints au travail des manufactures. Les états de la production et des ressources que l'hôpital en retirait nous ont été conservés (6). On verra que les résultats obtenus sont loin de pouvoir être dédaignés. Cette organisation reçut de Turgot un nouveau développement, principalement lorsque les ateliers de charité eurent été institués dans toute la Généralité. A la fabrication des draps-droguets on ajouta celle de la dentelle, et même celle des épingles, très florissante à Limoges au siècle précédent. On projeta même en 1780 d'établir à l'hôpital une manufacture de tapisseries. Nous ne saurions dire jusqu'à quel point ce dernier dessein reçut exécution (7).

Dans cette brève histoire de l'hôpital de Limoges, ce ne serait point un des côtés les moins intéressants du sujet

---

(1) G. 54 à 74.

(2) Voy. les art. G, 77, 118, ap. *Invent.*

(3) Voy. ap. *Feuille hebdom.* 1776, p. 79, la lettre d'un vicaire de Vicq, racontant l'histoire d'un enfant de l'hôpital adopté par ses nourriciers.

(4) Voy. le registre E, 1. *passim.*

(5) Voy. les art. E, 113, G, 36 et H, 1, ap. *Invent.* — Cf. les art. C. 374-376 de l'*Invent. des Arch. dép. de la Haute-Vienne.*

(6) Voy. les art. G, 125-132 ap. *Invent.*

(7) Voy. le Registre des délibérations E, 2, p. 134, ap. *Invent. des Arch. hospit. de Limoges.* Cf. les art. C. 13, 329 et ss. *de l'Invent. des Arch. dép. de la Haute-Vienne.*

que de rechercher le rôle des médecins et leur part exacte de dévouement à l'œuvre commune. Mais, ici comme ailleurs, les textes n'apprennent pas grand chose. Maurice Arbonnaud (1743), Léonard Boisse, Michel Arbonnaud, Valade (1765), Fougères († 1783), Bonnin. Cognasse, tels sont à peu près les seuls noms de médecins titulaires, pourvus de titre de docteur, que nous ayons relevés. Parmi eux, aucun des membres du Collège de médecine connus par des travaux théoriques (1). Le règlement édicté pour eux en 1783 ne contient que des mesures d'ordre intérieur. Il confirme pourtant ce que nous savons d'autre source, que le service des médecins était purement gratuit et ne leur procurait d'autre avantage que celui de posséder une clinique plus variée que celle d'aucun confrère. Ils étaient nommés, au nombre d'un ou deux seulement, par le Bureau, qui s'inspirait sans doute dans son choix des considérations de science et de notoriété.

Au-dessous des médecins titulaires venaient les chirurgiens. Les lettres patentes de 1660 en admettaient un seul au service de l'hôpital. Cette clause paraît avoir été oubliée, puisque la corporation réclama plus tard, dans le cours du XVIII° siècle, le droit pour l'un de ses membres de visiter les malades « par un esprit de charité » (2). Aucun de ces chirurgiens n'est plus connu que Fray de Fournier, qui s'intitulait en 1786 chirurgien-major de l'hôpital de Limoges (3). C'est d'eux, semble-t-il, que dépendait généralement le traitement des malades. La saignée à outrance était leur grand moyen thérapeutique. Ils avaient sous leurs ordres des garçons chirurgiens qui attendaient de l'hôpital leurs lettres de maîtrise pour aller ensuite exercer leur art dans quelque localité voisine. L'absence constatée de tout enseignement théorique de la médecine et de la chirurgie à Limoges avant la Révolution nous permet de soupçonner que ces futurs maîtres chirurgiens restaient toute leur vie de fort modestes praticiens, plus habiles à raccourcir un membre ou à ligaturer une plaie qu'à diagnostiquer une maladie.

Le nombre des garçons chirurgiens avait été d'abord fort limité. Par une progression insensible, il s'éleva jusqu'à dix ou douze, et parmi eux des enfants de 13, de 12 et même de 11 ans. Le règlement édicté en 1783 réprima cet abus, qui reparut momentanément sous la Révolution (4).

L'hôpital possédait aussi une sage-femme titulaire en 1790 ; mais on n'en trouve point mention antérieurement à cette date. On ne saurait s'en étonner quand on sait que les cours d'accouchement institués au chef-lieu de chaque Élection par M. Meulan d'Ablois, intendant de la Généralité, ne datent que de 1786. Quant à la pharmacie, elle était aux mains des hospitalières, et l'une d'elle remplissait, nous ne savons par quelle grâce d'état, les fonctions permanentes d' « apothiquairesse ». Une sentence du sénéchal de Limoges rendue en 1768, à la requête de la corporation des maîtres apothicaires-pharmaciens, pourrait bien avoir visé indirectement l'hôpital, entre mille autres concurrents du même genre dont se plaignait la corporation (5).

Les religieuses de St-Alexis, instituées uniquement en vue de l'hôpital général, le desservirent régulièrement pendant tout le XVIII° siècle. A partir de 1732, elles consentirent à envoyer quelques-unes de leurs sœurs dans les hôpitaux voisins de la Souterraine, Beaulieu, St-Junien, St-Yrieix et Turenne. Cette expansion de la communauté est le fait le plus important de son histoire avant la Révolution. A Limoges même, il faut noter que les religieuses prirent une place de plus en plus grande dans l'établissement en substituant insensiblement dans tous les services leur action personnelle à celle des membres du Bureau. Les salles de malades, les manufactures, la boulangerie, la pharmacie relevèrent bientôt en première instance des religieuses qui rendaient ensuite leurs comptes au Bureau. Cette petite révolution intérieure, poursuivie sans fracas, était définitivement accomplie dans la seconde moitié du XVIII° siècle.

Mais, justement à la même époque, nous constatons au sein de la congrégation un relachement de la discipline

---

(1) *La Feuille hebdom. de la Génér. de Limoges* contient une foule de renseignements intéressants sur cette association de médecins et sur ses travaux. En voici quelques preuves : 1776, lettre de M. Fournier sur l'allaitement et la suppression du lait ; discours de M. Lemaistre sur la cataracte ; 1777, dissertation de M. Doudet sur l'origine de la médecine ; 1780, discours de M. Duverger sur l'éducation physique des enfants ; 1781, discours de M. Martin sur l'origine des affections de l'âme et leur influence sur la santé ; 1782, discours de M. Depéret sur les avantages de l'inoculation ; 1786, lettre de M. Guy sur les inconvénients du mercure en médecine, etc.

(2) Voy. l'art. F. 29, ap. *Invent.*

(3) *Feuille hebdom.* 1785, p. 91.

(4) Pour les médecins et les chirurgiens voy. les registres E 1 et 2, *passim.*

(5) Voy. l'art. F. 30 ap. *Invent.* et la *Feuille hebdom.* 1786, p. 117, et 1787, p. 194.

qui nous fait mal augurer de l'esprit de dévouement et de charité des hospitalières. Contrairement à la lettre de l'acte de fondation, on recevait maintenant des sœurs converses qui devaient apprendre à servir les malades en servant d'abord les religieuses. En 1765 ces converses en étaient venues à se faire servir elles-mêmes par des laïques de l'hôpital. « Abus inouï ! » nous dit l'auteur anonyme d'un réquisitoire dressé à cette époque contre les religieuses. Il y en avait d'autres malheureusement, non moins inouïs. Nous laisserons de côtés les adoucissements apportés à la rigidité de la règle en matière de pratiques religieuses, parce que la conscience individuelle est seule juge de ces sortes de cas. Mais nous devons relever, comme un fâcheux pronostic, l'esprit de mondanité, de coquetterie même, qui envahissait, sous l'influence de la corruption du siècle, le cerveau des jeunes religieuses et en particulier des novices. Coiffes légères, rubans au cou, pendants d'oreilles, souliers à boucles, manches flottantes, tel était le costume préféré. Ce souci de la toilette et des colifichets, cet oubli du sérieux de la vie sont une mauvaise préparation à l'œuvre du soulagement des pauvres et des déshérités du monde. Nous ignorons ce que tenta la supérieure pour arrêter les progrès du mal. Si Joséphine Dalesme de Salvanet, qui gouverna la communauté pendant près de trente-cinq ans (1759 à 1792), ne réussit point par sa seule autorité à ramener l'esprit de la règle, la Révolution dut singulièrement troubler ces têtes légères. Toutefois, parmi les 24 religieuses qui composaient alors la communauté de Limoges, il y en eut de fidèles qui restèrent opiniâtrement à leur poste et réussirent à traverser la tourmente (1).

L'hôpital ne se contentait pas de soulager les misères qu'il recueillait dans ses murs. Il les secourait aussi à domicile, au moins dans la seconde moitié du XVIIIᵉ siècle, par des dons en argent ou en nature et par le prêt de garde-malades. Sa sollicitude s'étendait même sur les campagnes voisines (2). Mais, antérieurement à 1750 environ, il semble que la charité privée ait été seule à s'occuper des pauvres honteux et de tous ceux que l'hôpital ne pouvait admettre. Nous avons dit ce qu'avaient réalisé au moyen âge avec leurs seules forces quelques âmes plus particulièrement animées de l'esprit de miséricorde et de charité. Ces exemples ne font point défaut dans les temps modernes. Sans nous arrêter aux dévouments et aux libéralités que les calamités de 1563, de 1614, de 1672 et de 1770 excitèrent par explosion dans les classes élevées de la population, nous aimons mieux rappeler qu'antérieurement à la fondation de l'hôpital général, les orphelins avaient trouvé à Limoges une mère dévouée dans Marcelle Germain. Quelques années plus tard, à l'exemple de St Vincent de Paul, le Père Lejeune réussit à grouper en une sorte de confrérie laïque les dames de Limoges pour s'occuper des pauvres et des malades (3). De Limoges, cette institution des Dames de charité (c'était le nom qu'elles prenaient), se répandit plus tard dans tout le diocèse (4), et on en trouve trace à la fin du XVIIIᵉ siècle dans presque toutes les localités importantes (5).

Est-il nécessaire de conclure après ce rapide exposé et de formuler l'enseignement qui découle des faits constatés ? N'est-il point manifeste, aux yeux de tout esprit non prévenu, que l'activité charitable de nos ancêtres, aussi admirable qu'elle ait été, est toujours restée au-dessous de sa tâche et n'a produit que des soulagements partiels et momentanés ? Sans égale quand il s'agit de guérir les douleurs de l'âme humaine, la charité chrétienne est limitée dans ses effets quand elle se trouve aux prises avec les innombrables souffrances physiques qui accablent les classes populaires. Les moyens d'action lui font défaut, quelle que soit la forme que revêt son assistance : privée ou publique, ecclésiastique ou communale. Il faut donc monter encore et, à l'esprit de charité qui soulage toujours les misères inévitées, il faut ajouter l'esprit de justice qui tend à corriger sans cesse les iniquités sociales d'où dérivent la plupart de ces misères.

(1) Pour les sources voy. ci-dessus, p. note... Cf. *Invent. des Arch. hospit. de Limoges* les art. F 27 et 28, et la *Feuille hebdom. de la Généralité de Limoges*, 1787, p. 94. — C'est une grave erreur de M. Laforest d'avoir avancé que les hospitalières de St-Alexis furent remplacées à la Révolution par des filles salariées à 400 fr. par an.

(2) Voy. les registres E. 1 fᵒ 163 E. 2 fᵒˢ 153 et 167, et l'art. E 113 ap. *Invent.*

(3) Il fut question en 1776 d'établir à Limoges une maison de sœurs de charité. Le projet semble avoir échoué, et c'est en 1783 seulement que trois sœurs de St-Vincent de Paul s'établirent dans notre ville. Voy. la *Feuille hebdom.* 1776, p· 183, et 1783, p. 24.

(4) Sous l'influence des lettres royaux de 1764. Voy. l'art. G. 1, ap. *Invent.*

(5) Sur les dames de charité de St-Léonard, voy. la *Feuille hebdom.* 1787, p. 90.

V

HOPITAUX, LÉPROSERIES ET HOSPICES DANS L'ANCIEN DIOCÈSE DE LIMOGES.

Si du chef-lieu nous passons au reste du diocèse nous trouvons, sur un territoire dont l'étendue correspondait à trois de nos départements actuels, environ 80 hôpitaux, maladreries ou hospices, non compris ceux de Limoges. Il ne faudrait point croire toutefois que ces 80 établissements, d'importance d'ailleurs fort différente, aient existé simultanément. Bon nombre d'entre eux (près de la moitié) ne sont nés que fort tard, au XVIe, au XVIIe ou même au XVIIIe siècle, et parmi les premiers venus à l'existence bien peu atteignirent les temps modernes.

Voici, en tout cas, ceux dont nous avons pu constater l'existence à l'aide des inventaires d'archives, des anciens calendriers du diocèse et des notes laissées par Nadaud (1). La liste dressée au siècle dernier par ce patient chercheur se trouve aujourd'hui plus que doublée. Il n'est point impossible qu'on y ajoute encore une vingtaine de noms. Les dates que nous donnons doivent être considérées comme les plus anciennes que nous ayons rencontrées ; mais, sauf indication contraire, elles ne sauraient être prises pour la date même de fondation.

AIXE, 1164.

AIXE, maladrerie, 1250 ; maison-Dieu, 1480, 1618, interdite en 1741 ; hôtel-Dieu, 1776 (2).

ALLASSAC, 1632.

AMBAZAC, maladrerie, dite de fondation royale…. ?

ARGENTAT, hôpital Fondège (ordre de Malte), et hopital fondé par J.-J. Ceyrac à la fin du XVIIe siècle (3).

AUBUSSON, XVIIe-XVIIIe siècles (4).

AURIEL, infirmerie fondée vers 1342, mentionnée en 1496 et 1608.

AUZANCES, 1706.

BEAULIEU, hôpital fondé en 1618 par les Jésuites (5).

BELLAC, maison-Dieu dédiée à St-Alexis, 1530, 1572, XVIIIe siècle (6).

BÉNÉVENT, hôpital fondé par Paul Pélisson, 1678 (7).

BOISFERRU, hôpital, fin du XIVe siècle, existait encore au XVIIIe siècle.

BOISSEUIL, hôpital construit en 1459, détruit en 1544.

BONNAC, près Ambazac. 1744, 1775.

BORT, 1679.

BOURGANEUF, 1325, 1543 (8).

BOUSSAC, maison-Dieu, XVIIIe siècle (9).

BRIVE, hôpital de N.-D. Majeure 1388, rebâti en 1674, démoli en 1745 (10).

CHABANAIS, 1386.

CHALUS, maladrerie, 1617.

(1) Parcourir le *Catalogue des prieurés, hospices et léproseries dépendant du grand aumônier de France*, publié en 1621 par J. Lozède dans son *Tractatus privilegiorum*, ne nous a fourni aucun nom. — Cf. un État des aumôneries du diocèse de Limoges au XVIIe siècle ap. *Invent. des Arch. hospit. de Limoges*, B, 538.

(2) Voy. le fonds de cet hôpital, série H des Arch. dép. de la Hte-Vienne.

(3) Voy. Raabal, *Hist. de la ville d'Argentat et de son hospice*, 1879.

(4) Voy. l'inventaire du fonds de cet hôpital ap. *Invent. des Arch. dép. de la Creuse*, série H. suppl.

(5) Voy. l'inventaire du fonds de cet hôpital ap. *Invent. des Arch. dép. de la Corrèze*, série H. 101.

(6) Voy. l'inventaire ci-contre.

(7, 8, et 9) Voy. l'inventaire des fonds de ces hôpitaux ap. *Invent. des Arch. dép. de la Creuse*, série H. suppl.

(10) Voy. l'inventaire du fonds de cet hôpital ap. *Invent. des Arch. dép. de la Corrèze*, série H. 102.

CHAMPSAC, léproserie fondée en 1274.

CHAPELLE AUX SAINTS, XVIII° siècle.

CHAPELLE-TAILLEFER....?

CHATEAUNEUF LA FORÊT, 1292, 1294.

CHERONNAC....?

CONFOLENT, maladrerie, 1671,1683.

COURBEFY, hôpital fondé en 1120 par Bernard de Salis, sous le nom de maison-Dieu.

DONZENAC, 1259, 1303.

LE DORAT, maladrerie dite de fondation royale; maison-Dieu. 1430. 1513. XVIII° siècle (1).

DUN LE PALLETEAU, 1411.

ÉGLETONS, XVIII° siècle.

EYMOUTIERS, maison-Dieu de St-Alexis, 1558, 1561, XVIII° siècle.

EYZAC, annexe d'Ayen, hôpital de l'ordre de Malte....?

FEIX, maladrerie, 1574.

FELLETIN, hôpital Fontfaine, 1258 (2).

FRAISSINET, hôpital dépendant de celui de St-Gérald de Limoges, 1217.

GUÉRET, 1499, 1665-XVIII° siècle (3).

LA JONCHÈRE, aumônerie de N.-D. 1217, 1263, 1371, 1510, 1629.

LASTOURS, hôpital fondé par les seigneurs de Lastours, existait en 1291. 1354.

LESIGNAC-DURAND....?

LIMOGES, Voy. ci-dessus, les chap. III et IV (4).

LIOUX-LES-MONGES, 1249.

LUBERSAC, XVIII° siècle.

LUSSAC-LES-ÉGLISES, hôpital fondé en 1677 par François de Bourdal, premier chirurgien du Roi.

MAGNAC-LAVAL, maladrerie de l'ordre de St-Lazare, XVI° siècle; nouvel hôpital fondé au commencement du XVII° siècle, et uni au précédent en 1695, réorganisé en 1710 (5).

MAINSAT, 1788 (6).

LA MALADRERIE, lieu-dit près St-Léonard, sur la route de Clermont.

MEYMAC, maladrerie de St-Roch, 1461, 1683, XVIII° siècle.

MAYSSAC, 1784.

LA MEYZE, maladrerie dite de fondation royale....?

MONTBRUN, infirmerie, 1179, 1284, 1299, 1310.

MORTEMAR, hôpital dirigé par 25 frères de N.-D. du Mont-Carmel, 1323, 1335. 1415.

NAZARETH....?

NONTRON, maladrerie, 1455, XVII° siècle, démolie en 1744: hôpital en 1772.

ORADOUR-SUR-GLANE, maladrerie. 1513, 1585: n'existait plus en 1785.

LE PALAIS, hôpital, 1355.

PEYRAT-LE-CHATEAU, hôpital, 1407.

PIERREBUFFIERE, hôpital ruiné en 1423, cité en 1473; maladrerie en 1595.

LA PORCHERIE, maladrerie dite de fondation royale, relevée en 1473, abandonnée en 1592:

---

(1) Voy. l'inventaire ci-contre,

(2 et 3) Voy. l'inventaire des fonds de ces hôpitaux, ap. *Invent. des Arch. dép. de la Creuse*, série H. suppl. — Pour Guéret, voy. aussi les *Mémoires* de Chorllon, aux années 1665 et 1667.

(4) Voy. l'inventaire ci-contre.

(5) Voy. l'inventaire ci-contre et la *Notice historique* (1880) que nous avons consacrée à cet hôpital. Nous en prenons occasion pour rectifier ici deux passages : P. 9, ligne 6, au lieu de : 1792 lisez 1692. — P. 62. Dame Vételay de Beaurepas, mentionnée dans la liste des supérieures, était née vers 1712. Elle mourut le 27 janv. 1780 et fut enterrée dans le cimetière de la paroisse, d'après le registre des sépultures de l'hôpital.

(6) Voy. l'inventaire du fonds de cet hôpital, ap. *Invent. des Arch. dép. de la Creuse*, série H suppl.

Rilhac (-Lastours), hôpital fondé au commencement du XIV⁰ siècle.

Rochechouart, aumônerie en 1272, maison-Dieu en 1316, hôpital en 1353, 1555, XVIII⁰ siècle.

St-Amand près St-Junien, hôpital en 1083 (?)

St-Brice, hôpital fondé en 1370, ruiné en 1490.

St-Denis-des-Murs, maladrerie fondée en 1361.

St-Jean-de-Gorre, 1316.

St-Jean, hôpital entre Turenne et Martel.... ?

St-Junien, hôpital, 1263, 1292, appelé maison-Dieu du St-Esprit en 1298, léproserie en 1250, 1578; hôpital au XVII⁰ et XVIII⁰ siècles.

St-Laurent-sur-Gorre, hôpital fondé en 1316 par le vicomte de Rochechouart, léproserie en 1340.

St-Léonard, hôpital fondé en 1191, existait en 1263, aumônerie de la Plagne en 1380, maladrerie en 1447, 159… 1635, hôpital au XVIII⁰ siècle (1).

St-Paul, maladrerie dite de fondation royale, existait encore en 1681.

St-Pierre près St-Junien, maladrerie en 1350, 1497, 1506.

St-Prie-t-Taurion, maison-Dieu en 1370, 1388, 1526.

St-Victurnien, infirmerie en 1285, 1370; hôpital fondé en 1393 par le vicomte de Rochechouart.

St-Yrieix, hôpital, 1298, 1360, XV⁰-XVIII⁰ siècles (2).

Solignac, hôpital en 1195, léproserie en 1354.

Sourdeille.... ?

La Souterraine, hôpital, XVIII⁰ siècle (3).

Tarn, annexe d'Aixe, maladrerie, 1260, 1492, 1634.

Thenegnac, hôpital, 1682.

Tulle, hôpital bâti par Mascaron entre 1671-1679, succédait à un autre hôpital qui remontait au milieu du XI⁰ siècle (4).

Turenne, hôpital, 1100 (5).

Ussel, hôpital fondé vers 1269, rebâti en 1701.

Uzerche, hôpital, 1393, XVIII⁰ siècle (6).

Il y aurait certainement quelques faits généraux à tirer de cette simple énumération si elle était plus précise, la répartition de ces divers hôpitaux et leur importance relative nous étaient mieux connue. Mais ce sont là autant de *desiderata* auxquels la science historique actuelle ne saurait répondre en connaissance de cause.

Alfred LEROUX.

Limoges, 20 mars 1884.

---

(1) Voy. le fonds de cet hôpital, série H des Arch. dép. de la Haute-Vienne. Sur les bâtiments actuels de cet hôpital, on lit les dates de 16… et 1791.

(2) Voy. l'inventaire ci-contre.

(3) Voy. l'inventaire du fonds de cet hôpital ap. *Invent. des Arch. dép. de la Creuse*, série H, suppl.

(4) Voy. la notice consacrée à cet hôpital par M. Melon de Pradou dans le *Bull. de la Soc. des lettres de Tulle* (1882-1883) d'après les archives anciennes de l'établissement. L'auteur rappelle qu'il existait aux environs de Tulle sept maladreries.

(5) Voy. l'inventaire du fonds de cet hôpital ap. *Invent. des Arch. dép. de la Corrèze*, série H. 103.

(6) Nous rappelons d'une façon générale que l'on trouverait des renseignements exacts sur quelques-uns de ces hôpitaux dans les ouvrages consacrés à l'histoire des petites villes de notre région, telles que Brive, Felletin, Rochechouart, le Dorat, Bellac, etc.

VILLE DE LIMOGES

INVENTAIRE-SOMMAIRE

DES

ARCHIVES HOSPITALIÈRES ANTÉRIEURES A 1790.

SÉRIE A.

(Actes de fondation et Privilèges.)

A. 1. (Liasse). — 1 pièce et 1 cahier in-4°, 6 feuillets, parchemin; 5 pièces et 1 cahier in-8° (imprimé), 9 feuillets, papier; 4 sceaux.

1657-1661. — Hôpital général : fondation. — Délibération des Consuls de Limoges touchant la construction d'un nouvel hôpital dans le jardin de l'hôpital de St-Gérald, 14 novembre 1657 (copie): «....Il a esté exposé par le sieur Crozeil, prévost consul, que le nombre des pauvres estrangers qui affluent tous les jours en cette ville se multiplie à un tel point, par l'accès trop facile qu'on y donne à la mendicité et par la licence qu'elle y trouve dans le relasche de la police, que si on n'arreste le torrent qui vient fondre sur nous, et qu'on continue à accueillir tous les mendiants qui se sont retirez des autres villes par la crainte qu'ils ont eue de se voir soubmis à la closture dans les hospitaux généraux qui ont esté establis pour cet effect, on aura de la peine à se garentir des inconvénients qui sont à craindre de la multitude de tant de pauvres, dont les nécessités surpassent les forces des habitans et dont les désordres et malversations ne pourront désormais estre arrestez par aucune discipline, le nombre causant une confusion difficile à régler et une disette mesurable qui sera la source de plusieurs maladies; et c'est ce qui a fait naistre la pensée à plusieurs bons habitans de cette ville, tant par le bon mouvement de la charité envers les pauvres que par l'intérest de leur propre conservation, d'apporter quelque remède à tous ces maux, et, suivant l'exemple de la plus grand part des bonnes villes de ce royaume, de travailler à l'establissement d'un hospital général qui pourvoye aux nécessités des pauvres et retranche leurs désordres, où ils trouvent leur nourriture et leur conservation, qui bannisse l'oisiveté et secoure l'indigence, qui employe leurs mains à quelque travail qui n'estoient occupées qu'au larcin, et enfin qui ouvre un asile aux pauvres disetteux et ferme les portes de nos églises et de nostre ville aux libertins et aux fénéants qui, soubs le manteau de la pauvreté, couvrent toutes sortes de vices.... » — Autre délibération des dits Consuls tendant à obtenir du Roi l'autorisation d'unir au nouvel hôpital tous les autres hôpitaux de Limoges et des fauxbourgs, 15 mai 1659. On expose que la susdite délibération « ayant esté autorisée par une approbation générale de tous les ordres de la ville, auroit esté exécutée avecq diligence par les soings de MM. les administrateurs de l'hôpital St-Géral et par le concours favorable de la plus part des bons habitans, lesquels, après avoir conceu ce pieux desseing par leur zelle, auroient donné moyen de l'avancer par leurs charités en telle sorte qu'on voit un grand et beau corps de logis proche de sa perfection, composé de cinq grandes salles, oultre le réfectoire, la cuizine et les offices, qui sont capables de contenir et loger commodément le nombre de 250 pauvres, outre l'ancien bastiment qui peut bien en contenir et loger autant ou environ. Mais, parceque ce grand ouvrage ne sçauroit avoir de progrès ny parvenir à sa fin s'il n'estoit soustenu par la protection du Roy, certifiée par ses lettres patentes, et secouru des dons, privilèges et attributions qu'il a plu à Sa Majesté vouloir accorder aux autres hôpitaux généraux qui ont esté érigés dans plusieurs bonnes villes de ce royaume, pour cet effect, il est nécessaire d'avoir recours à Sa dite Majesté pour luy demander très humblement au nom de la ville et de tous les habitans, etc. » — Consentement donné par l'évêque de Limoges, sur la requête de M. Martial de Maleden, prêtre, sgr. de Meillac et de Savignac, agissant au nom des habitants de Limoges, à l'établissement de l'hôpital général et à l'union des autres hôpitaux de la ville, « sans préjudice néantmoings de la jurisdiction que nostre dignité épiscopale nous donne tant en ce qui regarde le spirituel que le temporel du dit hospital général...., nous les réservant par exprès et de faire nos ordonnances et réglementz pour la direction et conduitte du dit hospital général et de la communauté des prestres et des filles destinées pour le service des pauvres, ainsin que nous le jugerons nécessaire. » Juillet 1659. Les considérants portent que « vénérable Mᵉ Martial de Maleden, prêtre, seigneur de Meillac et de Savignac, comme ayant charge et estant député pour agir au nom et par l'ordre des habitants de la ville de Limoges...., a représenté qu'ayant esté résolu par acte de l'assemblée des habitants du 14 nov. 1657, de bastir un hospital général à l'exemple de plusieurs bonnes villes de ce royaume pour y renfermer et nourrir les pauvres mendiants et les employer au travail dont ils pourront estre capables, ce pieux dessein auroit sy bien réussy par les charités de plusieurs personnes de piété et par les soins des baisles de

l'hospital de St-Géral de cette ville, qu'on au[...] basti et élevé dans le fonds et enceinte du [...] hospital un corps de logis très considérable qu[...] presque en estat d'estre habité, et qu'on estoit [...] le point de bastir encore, tout joignant le dit [...] pital, deux logements pour des prêtres et des f[...] dévotes qui se sont consacrés au service des p[...] vres.... » — Réponse juridique aux « difficu[...] proposées sur les lettres patentes de l'hôpital gén[...] de Limoges. » Sans date. — Requête des admi[...] trateurs de l'hôpital général aux trésoriers généra[...] de France en la Généralité de Limoges, ten[...] à obtenir l'enregistrement des susdites let[...] patentes, mars 1661. — Extrait des registres [...] Parlement de Bordeaux portant enregistrement [...] dites lettres patentes, février 1661.

A. 2. (Brochure). — In-12, 26 pages, papier (imprimée).

1660. — Hôpital général : fondation. — Let[...] patentes portant établissement à Limoges d'un hôp[...] général. Paris, décembre 1660. Elles débutent ai[...] « Louis par la grâce de Dieu Roy de France e[...] Navarre, à tous présens et à venir, salut. La di[...] Providence ayant fait voir qu'il ne luy est rien im[...] sible, et que par une police réglée sur les maxime[...] l'Evangile, l'on pouvoit remédier à la vie scandal[...] et au libertinage de la pluspart des pauvres m[...] dians, et les tirer des désordres que leur cause l'o[...] veté et la fénéantise, et empêcher que désormai[...] ne courent vagabonds par les provinces et dan[...] rues des villes et ne rendent plus d'importunité [...] les églises en les renfermans dans les lieux où [...] soient non seulement logez, nourris et entrete[...] mais encore instruits dans les mistères de la reli[...] et y apprenaut un mestier pour gagner leur vie[...] comme le renfermement des pauvres a esté fait [...] grand succez dans notre bonne ville de Paris, [...] exemple les habitans de notre ville de Limoges. [...] tez par un mouvement de piété envers les pauv[...] qui sont en grand nombre dans notre province [...] Limosin, espèreut que par la charité et bien[...] de ceux qui ont du zèle pour la gloire de Dieu, [...] aura fonds suffisant dans l'hôpital de St-Géral d[...] dite ville en y unissant les hôpitaux de St-Marti[...] de St Jacques et toute les aumôneries et maladre[...] tant de fondation laïque que regulière (1), pour l'[...] blissement et subsistance d'un hôpital général[...]

(1) Voy. les fonds de ces hôpitaux et maladreries unis, série [...]

voulant de nostre part contribuer à une si pieuse et dévote entreprise, à ces causes, de l'advis de notre Conseil qui a veu les actes d'assemblée de ville des 4 novembre 1657 et 15 mai 1659, ensemble le consentement du sieur évêque de Limoges, du premier juillet au dit an, et celuy du sieur abbé de St-Martial, du 25 du dit mois de juillet, et encore celuy des chanoines et chapitre de la dite église, du quatrième des mois et an susdits, et de notre certaine science, pleine puissance et authorité royale, nous avons par ces présentes signées de notre main, dit, statué et ordonné, disons, statuons et ordonnons, voulons et nous plaît que tous les pauvres mendians valides ou invalides de la ville, cité, faux-bourgs, ponts St-Etienne et St-Martial de Limoges soient enfermez en un lieu et place de la dite ville, tel qu'il sera choisi par ceux auxquels la direction du dit hôpital est commise ; auquel lieu les pauvres seront employez aux manufactures et autres ouvrages de travail, selon l'ordre et manière qu'il sera jugé à propos. Voulons que le dit hôpital général soit bâty dans le fonds de celuy de St-Géral et qu'il soit nommé à l'avenir l'*Hospital général de Saint-Alexis*, que l'inscription en soit mise sur le portail d'iceluy ; duquel nous voulons être le protecteur et conservateur, sans qu'il dépende en façon quelconque de notre grand aumônier ; mais qu'il soit totalement exempt de la supériorité, visite et jurisdiction des officiers de la générale réformation et autres de la grande aumônerie, auxquels nous en interdisons la connoissance et jurisdiction en quelque façon et manière que ce soit. Voulons que l'administration, gouvernement et jurisdiction du dit hôpital, tant pour l'instruction, nourriture, entretien et correction des pauvres enfermez, que pour le soin des manufactures des ouvrages et généralement de tout ce qui concernera le bien du dit hôpital général, soit entièrement et absolument confié à dix notables habitans, choisis et élus de tous les corps et compagnies de la dite ville, et tels qu'on jugera les plus propres et capables, sans avoir égard à leurs conditions, dignités et offices ; entre lesquels il sera nommé deux ecclésiastiques..... Permettons que les quatre bailes de l'hôpital St-Géral qui sont présentement en charge, auxquels là conduite et construction du dit hôpital général et établissement d'iceluy a esté confié, prennent la qualité de directeurs et administrateurs et en fassent la charge et fonction avec six autres habitans, lesquels seront nommez et choisis, sçavoir : deux par les chanoines et chapitre St-Martial de Limoges, et un par les consuls de la dite ville, et les

trois restans par les sept cy-dessus nommez ; lesquels administrateurs exerceront ordinairement pendant quatre ans. Permettons néanmoins aux quatre bailes de l'hôpital St-Géral que nous avons appelés à l'administration de l'hôpital général par ces présentes, de sortir de charge, avec un cinquiéme qui sera tiré au sort, après deux ans d'exercice, au lieu et place desquels seront nommez autres cinq, et deux ans après les cinq autres sortiront et seront nommez cinq autres et ainsi successivement de deux en deux ans. Il y en aura cinq qui sortiront de charge et cinq qui leur succèderont et seront nommez par le Corps de ville et le chapitre St-Martial au nombre qu'ils ont droit de nommer, et le surplus par les administrateurs ; et ce tant par ceux qui sortiront de charge que par ceux qui resteront, à la pluralité des voix ; lequel ordre sera à l'avenir inviolablement observé.... Voulons pareillement qu'en cas que les bâtimens dépendans dudit hôpital St-Martial, mouvans de la fondalité dudit chapitre, soient vendus au plus offrant et dernier enchérisseur, les deniers en provenant soient employez à la construction d'un corps de logis du dit hôpital général, lequel bâtiment portera le nom et titre d'hôpital St-Martial.... Donnons pouvoir aux dits administrateurs de faire des règlemens de police et statuts non contraires au contenu des présentes pour le gouvernement et direction du dit hôpital général, tant au dedans d'iceluy qu'au dehors et és lieux en dépendans, soit pour l'établissement, subsistance et direction des pauvres, ou pour empêcher la mandicité publique ou secrette et la continuation de leurs désordres. Et à ces fins pourront appeller tel nombre de personnes de tous les corps de la dite ville qu'ils jugeront à propos ; comme aussi, pour le bien et avantage des pauvres, lesdits administrateurs pourront nommer un receveur général, un secrétaire et un économe choisis entre tous les habitans de ladite ville, de quelque qualité et condition qu'ils puissent estre, ensemble un médecin, un chirurgien, un advocat et un procureur ; lesquels tous auront voix excitatives audit Bureau de l'aumône en ce qui regarde les fonctions de leurs charges seulement, destituables à volonté. Lesquels statuts et règlemens après qu'ils seront faits, seront gardez et observez par tous ceux qu'il appartiendra.... Et voulons que pour subvenir au logement, nourriture et entretènement des pauvres, les hôpitaux de St-Géral, St-Martial et St-Jacques, ensemble la maladrerie appelée la Maison-Dieu, avec tous les biens meubles et immeubles, rentes et autres revenus dépendans d'iceux, soient unis au dit hôpital général, à la charge de fournir un lieu séparé dans iceluy pour les lépreux, s'il s'en présente, avec pouvoir de vendre et aliéner dans les formalitez au cas requises les dites maisons, pour l'argent en provenant estre employé aux bâtimens et constructions de l'hôpital général.' Voulons aussi qu'audit hôpital général soient unies toutes les aumônes générales et particulières de fondation qui se font dans ladite ville, cité et faux-bourgs, nommément et par exprès l'aumône appelée *le Chantois*, celles qui se font par la maison de ville, lesquelles seront réglées sur le pied des derniers comptes rendus, et généralement toutes les autres aumônes affectées aux pauvres, en termes généraux. Voulons aussi qu'audit hôpital général soient unis les revenus de toutes les confréries qui ont relaché de leur ancien institut et dont les revenus sont présentement divertis à d'autres usages, en faisant néanmoins faire par les dits administrateurs les services et prières portés par les titres de fondation, et particuliérement de la confrérie appelée des *Pastoureaux* (1), lesquels nous voulons estre appliquez au dit hôpital général, conformément à l'acte de délibération de la maison commune de la dite ville, et ce nonobstant toute autre destination qui en pourroit avoir esté faite avant ces présentes. Voulons aussi qu'audit hôpital général soit unie la baylie des Pauvres à vêtir (2) et tout le revenu en dépendant, avec pouvoir aux dits administrateurs d'en employer les arrérages qui se trouveront entre les mains des bayles de la dite baylie aux bâtiments dudit hôpital général, auxquels nous donnons toutes les maisons, droits, lieux et revenus affectez aux pauvres, payables dans nostre dite ville, cité et faux-bourgs de Limoges, qui sont à présent et qui se trouveront cy-après abandonnez, usurpez ou employez en autres usages que ceux de leur fondation, et particulièremeut une place appelée la place du Presche, présentement démolie, vacante et sans exercice. Donnons pouvoir et droit aux pauvres du dit hôpital général, exclusivement à toute sorte de personnes, de faire tendre de noir aux obsèques, enterrements et autres services qui se font pour les morts, soit dans les maisons des particuliers, ou dans les églises. Permettons aux dits administrateurs d'affermer le dit droit à quelques personnes particulières, s'il est jugé à propos pour le bien et avantage des pauvres (desquelles ceux qui voudront faire tendre en leurs maisons et aux églises seront obligez de se servir), et semblablement de prendre des pauvres du dit hôpital pour porter les flambeaux aux

(1 et 2) Voy. les fonds de ces deux confréries, série H.

dites obsèques en tel nombre que bon leur sembler pour l'assistance desquels il sera payé par ceux q les employeront un certain droit suivant l'usage. Donnons et attribuons auxdits administrateurs et leurs successeurs tout le pouvoir et autorité de direction, correction et châtiment des pauvres enferme et pour cet effet leur permettons d'avoir dans la ma son du dit hôpital général poteau et carcans, à charge néanmoins si les dits pauvres méritent pein afflictives, de les mettre ès mains du lieutenant crim nel de Limoges, pour, à la requête du substitut notre procureur général, leur procez estre fait parfait ainsi qu'il appartiendra par raison. Et qua aux pauvres valides qui seront trouvez mandier p les églises et rues de la dite ville et faux-bourg pourront lesdits administrateurs les faire constitu prisonniers ès prisons dudit hospital et les y ter pour le temps qu'ils adviseront. Permettons auxd administrateurs eslire tel nombre d'archers qu' jugeront nécessaire pour la capture des dits pauvr et recevoir les pauvres passants qui se présenter aux portes de ladite ville, et leur donner le passa sans pouvoir faire aucuns exploits de justice.... Vo lons qu'il soit fait visite de trois en trois mois en lad ville et faux-bourgs de Limoges, dans les lieux les vagabonds ont accoutumé de se retirer et log par les consuls de ladite ville ou administrateurs dit hôpital, pour en chasser les pauvres et gens sa adveu ou les faire constituer prisonniers, si ce so gens de mauvaise vie, pour leur estre le procez f par le lieutenant criminel du dit présidial, à requeste dudit substitut de nostre procureur génér suivant les rigueurs de nos ordonnances.... Com aussi permettons de faire faire et fabriquer de l'étendue du dit hôpital général toutes sortes manufactures et de les faire vendre et débiter de iceluy, sans payer aucun droit de visite à ceux les visiterout.....»

A. 3. (Liasse). — 3 pièces, parchemin; 5 pièces, papier, (1 imprimée); 1 sceau.

1672-1673. — Hôpital général : fondation. Ampliation des lettres patentes de 1660, portant dition de six nouveaux articles. St-Germain-en-La juillet 1672. Signée : MARIE THERESE. Art. 1 : « P empescher les pauvres mandier, permettons a administrateurs dudit hôpital général de Limo d'élire tel nombre d'archers qu'ils jugeront né saires ; auxquels archers nous donnons pouvoir signifier et publier par la ville et faux-bourgs,

et pont St-Martial dudit Limoges tous mandemens et ordonnances du Bureau dudit hôpital, donner assignation et faire exploits de commendemens concernant les deniers et revenus dudit hôpital et choses qui y seront léguées et aumônées.....
Art. III : Accordons aux dits administrateurs le droit d'élire un compagnon chirurgien de ladite ville ou d'ailleurs qu'ils jugeront capable pour panser les pauvres et demeurer au dit hôpital, ou proche d'iceluy, ainsi qu'ils aviseront ; lequel après avoir servy ledit hôpital durant le temps de six années, gagnera maitrise et jouira des autres droits et privilèges que les autres maitres chirurgiens d'icelle, lesquels seront tenus de le recevoir comme réputé suffisant et capable, sur le certificat qui lui en sera donné au Bureau, signé du moins de sept administrateurs et du greffier, sans faire par luy aucun chef-d'œuvre, don, ny frais pour parvenir à la dite réception. Et où lesdits maistres différeroient de le recevoir, luy permettons par ces présentes, de tenir boutique avec bassins ; et voulons qu'il jouisse, du jour qu'il aura esté présenté auxdits maitres ou lieutenant pour estre reçeu, des droits de séance et de tous autres, tout ainsi que s'il avoit esté reçeu par lesdits maitres ; auxquels nous faisons deffences de l'empescher ny troubler en la dite maitrise et exercice de chirurgie, à peine de trois cens livres d'amende.... Art. VI : Et attendu que le principal revenu dudit hôpital général est dans le détroit du Parlement de Bourdeaux, et qu'il y en a très peu dépendans des Parlemens de Paris et Tolose, et que les pauvres sont obligez de se consommer en frais, par le nombre des procez qu'il faut soutenir contre les redevables en différentes jurisdictions, nous avons accordé l'attribution de juridiction de tous les dits procez mus et à mouvoir, à cause des biens et revenus du dit hôpital seulement, au Parlement de Bourdeaux pour en connoistre seul et iceux juger et terminer, avec inhibitions et défenses auxdits Parlemens de Paris et de Tolose d'en connoistre, et aux parties de s'y pourvoir, à peine de 1000 ll. d'amende, nullité, cassation de procédure, et de tous dépens, dommages et intérest. » — Deux requêtes de l'hôpital au Parlement, aux fins de l'enregistrement des dites lettres d'ampliation, 1672. — Enregistrement des dites lettres : au Parlement de Bordeaux, août 1672 ; — au Sénéchal de Limoges, février 1673.

A. 4. (Liasse). — 1 pièce, parchemin ; 1 pièce, papier, (imprimée) ; 1 sceau.

1676. — Hôpital général : privilèges. — Lettres patentes portant attribution au Sénéchal de Limoges, en première instance, de toutes les affaires civiles de l'hôpital général, les appels demeurant réservés au Parlement de Bordeaux. Versailles, août 1676. — Enregistrement des dites lettres au Sénéchal de Limoges, novembre 1676.

A. 5. (Liasse). — 1 pièce, parchemin ; 1 pièce, papier ; 1 sceau.

1720. — Hôpital général : privilèges. — Confirmation des lettres patentes de 1660, donnée à la requête des administrateurs de l'hôpital par le roi Louis XV. Paris, juillet 1720. (Il est fait mention en marge de l'enregistrement au Parlement de Bordeaux et au Bureau des Finances de Limoges.)

A. 6. (Liasse). — 7 pièces, papier, (2 imprimées).

1722-1787. — Hôpital général : privilèges. — Jugement du Présidial de Limoges rendu à la requête de l'hôpital général et portant qu'il sera payé par chacun des officiers qui se feront recevoir en la dite cour 10 ll. au profit du dit hôpital, 5 ll. par les officiers de la justice, 3 ll. par les avocats, 30 sols par les procureurs, 30 sols par les huissiers, 1722. — Ordonnance du lieutenant général en la sénéchaussée de Limoges, rendue à la requête de l'hôpital général conformément aux lettres patentes du Roi et portant tarif des droits que chaque juge subalterne, notaire royal et sergent royal doivent payer à l'hôpital général au moment de leur réception : 3 ll. pour les juges, 2 ll. pour les notaires, 30 sols pour les sergents, 1723. — Ordonnance de l'intendant de la Généralité de Limoges adjugeant à l'hôpital général les amendes payées par les bouchers qui auront vendu sans autorisation de la viande entre le mercredi des Cendres et le Samedi-saint, 1741. — Arrêt de la cour de l'Élection de Limoges portant enregistrement des lettres patentes accordées à l'hôpital, 1744. — Ordonnance du lieutenant général de Police adjugeant à l'hôpital les pourceaux qui auront été trouvés errants dans la ville, 1761. — Arrêt de l'intendant de la Généralité de Limoges portant que les fermiers des biens de l'hôpital continueront de jouir des droits d'exemption stipulés dans les lettres de fondation du dit hôpital, 1787.

VILLE DE LIMOGES

INVENTAIRE-SOMMAIRE

DES

ARCHIVES HOSPITALIÈRES ANTÉRIEURES A 1790.

SÉRIE B.

(Titres de propriété, Droits utiles, Pièces de procédures.)

B. 1. (Liasse). — 4 pièces, papier.

1682-1706. — Donations faites à l'hôpital général : par D^{lle} Marie Deschamps, fille dévote, de tous ses biens consistant en deux maisons sises au faubourg Montmailler et en une autre petite maison de la rue Villeclaux, 1682 ; — par Me Martin Dubois, ancien curé de Bujaleuf, à présent directeur et confesseur des religieuses de la Visitation de Limoges, d'une somme de 2,500 ll. et diverses créances à lui dues, 1705 ; — par Me Antoine Deschamps, prêtre, de tous ses biens non dénommés, 1706.

B. 2. (Liasse). — 40 pièces, papier.

1666-1780. — Testaments faits en faveur de l'hôpital général : par Anne Duboys, veuve de Martial Duboys sieur de St-Basile, instituant les pauvres de l'hôpital pour ses héritiers au cas où son fils Jean décéderait, 1666 (trois copies) ; — par Me Joseph Limousin, conseiller du Roi et élu en l'Élection, léguant 3,000 ll., 1703 ; — par Marguerite Grégoire de Roulhac, léguant 50 ll. de capital, 1722. — Constitution faite par Me Antoine Noalhier, sieur des Bailes, lieutenant particulier au Présidial de Limoges, à Me J.-B. Grégoire de Roulhac, « chanoine vétéran de l'église de Limoges, » d'une rente de 83 ll., 1725. — Testament de D^{lle} Renée Gabrielle Trotty de la Chétardie léguant « tout ce qui me sera deu par M. de Chabernaud, mon neveu par sa femme, des arrérages de la pension viagère qu'il est obligé de me payer par chacun an de 350 ll., » 1722. — Acte par lequel, en premier lieu, Me Jacques Trotty de la Chétardie, prêtre, abbé de N.-D. de Balerne, demeurant ordinairement à Panières en Touraine, comme fondé de procuration de Me Louis Reynault, chevalier, seigneur de l'Age, dame Françoise Trotty de la Chétardie, sa femme, D^{lle} Louise Reynault de l'Age, leur fille, Me Jacques de Couhet de la Motte, chevalier, seigneur de Chambernault, Me Jacques de Couhet de Chambernault père, d'une part, et de la dite dame Françoise Trotty de la Chétardie d'autre, et en second lieu, D^{lle} Renée Trotty de la Chétardie règlent le partage de la succession de feu dame Marie Baron leur mère, veuve de Gabrielle Trotty de la Chétardie et de feu Me Joachim de la Chétardie leur frère, 1704 ; — mémoire juridique sur la validité du testament de dame Renée de la Chétardie. — Testament de Anne Collin, fille de feu Martial Collin, tapissier, léguant 50 ll., 1738. — Compte fait des arrérages de rente dus par Me Pierre Moulinier, écuyer, seigneur du Puy-Dieu et de la baronnie du Mas-Rocher, à Dlle Anne Collin, pour raison de la rente de 120 ll. constituée en faveur de la dite demoiselle par feu Me Jean Moulinier, écuyer, conseiller du Roi et son avocat au Bureau des Finances de Limoges, 1730. — Pièces relatives au testament de Mgr. de Canisy, ancien évêque de Limoges, qui avait légué en 1715 la somme de 24,000 ll., au revenu de 1,090 ll. 18 sols, « pour estre employée à la nourriture et subsistance des pauvres du dit hôpital, » 1741. — Testament de Me Joseph Durand, bachelier de Sorbonne, prévôt de St-Martial, léguant 75 ll. de rente, 1742. — Constitution faite par Me Jacques Henry de Montesquiou-Poylebon, docteur en théologie, abbé de St-Martial et vicaire général de l'évêque de Limoges, à Me Joseph Durand, prêtre, prévôt de St-Martial et à Me Martial Dartigeas, prêtre, curé de St-Michel des Lions, d'une rente de 75 ll. à chacun d'eux, 1742. — Testaments : de Me Martial Dartigeas, curé de St-Michel des Lions, léguant 75 ll., 1742; — de dame Claire de la Biche, « à présent religieuse aux Filles de N.-D. » léguant 1,000 ll., 1747; — de Pierre Veyssiére, conseiller du Roi, président-trésorier général de France au Bureau de la Rochelle, « demeurant depuis quelque temps en cette ville de Limoges, » léguant 10,000 ll., 1761. — Mémoires juridiques touchant la validité du testament de Me Pierre Veyssiére, trésorier de France au Bureau de la Rochelle, 1765 et 1769. — Testaments : de Me Dupeyrat de Beaupré, grand vicaire et official général du diocèse de Limoges, léguant 10,000 ll., 1762; — de Me Joseph Beaubreuil, ancien conseiller du Roi et garde-scel de la Monnaie de Limoges, léguant 5,000 ll. pour être employées à acheter de la toile, des matelas, couettes, rideaux, bois de lits et autres objets mobiliers, 1773, etc.

B. 3. (Liasse). — 3 pièces, papier.

1726-1756. — Testaments. — Relevés des legs dus à l'hôpital général, mentionnant, outre les donateurs de l'article précédent, les suivants : Me Simon Durand, chanoine de St-Martial, léguant 200 ll., 1726; — Me François Pabot, écuyer, seigneur du Breuil et de Savagnac, conseiller du Roi, lieutenant de la prévôté du Limousin, léguant 300 ll., 1733; —

dame Claire de la Biche, religieuse aux Filles de N.-D., léguant 1,000 ll., 1747; — Guillaume Peyrat, domestique de M. de Douhet de la Courtaudie, léguant 28 ll., 1751 ; — Mgr. du Verdier, évêque d'Angoulème, léguant 1,000 ll., 1753, etc.

B. 4. (Liasse). — 2 pièces, papier, (1 imprimée).

1670. — Succession de Mgr. François de Lafayette, évêque de Limoges, abbé de l'abbaye de N.-D. de Dalon, près Brive, († 1676). — Testament du dit évêque, 29 mai 1670. (Imprimé à Limoges chez François Charbonnier-Pachi, imprimeur de l'Hôtel de ville et du Collège, par ordre de MM. les administrateurs de l'Hôpital général (1). Le testateur demande à être enterré dans l'église du séminaire des Ordinands, sans qu'il soit fait d'oraison funèbre et dispose de 500 ll. pour qu'il soit célébré de messes en sa faveur. Il lègue tous ses biens à l'Hôpital général, à la réserve de quelques dons faits à diverses personnes : aux Dominicains, aux Carmes des Arènes, aux Augustins, aux Cordeliers aux Récollets de Ste Valérie et aux Carmes déchaussés, chacun 200 ll. ; à la sœur Hélène Mercier, 400 ll. pour les pauvres du dit hôpital ; à l'église cathédrale, au séminaire de la Mission et à celui des Ordinands, divers ornements sacrés ou meubles d'un usage habituel ; à ses quatre laquais, 300 ll. ; à M. Maillard, official, son domino, etc. On peut relever aussi les passages suivants : « Je prie les seigneurs évesques mes successeurs d'employer tousjours pour les missions qui se feront dans le diocèse les prêtres qui sont et seront dans la dite maison du séminaire de la Mission..... Je voudrois bien donner à M. de Savignac quelque marque de reconnoissance de mon cœur pour tant et de si grands biens qu'il a faits à mon diocèse et clergé et pour les obligations que je lui ay en mon particulier ; je n'ay rien de si précieux et cher que la bague que je porte, où il y a du bois de la vraye croix : je la luy donne et mes deux croix pectorales dans lesquelles il y a des saintes reliques et aussi le crucifix qui est au-dessus de mon lict, mon petit chapelet et ma montre..... Je supplie mes seigneurs les évesques mes successeurs, de maintenir et d'exécuter pour la gloire et le service de Dieu, le bien et l'avantage du clergé de ce diocèze, le traité et contract d'association et d'union de nostre sémi-

(1) Publié en entier par M. P. Laforest, dans *Limoges au XVI siècle*, p. 642.

naire avec celuy de St-Sulpice de Paris, passé entre M. de Savignac, M. de Bretonvilliers et moy, authorisé par les avis, suffrages et signatures de messeigneurs de Cominges et de Couzerans, lesquels se rencontrèrent tous en ce temps-là. »

B. 5. (Registre). — In-4°, 140 feuillets, papier.

1639-1661. — Succession de Mgr. François de Lafayette, évêque de Limoges et abbé de N.-D. de Dalon (suite). — « Terrier du prieuré des Touches en la paroisse de St-Just, diocèse de Saintes, dépendant de la succession de feu M. de la Fayette, évêque de Limoges, fait en l'année 1641. » — F° 1 r° : Exécutoire des lettres à terrier données au dit sieur évêque par l'intermédiaire du lieutenant en l'Amirauté des îles de Saintonge, 1660. — F° 2, r° : Requête du dit sieur évêque au lieutenant-général de la sénéchaussée de Marennes, aux fins d'obtenir l'exécution des dites lettres, 1661. — F° 3, r° et ss : Reconnaissances faites au dit sieur évêque des divers tènements du dit prieuré (dépendant lui-même de l'abbaye de Dalon), par Pierre Mercier, marchand, Arnaud Majou, marchand, fils de Jean Majou, m° chirurgien, Pierre Clerjaud, laboureur, François Qualais, m° chirurgien, Ytier Massé, farinier, Jean Garson, notaire royal, procureur fiscal du grand et petit Breuil, Antoine Guillot, notaire royal, Jeanne Baril, veuve de Pierre Majou, m° apothicaire, Daniel Babin, procureur fiscal de la seigneurie de Nieul et Chanteau, Jean Robin, notaire royal, Jacques Tarneau, m° arquebusier, Louis le Fournier, sieur de la Sablière, M° Julien Vaultier, praticien, fils de feu M° Guillaume Vaultier, notaire royal, Pierre Nicolas, sieur de la Rigaudière, M° Jean Martin, sieur de Redon, juge assesseur de l'île et bailliage de Marennes, « faisant pour sieur Antoine Girard, barbier de Son Altesse royale. » — Les tènements reconnus sont ceux des villages de Touches, de Chanteloup et de la Puisade. — F° 111, r° : Arpentement des dits tènements fait par Nicolas Barraud, arpenteur juré, à la requête de M° Jacques Extradier, prêtre, prieur des Mathes, procureur de M° Fr. de la Fayette, 1639. Point de récapitulation.

B. 6. (Liasse). — 1 pièce, parchemin ; 17 pièces, papier.

1652-1691. — Succession de Mgr. François de Lafayette, évêque de Limoges et abbé de N.-D. de Dalon (suite). — Procédures pour l'hôpital général,

héritier du dit évêque sous bénéfice d'inventaire, contre M° Louis de Lafayette, frère du défunt. Entre autres pièces figurent les suivantes : Transaction par laquelle les religieux de Dalon s'engagent à payer 100 ll. de rente annuelle à Mgr. de Lafayette, abbé commendataire de la dite abbaye, 1652 ; — procès-verbal de l'état de l'abbaye de Dalon, fait à la requête de M° Louis de Lafayette, nouvel abbé commendataire de la dite abbaye, sur nomination du Roi, 1652. Parmi les dépendances de la dite abbaye figurent, outre l'église du lieu, les églises de Gintrac, Puybrun, N.-D. de la Grange et Tauriat ; — état de ce qui est dû par Mgr. d'Urfé, évêque de Limoges, à l'hôpital général, héritier de Mgr. de Lafayette.

B. 7. (Liasse). — 72 pièces (2 imprimées) et 2 cahiers in-8° et in 4°, 17 et 20 feuillets, papier.

1676-1748. — Succession de Mgr. François de Lafayette, évêque de Limoges et abbé de N.-D. de Dalon (suite). — Procédures pour l'hôpital général, héritier du dit évêque sous bénéfice d'inventaire, contre Messire Jean Certain, abbé de Dalon, demandant réparation des dégradations faites quelque 40 ans plus tôt aux marais salans dépendant du prieuré des Touches, membre de l'abbaye de Dalon. (Il résulte d'un mémoire imprimé, joint aux dites procédures, que M° Jean Certain eut pour prédécesseurs immédiats comme abbés de Dalon, le sieur du Vigneau, 1730†1732 et l'abbé Louis de Lafayette, 1675†1729. A ce même procès interviennent les ducs de la Trimouille et de Créquy et la marquise du Vigneau, comme héritiers de M° Louis de Lafayette.) »

B. 8. (Liasse). — 1 pièce et 2 cahiers in-8°, 25 et 64 feuillets, papier.

1738-1740. — Hérédité de Mgr. de l'Isle du Gast, évêque de Limoges et abbé de St-Martial (†1739). — Extrait du testament du dit sieur évêque léguant à l'hôpital général de Limoges la somme de 1,000 ll. et tout ce qui pourra se trouver lui être dû de ses droits seigneuriaux ; léguant en outre à D¹¹° Catherine Anne de l'Isle du Gast, sa sœur, et à son défaut, à M. l'abbé de Bailleul, son parent, le surplus de ses biens, 1733. — Requête (en double) de la dite D¹¹° Catherine de l'Isle du Gast au lieutenant général de la sénéchaussée de Limoges demandant qu'il soit procédé à la levée des scellés apposés à l'évêché et au château d'Isle et qu'un inventaire des effets meubles soit dressé, 1740. Suit l'inventaire des dits meubles, à commencer par ceux de la pièce où logeait la dite demoiselle; entre autres : une tapisserie d'Aubusson, un écran en tapisserie à personnages, un coffre-fort d'Allemagne, les portraits de Mesdames de Dangeau et de Rohan, de Mgr. le cardinal de Rohan, de M. le prince de Rohan, de Mgr. le cardinal de Fleury; l'*Histoire de l'Eglise*, par l'abbé de Choisy, la *Bible* de Sacy, etc. Dans une pièce voisine on constate entre autres objets (f° 10, v° et ss.): une carte géographique de la France, 19 cartes de différents diocèses du royaume, divers livres de droit canonique, le *Théâtre* de Corneille et de Molière, *Don Quichotte*, divers poètes latins modernes, les *Sermons* de Bourdaloue, Térence, Juvénal, Perse, Ovide, Sénèque, un *Pouillé* des bénéfices de Limoges, les *Entretiens* de Mgr. l'Evêque de..... *au sujet des affaires présentes par rapport à la religion*, les *Entretiens* de M. le Commandeur de .... *sur les affaires du tems par rapport à la religion*, un Baresme, une *Bibliothèque janséniste* en 2 volumes, un *Traité des maladies les plus fréquentes*, l'*Histoire de France* du P. Daniel, les *Entretiens* de Mad. la Comtesse *sur les affaires présentes*, les *Entretiens* de M. l'Abbé de.... *au sujet des affaires présentes de la religion*, l'*Histoire du Calvinisme* du P. Maimbourg; une Notre-Dame en ivoire, « trois estampes avec des cadres de bois de Ste-Lucie, couvertes d'un verre, l'une représentant une descente de croix, la seconde une N.-D. et la troisième son Éminence le cardinal de Fleury, » une boîte d'échecs, etc. Dans une autre pièce (f° 15, r° et ss.) : trois portraits à cadres dorés en feston, l'un représentant M. le prince de Rohan, le second Mad. la princesse de Rohan et le troisième S. E. M. le cardinal de Rohan ; une pipe à fumer en argent, un trictrac, un damier, un jeu d'oie, le jeu du blason, le jeu de la marine, le jeu de la guerre ; cinq draps de toile de Rouen, une tapisserie de Bergame, etc. Dans la chapelle privée de l'évêque et dans la sacristie (f° 18 r°, et ss.) : un autel garni de son marbre, un tableau représentant le Christ mourant, plusieurs nattes de paille couvrant le plancher, un Missel « nouvellement fait, de l'autorité du dit feu seigneur évêque, » deux Pontificaux manuscrits, un *Benedictionale juxta ritum ecclesiæ Aurelianensis*, divers autres livres liturgiques, etc. Dans un cabinet voisin de la chambre à coucher (f° 23, v° et ss.) : les *Anciens* et les *Nouveaux Mémoires du Clergé*, les *Rapports du Clergé* concer-

nant les dits Mémoires, « l'*aymant Jésuite*, » *Somme* de Becan, les *Commentaires* de Maldo nat, sur la Bible, la *Bibliotheca* du P. Labbe, le *Dictio naire économique*, un *Recueil de pièces concerna* les *affaires du temps*, en 4 vol., diverses *Lettres pastorales* des évêques de France, plusieurs ouvrag relatifs au Jansénisme, un *Recueil historique* d bulles, les *Cas* de Ste-Beuve, la *Dévotion au Sacr Cœur de Jésus*, la *Théologie* de Poitiers, le *Cat c'isme* de Montpellier, Fénelon, Bossuet, Fléchie etc., les *Ordonnances synodales* du diocèse, *Journal historique* du concile d'Embrun, la *Fem docteur*, comédie, l'*Apologie de Cartouche*, Boëc Suger, les *Lettres* d'Abailard, les *Lettres provi ciales*, en latin, le *Pouillé général des bénéfic de France*, les *Statuts synodaux* du diocèse Limoges, l'historien Josèphe, les *Annales d Limousin* par Bonaventure de St-Amable, les *Pie désirs* par Herman Huguon, Claudien, Marti plusieurs livres liturgiques à l'usage du diocèse Sens, le *Jardinier solitaire*, la *Géographie d légendes*, Santeuil, Boileau, les *Pensées* de Pasc l'*Histoire du Cardinal Albéroni*, etc.: un cadr solaire, un marbre « pour mettre sur les lettres, » u procès-verbal de visite des chateaux d'Isle et St-Junien, fait à la requête du procureur de Mgr. Canisy, ancien évêque, etc. Dans une pièce voisi (f° 32, v°) : une chaise à porteurs, un billard, u statuette de la Vierge en plâtre, etc. Le chartrier e omis. Vient ensuite l'inventaire des chambres occu pées par quelques chanoines habitant à l'évêché, d cuisines, de l'office, des caves, des écuries où l'o constate une chaise de poste, une litière à glace trois mulets à poil noir, une jument baie, u jument blanche et deux petits chevaux. A part du f° 52 commence l'inventaire des meubles d château d'Isle.

B. 9. (Liasse). — 174 pièces, papier, (18 imprimées).

1738-1741. — Hérédité de Mgr. de l'Isle d Gast, évêque de Limoges (suite). — Pièces de compt fournies à Mlle Anne de l'Isle du Gast, héritière, p le sieur Sébastien Marchal, conseiller du Roi, rec veur général des domaines et bois de la Généralit de Metz, économe général des bénéfices vacants, l'appui de sa gestion des biens du diocèse Limoges : frais de procédures, abonnement, fourn tures et réparations diverses, créances, etc.

B. 10. (Liasse). — 2 cahiers in 8°, 73 et 78 feuillets, papier.

1740. — Hérédité de Mgr. de l'Isle du Gast, évêque de Limoges (suite). — Procès-verbal de la vente aux enchères des meubles dudit évêque, provenant tant de son palais de Limoges que de son château d'Isle (en double.) — Parmi les objets vendus figurent les suivants : une pendule, à M. Delor, chanoine, 120 ll. ; vingt cartes géographiques, à M. Maledent, chanoine, 9 ll. ; une cave à café et une cave à liqueurs, à M. de Laborderie, ensemble 7 ll. ; une tabatière d'écaille, à M. de Lostende, 32 ll. ; un parasoleil en tafetas violet et une robe de chambre en damas des Indes, ensemble 24 ll. ; un trictrac et un jeu d'oie, 26 ll. ; une pendule, 67 ll. ; une tenture de tapisserie, 300 ll. ; trois fauteuils à panneaux peints, 102 ll. ; une chaise à porteurs, 240 ll. ; une statue de la Ste-Vierge en plâtre, 24 sols ; une tapisserie de Bergame, 18 ll. ; six draps de toile de Rouen, 160 ll. ; 8 ll. de café en sac, 12 ll. 10 sols ; une soutane de drap violet avec parements rouges, à la Dlle Pénicaud, 8 ll. 5 sols ; une grande poissonnière, 29 sols ; un tournebroche, 18 ll. ; une table en forme de bureau à l'anglaise, 46 ll. ; un petit crucifix d'ivoire, 40 sols, etc. Il y a environ 700 articles consistant en meubles, vaisselle, linge, habits, ustensiles de cuisine, etc.

B. 11. (Liasse). — 2 pièces et 3 cahiers in-8° et in-4°, 10, 11 et 17 feuillets, papier.

1755-1769. — Hérédité de Mgr. de l'Isle du Gast, évêque de Limoges (suite). — Compte de la succession du défunt, rendu à l'hôpital général par Mlle Anne de l'Isle du Gast, héritière, 1755. — Procédures pour l'hôpital de Limoges comme cohéritier de Mgr. de l'Isle du Gast, contre Mgr. Charles Godefroy de la Tour d'Auvergne, duc de Bouillon, vicomte de Turenne, pair de France, etc. 1769. Les demandeurs reprennent pour leur compte les griefs du défunt prétendant droit comme abbé de St-Martial à la vicomté de Turenne et comme évêque de Limoges à la baronnie de Malemort vendues au Roi avec leurs dépendances par le seigneur de Bouillon en 1738 pour la somme de 4.200,000 ll. Pour prouver le bien fondé de ces prétentions, la requête de l'hôpital énumère 17 actes d'hommages rendus par les vicomtes de Malemort à l'évêché de Limoges, de 1295 à 1470, et seulement un acte d'hommage rendu à l'abbaye de St-Martial par un vicomte de Turenne en 1440, attendu que « la plupart des anciens titres se sont égarez ou dissipés. »

B. 12. (Liasse). — 1 pièce, papier.

1779. — Succession Dachès. — Requête du sieur Barthélémy Alexis Dachès, bourgeois de Limoges, demandant la mise en vente d'une maison de la rue des Combes, provenant de la succession de Pierre Victurnien Dachès, son père, « mort ab intestat » en 1753 ; sur laquelle maison l'hôpital général avait une créance de 1,000 ll.

B. 13. (Liasse). — 2 pièces, parchemin ; 20 pièces, papier.

1682-1783. — Rentes constituées en faveur de l'hôpital général : par Dlle Jeanne Terrasson, « fille dévotte demeurant de présent dans l'hospital général de St-Alexis, » 5 ll. de rente, 1682 ; — par les députés de la Chambre ecclésiastique de Limoges, 500 ll. de rente, 1702 ; — par Dlle Léonarde Pinchaud, fille dévote, 11 ll. 5 sols, 1702 ; — par Mgr. François Carbonel de Canisy, ancien évêque de Limoges, demeurant lors à Paris, 24,000 ll. de principal, 1715 ; — par les RR. PP. Feuillants, 20 ll., 1732 ; — par J.-B. Maillard de la Couture, trésorier de France au Bureau de Limoges, 200 ll. de capital, 1743 ; — par Me Joseph Durand, bachelier en Sorbonne, prévôt de St-Martial, 30 ll., 1743 ; — par les Jésuites du Collège, 180 ll. de rente, 1743 ; — par les dits Jésuites, 500 ll. de rente, 1757 ; — par Mad. d'Ussel, abbesse de Bonnesaigne, 365 ll. de capital, 1761 ; — par le Bureau du Collège de Limoges, 120 ll. de rente, 1767 ; — par Jacques Sauviat, marchand, 35 sols, dont un tiers pour le chapitre St-Etienne et un autre tiers pour les Augustins de Limoges, aux fins d'affranchir une vigne sise au clos Chaudron, 1783.

B. 14. (Liasse). — 10 pièces, parchemin ; 140 pièces, papier, (2 imprimées).

1692-1786. — Rentes constituées en faveur de l'hôpital général. — Procédures y relatives contre : Anne-Thérèse Chouly de Permangle, marquise de Saurebœuf, pour une rente de 200 ll., 1692 ; — par Pierre Noalhier, émailleur, 1707 ; — la dame de Chambernaud, pour une rente de 50 ll., 1733 ; — le sieur Rousset de Mérignac, 1741 ; — le sieur Texier, 1753 ;

— M° Léonard Martin de Villechenoux, écuyer, 1762 ; — MM^{es} Jean François de Regnaudin, trésorier de France et Limousin de Neuvic, son beau-père, 1766 ; — M° Joseph Martin, chevalier, seigneur baron de Compreignac, garde du corps du Roi, compagnie écossaise, pour une rente de 85 ll., 1746-1786.

B. 15. (Liasse). — 8 pièces, papier.

1746-1785. — Reconnaissances faites à l'hôpital général de diverses rentes constituées : 20 ll. par les PP. Jacobins de Limoges, 1746 ; — 10 ll. par J.-B. Vidaud de la Barre, ancien gendarme de la garde du Roi, fils d'autre J.-B. Vidaud de la Barre, ancien capitaine d'infanterie, de présent à l'hôpital des Invalides, 1773 ; — 70 ll. par Grégoire Lafesse de Champdorat, bourgeois, 1776 ; — 50 ll. par Pierre Soulignac, négociant, agissant au nom de dame Rose Gransault, femme de messire Charles-Marie-Pacifique-Eugène-Joseph Prévost, écuyer, seigneur de Vailly en Treuil, 1785.

B. 16. (Cahier). — in-8°, 4 feuillets, papier.

Vers 1776. — Rentes constituées. — « Répertoire des rentes constituées qui sont dues à l'hospice de Limoges, » au nombre de 31, entre lesquelles figurent: la rente d'une somme de 10,000 ll. léguée par M. Versières en 1761 ; la rente de 200 ll. à laquelle a été condamné M. de Sauveboeuf, au capital de 2,000 ll., 1692 ; la rente à laquelle a été condamné M. Martin de Villechenoux, au capital de 3,000 ll.; la rente de 281 ll. à laquelle a été condamné le chapitre de St-Martial, au capital de 7,000 ll., 1743; la rente de 551 ll. constituée sur l'Hôtel de Ville de Paris, au capital de 9,920 ll., 1635; la rente de 500 ll. constituée par les Jésuites en faveur des pauvres, au capital de 12,000 ll., 1757, etc.

B. 17. (Liasse). — 20 pièces, papier.

1751-1788. — Affermes faites par l'hôpital général : du pré de St-Gérald à Bernard et Jean Mensac, vignerons, pour le prix de 230 ll., 1751 ; — des rentes foncières à lui dues dans la paroisse de Bonnat, pour le prix de 96 ll., 1762 ; — des dîmes à lui dues dans la paroisse de Beaune à cause de l'hôpital de St-Martial, pour le prix de 17 setiers seigle, 1763 ; — des dîmes à lui dues en deçà et au delà de la Vienne à cause de l'hôpital de St-Gérald, pour le prix de 75 ll., 1766 ; — des dîmes à lui dues dans la paroisse de St-Gérald à cause de l'hôpital de ce nom, pour le prix de 50 setiers seigle, 1781 ; — d'une maison contigue à la chapelle de la Mission, à Jean Bardet, muletier de M. Naurissard, pour le prix de 45 ll., 1781 ; — d'un pré appelé l'Ancien cimetière, confrontant au chemin qui mène de la tour Pissevache à la chapelle de la Mission, pour le prix de 72 ll., 1781 ; — des dîmes à percevoir sur le tènement de Puy-Dieu, pour le prix de 21 setiers blé, 1783, etc.

B. 18. (Liasse). — 4 pièces, papier.

1736-1778. — Obligations de diverses sommes consenties en faveur de l'hôpital général par quelques débiteurs : les sieurs Segond, Lacoux, Martin et Boinicau.

B. 19. (Liasse). — 6 pièces, parchemin ; 24 pièces,
papier ; 1 sceau.

1301-1722. — Bancs charniers de la grande halle. — Ventes faites : par Jean de Chatalat à la confrérie des Pauvres à vêtir de tout le droit de fonda ité et d'accapt qu'il avait sur deux bancs charniers de la dite halle, pour le prix de 50 sols, 1301 ; — par Pascal de Verthamond, boucher, à Jean Boneffan, bourgeois, d'un autre banc charnier de la dite halle, pour le prix de 65 ll., 1347 ; — par Gaucelin Martin à Jean Boneffan, bourgeois, d'un autre banc charnier de la dite halle, pour le prix de 65 ll., 1347 ; — par Gaucelin Martin à Jean Boneffan, bourgeois, de 25 sols de rente sur un autre banc charnier de la dite halle, pour le prix de 20 ll. et 2 deniers d'or, 1347. — Reconnaissances faites : par Pierre Raynaud, boucher, à la confrérie des Pauvres à vêtir de 10 sols de rente sur un banc charnier récemment acquis de Jacques Raynaud, 1456 ; — par Martial Nicolas, boucher, de 10 sols de rente sur le dit banc charnier, 1490. — Quittances délivrées : par les Consuls de Limoges comme administrateurs des aumônes Ste-Croix, à Jean Bardinet, marchand, des droits de lods et ventes dus aux dits Consuls pour raison de la vente faite par le dit Bardinet de la moitié d'un banc charnier de la dite halle, 1618 ; — par les bailes de la confrérie des Pauvres à vêtir à Jean de Plenasmeijoux, boucher, des droits de lods et ventes dus aux dits bailes pour raison de l'acquisition faite par le dit sieur d'un banc charnier ayant appartenu à Pierre Deschamps, m° imprimeur, 1647.

— Vente faite par Moreil Chenaud, bourgeois, à M° J.-B. Pigné, docteur en théologie, curé d'Éjaux, d'un banc charnier avec ses dépendances provenant de la dot de D°° Hélène Segond, femme du dit Chenaud, pour le prix de 400 ll., 1718, etc.

B. 20. (Liasse). — 13 pièces et 2 cahiers in-8°, 10 et 14 feuillets, parchemin ; 75 pièces, papier.

1461-1783. — Bancs charniers de la grande halle. — Procédures concernant le paiement des rentes dues sur les dits bancs : pour la confrérie des Pauvres à vêtir, 1461-1630 ; — pour les Consuls de Limoges comme administrateurs des aumônes Ste-Croix, 1570-1630 ; — pour l'hôpital général comme représentant la confrérie des Pauvres à vêtir et des aumônes Ste-Croix, 1670-1722. — Requête présentée à MM. les juge et prévôt de Limoges par le procureur de la ville pour Madame, sœur du Roi, vicomtesse de Limoges, tendant à obtenir que défense soit faite aux bouchers de la ville de lever aucune contribution sur les boulangers d'Aixe et de Solignac vendant pain sur la place du Marché, les dits boulangers s'étant vus contraints de transporter leurs denrées en la rue de derrière la boucherie pour se soustraire aux vexations des bouchers, 1601. — Procédure instruite devant l'intendant de la Généralité de Limoges en suite de laquelle le fermier général des Domaines est débouté de ses prétentions sur les bancs charniers, les bouchers sont maintenus dans leur droit de propriété et l'hôpital général, les chapitres de St-Étienne et de St-Martial et l'abbaye de la Régle sont confirmés dans leur seigneurie, 1685-1687, etc.

B. 21. (Cahier). — In-4°, 13 feuillets, papier.

1746. — Bancs charniers. — Lièves des rentes dues à l'hôpital général sur les dits bancs ; au total 34 ll. 6 sols.

B. 22. (Cahier). — In-4°, 5 feuillets, papier.

1759. — Bancs charniers. — Liève des rentes dues à l'hôpital général sur les dits bancs ; au total 34 ll. 6 sols.

B. 23. (Liasse). — 1 plan, papier.

1789. — Bancs charniers. — Plan géométral des dits bancs, sis rue du St-Esprit, les uns relevant de l'hôpital, les autres du Bureau ; le dit plan, à l'échelle de 8 toises, fait par Faure, arpenteur géomètre. — Parmi les confrontations figurent : la maison des héritiers de M. Dupuy, « où pend pour enseigne la *Table royalle ;* » la maison de M. Labrousse, « où pend pour enseigne le *Comte des Cars.* » *Nota :* « Les susdites maisons ont été en partie bâties sur le sol des remparts qui existoient lorsqu'on a levé le présent plan. »

B. 24. (Liasse). — 4 pièces, papier.

1527-1589. — Droit de cuillerée (1). — Autorisation accordée par les Consuls de Limoges au sieur Jean de Sandelles, bourgeois et marchand, de réparer à ses frais l'un des piliers du « cloistre au bled, » 1527 (2): «.... Comme il soit vray, ainsy que les parties ont dit et confessé, le dict de Sandelles soit seigneur, utile propriétaire et paisible pocesseur d'une maison assize en ceste ville de Limoges en la rue des Taules, joignant d'une part au cloistre où l'on tient le marché du bled et au cloistre bourcier d'aultre, le long duquel cloistre du bled y ayant certains piliers et crosses de bois qui portent non tant seulement le dit cloistre ains la maison dudit de Sandelles mesmement, devers le bout du cloistre, tirant devers l'esglize de St-Martial, lesquels piliers soyent pourris et corrompus par vieillesse ou aultrement, de telle façon que le dit cloistre et la dicte maison du dict de Sandelles estoyent et sont en danger de tumber en descadance et par terre, sy promptement n'y estoit pourveu..... » — Affermes faites par l'hôpital de St-Martial à Jean Rabaud du droit que les pauvres du dit hôpital « ont accoustumé prendre au marché de bled du cloistre, appellé de la cuiller, » moyennant la redevance de 11 setiers seigle, 1587 et 1589.

B. 25. (Liasse). — 6 pièces, papier.

1589-XVIII° siècle. — Droit de cuillerée. — Relevé de quelques actes relatifs au dit droit, de 1589 à 1724. Une note y attachée, d'une main de XVIII° siècle, porte : « L'hôpital général de Limoges est en possession et autorisé par différentes sentences et arrêts à percevoir une cuillerée par 3 setiers

(1) Voy. *Reg. Consul. de Limoges,* I, 159.

(2) La présence de cet acte dans les archives de l'hôpital de St-Martial atteste que le droit de cuillerée appartenait dès cette époque au dit hôpital.

sur tous les grains qui sont conduits au marché au bled et s'y débitent. L'hôpital est en conséquence obligé d'envoyer journellement au marché un préposé pour veiller à ce qu'il ne se commette pas de fraude dans le mezurage, et pour mesurer si le vendeur ou l'acheteur le requièrent. Ce droit de cuillerée forme, année commune, tous grains réduits en seigle, un objet de 40 setiers qui, à raison de 50 sols, fait la somme de 100 ll. Cette perception a de beaucoup diminué à cause de l'exportation des grains qu'on mesure hors du marché, dans les auberges où ils arrivent, sans appeler le préposé auquel on refuse le droit. » — Affermes du droit de cuillerée faites : par l'hôpital de St-Martial moyennant la redevance de 45 setiers seigle, 1630 ; — par l'hôpital général moyennant la redevance de 42 setiers seigle, 1671 et 1673. — Requête de l'hôpital général au sénéchal du Limousin tendant à obtenir des lettres monitoires contre ceux qui essayent de se soustraire au droit de cuillerée, 1678.

B. 26. (Liasse). — 2 pièces, papier, (1 imprimée).

1628-1677. — Droit de cuillerée. — Arrêt des juges de Police de Limoges portant confiscation de charges de blé contre plusieurs contrevenants aux réglements établis, 1628. — Ordonnance de Mgr Jubert de Bouville, intendant du Limousin, portant défense aux boulangers et toutes autres personnes d'aller sur les grands chemins acheter les blés qui arrivent à Limoges, sous peine de 50 ll. d'amende, et aux voituriers de les vendre ailleurs qu'au marché, 1677. La susdite ordonnance est rendue à la requête des Consuls de Limoges « disant que, depuis quelques jours, il n'est entré de bled au marché, parce que tant les boulangers de la présent ville que les meuniers des environs d'icelle le vont acheter sur les grands chemins et aux environs ; que même les voituriers qui avoient coutume de le conduire au marché le vendent publiquement au pont St-Estienne et dans la Cité et autres lieux circonvoisins....» (Impr. par François Charbonnier-Pachi, imprimeur de l'Hôtel de ville et du Collége.)

B. 27. (Liasse). — 2 pièces, parchemin ; 39 pièces, papier,
(8 imprimées).

1628-1765. — Droit de cuillerée. — Procédure contre ceux qui violent le dit droit : pour l'hôpital de St-Martial, 1628-1650. Entre autres pièces figure une ordonnance du juge de la Cité, rendue en 1650 à la requête de l'hôpital, contre ceux qui vendent le blé dans leurs maisons au lieu de le porter au marché public ; — pour l'hôpital général, 1662-1678. Entre autres pièces figure une ordonnance du sénéchal rendue en 1662 à la requête de l'hôpital et portant défense de vendre le blé ailleurs qu'au marché ; — pour l'hôpital général, 1722-1765. Entre autres pièces figurent trois arrêts de la cour sénéchale et de police, 1722, 1734 et 1765, et un autre du juge de la Cité, 1735, rendus à la requête de l'hôpital aux mêmes fins que dessus.

B. 28. (Liasse). — 1 pièce, papier.

1690. — Quarteries (1). — Vente faite par Martial Blanchon, sieur de Paignat, à l'hôpital général de la moitié des crues et rentes foncières directes et seigneuriales appelées Quarteries, à lui dues « sur diverses maisons » de Limoges, pour le prix de 400 ll.

B. 29. (Liasse). — 1 pièce, parchemin ; 10 pièces, papier.

1664-1683. — Contrats divers. — Transaction entre l'hôpital et Me Michel Brugière, juge de l'aumônerie de St-Martial, héritier de Me Durand Brugière, son père, en vertu de laquelle est fixée à 24 ll. la rente due par ce dernier pour le repas légué par son père aux pauvres de l'hôpital, 1664. — Contrat portant quittance par l'hôpital général d'une somme de 187 ll. pour arrérages de trois repas fondés par les sieurs Disnematin en faveur des hôpitaux de St-Martial et de St-Gérald unis à l'hôpital général, 1673. — Transactions relatives aux rentes dues à l'hôpital : par l'aumônier de la Salle épiscopale, comme titulaire de la dite aumônerie, 1677 ; — par MM. Malledent de Fonjaudran, Malledent de Genesty et Dlle Marie Malledent, femme de Me Jean de Douhet, pour raison de la succession de Me Martial Malledent, curé de Pionat en la Haute-Marche, qui avait institué les pauvres de Limoges ses héritiers, 1679 ; — par Me Guillaume de Playnevaire, greffier en chef du Bureau des Finances, pour raison d'un repas de fondation, 1682 ; — par les religieux de St-Martin de Limoges, qui se reconnaissent débiteurs de 10 setiers seigle, 1683.

(1) Pour la définition de ce mot, voy. ci-dessous le répertoire D. 5, au commencement.

B. 30. (Liasse). — 10 pièces, papier.

1692-1779. — Contrats divers. — Reconnaissance faite par l'abbaye de la Règle à l'hôpital général de 8 setiers blé de rente annuelle, 1692. — Transaction entre l'hôpital général et le prieur de St-Gérald touchant le droit d'indemnité dû à ce dernier pour diverses acquisitions faites dans sa fondalité, 1703. — Transaction portant quittance par l'hôpital général d'une somme de 3077 ll. à laquelle a été taxé le sieur Marc-Antoine Romanet, curé de St-Victurnien, pour raison du legs fait à l'hôpital par M° Pierre Degain, ancien chanoine de Limoges, qui avait institué le sieur Romanet son héritier, 1743. — Comptes d'arrérages de rentes constituées : entre l'hôpital général et les PP. Feuillants, 1732 ; — entre le dit hôpital et Léonard Bonnefond, praticien, 1775.

I. — RENTES SUR LES MAISONS
DE LIMOGES-CHATEAU.

B. 31. (Liasse). — 2 pièces, papier.

1615-1627. — Maison rue de l'*Andeix-Manigne*. — Donation faite par M° Jean Guérin, médecin du Roi, aux hôpitaux de St-Gérald et St-Martial d'une rente de 100 sols assise sur la dite maison, confrontant à celle de feu M° Labrousse, conseiller au Présidial ; — procédure y relative.

B. 32. (Liasse). — 1 pièce parchemin ; 1 pièce, papier ; 1 sceau.

1441-1784. — Maison sise devant l'*Andeix du Vieux-Marché*. — Transaction entre les bailes des Pauvres à vêtir et Jean Mouret, en vertu de laquelle le dit Jean Mouret promet de payer les arrérages de six années d'une rente de 50 sols due sur la dite maison. — Reconnaissance d'une rente de 15 sols sur la dite maison, faite par François Cibot, boucher, à l'hôpital général comme représentant de la confrérie des Pauvres à vêtir.

B. 33. (Liasse). — 1 pièce, parchemin ; 1 pièce, papier.

1527-1673. — Maison sise devant l'*Andeix du Vieux-Marché*. — Procédures pour la confrérie des Pauvres à vêtir contre les tenanciers de la dite maison, touchant le paiement de leurs rentes.

B. 34. (Liasse). — 18 pièces, parchemin ; 9 pièces, papier ; 5 sceaux.

1415-1788. — Maisons rue de l'*Arbre-peint*. — Accense faite par Noële (*Nathala*) Négrier à Jean Quartier d'une maison sise en la dite rue, confrontant à celle du Commandeur du Palais, moyennant la rente annuelle de 40 sols, 1415. — Cession faite par Jeanne Mornaud à la confrérie des Pauvres à vêtir de 10 sols de rente qu'elle possédait sur la dite maison, comme cohéritière avec la dite confrérie de Noële Négrier, la dite maison occupée par le sieur Quartier, parcheminier, 1421. — Reconnaissance faite à la confrérie des Pauvres à vêtir par Pierre de Leyma, curé de Boisseuil, comme procureur de Jacques Leyma, son cousin, curé de St-Maurice-les-Brousses, de 3 sols de rente sur une maison de la dite rue, confrontant à celle de Guillaume Montailler, charpentier, 1472. — Vente faite par Jean Voluda, manouvrier, à la confrérie de N.-D. du Puy de 10 sols de rente sur une autre maison de la dite rue, confrontant à celle des hoirs de Pierre Bertrand, pour le prix de 10 ll., 1480. — Extrait du testament de Pierre Romanet bourgeois, léguant à la confrérie des Pauvres à vêtir 12 sols 6 deniers de rente sur tous ses biens et en particulier sur la maison de feu Martial Jay, sise en la dite rue, 1488. — Reconnaissance faite en faveur des bailes de la confrérie des Pauvres à vêtir par Marguerite Murat de 4 sols de rente foncière sur une maison de la dite rue, 1489. — Échange fait entre M° Martial Raffaneu, prêtre, et Jean Bourdeyrou, serrurier, d'une maison de la dite rue, appartenant au premier, contre une vigne sise au territoire de Leylle, appartenant au second, 1526. — Cession de la dite maison faite par Madeleine Rigoulène, veuve de Jean Bourdeyrou, à M° Jean de Mars en paiement de la somme de 80 ll. due à ce dernier, 1543. — Reconnaissances faites : aux Consuls de Limoges, comme administrateurs des aumônes Ste-Croix, par Michel du Monteil, de 7 sols de rente sur une maison de la dite rue, confrontant à celle de Martial Voluda ; — à la confrérie des Pauvres à vêtir par Catherine Texeron, de 20 sols de rente sur une autre maison de la dite rue confrontant à celle de Mathieu Bicquet, 1551 ; — à la confrérie de N.-D. du Puy par Étienne de Puyponchet et Antoine de Bort, de 18 sols de rente sur une maison de la dite rue ayant appartenu aux hoirs de Jean Voluda, 1554. — Fondation de quatre repas faite par Françoise et Léonarde Texier en faveur des pauvres de l'hôpital de St-Martial, moyennant la rente de 8 ll. assignée sur une maison de la dite rue, 1559. — Extrait du testament de Martial Descordes léguant à l'hôpital de St-Martial une somme de 40 ll. dont la rente, à percevoir sur une maison de la rue de l'Arbre-peint, doit servir à fonder un repas à perpétuité, 1592. — Reconnaissances faites: à l'hôpital de St-Martial par Jean Bourdeyrou d'une rente de 4 ll. assignée sur une maison de la dite rue par Jean Pénicaille, 1597; — à l'hôpital général, comme représentant de la confrérie des Pauvres à vêtir, par Jacques Gondaud, tailleur d'habits, de 5 sols de rente sur partie d'une maison de la dite rue confrontant au jardin du sieur Desmoulins, tailleur, 1788, etc.

B. 35. (Liasse). — 16 pièces, parchemin; 8 pièces, papier; 4 sceaux.

1461-1670. — Maisons rue de l'*Arbre-peint*. — Procédures concernant le paiement des rentes dues sur les dites maisons; pour la confrérie des Pauvres à vêtir, 1461-1609; — pour l'hôpital de St-Martial, 1581-1597; — pour la confrérie de N.-D. du Puy, 1588; — pour l'hôpital général comme représentant les administrateurs des aumônes Ste-Croix, 1670.

B. 36. (Liasse). — 3 pièces, parchemin; 2 sceaux.

1359-1469. — Maisons rue des *Arènes*. — Investiture faite par les bailes de la confrérie des aumônes Ste-Croix à Pierre Fouret d'une maison par lui acquise de Simon de Munigne, sise rue des Arènes, au-dessus de la fontaine d'Eygaulène, 1359. — Vente faite par les bailes de la confrérie des Pauvres à vêtir à Bernard Vidaud d'une maison et d'un four sis en la dite rue et confrontant à la maison d'Aymeric Leymarie, sous le devoir de 30 sols de rente, 1389. — Reconnaissance faite par Pierre de Lapitau, sergent en la Cour de Limoges, aux bailes de la confrérie des Pauvres à vêtir de 2 sols de cens sur une maison de la dite rue confrontant à celle de Pierre Bardin, notaire, 1469.

B. 37. (Liasse). — 1 pièce, parchemin; 5 pièces, papier.

1490-1719. — Maisons rue des *Arènes*. — Reconnaissance faite par Michel Vidaud à la confrérie des Pauvres à vêtir de 30 sols de rente sur une maison de la dite rue confrontant à la rue qui mène de la porte des Arènes à l'église de St-Michel 1490. — Investiture faite par les bailes de la dite confrérie à Joseph Poylevé, fils de M° Guillaume Poylevé, avocat, d'une maison faisant le coin de la dite rue, 1571. — Extraits des lièves des aumônes Ste-Croix établissant qu'il est dû aux Consuls de Limoges, comme administrateurs des dites aumônes 5 sols de cens sur une maison de la dite rue appartenant à Léonard Raymond, notaire, et confrontant la maison des religieux d'Aureil près la porte des Arènes, 1570-1576. — Quittance délivrée par les bailes de la confrérie des Pauvres à vêtir à Pierre Mardie d'une somme de 12 ll. pour droits de lods et ventes sur une maison faisant le coin de la dite rue, du côté de l'église de St-Michel, 1639. — Cession faite par l'hôpital général, comme représentant les aumônes Ste-Croix, à Isaac Ardant, orfèvre, des droits de lods et ventes par lui dus à cause de l'acquisition d'une maison de la dite rue appartenant à Valérie Rogier veuve de M° Pierre Avril, avocat, la dite cession faite pour la somme de 43 ll. 15 sols, 1693. — Vente faite par M° Léonard Constant, seigneur de Beaupeyrat, conseiller au Présidial de Limoges, à Joseph Genti maître cordonnier, d'une maison faisant le coin de la dite rue et confrontant à la maison de M° Joseph Constant, seigneur de Pressac, dans la fondalité de l'hôpital, 1719.

B. 38. (Liasse). — 9 pièces, parchemin; 3 pièces, papier; 3 sceaux.

1389-1739. — Maisons rue des *Arènes*. — Sentence du juge du château et de la châtellenie de Limoges en vertu de laquelle les bailes de la confrérie des Pauvres à vêtir sont colloqués pour 30 sols de rente sur une maison de la dite rue, confrontant celle d'Aymeric Leymarie, 1389. — Procédures concernant le paiement des rentes dues sur les dites maisons: pour la confrérie des Pauvres à vêtir, 1474-1551; — pour la confrérie de N.-D. du Puy, 1524; — pour les prêtres de la communauté de St-Michel des Lions, 1530; — pour l'hôpital de St-Gérald comme représentant la confrérie de N.-D. du Puy, 1589; — pour l'hôpital général, 1739.

B. 39. (Liasse). — 15 pièces, parchemin; 6 sceaux.

1271-1396. — Maisons rue *Banc-léger*. — Vente faite par Pierre Palladieu et ses enfants aux bailes de la confrérie des Pauvres à vêtir d'une ren de 4 sols à percevoir sur une maison de la rue Banc-léger, pour le prix de 65 sols, 1271. — Investiture faite par le prieur de l'hôpital de St-Gérald à Pierre et Jacques Martial, frères, d'une maison de la dite rue confrontant à celle du nommé Faure, sous le devoir de 8 sols de cens, 1291. — Reconnaissances faites : par Catherine Brudieu aux bailes de la confrérie des Pauvres à vêtir d'une rente de 10 sols sur une autre maison de la dite rue, 1298 ; — par Bernard Boyol, clerc, aux bailes de la confrérie de N.-D. de Rocamadour de 2 sols de rente sur une autre maison de la dite rue, 1300. — Reconnaissance faite au prieur de l'hôpital de St-Gérald d'une maison de la dite rue confrontant à celle du nommé Faure, sous le devoir de 8 sols de cens, 1330. — Investiture faite par le prieur de l'hôpital de St-Gérald « *Nos Petrus Mercerii, prior domus sive hospitalis beati Geraldi Lemovicensis,* » à Valérie Bonenfant, fille et héritière de Valentin Bonenfant, d'une escure sise en la dite rue, confrontant par ses dépendances à la rue Corbasure, 1370. — Quittance donnée par les bailes de la frairie des Chandelles des pauvres de St-Gérald à Jeanne Rose Poylevé des arrérages de rente par elle dus sur une maison de la dite rue confrontant à celle de Jean Neyraud, prêtre, 1382. — Guerpissement fait par Étienne Berger au commandeur de la maison du Palais de deux maisons contiguës sises en la dite rue, 1390. — Vente faite par Pétronille Desmonts, veuve de Bernard des Blés, tapissier, aux bailes de la confrérie de N.-D. du Puy, d'une rente de 10 sols sur une maison de la rue Banc-léger, moyennant le prix de 10 ll., 1396.

B. 40. (Liasse). — 11 pièces, parchemin ; 8 pièces, papier.

1411-1786. — Maisons rue *Banc-léger.* — Vente faite par Pierre Maraton aux bailes de la confrérie des Pauvres à vêtir d'une rente de 10 sols sur une maison appelée de l'Artige, sise en la dite rue, moyennant le prix de 10 ll., la dite vente faite sous faculté de rachat au bout de 4 années, 1411. — Investiture faite par le prieur de l'hôpital (*domus Dei*) de St-Gérald aux bailes de la confrérie de St-Martial de la Fenêtre « *confratrie beati Marcialis de Fenestra* » de deux maisons de la dite rue confrontant à celle de Guy Gardeau, sous le devoir de 6 deniers de cens, 1411. — Reconnaissances faites : par Étienne Fournière (*Stephana Fornieyra*), fille de Guillaume Fournier, aux bailes des Pauvres à vêtir d'une rente de 10 sols sur une maison de la rue

Banc-léger, 1449 ; — par Jean de Chambon aux dits bailes. de la même rente, 1459 ; — par Pierre Lavau aux bailes de la frairie des Chandelles des pauvres de St-Gérald et du luminaire de Ste-Croix « *confratrie candelarum pauperum hospitalis sancti Geraldi et lamperii sancte Crucis dicte ecclesie fidelium deffunctorum que fit annuatim in ecclesia predicta sancti Geraldi*, » de 2 sols 6 deniers de rente sur une maison de la dite rue, confrontant aux eyssides (*eyssidas*) de Pierre Dumas, 1461 ; — par Joseph Conon, marchand, aux bailes de la confrérie de N.-D. du Puy d'une rente de 10 sols sur une autre maison sise en la dite rue, 1554. — Ventes faites : par Jean Poylevé, chanoine de Limoges, à Pierre Boulet, notaire, d'une maison de la dite rue confrontant à celle de Mᵉ Léonard Benoit, élu en l'Élection, et aux murailles de la ville, moyennant la somme de 810 ll., 1576 ; — par Pierre Maledent, bourgeois, à Mᵉ Pierre Romanet, aumônier de la Salle épiscopale, d'une autre maison de la dite rue, confrontant à celle de Martial et Pierre Pabot, chanoines, moyennant la somme de 900 ll., 1613. — Investiture d'une maison de la rue Banc-léger faite par l'hôpital général à Joseph Geanty, économe du dit hôpital, moyennant la somme de 138 ll., 1786.

B. 41. (Liasse). — 8 pièces, parchemin ; 1 pièce, papier ; 3 sceaux.

1344-1524. — Maisons rue *Banc-léger.* — Procédures touchant le paiement des rentes dues sur les dites maisons : pour la confrérie de St-Martial en l'église de St-Michel, 1634 ; — pour la confrérie des Pauvres à vêtir, 1461-1524 ; — pour les prêtres de St-Pierre du Queyroix, 1493.

B. 42. (Liasse). — 43 pièces, parchemin ; 14 pièces et 3 cahiers in 8°, 12, 13 et 15 feuillets, papier.

1533-1544. — Maison rue *Banc-léger.* — Procédures concernant le paiement des rentes dues sur une maison de la dite rue pour la confrérie des Pauvres à vêtir contre Mathive Ardant, veuve de Jean Juge, marchand.

B. 43. (Liasse). — 28 pièces, parchemin ; 23 pièces, papier ; 1 sceau.

1526-1673. — Maisons rue *Banc-léger.* — Procédures concernant le paiement des rentes dues sur les dites maisons pour la confrérie des Pauvres à vêtir contre Jean Ficquet, orfèvre, et autres personnes, 1526-1673 ; — pour les bailes de l'hôpital de St-Gérald, comme représentant la confrérie de N.-D. du Puy, 1528-1588 ; — pour l'hôpital de St-Martial, 1612.

B. 44. (Liasse). — 6 pièces, parchemin ; 3 pièces, papier.

1474-1783. — Maisons rue des *Bancs.* — Reconnaissances faites à la confrérie des Pauvres à vêtir : par Pierre Loproux, bachelier ès lois, et Michel Loproux, son frère, de 100 sols de rente sur une maison de la dite rue, confrontant à celle de Pierre Marteau, 1474 ; — par Pierre Peyteau, orfèvre, de 5 sols de rente sur une autre maison de la dite rue, confrontant à celle de Pierre Salleys, 1571. — Reconnaissance faite à l'hôpital général par J.-B. Goulmy, négociant, d'une maison de la place des Bancs confrontant à celle de M° Hyacinthe Manet, ancien prieur de Chamboret, 1783.

B. 45. (Liasse). — 12 pièces, parchemin ; 2 pièces, papier.

1490-1704. — Maisons rue des *Bancs.* — Procédures concernant le paiement des rentes dues sur les dites maisons : pour la confrérie des Pauvres à vêtir, 1490-1552 ; — pour l'hôpital général comme représentant la dite confrérie, 1704.

B. 46. (Liasse). — 2 pièces, parchemin.

1408. — Maison rue *descendant Bayardie.* — Enquête faite par devant la juridiction des Combes à la requête de Pierre Chaussade, aumônier du monastère de St-Martial, contre Petit-Jean Teulier faisant subhaster une maison à lui appartenant dans la dite rue.

B. 47. (Liasse). — 1 pièce, parchemin ; 1 pièce, papier.

1412-1501. — Maison rue *Beaupuy en Ste-Valérie.* — Accense perpétuelle faite par les bailes de la confrérie de N.-D. du Puy à Jean Geoffroi d'une maison avec four sise en la dite rue, confrontant aux murs de la ville, sous le devoir de 6 sols de cens, 1412. — Reconnaissance de la dite rente faite aux dits bailes par Léonard Chambou, 1501.

B. 48. (Liasse). — 1 pièce, parchemin ; 1 sceau.

1383. — Maisons rue *Beuveyr*, au dessous du Mûrier. — Vente faite par Marguerite, veuve de Barthélémy Vican, à la confrérie des Pauvres à vêtir d'une rente de 15 sols assise sur deux maisons contigues de la dite rue, pour le prix de 15 ll.

B. 49. (Liasse). — 1 pièce, parchemin.

1449. — Maisons rue *Beuveyr*, au dessous du Mûrier. — Enquête faite par devant le juge de Limoges, à la requête des bailes de la confrérie de Pauvres à vêtir, pour établir la légitimité de la perception d'une rente annuelle de 15 sols sur les dites maisons, confrontant à l'escure de M° Pierre Rogier, chanoine.

B. 50. (Liasse). — 7 pièces, parchemin ; 2 pièces, papier.

1330-1638. — Maison rue *Biscole*, près la Croix-Neuve. — Ventes faites : par Étienne de Ladignac, prêtre, à Jean le Fromagier d'une maison sise en la dite rue, fondalité de la confrérie de N.-D. du Puy, moyennant la somme de 4 ll., 1330 ; — par Pierre Baillart, marchand, à la confrérie de N.-D. du Puy de deux maisons contigues sises en la dite rue, moyennant le prix de 10 ll., 1397 ; — par Jean Boysset, imprimeur, à Antoine Peyrat, marchand, d'une autre maison sise en la dite rue, moyennant le prix de 100 ll., 1621. — Accense faite par les bailes de la confrérie de N.-D. du Puy à Laurent Joumart, d'une maison sise en la dite rue, sous le devoir de 4 sols de cens, 2 deniers d'accapt et une somme de 8 ll. payée comptant, 1399. — Reconnaissances de la dite rente faites à la confrérie de N.-D. du Puy : par Étienne Chastelus, épinglier, 1541 ; — par Maureil Pasquet dit Biengou, épinglier, 1554. — Reconnaissances d'une rente de 15 sols faite sur une autre maison de la dite rue : à la confrérie de N.-D. du Puy par Jean du Masbateu, 1543 ; — à l'hôpital de St-Gérald comme représentant de la dite confrérie par Pierre Fargault, 1579, etc.

B. 51. (Liasse). — 1 pièce, parchemin.

1397. — Maison rue *Biscolle*, près la Croix-Neuve. — Jugement par décret rendu en la juridiction des Combes, mettant à l'abri de tous cens, devoirs et hypothèques une maison de la dite rue acquise par les bailes de la confrérie de N.-D. du Puy

B. 52. (Liasse). — 12 pièces, parchemin; 1 pièce, papier; 1 sceau.

1288-1494. — Maisons rue *Boucherie*. — Vente faite par Jean Sardaigne aux bailes de la confrérie de N.-D. du Puy d'une rente de 10 sols assise sur une maison de la dite rue, moyennant la somme de 9 ll. 2 sols. On mentionne également 12 deniers de rente dus sur la dite maison à la confrérie de las Chieyras et une obole de cens due aux Vigiers du château de Limoges. (Acte passé devant l'official de Limoges : *Sigillum nostrum presentibus litteris una cum sigillis Lemovicensis curie et dicti domini Helie Vigerii duximus apponendum. Nos vero predictus Helias Vigerii comprobantes predictam vesticionem, sigillum nostrum una cum predictis sigillis Lemovicensis curie et dicti domini Jordani de Montecuculli duximus apponendum*), 1288. — Donation faite par Marie Brune, fille de feu Pierre Manhani et veuve de Sage Christian, à la confrérie de N.-D. du Puy, de tout le droit de fondalité et d'accapt qu'elle avait sur une maison de la rue Boucherie, 1334. — Investiture d'une maison de la dite rue faite par les bailes de la confrérie de N.-D. du Puy à Pierre Gabordil sous réserve de la rente de 10 sols due sur la dite maison, 1366. — Acte par lequel les Consuls de Limoges, en considération des services rendus au public et à eux mêmes par Jean de Janaillac, licencié ès lois et procureur du Roi à Limoges, concèdent au dit Janaillac la quatrième partie des droits de lods et ventes à eux dus pour l'acquisition faite par Pierre des Monts d'une maison de la rue Boucherie, 1432. — Reconnaissances de rentes sur plusieurs maisons de la dite rue, faites : par Martial Disnematin, bourgeois, à Eustache de Janaillac, aussi bourgeois, 1473; — par Jacques Marlanges et ses deux sœurs aux bailes de la confrérie de N.-D. du Puy, 1487; — par Pierre Veyrier, prêtre, aux Consuls de Limoges comme administrateurs des aumônes Ste-Croix, 1494.

B. 53. (Liasse). — 11 pièces, parchemin; 4 pièces, papier; 6 sceaux.

1502-1552. — Maisons rue *Boucherie*. — Reconnaissances de rentes sur plusieurs maisons de la dite rue faites : par Dominique de Beaunom, dit Losbre, — par Martial des Monts, prêtre, — par Cécile Veyrier, veuve de Martial Sablaud, — par Jacques de Fursac, « *corretarius castri Lemovicensis*, » — par Christophe des Monts et Typhayne Denguynier, sa femme, — par Jean et Guillaume Julien, frères, — et par Adhémar Colin, curé de St-Paul près Limoges, vicaire d'une des vicairies fondées par les exécuteurs testamentaires de Guy Audoin, chanoine de Limoges, les dites reconnaissances faites aux Consuls de Limoges et à Mᵉ Jean de Janaillac, prêtre, 1502. — Reconnaissances faites : par Pierre Veyrier, bourgeois, aux Consuls de Limoges comme administrateurs des aumônes Ste-Croix, d'une rente de 3 sols sur une maison de la dite rue, 1507; — par François du Teillou dit le Cathelot aux bailes de la confrérie de N.-D. du Puy d'une rente de 10 sols sur une autre maison sise près la porte Boucherie, 1544, etc.

B. 54. (Liasse). — 5 pièces, parchemin; 16 pièces, papier.

1561-1787. — Maisons rue *Boucherie*. — Reconnaissance faite par Jean Limousin dit Jay, mᵉ tanneur, aux bailes de la confrérie du Pavillon d'un denier de rente sur une maison de la dite rue ayant appartenu à Pierre Foresta, notaire, et confrontant à celle de Mᵉ Paris de Buat, médecin, 1561. — Donation d'une maison de la rue Boucherie confrontant à celles de Mᵉ Léonard Lauvie, greffier de la Cour royale, faite par Typhayne de Guynier, veuve de Christophe des Monts, à Mᵉ Albert de Marlanges, prêtre et notaire du château de Limoges, 1523. — Quittance délivrée par les bailes de la confrérie du Pavillon, le fermier des rentes des aumônes Ste-Croix et Pierre de la Roche dit Vouzelle à Mᵉ Paris de Buat, médecin, d'une somme de 50 ll. pour droit de lods et ventes dû aux susnommés à cause de l'acquisition d'une maison de la rue Boucherie, 1571. — Ventes : d'une maison de la dite rue, faite aux Jésuites du Collège par dame Simone de Loménie, veuve de Joseph Fayen, docteur en médecine, moyennant le prix de 2400 ll., 1622; — de la demi-fondalité de plusieurs maisons de la rue Boucherie, faite par Michel de la Roche, bourgeois, aux Jésuites du Collège, moyennant le prix de douze-vingts livres, 1626. — Transaction sur procès entre l'hôpital général et le Collège en vertu de laquelle ce dernier s'oblige à payer à l'hôpital une somme de 250 ll. pour droit de lods et ventes sur une maison de la rue Boucherie acquise par le dit Collège, 1684, etc.

B. 55. (Liasse). — 11 pièces, parchemin.

1353-1520. — Maisons rue *Boucherie*. — Procédures touchant le paiement des rentes dues sur les maisons de la dite rue : pour Martial de Janaillac, bourgeois, 1353 ; — pour les bailes de la confrérie de N.-D. du Puy, 1367, 1488 et 1520 ; — pour les Consuls de Limoges, 1373-1470.

B. 56. (Liasse). — 4 pièces, parchemin ; 15 pièces et 1 cahier in-8°, 15 feuillets, papier.

1520-1756. — Maisons rue *Boucherie*. — Procédures concernant le paiement des rentes dues sur les maisons de la dite rue pour les bailes de la confrérie du Pavillon, 1520. — Sentence de la Cour ordinaire de Limoges qui condamne Pierre Faydit et Valérie d'Autefaye, sa femme, à déclarer le prix de vente et à payer les droits de lods et ventes d'une maison de la rue Boucherie relevant de la fondalité d'Eustache de Janaillac, bourgeois, de Martial Audier et des Consuls de la ville, 1475. — Arrêt du Parlement de Bordeaux portant adjudication des biens de Paris de Buat, comprenant une maison de la rue Boucherie dont les Consuls, la confrérie du Pavillon et Michel de la Roche sont co-seigneurs, 1610. — Sentence de la Cour ordinaire de Limoges qui déclare les Consuls de Limoges et Michel de la Roche co-seigneurs d'une maison de la rue Boucherie contre les bailes de la confrérie de N.-D. des Mandements, 1612. — Procédures pour la confrérie du Pavillon contre les Jésuites du Collège de Limoges, pour cause de l'indemnité demandée par la dite confrérie sur le quart du prix de la maison de Catherine Varacheau acquise par les Jésuites dans la dite rue, 1682. — Procédure instruite devant l'intendant de la Généralité de Limoges entre le directeur des droits d'amortissement, francs-fiefs et nouveaux acquêts et d^elle Catherine Cramaille, femme de Guillaume Desroches, marchand, icelle demoiselle appelant en garantie les administrateurs de l'hôpital général, 1754-1756. Il est dit que le directeur regardant comme noble une maison appelée des Girouettes, sise en la ruelle qui conduit de la rue Boucherie à celle de Vieille-Monnaie, avait décerné une contrainte contre la dite D^elle Cramaille.

B. 57. (Liasse). — 3 pièces, parchemin.

1274-1309. — Rue de la *Cigogne*, derrière l[e] Collège. — Ventes faites : par Étienne Lameyze à l[a] confrérie de N.-D. du Puy de trois maisons sises e[n] la dite rue près des murailles de la ville, pour le pri[x] de 32 sols, 1274 ; — par Pierre Durand à la mêm[e] confrérie de trois autres maisons sises en la dit[e] rue près des murailles de la ville, pour le prix de 4[0] sols, 1274. — Accense faite par la même confrérie [à] Jean et Martial de Janaillac, frères, de cinq mai[-] sons menaçant ruine, sises en la dite rue, sous l[e] devoir de 5 sols de cens, à charge par les dits frère[s] d'assigner les 30 sols de rente que ladite confréri[e] retirait autrefois de ces cinq maisons, sur trois autre[s] maisons sises, l'une rue Neuve du bourg St-Marti[n] les deux autres devant le cimetière de St-Pierre d[u] Queyroix, 1309.

B. 58. (Liasse). — 27 pièces, parchemin.

1464-1489. — Rue de la *Cigogne*, derriè[re] le Collège. — Procédures pour la confrérie de N.-[D.] du Puy contre Mariotte Rogier, veuve de Pierre d[e] Janaillac, bourgeois, au sujet des arrérages de rent[e] par elle dus sur une maison de la dite rue, confro[n-] tant à celle de Jean Reynaud et Mathurin de [la] Cheny, vicaires de la vicairie fondée par Guy Audoi[n.] Entre autres pièces figure une longue enquête q[ui] débute ainsi : « *Hec sunt dicte deppositiones s[eu] attestationes testium pro parte sindici bajuloru[m] confratrie beate Marie de Podio*....... » Parmi l[es] témoins se trouvent : *prudens vir Jacobus Veyrie[r] aurifaber castri Lemovicensis ; prudens vir Nicola[us] de la Mote, corretarius castri Lemovicensis ; discr[e-] tus vir magister Audoynus Pinardi, notarius cast[ri] Lemovicensis*, etc.

B. 59. (Liasse). — 3 pièces, parchemin ; 6 pièces, papier ; 1 scea[u.]

1309-1779. — Maison rue du *Clocher*. — Reco[n-] naissances faites : aux bailes de l'aumône des Pai[ns] de Noël qu'on donne aux religieux et religieuses [de] Limoges, « *heleemosine panum natalis Domini q[ui] datur religiosis viris et monialibus de Lemovici[o] quolibet anno in festo natalis Domini*, » par Pier[re] Ballan et Catherine, sa femme, de 4 sols 6 denie[rs] de rente foncière sur une maison de la dite r[ue] confrontant à une maison de St-Gérald, 1309 ; — au[x]

Consuls de Limoges, comme administrateurs des aumônes Ste-Croix, de 6 sols de rente sur une maison de la dite rue confrontant à celle de François Fayolle, par Madeleine Blanchon, 1507 ; — et par François Origet, coutelier, 1553. — Accense faite par le prieur de l'hôpital de St-Gérald à Pierre Bolho d'une maison sise en la dite rue, sous le devoir de 25 sols de cens, 1310. — Transactions sur procès passées : entre l'hôpital général de Limoges comme représentant les administrateurs des aumônes Ste-Croix, d'une part, le prieur de St-Gérald et messire Charles-Joseph de Chastaignac des Combes, chevalier, d'autre, en vertu de laquelle la fondalité d'une maison de la dite rue confrontant à celle de M. Benoist de Lostende est reconnue de la fondalité de l'hôpital, 1775 ; — entre l'hôpital général, comme représentant les administrateurs des aumônes Ste-Croix, Joachim Boudet, négociant, et Me J.-B. Martin, ancien vicaire de St-Michel des Lions, agissant comme baile de la frairie de N.-D. des Aides établie en la dite église, en vertu de laquelle la maison acquise par le sieur Boudet est déclarée de la fondalité de l'hôpital, 1779.

B. 60. (Liasse). — 3 pièces, parchemin ; 4 pièces, papier.

1491-1775. — Maisons rue du *Clocher.* — Procédures concernant le paiement des rentes dues sur les dites maisons : pour les Consuls de Limoges, comme administrateurs des aumônes Ste-Croix, 1491-1610 ; — pour l'hôpital général de Limoges, comme représentant les administrateurs des aumônes Ste-Croix, 1727-1775.

B. 61. (Liasse). — 2 pièces, parchemin ; 4 pièces, papier.

1424-1723. — Maisons devant la porte du *Clocher de St-Michel des Lions.* — Accense faite par les Consuls de Limoges à Jean Chrétien, marchand, d'une maison sise sur la dite place, *« ante leones lapideos in dicta platea existentes, »* moyennant la rente de 10 sols, 1424. — Reconnaissance faite aux dits Consuls par Jean Montégut, me horloger, Simon et Philippe Poucet, marchand et ciergier, et François Guibert, orfèvre, de quatre rentes de 2 sols chacune sur quatre maisons de la dite place, contiguës les unes aux autres, 1630. — Procédures pour l'hôpital général, comme représentant les administrateurs des aumônes Ste-Croix, concernant le

paiement des rentes dues sur les dites maisons, 1670-1723.

B. 62. (Liasse). — 13 pièces, parchemin ; 1 pièce, papier ; 1 sceau.

1261-1391. — Maisons rue des *Combes.* — Ventes faites : par Bernard Gui, bourgeois, à la confrérie de N.-D. du Puy de 2 sols de rente sur une maison sise en la dite rue, près la fontaine de Jaumar, 1261 ; — par la confrérie des Treize chandelles brûlant devant l'autel de St-Sauveur en l'église de St-Martial *« confratribus confratriæ tresdecim candelarum ardentium ante altare Sancti Salvatoris in monasterio Sancti Marcialis »* à la confrérie de N.-D. du Puy d'une rente de 5 sols sur une maison de la dite rue, pour le prix de 4 ll, 1271. — Investiture de la dite rente de 5 sols, faite par Raymond de Monrochier, prévôt de St-Martial dans le quartier des Combes, à la confrérie de N.-D. du Puy, 1285. — Assignation faite par Jean Montrebert de 12 deniers de rente sur une maison et un four de la dite rue à la confrérie de Ste-Croix, la dite rente léguée par feu Bonet Montrebert, son père, pour l'entretien de la lampe de Ste-Croix et du cierge de St-Martial, 1284. — Donation par Pierre et Martial Pabot, frères, à la confrérie de N.-D. du Puy de 5 sols de rente sur une maison sise en la dite rue, devant l'abbaye de St-Martial, 1327. — Ventes faites : entre particuliers d'une maison de la dite rue, fondalité de la confrérie de N.-D. du Puy, confrontant à la ruelle qui mène du queyroix de Bernard-Mayne au portail de Montmaillier, la dite maison chargée d'une rente de 6 sols en faveur de la dite confrérie, 1381 ; — par Léonard Vidaud, orfèvre, à la confrérie de N.-D. du Puy de 10 sols de rente sur une maison de la dite rue confrontant à celle de Léonard Pinso, prêtre, 1381 ; — par Hélie Bourgeois aux bailes des Pauvres à vêtir de 5 sols de cens sur une maison et un verger de la dite rue, 1391.

B. 63. (Liasse). — 10 pièces, parchemin ; 4 pièces, papier ; 1 sceau.

1418-1721. — Maisons rue des *Combes.* — Investiture faite par Me Pierre, abbé de St-Martial, à Jean le Bochier d'une maison de la dite rue, confrontant à celle de Jean Valeys, prêtre, 1418. — Transaction en vertu de laquelle le nommé Crousille obtient provisoirement des bailes de la confrérie de N.-D. du

Puy réduction à 6 sols de la rente de 10 sols due par lui sur deux maisons de la dite rue, sises près la fontaine Servière, et ce en raison des réparations par lui faites dans ces deux maisons, 1479. — Reconnaissances faites : par Nicolas et Martial Mercier, hôtes, à la confrérie des Pauvres à vêtir de 5 sols de rente sur une maison de la dite rue confrontant à celle de Me Jacques de St-Fermy, menuisier, 1490 ; — par Jean Lebouchier, marchand, à Mo Albert de Jouviond, abbé de St-Martial, d'une quarte froment de cens sur la dite maison, 1512 ; — par Pierre Compagnon à la confrérie de N.-D. du Puy de 15 deniers de rente sur la moitié d'une maison de la dite rue, confrontant à celle de Me Marc Gaschon, notaire, et à celle de Me Léonard Bochette, médecin, l'autre moitié de la dite maison appartenant à Jéan Reverdy dit Roy, peintre, 1537 ; — par Jean Tamaignon, éperonnier, à la confrérie de N.-D. du Puy de 15 deniers de rente sur l'autre moitié de la même maison, confrontant par une de ses extrémités à la maison de Jean Bertrand dit Patisson, orfèvre, 1554 ; — par Audoin de St-Fermy à la confrérie des Pauvres à vêtir de 60 sols de rente sur une maison de la dite rue confrontant à celle de Me Guyot de la Forest, notaire et praticien, 1554. — Vente faite par Jean Robin, sgr. de Forest-vieille, héritier de Jean Robin, son oncle, chanoine de l'église de Limoges, à Guillaume Foucaud, d'une maison de la dite rue confrontant à la rue Froment, pour le prix de 650 ll. et à charge des rentes dues aux communautés de St-Pierre et St-Michel. 1562. — Quittances délivrées : par la confrérie des Pauvres à vêtir à Germain Picquet, archer du visénéchal du Limousin, d'une somme de 35 sols due pour arrérages de rente sur une maison appelée de la Biche, sise en la dite rue, 1584 ; — par l'hôpital général comme représentant l'hôpital de St-Gérald à Jacques Pommier, me cordonnier, d'une somme de 24 ll. par lui due pour arrérages de rente sur une maison de la dite rue, 1721.

B. 64. (Liasse). — 27 pièces, parchemin ; 6 pièces, papier ; 1 sceau.

1380-1649. — Maisons rue des *Combes*. — Procédures concernant le paiement des rentes dues sur les dites maisons : pour la confrérie de N.-D. du Puy, 1380-1524 ; — pour la confrérie du Cierge des boulangers, 1391 et 1495 ; — pour la confrérie des Pauvres à vêtir, 1392-1649 ; — pour l'aumônerie du monastère de St-Martial, 1455 et 1498.

B. 65. (Liasse). — 4 pièces, parchemin ; 7 pièces, papier.

1571-1748.—Maisons rue des *Combes*.—Procédures concernant le paiement des rentes dues sur les dites maisons : pour la confrérie de N.-D. du Puy, 1571 ; — pour la confrérie des Pauvres à vêtir, 1709 ; — pour messire Jean de Fonssèques, abbé de St-Martial, 1572 ; — pour l'hôpital de St-Gérald, comme représentant la confrérie de N.-D. du Puy, 1583-1642 ; — pour la confrérie de la Conception N.-D., 1651.

B. 66. (Liasse). — 1 pièce, parchemin ; 1 sceau.

1255. — Maisons rue *Corbasure* ou *Corbasurier*. Vente faite par Florence, veuve de Guillaume de Banc-latgier, bourgeois, à la confrérie de N.-D. du Puy d'une rente de 5 sols sur deux maisons de la dite rue, pour le prix de 100 sols.

B. 67. (Liasse). — 3 pièces, papier.

1769-1786. — Maison rue *Croix-Neuve*. — Quittances délivrées par l'hôpital général comme représentant les aumônes Ste-Croix : à Delle Élisabeth Declareuil, veuve de Michel Ribierre, marchand d'une somme de 66 ll. due au dit hôpital pour droits de lods et ventes sur une maison acquise en la dite rue, confrontant à l'hôtel de l'Intendance, 1769 ; — à Étienne Declareuil, huissier à la Connétablie de France, d'une somme de 91 ll. pour droits de lods et ventes sur la dite maison, 1781, etc.

B. 68. (Liasse). — 1 pièce, parchemin, 5 pièces, papier ; 1 sceau.

1502-1722. — Maison rue *Cruchedor*. — Reconnaissance faite par Albert Hardit, marchand à Me Jean de Janailhac, prêtre, à Martial Audier, bourgeois et aux Consuls de Limoges d'un denier de rente sur une maison de la dite rue, confrontant celle de Philibert Aubusson, 1502. — Partage de la dite maison entre François et Pierre de Jayac, frères, 1605. — Vente faite entre particuliers d'une maison de la dite rue, « relevant de la fondalité du seigneur qui en fera apparoir, » 1713, etc.

B. 69. (Liasse). — 8 pièces, parchemin ; 2 pièces, papier.

1279-1614. — Maison sise au coin des rues *Cruchedor* et *Manigne*. — Ventes faites : par Hélie Champanhol, bourgeois, et ses sœurs aux bailes de la confrérie de N.-D. du Puy d'une rente de 20 sols et une pite « *viginti solidos et unam pittam sive pagesa* (sic) *Lemovicensis moncte*, » sur la dite maison, pour le prix de 16 ll. 10 sols, 1279 ; — par Bozon Hélie à Martial Hélie, son frère, du tiers de la dite maison sise dans la foudalité de la confrérie de N.-D. du Puy, moyennant le prix de 18 ll., 1295. — Reconnaissance faite par Pierre Ruaud, drapier, « *draperio castri Lemovicensis*, » aux bailes de la dite confrérie de 20 sols et une pite de rente sur la dite maison, 1381. — Échange fait entre Jéan Ruaud, clerc et Eustache de Janaillac, bourgeois, de la dite maison appartenant au premier contre une maison de la rue Boucherie appartenant au second, 1450. — Quittance délivrée par les administrateurs de l'hôpital de St-Gérald comme représentants de la confrérie de N.-D. du Puy à Léonard Michelon, marchand, de la rente de 20 sols due sur la dite maison, 1614.

B. 70. (Liasse). — 4 pièces, parchemin ; 1 pièce, papier.

1433-1577. — Maison sise au coin des rues *Cruchedor* et *Manigne*. — Sentence de la cour du chantre de Limoges condamnant Jean Ruaud, clerc, à payer aux bailes de la confrérie de N.-D. du Puy la rente de 20 sols à eux due sur la dite maison, 1433. — Arrêt du Parlement de Bordeaux déclarant hypothéquée la susdite maison comprise dans les biens décrétés de Catherine de Janaillac, 1527. — Procédures pour l'hôpital de St-Gérald contre Hélie Michelon, marchand, touchant les arrérages de la rente due sur la dite maison, 1567-1577.

B. 71. (Liasse). — 3 pièces, parchemin ; 3 sceaux.

1380-1458. — Maison au lieu dit du *Dieu d'Amour*. — Accense faite par les bailes de la confrérie des Pauvres à vêtir à Jean Toulouse, manouvrier, d'une maison « de celles qu'on appelle du dieu d'amour, situées rue Lansecot, » léguée aux dits bailes par Jean Boutin, 1380. — Vente faite par le dit Jean Toulouse aux dits bailes d'une rente de 13 sols assise sur une maison « *sita in rua appellata deu dieu d'amour, infra barreyretam.* » 1394. — Sentence de la cour de Limoges déclarant que les bailes de la dite confrérie se sont dûment opposés aux criées et subhastations de la maison de Jean Toulouse, 1458.

B. 72. (Liasse). — 8 pièces, parchemin ; 4 pièces, papier ; 1 sceau.

1289-1617. — Rue d'*Eygoulène* alias des *Arènes*. — Ratification faite par Michel Decars, clerc, et Pierre de Clermont son tuteur, de la vente faite par Pierre Sergent à Guillaume Malet, taillandier, d'une maison sise en la dite rue, devant le queyroix d'Eygoulène, chargé de 9 sols de cens envers la confrérie des Pains de Noël, de 2 sols de rente envers la confrérie de las Chieiras et de 12 deniers de rente envers la confrérie des Torches du St-Sacrement, « *confratria tortillorum qui deponuntur coram Domino Jhesu Christo*, » 1289. — Reconnaissances faites à la confrérie de N.-D. du Puy par Bernard de Lavigerie d'une rente foncière de 5 sols sur une maison de la dite rue, confrontant à celle d'Aymeric du Mas-Vernier, 1299 ; — par Me Mathieu Delage, notaire, d'une rente de 23 sols sur deux maisons contiguës de la dite rue, confrontant par derrière au petit étang, 1501. — Reconnaissances faites à la confrérie du Cierge des boulangers célébrée en l'église St-Martial : par Jean Brunot, 1491, — par Jean Arnault et Mariotte Bordète, sa femme, d'une rente foncière de 5 sols sur une maison de la dite rue, sise au-dessous de l'arbre d'Eygoulène, 1492. — Vente entre particuliers d'une vigne sise au clos Charreyron, près Limoges, 1542. Dans cet acte il est question incidemment d'une maison sise sous l'arbre d'Eygoulène et sur laquelle il est dû 12 sols de rente à la confrérie des Trépassés, 8 sols à celle des Treize Chandelles et 3 sols à celle du grand Cierge des vignerons. — Reconnaissances faites : à l'hôpital de St-Martial, comme représentant la confrérie du Cierge des boulangers, de la susdite rente de 5 sols par Pierre Sapeys, 1567 ; — aux bailes des Pauvres à vêtir d'une rente de 3 sols sur une autre maison de la dite rue, confrontant à celle de Me Bernard Gayou, 1572 et 1596. — Quittance délivrée par l'hôpital de St-Gérald, comme représentant la confrérie de N.-D. du Puy, à Michel Dumas des droits de lods et ventes par lui dus sur une moitié de deux maisons de la dite rue non confrontées, l'autre moitié relevant de la fondalité de la vicairie fondée en l'autel de la Ste-Trinité à St-Pierre du Queyroix, 1617.

B. 73. (Liasse). — 6 pièces et 1 rouleau, parchemin ; 2 pièces, papier.

1491-1639. — Maisons rue d'*Hygoulène.* — Procédures touchant le paiement des rentes dues sur les dites maisons : pour la confrérie du Cierge des boulangers, 1491 ; — pour la confrérie de N.-D. du Puy, 1584 ; — pour la confrérie des Pauvres à vêtir contre Martin Roux, parcheminier, 1639.

B. 74. (Liasse). — 9 pièces, parchemin ; 1 sceau.

1239-1543. — Maisons près des étangs d'*Hygoulène.* — Ventes faites : par Étienne Roy, prêtre, commandeur *(preceptor)* de l'hôpital des Arènes, à la confrérie du Luminaire des chandelles célébrée en l'église des frères Mineurs de Limoges (les Cordeliers) d'une rente de 10 sols assise sur une maison du dit lieu, devant la Motte des Vigiers, pour le prix de 9 ll. 10 sols, 1239 ; — par Jacques Dupeyrat à la confrérie de la Chandelle N.-D. d'une rente de 26 sols sur cinq maisons du dit lieu, pour le prix de 28 ll. 2 sols, 1251 ; — par Jean Roy dit Jean de l'Hospital et Valérie, sa femme, à la confrérie de N.-D. du Puy de 5 sols de rente annuelle sur une maison du dit lieu confrontant à celle de l'abbesse des Alloix, pour le prix de 4 ll., 1300 ; — par Pierre Charbonnier, bachelier ès lois, à la dite confrérie de 10 sols de rente sur une maison du dit lieu, confrontant au chemin qui mène du petit étang à la porte des Arènes, pour le prix de 10 ll., 1423 ; — par Jeanne, veuve de Mᵉ Pierre Desmonts, notaire, à Mᵉ Étienne Mazaud, prêtre, d'une maison sise au dit lieu, confrontant à celle de Mᵉ Jean Delage, notaire et à celle de l'abbesse des Alloix, dans la fondalité de la confrérie de N.-D. du Puy, pour le prix de 10 réaux d'or faisant 15 ll. tournois, 1436. La même maison est dite redevable d'une rente annuelle de 5 sols envers le vicaire de la messe matutinale de l'église St-Michel des Lions. — Reconnaissance faite par Mᵉ Pierre Brunot, prêtre, à la confrérie de N.-D. du Puy d'une rente de 10 sols assise sur la susdite maison confrontant à celle de l'abbesse des Alloix et de Mᵉ Jean Delage, notaire, 1473. — Accense faite par la confrérie de N.-D. du Puy à Mᵉ Pierre Blanchard, notaire, d'un solar de maison sis au dit lieu et confrontant au solar des

Alloix, moyennant le prix de 12 ll. et la rente foncière de 2 deniers, 1508, etc.

B. 75. (Liasse). — 2 pièces, parchemin.

1484-1511. — Maison rue de la *Fauconnerie.* — Reconnaissances d'une rente foncière de 2 sols 6 deniers sur deux maisons de la dite rue, confrontant à celle de la confrérie de N.-D. des Arènes, faites : par Léonard et Pierre Dardenne à Martial Sarrazin, 1484 ; — par Pierre Thomas, prêtre, Jean Dubouchet, marchand et Léonard Dardenne, à Jacques Sarrazin, marchand, 1511.

B. 76. (Liasse). — 2 pièces, parchemin ; 1 pièce, papier.

1512-1562. — Maison rue de la *Fauconnerie.* — Procédures touchant le paiement des rentes dues sur la dite maison : pour Jacques Sarrazin, bourgeois, — pour les bailes de la confrérie des Pauvres à vêtir.

B. 77. (Liasse). — 9 pièces, parchemin ; 14 pièces, papier ; 1 sceau.

1433-1787. — Maisons rue *Ferrerie.* — Vente faite par Jean Légier, cordonnier, aux bailes de la confrérie de St-Martial de la Fenêtre et de St-Eutrope d'une rente foncière de 2 sols assise sur une maison de la dite rue, confrontant à celle de Mathieu Chapeau, pour le prix de 3 réaux d'or, 1433. — Vente faite par Léonard Mourinaud à Albert Josse, licencié ès lois, d'une maison de la dite rue avec boutique au-dessous et une eysside par derrière, « *quandam domum cum taberna de subtus et eciam quadam eyssida retro,* » fondalité de la confrérie des Pauvres à vêtir, moyennant le prix de 140 écus d'or, 1452. — Accense faite par les Consuls de Limoges, comme administrateurs des aumônes Ste-Croix, à Jean Mathieu, orfèvre, d'une place ou eysside sise derrière la maison du dit Mathieu en la dite rue, sous le devoir de 2 sols de rente, 1453. — Reconnaissance faite par Mariotte Courtaud aux Consuls de Limoges de 2 sols de rente sur une maison de la dite rue, confrontant à la place de la Motte, 1494. — Échange fait entre Jean Texandier, orfèvre, et Anne Descars, sa femme, d'une part, Martial Douhet, marchand, d'autre, d'une maison sise en la dite rue et appartenant aux premiers contre une autre maison sise rue du Temple, appartenant au second, et chargée de

5 sols de cens en faveur de la confrérie des Pauvres à vêtir et de 3 ll. 10 sols de rente en faveur de la vicairie fondée en l'église cathédrale par Me Jean de Peyssac, prêtre, 1516. — Amortissement consenti par les bailes de la confrérie des Pauvres à vêtir, moyennant une somme de 10 ll., d'une rente de 10 sols à eux due sur une maison de la rue Ferrerie, 1551. — Reconnaissance faite par Me Martial de Douhet, sieur du Puymoulinier, greffier de la sénéchaussée du Limousin, à la confrérie des Pauvres à vêtir d'une rente de 26 sols sur une maison de la dite rue, confrontant à une autre maison « où est l'ymage Sainct Roch....... ayant prospect sur lez bancz charniers, » 1652. — Quittance délivrée par le fermier du revenu des aumônes Ste-Croix à Antoine Barbou, imprimeur, d'une somme de 32 sols pour arrérages de rente sur une maison de la rue Ferrerie, 1630. — Vente faite par Me Jean Barbou, seigneur des Courrières, trésorier receveur des Ponts et chaussées, à Jean Barailler, marchand, d'une autre maison de la rue Ferrerie confrontant à celle du sieur Ardant, orfèvre, moyennant le prix de 3500 ll., 1722, etc.

1387-1670. — Maisons rue *Ferrerie*. — Procédures touchant le paiement des rentes dues sur les dites maisons : pour la confrérie des Pauvres à vêtir, 1387-1573 ; — pour les Consuls de Limoges comme administrateurs des aumônes Ste-Croix, 1402 ; — pour l'hôpital général comme représentant de l'hôpital de St-Gérald et de la confrérie des aumônes Ste-Croix contre Martial Barbou, imprimeur, et autres débiteurs, 1665-1670.

1363-1776. — Maisons rue de la *Fontaine des Barres*, alias *Servière*. — Vente faite par Pierre Syrat, boulanger, à la confrérie de N.-D. du Puy d'une rente annuelle de 10 sols sur une maison sise en la dite rue au queyroix de Bernard-Mayne, pour le prix de 9 ll. 5 sols, 1363. — Extrait du testament de Jean de la Fauconnerie léguant à la confrérie de N.-D. de l'aumône St-Martial « *confratrie beate Marie de elemosina Sancti Marcialis Lemovicensis* » 2 sols 6 deniers de rente sur une maison et un four à lui appartenant, sis dans la dite rue, 1572. — Reconnaissances faites : par Guillaume Boschala à la confrérie de N.-D. du Puy de 2 sols 6 deniers de

rente léguée à la dite confrérie par Mariotte Arnaud, femme du dit Guillaume, sur une maison de la dite rue, 1393 ; — par Nicolas Mercier à la confrérie des Pauvres à vêtir de 5 sols de rente sur une maison de la dite rue confrontant au verger de Jacques de St-Fermy, 1496 ; — par Jean Thaloys, sergent royal, à la confrérie de N.-D. du Puy d'une rente de 6 sols et d'une autre rente de 10 sols sur deux maisons contigues de la dite rue, près la rue Froment, 1554 ; — par Guillaume Thaloys, serrurier, à l'hôpital de St-Gérald, comme représentant la confrérie de N.-D. du Puy, des deux susdites rentes sur les mêmes maisons, 1588 ; — par Me Michel Mousnier, « procureur au Présidial et sénéchal et autres jurisdictions de cette ville, » à l'hôpital général comme représentant la confrérie des Pauvres à vêtir, de 5 sols de rente sur une maison avec jardin faisant partie des biens acquis par le dit Mousnier de Me Joseph Favard des Fayes, chanoine théologal de l'église de St-Astier en Périgord, et confrontant à la maison du sieur Thibaud, chirurgien, 1776.

1498-1623. — Maisons rue de la *Fontaine des Barres*. — Procédures concernant le paiement des rentes dues sur les dites maisons : pour la confrérie de la Nativité N.-D. fondée en l'hôpital de St-Martial, contre Jourdaine Savye, veuve de Pierre Savy, 1498 ; — pour la confrérie de N.-D. du Puy et pour l'hôpital de St-Gérald, son successeur, 1560-1623.

1321-1380. — Maisons rue *Fontgrouleau*, alias du *Consulat*. — Acte par lequel Pierre la Brugière reconnaît que Barthélemy David le jeune a pris à accapt. moyennant 12 deniers de rente, une maison de la dite rue que Hélie la Brugière avait promise au dit David pour dot de sa fille Marie, 1321. — Donation faite par Geoffroy David, bourgeois, à la confrérie des Pauvres à vêtir d'une rente de 10 sols sur une maison de la dite rue, 1380. — Acte par lequel les exécuteurs testamentaires de Pierre Boutin, bourgeois, assignent aux bailes de la confrérie des Pauvres à vêtir 6 ll. de rente sur une maison de la rue Fontgrouleau, 10 ll. sur certaines maisons appelées du Dieu d'Amour sises rue Lansecot, « *quasdam domos vocatas lo dieu* *d'amors, sitas in rua de Lansacot,* » et 4 ll. sur diverses autres maisons de Limoges, 1380.

B. 82. (Liasse). — 7 pièces, parchemin; 6 pièces, papier.

1398-1656. — Maisons rue *Fontgrouleau,* alias du *Consulat.* — Réaccense faite par les bailes de la confrérie des Pauvres à vêtir à Pierre Roger, chanoine de l'église de Limoges, d'une maison de la dite rue ayant appartenu à Martial Julien, prêtre, sous le devoir de 30 sols de rente annuelle, 10 sols de rente seconde et un chapon d'accapt, 1398. — Reconnaissance faite par Martial Dupeyrat dit Genève, bourgeois, aux Consuls de Limoges comme administrateurs des aumônes Ste-Croix, d'une rente de 13 sols sur une maison de la dite rue confrontant à celle du Consulat, 1507. — Vente faite par Pierre Pinart, marchand, à Pierre Martin, bachelier ès lois, procureur au Parlement de Bordeaux, d'une rente de 10 setiers seigle et 50 sols argent sur une maison de la rue Fontgrouleau, sur une maison de la rue du Clocher et sur le moulin d'Eyssurat, moyennant le prix de 100 ll., 1512. — Quittances délivrées : par l'hôpital de St-Martial à Pierre Leyssène, marchand, comme exécuteur testamentaire de Jeannette Dupeyrat, *alias* la Pucelle, femme de Pierre Veyrier, orfèvre, laquelle avait légué tous ses biens au dit hôpital, entre autres une rente de 12 deniers sur une maison de la rue Fontgrouleau, 1543 ; — par les bailes de la confrérie des Pauvres à vêtir à dame Marie de la Roche, veuve et héritière de Me Pierre Blanchon, contrôleur général du taillon de Limoges et auditeur des comptes, des arrérages de rentes par elle dus sur une maison de la rue du Consulat, 1656.

B. 83. (Liasse). — 4 pièces, parchemin; 1 pièce, papier.

1540-1545. — Maisons rue *Fontgrouleau,* alias du *Consulat.* — Sentence de la juridiction ordinaire de Limoges, portant que les bailes de l'hôpital de St-Martial produiront devant Martial et Pierre Decordes les titres qui établissent leurs droits sur la maison des dits Decordes en la rue Fontgrouleau, 1540. — Procédures pour l'hôpital de St-Martial contre les dits Decordes, touchant même objet que dessus, 1543-1545.

B. 84. (Liasse). — 10 pièces, parchemin ; 8 pièces, papier.

1272-1688. — Maisons rue des *Fossés.* —

Confirmation faite par Hélie du Breuil, damoiseau du château de Limoges, de la donation faite 25 ans plustôt à la confrérie des Pauvres honteux, « *helemosine que in pane daturo in castro Lemovicensi pauperibus verecundantibus statuta [est] a Laurencio Aymerico deffuncto,* » d'une rente de 10 sols assise sur une maison de la rue des Fossés, 1272. — Acte par lequel les bailes de la confrérie des Pauvres honteux *« helemosine pauperum verecundorum »* réduisent à 4 sols une rente de 10 sols à eux due sur la dite maison, 1293. — Reconnaissances faites : par Jean Moulinaud à Pierre Mousnier, apothicaire, de 5 sols de cens sur une maison de la dite rue, 1526; — par Pierre Marchaudon dit le Monard, laboureur, aux bailes de la confrérie de N.-D. du Puy d'une rente de 12 sols sur une maison de la dite rue, 1530. — Autres reconnaissances de cette dernière rente, 1537-1625. — Quittance délivrée par l'hôpital général, comme représentant la confrérie de N.-D. du Puy, à Martin Sénamaud, marchand, d'une somme de 14 ll. 5 sols pour droit de lods et ventes à cause de l'acquisition par lui faite d'une maison de la rue des Fossés, 1688.

B. 85. (Liasse). — 6 pièces, parchemin ; 12 pièces, papier.

1415-1589. — Maison rue des *Fossés,* alias du *Fossé.* — Sentence de la juridiction des Combes adjugeant à Pierre Mourin, comme dernier enchérisseur, pour la somme de 12 ll. la dite maison avec ses dépendances ayant appartenu à Jeanne, fille de feu Étienne Nadaud, à charge par le dit Mourin de payer la rente due à la confrérie de N.-D. du Puy, 1415. — Deux sentences de la même juridiction condamnant les tenanciers de la dite maison au paiement de la rente due à la confrérie de N.-D. du Puy, 1489 et 1497. — Sentence de la sénéchaussée de Limoges confirmant en 1501 la précédente sentence de 1489, etc.

B. 86. (Liasse). — 1 pièce , parchemin.

1408. — Maison rue *Fourie.* — Jugement de la juridiction ordinaire de Limoges colloquant la confrérie des Pauvres à vêtir pour 10 sols de rente sur une maison de la dite rue, confrontant à celle de Me Étienne Poumieu.

B. 87. (Liasse). — 8 pièces, parchemin ; 21 pièces, papier ; 4 sceaux

1389-1702. — Maisons rue *Frégebise* ou de

Étang. — Reconnaissances faites à la confrérie des Pauvres à vêtir : par Barthélemy Franhol d'une rente de 30 sols assise sur une maison de la dite rue, 1389 ; — par Martial Boneufant d'une rente de 30 sols assise sur une autre maison et un pressoir de la dite rue, 1447. — Ventes faites : par M° Jean Mauple, greffier en chef du Bureau des Finances de Limoges, à Charles Delauze, marchand, d'une maison sise en la dite rue (appeéle aussi des Étangs), confrontant à la maison de M. Lamy, avocat, moyennant le prix de 4500 ll., 1643 ; — par Léonard Delauze sieur de Villemazet, bourgeois, à M° Guillaume Mauple sieur de Pleneveyre, de la susdite maison, moyennant le prix de 4500 ll., 1679, etc.

B. 88. (Liasse). — 21 pièces, parchemin ; 3 pièces, papier ; 2 sceaux.

1390-1669. — Maisons rue *Frégebise* ou des *Étangs.* — Sentence de la cour de Limoges ordonnant que les bailes de la confrérie des Pauvres à vêtir soient colloqués pour la rente de 30 sols à eux due sur une maison et pressoir de la dite rue, 1393. — Procédures touchant le paiement des rentes dues sur les maisons de la dite rue : pour la confrérie des Pauvres à vêtir contre Bertrand Reyteau, licencié ès lois, 1492 ; — pour l'hôpital général comme représentant les bailes des aumônes Ste-Croix contre Léonard Delauze, 1669.

B. 89. (Liasse). — 3 pièces, parchemin ; 4 pièces, papier.

1490-1789. — Maisons rue *Froment.* — Mise aux enchères d'une maison de la dite rue confrontant à celle de la communauté de St-Michel, à la demande des prêtres de la communauté de St-Pierre pour cause d'arrérages de rentes, 1490. — Reconnaissances de 6 sols de rente sur la dite maison faites : par Narde Philippe (*Philippa*) et Jeaunette Groulière, (*Groulieyras*), filles de Jean Groulier, à la confrérie de N.-D. du Puy, 1569 ; — par Pierre-Sohet Thibaut, chirurgien, à l'hôpital général, 1789.

B. 90. (Liasse). — 16 pièces, parchemin ; 1 pièce, papier.

1475-1532. — Maison rue *Froment.* — Procédures pour la confrérie de N.-D. du Puy concernant le paiement des rentes dues sur la dite maison.

B. 91. (Liasse). — 10 pièces, parchemin ; 8 pièces, papier ; 2 sceau.

1373-1690. — Maisons rue *Gaignolle.* — Donation faite par Bénigne, femme de Jean Bardin, à la confrérie de N.-D. du Puy d'une rente de 5 sols assise sur une maison de la dite rue, confrontant à la maison de Jean de Pérusse, 1373. — Extrait du testament de Jean Labotinie léguant à l'hôpital de St-Martial 15 sols de rente sur une maison de la dite rue, confrontant à celle des prêtres de St-Michel, 1361. — Reconnaissance faite par Pierre Planhau, prêtre, à la confrérie de N.-D. du Puy d'une rente de 16 sols sur une maison de la dite rue, confrontant à celle du prieur de St-Julien, 1390. — Accense faite par les prêtres de St-Michel des Lions à Jean de Nò, *alias* de la Mongie, d'une maison sise en la dite rue et ayant appartenu à Pierre Planhau, prêtre, sous le devoir de 10 sols de ceus et à la réserve des droits de la confrérie de N.-D. du Puy, 1413. — Reconnaissances d'une rente foncière de 16 sols et d'une rente annuelle de 10 sols sur une maison de la dite rue, confrontant à celle de M° Beaune, avocat, faites : par M° Jean Michalet, prêtre, à la confrérie de N.-D. du Puy, 1541 ; — par Jérôme de Beaubreuil à l'hôpital de St-Gérald, 1588 ; — par M° Morel Pinot, avocat, à l'hôpital de St-Gérald, 1645, etc.

B. 92. (Liasse). — 5 pièces, parchemin ; 2 pièces, papier ; 1 sceau.

1344-1742. — Maisons rue *Gaignolle.* — Procédures touchant le paiement des rentes dues sur les dites maisons : pour les prêtres de St-Michel des Lions, 1344 ; — pour les bailes de la confrérie des Pauvres à vêtir contre Simon Tornier, prêtre, 1460 ; — pour l'hôpital de St-Martial contre M° Étienne Breilhaud, grand vicaire de la cathédrale, curé de Couzeys et vicaire de la vicairie des Peytaux fondée en l'autel Ste-Marguerite de l'église St-Michel des Lions, 1588 ; — pour le dit hôpital contre M° Martial David, prêtre, 1558 ; — pour l'hôpital général contre Martial Beyroux, marguillier de l'église de St-Michel des Lions, 1742.

B. 93. (Liasse). — 1 pièce, papier.

1772. — Maison rue *Joumard.* — Reconnaissance faite par M° François Carboyneau, procureur au Présidial de Limoges, à l'hôpital général de 4 sols de rente sur une maison de la dite rue, confrontant à l'hospice de St-François et acquise de Mᵉ Martial Duboys, curé de Royères.

B. 94. (Liasse). — 6 pièces, parchemin ; 2 pièces, papier ; 5 sceaux.

1299-1787. — Maisons rue *Jouviond.* — Reconnaissances faites en faveur des bailes de la confrérie des Pauvres à vêtir : de 2 sols de cens par Pierre Apersenbut, sur une maison de la dite rue, 1299 ; — de 6 deniers de rente par Pierre Salès, sur une autre maison de la dite rue, 1380, etc. — Vente faite par les susdits bailes à Pierre Marteau d'un solar sis en la dite rue, près la maison de Pierre Apersenbut, moyennant le prix de 60 sols, 1300. — Donation faite par Jean de Grandmont aux bailes de la confrérie des Chandelles d'une rente de 5 sols sur une autre maison de la dite rue, 1345. — Transaction entre les bailes de la confrérie des Pauvres à vêtir et Pierre Reynau, boucher, en vertu de laquelle ce dernier est déchargé de la rente de 2 sols par lui due sur une maison de la rue Jouviond, 1447, etc.

B. 95. (Liasse). — 6 pièces, parchemin ; 1 sceau.

1510-1553. — Maison rue *Jouviond.* — Procédures touchant le paiement des rentes dues sur la dite maison pour les bailes de la confrérie des Pauvres à vêtir contre les frères Cibot, bouchers.

B. 96. (Liasse). — 15 pièces, parchemin ; 1 pièce et 1 cahier in-8º, 10 feuillets, papier ; 2 sceaux.

1353-1404. — Maisons rue *Lansecot.* — Vente faite par Martial Audoyn, monnayeur, à la confrérie de N.-D. du Puy de 2 sols 6 deniers de rente sur une maison du queyroix de Lansecot, pour le prix de 2 deniers d'or et un écu, 1353. — Extrait du testament de Pierre Boutin, bourgeois, léguant à la confrérie des Pauvres à vêtir 20 ll. de rente à percevoir en partie sur une maison de la dite rue, 1377. — Échange fait entre Mathieu Boutin, bourgeois, et la confrérie des Pauvres à vêtir d'une maison avec boutique et verger appelés du *Dieu d'amour* sis rue Lansecot et appartenant à la dite confrérie, contre 146 sols de rente appartenant au premier sur un banc charnier, une maison de la rue Ferrerie, une maison de la rue du Vieux-Marché, une escure de la rue Frégebize, etc., 1380. — Reconnaissances

faites : par Guillaume Mage à la confrérie des Pauvres à vêtir, de 3 sols de rente sur une maison de la dite rue, sise derrière le grand étang, 1384 ; — par Vincent Boudit à la dite confrérie, de 6 deniers de rente sur une autre maison de la dite rue confrontant aussi à la rue de Louchona, 1404.

B. 97. (Liasse). — 5 pièces, papier.

1655-1784. — Maisons rue *Lansecot.* — Vente faite par Étienne Nicolas, marchand, à Mᵉ François Paignon, baron de Brie, conseiller du Roi et son procureur au Présidial de Limoges, d'une maison de la dite rue ayant sortie par derrière sur les étangs, pour le prix de 1,000 ll., la dite maison chargée de 5 sols de cens en faveur de l'hôpital de St Martial, 1655. — Deux investitures faites par l'hôpital général, comme représentant les aumônes Ste-Croix, des maisons de la dite rue sur lesquelles il perçoit rente, 1766. — Reconnaissance faite à l'hôpital général, comme représentant la confrérie des Pauvres à vêtir, par Mᵉ Isaac-Martial Ardant, notaire, d'une rente de 12 deniers sur une maison de la dite rue faisant coin à la place des Bancs et acquise de Mᵉ Melchior Cramouzaud, chanoine de St-Martial, 1773, etc.

B. 98. (Liasse). — 11 pièces, parchemin ; 2 pièces et 1 cahier in-8º, 19 feuillets, papier ; 2 sceaux.

1375-1524. — Maisons rue *Lansecot.* — Procédures concernant le paiement des rentes dues sur les dites maisons : pour la confrérie des Pauvres à vêtir, 1375-1524 ; — pour la confrérie de N.-D. du Puy, 1522-1523.

B. 99. (Liasse). — 5 pièces, parchemin ; 2 sceaux.

1380-1460. — Maison rue de *Louchona* ou de la *Bareyrette*, près la porte Lansecot.— Accense faite par les bailes de la confrérie des Pauvres à vêtir à Jean Martin, manouvrier, d'une maison sise en la dite rue, près le lieu dit du *Dieu d'amour* (1), moyennant la rente de 5 sols, 1380. — Sentence de la cour de Limoges condamnant Guillaume Blanchier à payer aux bailes de la confrérie des Pauvres à vêtir les arrérages de rentes dus sur la dite maison, 1460.

(1) Voy. ci-dessus B. 71, 81 et 95.

B. 100. (Liasse). — 3 pièces, parchemin ; 1 pièce, papier.

1316-1610. — Maisons rue *Manigne*, près la rue Cruchedor. — Échange fait entre Pierre Dufour et Raoul le Patrenostrier, marchand, d'une maison sise en la dite rue, appartenant au premier et relevant de la fondalité de la confrérie de N.-D. du Puy, contre une autre maison de la même rue appartenant au second, 1316. — Reconnaissances faites aux bailes de la dite confrérie de 10 sols de rente sur une autre maison de la dite rue, confrontant à celle de Me Jean Clément, notaire : par Pierre Saleys, marchand, 1480 ; — par Martial Grégoire, apothicaire, 1532, etc.

B. 101. (Liasse). — 15 pièces, parchemin ; 4 pièces, papier ; 6 sceaux.

1261-1784. — Maisons rue *Manigne*. — Ventes faites : par Hélie Brunot, bourgeois, à la confrérie de l'aumône qui se distribue le jour de l'Invention de la Ste-Croix, « *helemosine que datur in castro predicto [Lemovicensi] in festo inventionis Sancte Crucis,* » de 20 sols de rente sur une maison de la dite rue, confrontant à celle de Guillaume Fabre d'Ussel, pour le prix de 20 ll., 1261 ; — par Jean Gosselin à Silvain Marteau, clerc, d'une rente de 51 sols assise sur une maison de la dite rue, moyennant le prix de 50 ll., 1266 (en provençal) (1) ; — par Marie Garnière et consorts à Guillaume Hupayna, bourgeois, d'une rente de 40 sols assise sur deux maisons de la dite rue, moyennant le prix de 27 ll., 1314 ; — par Raymond de Breau à Jean Voli, bourgeois du château de Limoges, d'une rente de 10 sols assise sur une maison de la dite rue, moyennant le prix de 7 ll. 40 sols, 1345. — Investiture faite par le prieur de l'hôpital de St-Gérald à Pierre Quercy d'une maison sise près la porte Manigne, sous le devoir de 15 sols de rente, 1347. — Donation de la susdite rente de 20 sols faite par Guillaume Voli, fils de Jean Voli, à la confrérie de N.-D. du Puy, 1352. — Autres ventes faites à la confrérie des Pauvres à vêtir de rentes assises sur diverses maisons de la rue Manigne, 1408. — Transaction par laquelle Raymond Brunet, prêtre de l'église de St-Pierre du Queyroix, et ses frères et sœurs promettent payer aux bailes de la confrérie des Pauvres à vêtir une rente annuelle de 30 sols sur une maison sise rue Manigne, confrontant à celle d'Agnès

(1) Imprimée dans nos *Chartes et Chroniques pour servir à l'histoire du Limousin et de la Marche.*

de Montgeorges, 1451. — Trois quittances des cens et rentes dus par la confrérie des Pauvres à vêtir à la confrérie des Brunet, fondée en l'église de St-Pierre à l'autel de N.-D. la Joyeuse, et à Pierre Suduiraud sur une maison de la rue Manigne appartenant à Jean Guibert, 1514 et 1515. — Vente faite par Guillaume Dubois, receveur des tailles du haut Limousin, d'une rente de 45 sols assise sur une maison de la dite rue, moyennant le prix de 47 ll., 1546. — Testament de dame Marie Lequart léguant 8 ll. de rente aux pauvres de l'hôpital de St-Gérald, à percevoir sur sa maison de la rue Manigne, 1584. — Quittance délivrée par l'hôpital général à Isaac-Jacques de Ramerat, écuyer, sieur de la Cour, d'une somme de 54 ll. par lui due pour droits de prélation à cause de l'acquisition faite d'une maison sise en la dite rue, 1700, etc.

B. 102. (Liasse). — 7 pièces, parchemin ; 2 pièces, papier ; 4 sceaux.

1460-1571. — Maisons rue *Manigne*. — Procédures concernant le paiement des rentes dues sur les maisons de la dite rue aux bailes de la confrérie des Pauvres à vêtir : par Étienne Brunet, prêtre, 1460-1494, — et par Gabriel Reymond, 1571.

B. 103. (Liasse). — 8 pièces, parchemin ; 6 pièces, papier ; 2 sceaux.

1352-1788. — Maisons rue *descendant-Manigne*, alias rue *basse-Manigne*. — Investiture faite par les bailes de la confrérie des Pauvres à vêtir à Guillaume Brevis, marchand, d'une maison acquise par ce dernier de Jean Bayard, « *sitam in rua sive ou davalan de Manhania,* » 1352. — Reconnaissances faites : par Pierre Dupont aux dits bailes de 10 sols de rente sur la même maison, 1380 ; — par Aymeric Joubert, sellier, aux Consuls de Limoges de 11 sols de rente sur une autre maison confrontant à celle de Jean Ydeux, 1494. — Vente faite par Jean Gasnhac dit Gaspy, me chirurgien et barbier, à Pierre Romanet, bourgeois, de 10 sols de rente sur une maison en reconstruction dans la dite rue, moyennant le prix de 100 ll., 1539. — Échange fait entre Pierre Deau et Jean Billanges d'une maison sise en la dite rue dans la fondalité des prêtres de St-Pierre et appartenant au premier, contre une maison de la même rue appartenant au second, fondalité des Consuls de Limoges, et contre une vigne du clos Touny, confrontant à celle de Me Martin Blanchon, notaire, et à celle de Me Mandat, prêtre, la dite vigne chargée d'une rente d'un chapon en faveur de Me Martial

Dubois, m° de la Monnaie, 1562. — Vente faite par Jean Serelier, huissier au Bureau de la généralité de Limoges, à la frairie de la Conception N.-D. qui se célèbre en la chapelle de la Courtine, de 20 sols de rente sur une maison de la dite rue, pour le prix de 20 ll. Sans date, écriture de la première moitié du XVII° siècle. — Quittance délivrée par le receveur général du domaine du Roi à l'hôpital général d'une somme de 10 ll. pour droits d'amortissement au sixième sur une maison sise rue descendant-Manigne, léguée au dit hôpital par Joseph Biais de Nouatre, bourgeois ; 1735. — Transaction passée entre l'hôpital général et la communauté de St-Pierre, en vertu de laquelle certaine maison de la dite rue, acquise par Étienne Chapelas, m° tapissier, est déclarée commune entre les contractants, 1772. — Transaction réglant les droits de fondalité de l'hôpital général, des grands vicaires et du chapitre de St-Martial, de l'abbaye des Feuillants, des Communalistes de St-Pierre et du sieur Claude Blanchard, marchand, sur une maison de la dite rue acquise par le sieur Blanchard, 1788.

B. 104. (Liasse). — 6 pièces, parchemin ; 15 pièces, papier ;
2 sceaux.

1461-1759. — Maisons rue *descendant-Manigne*, alias rue *basse-Manigne*. — Procédures concernant le paiement des rentes dues sur les dites maisons : pour la confrérie des Pauvres à vêtir, 1461 ; — pour l'hôpital de St-Martial, 1574-1677 ; — pour l'hôpital général comme représentant les aumônes Ste-Croix, 1756-1759.

B. 105. (Liasse). — 1 pièce, papier.

1685. — Maison rue *montant-Manigne*. — Cession faite par l'hôpital général, comme représentant la confrérie des Pauvres à vêtir, à M° Jean Crouchaud, procureur au Présidial, des droits de lods et ventes par lui dus à cause d'une maison acquise de dame Antoinette Descordes, femme de M° Jean Déchevaille, seigneur de Faugeras, conseiller du Roi au Parlement de Guyenne.

B. 106. (Liasse). — 7 pièces, parchemin ; 1 pièce, papier ; 3 sceaux.

1382-1766. — Maisons rue du *Marché*, près des Bancs. — Testament de Valérie de Marteau, épouse de Jean Bayard, bourgeois, léguant à la confrérie des Pauvres à vêtir 5 sols de cens sur sa mai-

son sise en la dite rue, « à la tête des bancs, » 1382. (Autres legs en faveur de Catherine *de Quadris,* prieure de la Drouille-blanche, des prisonniers de Limoges, de l'église St-Étienne de Limoges, de l'église St-Pierre du Queyroix, de la confrérie de St-Martial de la Courtine, de la confrérie des SSts-Anges en l'église de St-Pierre du Queyroix, de l'abbaye de St-Martial, de l'abbaye de St-Augustin, des quatre Ordres mendiants de Limoges, de l'abbaye de St-Gérald, de l'Infirmerie de St-Jacques, des lépreux de la Maison-Dieu, de la Recluse de Limoges, etc.) — Vente faite par Mathieu Maledent à la confrérie des Pauvres à vêtir de 100 sols de rente sur plusieurs maisons de la dite rue, confrontant aussi à la rue Jouviond, pour le prix de 100 ll., 1407. — Échange fait entre Jean Roger, bourgeois, et Jean Moureau d'une maison sise en la dite rue, devant le pilori, appartenant au premier, contre une vigne appartenant au second, sise au moulin Moreau, 1415. — Lettres de chancellerie obtenues au Parlement de Bordeaux par les bailes de la confrérie de N.-D. du Puy, pour être reçus opposants au décret d'une maison sise en la dite rue ayant appartenu au sieur Moureau, 1481. — Vente faite par messire Joseph Durand, chevalier, seigneur de la Salesse, à messire Hyacinthe Manet, prêtre ancien prieur-curé de Chamboret, d'une maison mouvant de la fondalité de l'hôpital à cause de la confrérie des Pauvres à vêtir, sise place des Bancs, moyennant le prix de 5,500 ll., 1716.

B. 107. (Liasse). — 4 pièces, parchemin ; 2 pièces, papier ; 2 sceaux.

1412-1485. — Maison rue du *Marché*, près des Bancs. — Procédures concernant le paiement des rentes dues sur la dite maison, pour la confrérie de N.-D. du Puy ou pour celle des Pauvres à vêtir.

B. 108. (Liasse). — 6 pièces, parchemin ; 1 pièce, papier ; 1 sceau.

1459-1528. — Maison rues du *Marché* et de *Lanselot.* — Échange entre Pierre Gayo et Martial Ros d'une maison faisant coin aux deux dites rues, appartenant au premier, contre une vigne située devant la Recluse et appartenant au second, la dite maison chargée de 100 sols de rente envers la confrérie des Pauvres à vêtir, 1459. — Reconnaissance de la dite rente faite par Michel le Roux à la confrérie des Pauvres à vêtir, 1470. — Procédures pour la confrérie des Pauvres à vêtir touchant le paiement des rentes dues sur la dite maison, 1480-1528.

B. 109. (Liasse). — 2 pièces, parchemin.

1408-1416. — Maison rue *Meymi*. — Jugement de la Cour ordinaire des Combes déclarant que les bailes de la confrérie du Cierge des boulangers se sont bien et dûment opposés aux criées et subhastations de la dite maison. — Vente faite par Perrotin Faure à la confrérie du Cierge des boulangers, *alias* du Luminaire ardent devant l'autel Ste-Croix de l'église St-Martial, d'une rente de 4 sols assise sur la dite maison, pour le prix de 4 ll. 5 sols.

B. 110. (Liasse). — 7 pièces, parchemin ; 10 pièces, papier ; 2 sceaux.

1391-1749. — Maisons rue *Mirebœuf*. — Reconnaissances faites : par Pierre et Jean Bayles, frères, à la confrérie des Pauvres à vêtir d'une rente de 15 sols sur une maison de la dite rue, confrontant à celle de Me Jean Negrand, prêtre, 1391 ; — par Pierre Chaunilha, notaire, à la dite confrérie d'une rente de 15 sols sur deux maisons contigues de la dite rue, confrontant à celle de Me Pierre Dominique, 1461. — Vente faite par les administrateurs de l'hôpital de St-Martial à Hélie Rougier, marchand, d'une maison sise dans le quartier de Mirebœuf, derrière le jardin du curé de St-Pierre, et ayant appartenu jadis à Me Léonard Aubeyrou, prêtre, pour le prix de 90 ll., 1554. — Reconnaissance faite par Laurent Dubreuilh dit Fourinas, peintre, à la confrérie de N.-D. du Puy d'une rente de 10 sols sur une maison de la dite rue, ayant appartenu à Me Jullien Frenault, 1555. — Bail fait par l'hôpital de St-Martial à Jean Jeanton d'une chambre au second étage d'une maison sise dans le quartier de Mirebœuf, près la tour de St-Martin, moyennant 50 sols de rente, 1587. — Quittances délivrées par l'hôpital général des rentes perçues sur les dites maisons : à Gérald Coste, me tanneur, 1678 ; — à Léonarde Prieur, fille dévote, 1687.

B. 111. (Liasse). — 27 pièces, parchemin ; 5 pièces, papier ; 1 sceau.

1392-1738. — Maisons rue *Mirebœuf*. — Procédures concernant le paiement des rentes dues sur les dites maisons : pour la confrérie de N.-D. du Puy, 1392-1395 ; — pour la confrérie des Pauvres à vêtir, 1492-1570 ; — pour la confrérie des Trépassés célébrée en l'église de St-Pierre, 1703 ; — pour l'hôpital général, comme représentant l'hôpital de St-Martial, contre Fiacre Michelet, cardeur, 1738.

B. 112. (Liasse). — 5 pièces, parchemin ; 1 pièce, papier ; 2 sceaux

1327-1655. — Maisons rue du *Moulin à vent* ou de la *Rochette*. — Accenses faites : par les bailes de la confrérie des Pauvres à vêtir à Bernard Baillarget d'un solar de maison sis en la dite rue, confrontant au grenier du prévôt de Roussac, sous le devoir de 12 deniers de cens, 1327 ; — par les Consuls de Limoges, comme administrateurs des aumônes Ste-Croix, à Aymeric Roy d'un autre solar de maison sis en la dite rue, près la tour Beaupuy, sous le devoir de 3 émines froment de cens, 1374 ; — par les dits Consuls à Martial Bonenfant d'un verger sis en la dite rue, confrontant à deux vergers appartenant l'un à la confrérie des Pauvres à vêtir, l'autre à la confrérie du St-Sacrement, sous le devoir de 6 sols de cens, 1397. — Reconnaissances de la susdite rente de 6 sols, faites aux bailes de la confrérie des Pauvres à vêtir : par Pierre Albiat, notaire, 1533 ; — par Joseph du Boucheys, procureur au Présidial, 1655.

B. 113. (Liasse). — 4 pièces, parchemin ; 1 pièce et 1 cahier in-8°
(imprimé), 24 pages, papier.

1490-1765. — Maisons rue du *Moulin à vent* ou de la *Rochette*. — Procédures touchant le paiement des rentes dues sur les dites maisons pour la confrérie des Pauvres à vêtir : contre Guillaumette Brune, 1490 ; — contre François Combret, 1551. — Arrêt du Parlement de Bordeaux adjugeant le petit jeu de Paume sis en la dite rue au sieur Guitard, et colloquant l'hôpital général au premier rang pour les arrérages de rente dus sur le dit lieu, 1765.

B. 114. (Liasse). — 5 pièces, parchemin ; 6 pièces, papier ; 1 sceau.

1406-1612. — Maisons rue du *Mûrier*, alias du *Pureau*. — Donation faite par Marite (*Marita*) Desmoulins, veuve de Martial Sarrazin, bourgeois, à la confrérie des Pauvres à vêtir d'une maison sise en la dite rue, confrontant à celle des religieux de St-Augustin, 1406. — Reconnaissance faite par Jean Duverdier, prêtre, à frère Jean Donarel, aumônier de St-Martial, de 10 sols de rente sur une maison de la dite rue, confrontant à celle de Me Jean Barbou, 1464. — Rachat fait par Martial David, pour le prix de

15 ll., d'une rente de 14 sols 11 deniers assise sur une maison de la dite rue, près la maison vulgairement appelée de Gaing, 1553. — Bail d'une des deux caves de la susdite maison, fait par Jacques David, moyennant la rente annuelle d'un écu, 1581. — Vente faite par Julien David, marchand, à Bertrand Charon de deux maisons contigues sises l'une rue du Mûrier, l'autre rue Peyrusson, la première confrontant à celle de M° Aymeric Guibert, avocat du Roi, et comprise dans la fondalité de l'hôpital de St-Martial, moyennant le prix de 1200 ll., 1590. — Reconnaissance faite par Albert Disnematin, marchand, à la confrérie des Pauvres à vêtir d'un denier de rente sur une maison de la dite rue que le dit Disnematin avait acquise de M° Jean David, docteur en médecine, et de Louis David, apothicaire, 1590, etc.

B. 115. (Liasse). — 11 pièces, parchemin ; 3 pièces, papier.

1430-1688. — Maisons rue du *Mûrier*, alias du *Pareau*. — Procédures concernant le paiement des rentes dues sur les dites maisons : pour la confrérie des Pauvres à vêtir, 1430-1552 ; — pour l'hôpital de St-Martial, 1589 ; — pour l'hôpital général comme représentant l'hôpital de St-Martial, 1665-1688.

B. 116. (Liasse). — 1 pièce, parchemin ; 1 sceau.

1411. — Maison de la rue *au-dessous du Mûrier*. — Reconnaissance faite par Jean Greyli à la confrérie des Pauvres à vêtir d'une rente de 20 sols assise sur la dite maison, « *in rua vocata de subtus lo Morier.* »

B. 117. (Liasse). — 2 pièces, papier.

1676-1681. — Maison rue *Parvaud*, alias du *Mûrier*, près l'église de St-François. — Quittance délivrée par les administrateurs de l'hôpital général, comme représentants de la confrérie des Pauvres à vêtir, à Léonard Chaptard, pâtissier, des arrérages de la rente d'un denier due sur la dite maison, confrontant à celle de la dame Baignol, 1675. — Cession consentie par les administrateurs de l'hôpital général à Joseph Sénemaud, marchand, des droits de lods et ventes à percevoir sur la dite maison, moyennant le prix de 75 ll., 1681.

B. 118. (Liasse). — 1 pièce, parchemin ; 2 pièces, papier ; 1 sceau.

1284-1635. — Maisons rue *Pauche-Boucherie*, alias de la *Bannière des bouchers*. — Reconnaissance faite par Étienne Beauvy aux bailes de la confrérie de las Chieiras de 5 sols de rente sur une maison de la dite rue, 1284. — Ventes faites : par Jacques Pipey, blanchisseur, à Albert Daury, vigneron, d'une maison de la dite rue, fondalité de l'hôpital de St-Martial, moyennant le prix de 360 ll., 1591 ; — par M° Louis Darfeuille, procureur au Présidial, à Jean Jeannot, m° boulanger, d'une autre maison de la dite rue, fondalité de la confrérie des Pauvres à vêtir, moyennant le prix de 800 ll., 1635.

B. 119. (Liasse). — 4 pièces, papier.

1638-1668. — Maisons rue *Pauche-Boucherie*, alias de la *Bannière des bouchers*. — Procédures touchant le paiement des rentes dues sur la dite maison : pour la confrérie des Pauvres à vêtir ; — pour la confrérie du Pavillon contre Marie de la Roche, veuve de M° Pierre Tanchon, contrôleur.

B. 120. (Liasse). — 1 pièce, papier.

1554. — Maison rue *Pélisson*. — Quittance délivrée par les bailes de la confrérie du Cierge des boulangers à Jeanne Pouyat et Jeanne Grangeaud, agissant au nom de leurs maris, de la rente de 5 sols due sur la dite maison non confrontée.

B. 121. (Liasse). — 1 pièce, parchemin.

1362. — Maison de la rue *au-dessous de celle de Pennevayre*. — Vente faite par noble homme Jourdain de Penuevayre, damoiseau, à Jean Reynaud, fils de feu M° Guillaume Reynaud, clerc et notaire public de la cité de Limoges, d'une rente foncière de 2 sols et d'une rente annuelle de 8 sols sur la dite maison et un verger en dépendant, « *sitis in rua vulgaliter vocata de subtus Pena-Vayra, ante parvum stagnum d'Hygolena,* » pour le prix de 6 ll. Parmi les témoins figure Gui de la Motte, damoiseau.

B. 122. (Liasse). — 2 pièces, parchemin ; 6 pièces, papier ; 1 sceau.

1271-1776. — Maisons rue de la *Pérusse*, alias de *Pennevayre*. — Vente faite par Hélie Vigier dit de Bellac, chevalier et vigier du château de Limoges, aux bailes de la confrérie des Pauvres à vêtir, « *confratrie pannorum quibus pauperes induuntur in castro Lemovicensi,* » d'une rente de 5 sols à joindre à une autre rente de 3 sols léguée à la dite confrérie par feu Ramnulphe de St-Vit, chevalier, beau-père du dit Vigier, la dite rente de 3 sols assignée sur une maison sise rue de la Pérusse, près de la motte des Vigiers, « *sita in castro Lemovicensi prope motam Vigeriorum,* » et ce pour le prix de 4 ll. 10 sols, 1271. — Reconnaissances de la dite rente faites aux bailes de la confrérie des Pauvres à vêtir : par Pierre Fabre, 1415 ; — par Jean Caraveys, voiturier et boulanger, 1489. — Quittances délivrées par les Consuls de Limoges, comme administrateurs des aumônes Ste-Croix : de la rente de 5 sols due sur une maison de la dite rue, 1630 ; — d'une somme de 45 ll. due pour droits de lods et ventes à cause de la vente de la dite maison, 1655 ; — d'une somme de 50 ll. due pour droits de lods et ventes à cause de la vente faite par Me Joseph Dupeyrat, écuyer, baron de Masjambost, procureur au Bureau des Finances, d'un jardin avec bâtiments sis en la dite rue, 1665. — Contrat de vente fait par les sieurs Joseph et Michel Dupeyrat à Léonard de Beaubreuil, juge-prévôt royal de Limoges, de deux maisons et d'un jardin sis en la dite rue, près la place de la Motte, et confrontant à la maison de feu Garreau, maître potier d'étain, pour le prix de 12,000 ll., 1663. — Reconnaissance de la rente de 5 sols due sur une maison de la dite rue, faite à l'hôpital général par Michel Rimbeuf, pâtissier, 1776.

B. 123. (Liasse). — 3 pièces, parchemin ; 3 pièces, papier.

1531-1715. — Maisons rue de la *Pérusse,* alias de *Pennevayre.* — Procédures touchant le paiement des rentes dues sur les dites maisons : pour la confrérie des Pauvres à vêtir contre Marguerite Chambon, veuve de Jean Caraveys, 1531 ; — pour la dite confrérie contre Léonard Limosin, me émailleur, 1550 ; — pour les Consuls comme administrateurs des aumônes Ste-Croix, 1630-1715.

B. 124. (Liasse). — 2 pièces, parchemin ; 3 pièces, papier ; 2 sceaux.

1410-1787. — Maison rue de la *Peyre-au-bois,* alias de la *Huchette.* — Vente faite à la confrérie des Pauvres à vêtir par Bernard de Cros, journalier, d'une rente de 10 sols sur une maison de la dite rue, pour le prix de 10 ll., 1410. — Quittance délivrée par l'hôpital général, comme représentant les aumônes Ste-Croix, à Jean Villegoureix, me charpentier, d'une somme de 28 ll. due pour droits de lods et ventes à

cause d'une maison acquise par le dit Villegoureix de J.-B. Duverger, docteur en médecine, 1777. — Investiture de la dite maison faite par l'hôpital général à Pierre Ducher, me charpentier, 1787. — Sentence de la cour de Limoges condamnant Mariote Teilhet au paiement des arrérages de rente par elle dus à la confrérie des Pauvres à vêtir sur une maison de la dite rue, 1486.

B. 125. (Liasse). — 1 pièce, parchemin ; 1 sceau.

1448. — Maisons rue *Pezou,* alias *Perren,* au-dessous du Mûrier. — Jugement de la Cour ordinaire de Limoges portant que les bailes de la confrérie des Pauvres à vêtir se sont bien et dûment opposés aux criées et subhastation de la dite maison, confrontant à celle de feu Me Rogier et à la rue qui mène de la rue du Clocher à l'arbre du Mûrier.

B. 126. (Liasse). — 1 pièce, parchemin.

1352. — Maisons rue *Pont-Hérisson.* — Reconnaissance faite par Jourdain d'Aixe, *alias* des Bancs, de Limoges, à Adémar de Sarazac, aumônier du monastère de St-Martial, d'une rente foncière de 5 sols sur deux maisons contiguës de la dite rue, confrontant à la maison du pitancier et à l'hôpital de St-Martial, l'une en pierre et l'autre en bois.

B. 127. (Liasse). — 6 pièces, parchemin ; 1 pièce, papier ; 2 sceaux.

1273-1463. — Maison sise au-dessous du *Portail-Imbert.* — Vente faite par Jean de Gorre, boulanger, à Pierre Joly, boulanger, de la dite maison confrontant à « la sot aus porcs sive lo porcil porcorum, » moyennant la somme de 11 ll., 1285. — Reconnaissance de 20 sols de rente sur la dite maison, faite aux bailes de la confrérie de las Chieiras : par Jean Mahenybert, 1285 ; — par Laurent Cirat, boulanger, 1393. — Jugement de la cour des Combes qui condamne Jean Cirat, hôte des Combes, à payer la susdite rente, 1463.

B. 128. (Liasse). — 2 pièces, parchemin.

1475. — Maisons rue *Porte-Montmailler.* — Vente faite par Héliot du Poyol, brigandinier, à la confrérie des Pauvres à vêtir d'une rente de 10 sols assise : 1° sur la dite maison confrontant à la rue qui mène de la fontaine du Chevalet à la dite porte ; 2° sur une vigne du territoire de Beaupuy ; 3° sur un jardin du territoire de la Combe, et ce pour le prix de 10 ll.

B. 129. (Liasse). — 4 pièces, parchemin ; 2 sceaux.

1418-1561. — Maisons rue *Porte-Poulaillière*. Extrait du testament de Mathieu Lamy, bourgeois, léguant aux deux confréries dont il est membre, celle des Pauvres à vêtir et celle des aumônes Ste-Croix, 5 sols de rente placés plus tard sur une maison de pierre près la dite porte, « que tient honorable maistre Jehan Lamy, eslu au hault pays de Lymosin, » 1418.'— Reconnaissance faite par autre Mathieu Lamy, bourgeois, à la confrérie des Pauvres à vêtir de 5 sols de rente assis sur la dite maison, 1446. — Vente faite par M° Paul Gay, conseiller au Présidial de Limoges, et dame Marie Lamy, sa femme, à Joseph Rougier et Martial Benoit, bourgeois, de la propriété de deux maisons contiguës sises rue Poulaillière, l'une en pierre avec deux arceaux, l'autre en bois, à moitié ruinée, pour le prix de 2,000 ll., à charge de payer les rentes dues à la confrérie des aumônes Ste-Croix et à la confrérie des Pauvres à vêtir, 1561.

B. 130. (Cahier). — In-8°, 7 feuillets, papier.

1537. — Maison rue *Porte-Poulaillière*. — Procédure aux fins d'établir le droit à une rente de 5 sols sur la dite maison en faveur des bailes « de la dévote et ancienne frérie qui se cellèbre en la dicte ville de Lymoges. »

B. 131. (Liasse). — 8 pièces, parchemin ; 3 sceaux.

1269-1365. — Maisons rue des *Pousses*. — Reconnaissance faite par Almodie Bayarde (*Baiarda*), veuve de Jean Bayard, bourgeois, à la confrérie de N.-D. du Puy de 10 sols de rente foncière sur une maison de la dite rue, confrontant à celle d'Almodie Flassedière, 1269. — Cession de tous droits sur la dite maison, faite par Bonnet Dubois en faveur de la confrérie de N.-D. du Puy, 1281. — Vente faite par Jean Boyol, bourgeois, à l'hôpital de St-Gérald de 4 sols de rente sur une maison de la dite rue, confrontant à celle de feu Raimond Fabre, pour le prix de 48 sols, 1299. Il est dit que ces 48 sols avaient été légués à l'hôpital par M° Audoyn de Pierrebuffière, abbé de l'église collégiale du Dorat, pour acquérir quelque rente. — Obligation de 10 sols de rente consentie en faveur de la dite confrérie de N.-D. du Puy par Pierre Mouri sur une maison de la dite rue, confrontant à celle de Bernard Andeli, 1308. — Accense de deux solars de maison sis au coin des deux Pousses, faite par le prieur de l'hôpital de St-Géral à Jean Laboscha, clerc, sous le devoir de 6 sols de cens et 6 deniers d'accapt, 1320. Ces solars sont dit confronter à une maison de la fondalité de Grandmont. — Vente faite par Raymond Palet à la confrérie des Pauvres à vêtir de 10 sols de rente sur une maison de la dite rue, confrontant à celle de Pierre d'Auvergne, pour le prix de 10 ll. 10 sols, 1365.

B. 132. (Liasse). — 6 pièces, parchemin ; 4 pièces, papier ; 1 sceau.

1402-1759. — Maisons rue des *Pousses*. — Ventes faites : par Raymond Moulin à Adémar de Solignac d'une maison sise en la dite rue, confrontant à celle de Pierre Bayard, moyennant le prix de 100 ll., 1402 ; — par Jean Dossau, journalier, à la confrérie de N.-D. de Rocamadour de 4 sols de rente sur divers jardins de la dite rue, pour le prix de 4 ll., 1413. — Reconnaissance faite par Léonard de la Voulte, prêtre, aux bailes de la confrérie des Pauvres à vêtir de 10 sols de rente sur une maison de la dite rue ayant appartenu au curé de Ste-Félicité, 1528. — Quittances délivrées par le fermier des cens et rentes dus aux Consuls, comme administrateurs des aumônes Ste-Croix : à Jeannette Nicaud, veuve de Jacques Besse, maître du Jeu de paume, de la somme de 9 ll. pour arrérages de rentes dus sur une maison sise entre les deux Pousses, 1609 ; — à François Besse, maître du Jeu de paume, de 15 sols de rente dus sur la dite maison, 1630, etc.

B. 133. (Liasse). — 18 pièces, parchemin ; 6 pièces, papier ; 1 sceau.

1375-1636. — Maisons rue des *Pousses*. Procédures concernant le paiement des rentes dues sur les dites maisons : pour le prieur de l'hôpital de St-Gérald, 1375 ; — pour la confrérie des Pauvres à vêtir, 1491-1636 ; — pour les Consuls de Limoges, 1499 ; — pour la confrérie de N.-D. du Puy, 1579-1584.

B. 134. (Liasse). — 5 pièces, parchemin ; 2 pièces, papier.

1375-1786. — Maisons rue des *Pousses* (*grandes*). — Acte portant donation de 5 sols rente en faveur de l'hôpital de St-Gérald, à percevoir sur la maison de Mᵉ Jacques Cerclier, « *in et super domo seu hospitio*, » sise en la dite rue près la rue Manigne, la dite donation faite par Mathieu Benoist, bourgeois de Limoges, en exécution du testament de feu Barthélemy Audier, son beau-père, 1375. — Reconnaissance faite à l'hôpital de St-Gérald par Barthélemy Crispian, hôte, de 7 sols 6 deniers de cens sur une maison de la dite rue, confrontant à celle des FF. Prêcheurs, 1480. — Cession consentie par les bailes de la confrérie des Pauvres à vêtir en faveur de Jean Mousnier dit Lombard, des arrérages de rentes dus sur une maison de la dite rue ayant appartenu à Mᵉ Léonard de la Voulte, prêtre, 1514. — Reconnaissance faite par Léonard Mousnier aux dits bailes de 10 sols de rente annuelle sur la même maison, 1551. — Vente de la dite maison faite entre particuliers, moyennant le prix de 300 ll. et à charge des rentes dues à la confrérie des Pauvres à vêtir et à la confrérie de St Eutrope, 1597. — Investiture faite par l'hôpital général à J.-B. Besse d'une autre maison de la dite rue, confrontant à la salle de spectacle du dit Besse, 1786.

B. 135. (Liasse). — 1 pièce, parchemin ; 4 pièces, papier.

1554-1789. — Maisons rue des *Poussses (petites)*. Reconnaissance faite par Audoin Benoist, pintier, aux bailes de la confrérie des Pauvres à vêtir de 8 sols de rente annuelle et perpétuelle sur une maison de la dite rue, confrontant à celle de Joseph de la Roche, 1554. — Quittance délivrée par Jean Garat du Buisson à Jean Guérin, cartier, d'une somme de 150 ll. en à-compte du prix de vente d'une maison de la dite rue relevant de la foudalité de l'hôpital général, 1717. — Reconnaissance faite par Pierre Picat, mᵉ charpentier, à l'hôpital général d'une rente de 6 deniers sur une maison de la dite rue, confrontant à celle du Jeu de paume, 1789.

B. 136. (Liasse). — 10 pièces, parchemin ; 10 pièces, papier ; 6 sceaux.

1358-1781. — Maisons rue *Raffilhoux*. — Reconnaissances faites aux bailes de la confrérie des Pauvres à vêtir : par Pierre Reynier d'une rente de 3 sols 6 deniers sur une maison de la dite rue, 1358 ; — par Pierre Plèque, cordonnier, d'une rente de 12 sols 6 deniers sur une autre maison de la dite rue, confrontant à celle de Jacques Chef-de-Roi, (Chap de Reys, *capiti Regis*), 1394 ; — par Michel lo Quart, cordonnier, 1448 ; — par Jean Peleta, cordonnier, 1474. — Autres reconnaissances faites aux Consuls de Limoges et à Jean de Janaillac, prêtre, d'une rente foncière d'un denier sur une autre maison de la dite rue, 1502. — Échange fait entre Pierre Bonenfant et Jean Bonenfant, son frère, d'une maison de la rue Raffilhoux sise dans la fondalité des Consuls mais appartenant au premier, contre une rente de 100 sols argent et de 10 setiers froment perçue par le second sur les biens de Baltazard Audier, bourgeois, 1437. — Échange fait entre Jean Bonenfant, bourgeois, et Martial Rogier, bourgeois, de quatre maisons, un verger, une escure et un plassage sis en la rue Raffilhoux et appartenant au premier, contre une maison de la rue du Verdurier appartenant au second, 1438. — Ventes des dites maisons faites par Mariote Gautier, veuve d'Antoine Briance, Jacques Promeyrat, boucher, Léonarde de la Rippe, veuve de Guill. de Chapelas, noble homme Charles de Clary, baron de St-Angel, conseiller du Roi et son président en la Généralité de Limoges, avec réserve des droits de fondalité, 1564-1675. — Quittances délivrées : par les Consuls de Limoges, les bailes de la confrérie du Pavillon et Michel de la Roche, marchand, à Jean Pouyat, marchand, d'une somme de 83 ll. pour droits de lods et ventes dus à cause d'une maison de la rue Raffilhoux acquise par le dit Pouyat au prix de 1,000 ll., 1605 ; — par les bailes de la confrérie des Tailladours ou de N.-D. de la Règle à Jean Malombre et consorts d'une somme de 12 ll. pour arrérages de rente dus sur une maison de la dite rue, 1654 ; — par les administrateurs de l'hôpital général à Mᵉ Antoine Goudin, écuyer, président-trésorier général de France en la Généralité de Limoges, d'une somme de 16 ll. 13 sols pour droits de lods et ventes à cause d'une maison de la dite rue acquise par le dit sieur, 1684. — Cession consentie par l'hôpital général en faveur de Mᵉ Pierre-Nicolas Juge, seigneur de St-Martin, des droits de lods et ventes dus à raison de l'acquisition d'une maison de la rue Raffilhoux faite par le dit Pierre Juge, bachelier en droit canon et civil, curé de St-Pierre-du-Queyroix, la dite cession faite pour le prix de 83 ll., 1736, etc.

B. 137. (Liasse). — 24 pièces, parchemin ; 4 pièces, papier ; 5 sceaux.

1384-1715. — Maisons rue *Raffilhoux*. — Procédures touchant le paiement des rentes dues sur les dites maisons : pour la confrérie des Pauvres à vêtir, 1384 ; — pour les Consuls de Limoges et Jean de Janaillac contre Pierre Bonenfant, 14.7 ; — pour les bailes de la confrérie des Pauvres à vêtir, 1460-1610 ; — pour les Consuls de Limoges comme administrateurs des aumônes Ste-Croix, 1559 ; — pour les bailes de la confrérie du Pavillon, 1565 ; — pour l'hôpital général contre les D^lles Anne et Catherine Teulier, sœurs, 1715.

B. 138. (Liasse). — 3 pièces, parchemin ; 3 pièces, papier.

1371-1554. — Maisons rue *Roulet*, alias *Rullet*. — Donation faite par Guillaume Boutin, bourgeois, à la confrérie des Pauvres à vêtir de 2 sols de rente sur une maison de la dite rue, en conformité du testament de Mathieu Boutin, son père, 1371. — Obligations consenties par Jean Letournier en faveur du fermier des Consuls d'une somme de 45 sols pour arrérages de la rente due sur une maison de la rue Rullet, 1551. — Reconnaissances faites : par Jean Letournier aux Consuls de Limoges, comme administrateurs des aumônes Ste-Croix, d'une rente de 7 sols 6 deniers sur une maison de la dite rue, 1551 ; — par Claude Breuil dit Lindoys à la confrérie des Pauvres à vêtir d'une rente de 3 sols sur un jardin sis en la dite rue, 1551. — Échange fait entre Jean et autre Jean Larmat, frères, d'une part, Jean et Pierre Cibot, frères, d'autre part, d'une maison appartenant aux premiers, sise en la rue Torte devant St-Aurélien, contre une autre maison appartenant aux seconds, sise en la rue de la Pierre-au-bois, près l'église de St-Aurélien, 1552.

B. 139. (Liasse). — 9 pièces, parchemin ; 3 pièces, papier.

1510-1571. — Maison rue *Roulet*, alias *Rullet*. — Procédures touchant le paiement des rentes dues sur la dite maison : pour la confrérie des Pauvres à vêtir contre Jean Breuil dit Lindoys et autres, 1510-1571 ; — pour les Consuls de Limoges, comme administrateurs des aumônes Ste-Croix, contre les Cibot et le prieur de St-Gérald, 1559-1560.

B. 140. (Liasse). — 4 pièces, papier.

1603-1775. — Maisons rue du *St-Esprit*. — Reconnaissance faite par Nicolas Varacheau, marchand, à l'hôpital de St-Martial d'une rente de 40 sols assise sur la dite maison, aux fins de la fondation d'un repas en faveur des pauvres, 1603. — Quittance délivrée par l'hôpital général, comme représentant la confrérie des Pauvres à vêtir, à Jacques Laurent d'une somme de 48 ll. due pour droits de lods et ventes sur une maison de la dite rue, confrontant à celle de François Gontiaud, tailleur de limes, 1775. — Procédure pour la confrérie des Pauvres à vêtir concernant le paiement des rentes dues sur la dite maison.

B. 141. (Liasse). — 4 pièces: parchemin ; 1 pièce, papier.

1528-1666. — Maison près l'église *St-Martial*. — Réaccense faite par frère Jean Chaussade, aumônier de St-Martial, à Baltazard Tiendet, couturier, d'une maison sise près la dite église et confrontant à celle de l'aumônier ; la rente annuelle est réduite de 7 ll. à 5 ll., vu que la dite maison tombant en ruines et les cloaques ayant besoin de nettoyer, le dit Baltazard Tiendet avait résolu de l'abandonner, 1528. — Bail de la dite maison fait par Maurice Gilbert à Antoine Gondeys moyennant la somme de 15 ll., 1573. — Procédures concernant le paiement des rentes dues sur la dite maison : pour l'hôpital de St-Martial, 1588 et 1589 ; — pour l'hôpital général, 1666.

B. 142. (Liasse). — 17 pièces, parchemin ; 4 pièces, papier ; 3 sceaux.

1292-1686. — Maisons rue *Ste-Valérie*, alias *Sol des Combes*. — Ventes faites : par Agnès Chalussot à Hugues de Châteauneuf, pitancier de St-Martial et procureur de frère Guillaume, aumônier de la dite église, d'une rente de 12 deniers sur une maison de la dite rue, moyennant le prix de 12 sols, 1292 ; — par Bernard Sergent à Étienne de Lazignac, prêtre, d'une autre maison confrontant à la précédente et à celle de Nicolas de Pionac, prêtre, moyennant la somme de 22 ll. et sous réserve de la rente de 3 sols due à la confrérie de N.-D. du Puy, 13.2 ; — par Bernard Sergent aux bailes de la confrérie des Pauvres à vêtir de 2 sols 6 deniers de rente sur une maison sise en la dite rue, 1325, etc. — Accense faite par l'aumônier de St-Martial à Guillaume Lechaudelier d'une maison sise dans la dite rue, (*in solo de Cumbis*), sous le devoir de 6 sols de cens et 12 deniers de rente, avec tous droits de fondalité et d'accapt *hinc et inde*, 1331. — Reconnaissances faites : par Michelle Sosmana, veuve de Guillaume Becque, aux bailes de la confrérie des Pauvres à vêtir de 24 sols d'arrérages de rente sur une maison de la rue appelée la Pierre-Ste-Valérie, « *in rua vocata lo peyro Sancta Valéria*, » 1451 ; — par Léonard Guischard, voiturier, aux dits bailes d'une rente de 12 sols sur une maison sise même rue, dans le canton de l'hôpital de St-Martial, 1489 — Vente entre particuliers d'une maison de la dite rue, confrontant au jardin de Denis Masurier, et sur laquelle est due une rente de 5 sols à la confrérie des Pauvres à vêtir, 1555. — « Mémoire instructif » pour établir la rente de 12 sols due à la confrérie des Pauvres à vêtir sur une maison de la dite rue, 1606, etc.

B. 143. (Liasse). — 10 pièces, parchemin ; 9 pièces (1 imprimée), et 1 cahier in-16, 24 pages, papier.

1535-1667. — Maisons rue *Ste-Valérie.* — Procédures touchant le paiement des rentes dues sur les maisons de la dite rue : pour la confrérie des Pauvres à vêtir, 1535-1647 ; — pour l'hôpital de St-Gérald, à cause de la confrérie de N.-D. du Puy y réunie, 1588-1593 ; — pour l'hôpital général comme héritier de l'hôpital de St Gérald, 1657.

B. 144. (Liasse). — 4 pièces, papier.

1678-1713. — Maison rue des *Taules.* — Quittance délivrée par l'hôpital général à Joseph Chabrodel, marchand, d'une somme de 54 ll. pour arrérages de rentes dus sur la dite maison, ayant appartenu à Me Louis Peyroche, curé de St-Michel de Pistorie, héritier de Me Jean Peyroche, avocat. — Procédures pour le dit hôpital concernant le paiement de la dite rente.

B. 145. (Liasse). — 5 pièces, parchemin ; 7 pièces, papier ; 3 sceaux.

1462-1738. — Maisons rue du *Temple.* — Ventes faites : par Pierre Olivier à la confrérie des Pauvres à vêtir de 10 sols de rente sur une maison de la dite rue, confrontant à celle de feu Me Jean de Peyzac, chanoine de l'église de Limoges, et ce pour le prix de 10 ll., 1462 ; — par Mathieu de Chartres à la dite confrérie de 20 sols de rente sur une autre maison de la même rue, confrontant à celle de feu Jean Fromage, et ce pour le prix de 20 ll., 1469 ; — par Martial Disnemain, bourgeois, et Marguerite Laïny, sa femme, à Joseph de Julien, bourgeois, de la susdite dernière maison pour le prix de 350 ll., 1530. — Extrait du testament de Pierre Merlin

léguant aux pauvres de l'hôpital de St-Gérald un repas de 6 ll. assignées sur sa maison de la rue du Temple, 1606. — Acte sous seing privé par lequel Martial Brunet, conseiller du Roi en la sénéchaussée d'Uzerche, s'oblige à représenter toutes les fois qu'il en sera requis un titre latin de 1432 établissant en faveur des Consuls une rente de 12 sols sur une maison de la rue du Temple dont la sortie, dans la rue du Consulat, relève de la fondalité de l'abbé de St-Martial, 1714, etc.

B. 146. (Liasse). — 8 pièces, parchemin ; 12 pièces, papier ; 4 sceaux.

1460-1708. — Maisons rue du *Temple.* — Procédures concernant le paiement des rentes dues sur les dites maisons : pour la confrérie des Pauvres à vêtir, 1460-1640 ; — pour l'hôpital de St-Gérald, 1633 ; — pour l'hôpital général, 1655-1708.

B. 147. (Liasse). — 12 pièces, parchemin ; 1 sceau.

1254-1514. — Maisons rue *Torte*, alias *Boussagerie.* — Vente faite par Jean Rezis à la confrérie des Pauvres à vêtir d'une rente de 5 sols et 2 deniers sur une maison de la dite rue, moyennant le prix de 110 sols, 1254 (en provençal [1]). — Investiture faite par Pierre Aniel aux bailes de la confrérie de N.-D. du Puy d'une rente de 10 sols sur une maison de la dite rue, 1311. — Testament de Jean Bardin léguant à la confrérie de N.-D. du Puy 2 sols 6 deniers de rente sur une maison de la dite rue, 1375. — Obligation de la susdite rente, faite à la confrérie de N.-D. du Puy par Martial Bardin, juriste (*juris peritus*), comme héritier de Jean Bardin son père, 1383. — Reconnaissances faites : par Pierre Perrin, boucher, à l'hôpital de St-Gérald de 3 sols de rente sur une maison de la dite rue, confrontant à celle de Pierre Bardet, aussi boucher, 1377 ; — par Jean Reynaud dit Farne à la confrérie des Pauvres à vêtir d'une obole de cens sur une autre maison de la dite rue, 1511. — Accense faite entre particuliers d'une maison de la dite rue, confrontant à celle de Guillaume Auconsul, boucher, et sur laquelle sont dus 20 sols de rente à la confrérie des Pauvres à vêtir, 1514.

(1) Imprimée dans nos *Documents historiques sur la Marche et le Limousin.* T. I. page 175.

B. 148. (Liasse). — 9 pièces, parchemin ; 7 pièces, papier.

1527-1786. — Maisons rue *Torte*, alias *Boussagerie.* — Reconnaissances faites : par Peyronne Reynaud, veuve de Mathieu de Verthamond, et consorts à la confrérie de N.-D. du Puy d'une rente de 4 sols 6 deniers sur une autre maison de la dite rue, 1536-1554 ; — par Jean Cibot, boucher, et consorts à l'hôpital de St-Gérald, comme représentant la confrérie de N.-D. du Puy, d'une rente de 2 sols sur la dite maison, 1578-1588. — Quittance délivrée par l'hôpital général à Jean de Plenasmeyjoux, archer et huissier en la maréchaussée, d'une somme de 28 ll. due pour arrérages de rente sur une maison de la rue Torte faisant coin à celle du Vieux-Marché, 1677, etc.

B. 149. (Liasse). — 15 pièces, parchemin ; 9 pièces, papier.

1433-1714. — Maisons rue *Torte*, alias *Boussagerie.* — Procédures touchant le paiement des rentes dues sur les dites maisons : pour la confrérie de N.-D. du Puy contre les sieurs Verthamond et consorts, 1433-1538 ; — pour l'hôpital de St-Gérald, comme représentant la dite confrérie, contre Jean Bardinet, boucher, et consorts, 1588-1639 ; — pour les bailes de la confrérie des Pauvres à vêtir contre François Celier, boucher, 1630 ; — pour l'hôpital général comme représentant les aumônes Ste-Croix, 1714.

B. 150. (Liasse). — 1 pièce, parchemin ; 1 sceau.

1400. — Verger sis près la *Tour de Beaupuy.* — Accense perpétuelle du dit verger faite par les bailes de la confrérie des Pauvres à vêtir à Gérald de Langelia, sous le devoir d'une rente de 5 sols et 4 deniers.

B. 151. (Liasse). — 5 pièces, parchemin (1 rouleau) ; 5 sceaux.

1389-1514. — Verger sis près la *Tour de Beaupuy.* — Procédures faites en la prévôté des Combes pour les bailes de la confrérie des Pauvres à vêtir contre divers tenanciers du dit verger, touchant le paiement de leurs rentes.

B. 152. (Liasse). — 7 pièces, parchemin ; 7 pièces, papier ; 5 sceau

1366-1788. — Maisons rue du *Verdurier.* - Acte par lequel Guillaume de Paris, prêtre, comm héritier d'autre Guillaume de Paris, son père, rem à Paulie Regnaud ce qu'elle pouvait devoir au défun tant pour vente de denrées que pour arrérages de rente à payer sur une maison de la rue du Verduri (*alias* du Verdier de Manigne), 1366. — Vente fai par Guillaume de Paris, prêtre, à la confrérie d Pauvres à vêtir de 30 sols de rente sur la susdi maison, pour le prix de 30 ll., 1381. — Reconnai sances en faveur des bailes de la confrérie d Pauvres à vêtir de 30 sols de rente sur une au maison de la dite rue, faites : par Pierre Salar couturier, 1446 ; — par Guillaume Salardi, « *spille Lemovicarum,* » 1475. — Autres reconnaissances rentes : sur une maison de la dite rue, confronta au Jeu de Paume, en faveur des Consuls de la vi comme administrateurs des aumônes Ste-Cro 1494 ; — sur une autre maison confrontant à ce d'Étienne Romanet, en faveur de Me Martial Mathi vicaire de la vicairie fondée par Nicolas Sale bourgeois, à l'autel de St-Jean-Baptiste de l'église Pierre-du-Queyroix, 1502. — Vente faite par Je Pradeau à l'hôpital de St-Martial de 40 sols de re sur une maison de la dite rue, confrontant à celle Me Jacques Dupré, pour le prix de 40 ll., la rente « payable à chascun premier jour d'octo que feu M. Crouzel, en son vivant docteur en mé cine, fonda ung repas aulx pauvres du dict hospit 1561. — Quittance délivrée par l'hôpital généra Pierre Malissen, arquebusier, d'une somme de sols pour arrérages de la rente par lui due sur maison de la dite rue, confrontant à celle du s Thulier, batteur d'or, 1705, etc.

B. 153. (Liasse). — 22 pièces, parchemin ; 34 pièces, papie

1481-1746. — Maisons rue du *Verdurie* Procédures touchant le paiement des rentes dues les dites maisons : pour la confrérie des Pauvr vêtir, 1481-1551 ; — pour les Consuls de la ville co administrateurs des aumônes Ste-Croix, 1558-16 pour l'hôpital de St-Martial contre Dlle Marreille M dent, 1588 ; — pour l'hôpital général comme re sentant les aumônes Ste-Croix, 1670-1745 ; — l'hôpital général comme représentant la confréri Pauvres à vêtir, 1746.

B. 154. (Liasse). — 9 pièces, parchemin ; 5 sceaux.

1273-1480. — Maisons rue *Vieille-Monnaie.*
— Vente entre particuliers de 20 sols de rente sur
une maison de la dite rue, pour le prix de 12 ll. et à
charge par l'acheteur de payer 3 sols de cens à Bernard de Salvanhac, seigneur foncier, 18 deniers au
prieur de St-Gérald et 18 deniers à la confrérie du
St-Esprit, 1273. — Quittance délivrée aux bailes de la
confrérie de N.-D. du Puy par Martial Souterre,
prêtre, administrateur des biens de Guy Andoin,
clerc, des arrérages de rente dus sur un four sis au
dessous de la porte de Vieille-Monnaie, devant le
puits, « *ante putcum de Vetera-moneta.* » 1288. —
Investiture du dit four faite par les bailes de la confrérie de N.-D. du Puy à Pierre Bournazeau, prêtre,
qui venait d'acheter le dit four à Valérie Soucière.
1290. — Vente faite par Jean Guillaume à Jean Moulin, pour le prix de 50 sols, d'une rente de 3 sols sur
une maison sise devant l'arbre (*alias* l'ormeau) de
Vieille-Monnaie, dans la fondalité de l'abbé de St-
Martial, de Pierre Boyol, bourgeois, et de Boson
Bernard, damoiseau, 1321. — Donation faite par
Jean Moulin à la confrérie des Pauvres à vêtir des 3
sols de rente dus sur la dite maison, 1322. — Reconnaissance faite par Jean d'Eyjaux (*de Esgalla*) à la
confrérie des Pauvres à vêtir de 4 sols 6 deniers de
rente sur une maison de la dite rue, confrontant à
celle que possède la nommée Marguerite, servante de
Jean Lachenie, chanoine, 1416, etc.

B. 155. (Liasse).—5 pièces, parchemin ; 19 pièces, papier ; 2 sceaux.

1285-1702. — Maisons rue *Vieille-Monnaie.*
— Sentence arbitrale en vertu de laquelle le sieur
Chapela est condamné à payer à la confrérie de las
Chieiras 4 sols de rente annuelle et 20 sols d'arrérages
sur une maison sise au-dessous de l'ormeau de Vieille-
Monnaie, « *subtus ulmum de Vetera-moneta,* » 1285.
— Deux jugements de la Cour de Limoges déclarant
que les bailes de la confrérie des Pauvres à vêtir se
sont bien et dûment opposés à la subhastation d'une
maison sise en la dite rue, vis-à-vis de l'Arbre-peint,
1387 et 1518. — Sentence rendue aux assises du
Pont St-Martial par le sénéchal de la juridiction tem-
porelle de l'évêque de Limoges et portant que les bailes
de la confrérie des Pauvres à vêtir seront colloqués

avec les autres saisissants à raison des arrérages dus
sur une maison de la dite rue, sise devant le puits,
1432. L'acte débute ainsi : «*Nos. senescallus juridic-
tionis temporalis reverendi in Christo patris et
domini, domini P., Dei gracia episcopi Lemovicensis, notum facimus universis quod cum alias in
judicio curie ville Pontis Sancti Marcialis, dum
ibidem per nos cause expediebantur....*» — Procédures pour l'abbesse de la Règle contre Jacques Coussat,
cordonnier, touchant le paiement des droits de lods et
ventes dus sur une maison sise devant la porte de
Vieille-Monnaie, l'hôpital général intervenant comme
représentant les bailes de la confrérie de la Conception N.-D. et de St-Laurent des Trépassés, 1702.

B. 156. (Liasse). — 7 pièces, parchemin ; 1 pièce, papier ; 4 sceaux.

1252-1494. — Maisons rue du *Vieux-Marché.*
— Revendication faite par Gérald Brunaud, comme
héritier de feu Pierre Champauhol, de la rente de 40
sols acquise par le défunt sur une maison de la dite
rue, sise devant l'audeix, 1252 (en provençal) (1). —
Ventes faites : par Martial de Jourgnac à Jean Bo-
neffant, bourgeois, de 20 sols de rente sur deux maisons
contigues de la dite rue, confrontant à celle de Jean
Teyssendier, clerc, pour le prix de 14 ll., l'une des
deux maisons relevant de la fondalité du vicomte de
Limoges et de Guillaume de Pennevaire, damoiseau,
l'autre de la fondalité des bailes de la confrérie des
Pauvres honteux, 1331 ; — par Martial Jullien, prêtre,
à Guillaume de Paris, prêtre, de 10 sols de rente sur
la dite maison, pour le prix de 10 ll., 1366 ; — par
Guillaume de Paris, prêtre, aux bailes de la confrérie
des Pauvres à vêtir de 10 sols de rente sur la dite
maison, pour le prix de 9 ll.; 1381 ; — par les bailes
de la confrérie des Pauvres à vêtir à Jean Passaga
d'une autre maison ayant appartenu à Étienne
Berger, sise en la dite rue du Vieux Marché (*alias* de
Bauclégor), pour le prix de 35 ll. et à charge de 20
sols de rente, 1392. — Autorisation accordée par la
Cour de Limoges aux bailes de la confrérie des
Pauvres à vêtir de faire subhaster la maison d'Étienne
Berger, 1391. — Reconnaissance faite par Pierre
Mandonaud aux Consuls de Limoges, comme admi-
nistrateurs des aumônes Ste-Croix, de 20 sols de rente
sur une maison de la dite rue, confrontant à celle de
Léonard Auconsul, 1494.

(1) Imprimée dans nos *Chartes et Chroniques.*

B. 157. (Liasse). — 25 pièces, parchemin ; 18 pièces et 2 cahiers in-8°, 21 et 28 feuillets, papier ; 1 sceau.

1392-1639. — Maisons rue du *Vieux-Marché*. Procédures concernant le paiement des rentes dues sur les dites maisons : pour la confrérie des Pauvres à vêtir ; 1392-1639 ; — pour la confrérie de N.-D. du Puy, 1522-1528.

B. 158. (Liasse). — 1 pièce, parchemin ; 1 pièce, papier.

1486-1784. — Maisons rue *Vigenaud*, dans le quartier des Combes. — Échange fait entre particuliers d'une maison avec boutique au-dessous, sise en la dite rue, confrontant à la maison du pitancier de St-Martial et à la rue qui mène de la grande rue des Combes au moulin à vent, contre la moitié d'une autre maison de la dite rue, confrontant à la maison des Augustins : la première de ces deux maisons étant chargée de 2 sols de rente foncière envers l'aumônier de St-Martial et d'une rente annuelle de 2 sols envers le vicaire de la messe matutinale de St-Michel des Lions : l'autre maison étant chargée de 4 sols de cens envers le pitancier de St-Martial. — Transaction passée entre le syndic du chapitre de St-Martial, d'une part, les administrateurs de l'hôpital général comme représentant ceux de St-Martial, d'autre, et encore le syndic de la confrérie du Corps de Dieu en l'église de St-Michel, par laquelle est réglée à nouveau entre les parties la fondalité d'une maison de la dite rue où était anciennement l'auberge du *Lion d'or*.

B. 159. (Liasse). — 1 pièce, parchemin ; 1 sceau.

1461. — Maison place *Viraclos*. — Jugement de la Cour ordinaire de Limoges qui condamne Jean, *alias* Janicou Con à payer à la confrérie des Pauvres à vêtir les arrérages de la rente de 12 deniers dus sur une maison sise sur la dite place, « in capite de *Vielhas-claux*. »

II. — RENTES SUR LES MAISONS DE LIMOGES-CITÉ.

B. 160. (Liasse). — 2 pièces, parchemin ; 4 pièces, papier, 1 sceau.

1480-1787. — Maisons en la Cité. — Transaction entre les bailes de la confrérie des Pauvres à vêtir et Jean Raffanel, vicaire de la vicairie de Léro... (Luéron, Lasront), en vertu de laquelle certai... maison de la rue de la Cité, sur laquelle le vicai... de Léront prétendait droit, est déclarée de la fonda... lité de la dite confrérie, sous le devoir de 10 sols... rente, 1480. Parmi les témoins figurent le seigne... de St-Jean-Ligoure et Jacques d'Eymeric, dam... seau. — Accense faite par Me Pierre Dominiqu... notaire, à Mathieu Coulomb, marchand, de plusieu... solars sis en la cité de Limoges, confrontant à la r... d'Escudier et à celle de Trasfoureix, sous le devoir... 100 sols de rente, 1481. — Attestation donnée au... bailes de la confrérie des Pauvres à vêtir par Mart... Bermondet, lieutenant général en la sénéchaussée... Limoges, portant que, de l'avis de plusieurs not... res, avocats, procureurs et autres praticiens, le ce... ne se prescrit point contre le seigneur foncier dans... juridiction du pariage de Limoges, quand même... cens n'aurait pas été payé pendant l'espace de 40 a... 1498. — Reconnaissance faite par Pierre Charles... Nicot, pâtissier, à l'hôpital général d'une rente de... sols sur une moitié de maison sise en la rue Hau... Cité, 1670. — Investiture faite par l'hôpital géné... comme représentant la confrérie des Pauvres à vêt... à J.-B. Sazerat, maréchal, du derrière d'une mais... sise rue de la Cité, sous le devoir de 72 ll. de ren... 1787.

B. 161. (Liasse). — 2 pièces, parchemin ; 2 pièces, papier.

1551-1677. — Maisons en la Cité. — Procédu... touchant le paiement des rentes dues sur les di... maisons : pour les bailes de la confrérie des Pauv... à vêtir contre François Colomb et consorts, 1551-15... — pour l'hôpital général, comme représentant... dite confrérie, contre Philippe Meynard, marcha... 1677.

III. — RENTES SUR L'ENTRE-DEUX-VILLES ET LES FAUBOURGS.

B. 162. (Liasse). — 9 pièces, parchemin ; 3 pièces, papier, 1 sceau.

1315-1645. — Faubourg des *Arènes*. — Ve... faites par Jean Bérengier à la confrérie des Pau... à vêtir de 5 sols de rente sur une maison sise pré...

fossé de la porte des Arènes, pour le prix de 4 ll., 1315 ; — par Guillaume de Faugières et Bonue, sa mère, à Pierre Laborie d'une maison sise au barri des Arènes, pour le prix de 3 ll. 15 sols, à charge de 3 sols de cens en faveur de la confrérie de las Chieiras et 18 deniers de rente en faveur des prêtres de l'église de St-Pierre, 1320 ; — par Guillaume Fabre à Jean de St-Paul de trois maisons du dit faubourg contigues les unes aux autres, pour le prix de 30 ll., à charge des rentes dues à l'abbé de St-Martin, à Bozon Bernard, damoiseau, à la confrérie des Pauvres à vêtir, à la communauté des prêtres de St-Martial et au Luminaire ardent devant le Crucifix de l'église N.-D. des Arènes « *lampadario ardenti ante Crucifixum ecclesie beate Marie de Arenis.* » les dites rentes montant à 34 sols 6 deniers, 1333 ; — par Pétronille, veuve de Pierre Laborie, et Pierre du Masbasten, son neveu, à Jean Fabre d'une maison sise au barri des Arènes, pour le prix de 4 ll., à charge d'une rente de 3 sols en faveur de Pierre Bastier, bourgeois, d'une rente de 2 sols en faveur de la confrérie des Pauvres à vêtir et d'une autre rente de 18 deniers en faveur des prêtres séculiers de St-Martial, 1362 ; — par Jean de Genesty à Jean Faure d'un solar sis près la porte des Arènes, pour le prix de 10 ll., à charge d'une rente de 6 deniers en faveur de la confrérie des Pauvres à vêtir et d'une autre rente de 2 deniers en faveur de la confrérie des Torches qu'on porte devant le St-Sacrement pour visiter les infirmes, « *confratrie tortillarum qui defferuntur ante corpus Christi in visitatione infirmorum ecclesie Sancti Michaelis de Leonibus,* » 1370. — Transaction passée devant le juge du Château de Limoges en vertu de laquelle les bailes de la confrérie des Pauvres à vêtir, en considération des ravages de la guerre « *propter guerras que nunc vigent et diu viguerunt in Lemovicino et prope villam Lemovicas circumquaque,* » réduisent de 28 sols à 15 sols la rente à eux due sur les treilles de Jean Disnematin, sises au delà de la porte des Arènes devant le cimetière, et confrontant à l'hôpital des Arènes et aux treilles de Martial Julien, orfèvre, 1399. — Reconnaissances faites.: par la confrérie du St-Sacrement aux Consuls de Limoges, comme administrateurs des aumônes Ste-Croix, de 5 sols de rente sur un verger sis près le creux des Arènes et confrontant à la maison et au verger de la Recluse, 1491 ; — par Jeanne de la Virnes, veuve de Jean Portefaix, à l'hôpital de St-Martial de 25 sols de rente sur une maison du faubourg des Arènes confrontant à celle de Marguerite Limousin, hôtesse de la *Pedouire*

(la vessie), 1607. — Vente faite par Me Jean Biais, avocat, à Pierre Lebeau d'une maison avec jardin sise au dit faubourg et confrontant au jardin de la Recluse, pour le prix de 600 ll., à charge d'une rente de 20 sols en faveur de la confrérie du St-Sacrement, 1645.

B. 163. (Liasse). — 39 pièces, parchemin ; 12 pièces, papier ; 5 sceaux.

1396-1715. — Faubourg des *Arènes*. — Procédures concernant le paiement des rentes dues sur les maisons et treilles du dit faubourg pour la confrérie des Pauvres à vêtir : contre Guillaume de Fougieyres et autres cotenanciers, 1393 ; — contre Me Audoyn d'Auvergne et Jaquette du Peyrat, sa femme, 1461 ; — contre Me Gaspard d'Auvergne, avocat du Roi au siège de Chatellerault, 1554. — Autres procédures touchant même raison que dessus : pour l'hôpital général, comme représentant les aumônes Ste-Croix, contre Pierre Texier dit Limousin, tailleur d'habits, 1669 ; — pour la communauté des prêtres de St-Michel des Lions contre Habellion Pinot, capitaine de la maison de ville, 1715.

B. 164. (Liasse). — 1 pièce, parchemin ; 1 sceau (1).

1229. — Barri de *Bauxotgier*, près la rue du pont St-Martial. — Vente faite par Guillaume Retgla à la confrérie des Pauvres à vêtir. « la coffrairia deu draps au paubres vestir, » de 14 sols de cens sur les biens de feu Jean Vincent sis au dit lieu, devant la vigne de St-Gérald, (en provencal) (2).

B. 165. (Liasse). — 3 pièces, parchemin ; 8 pièces et 1 cahier in-8°, 11 feuillets, papier.

1253-1640. — Faubourg *Boucherie*. — Vente faite par Geoffroi Duret et Jean, son frère, au prieur de l'hôpital de St-Gérald de 50 sols de rente sur une maison du faubourg Boucherie et sur une autre sise aux Chauchières, pour le prix de 40 ll., 1253. — Transaction passée entre la confrérie des Pauvres à vêtir et Philippe Veyssière, marchand, par laquelle ce dernier reconnaît une obole de cens à la dite confrérie sur

(1) Ce sceau, malheureusement brisé, du Consulat du Château est le plus ancien que l'on connaisse. Il est identique à celui de 1245 que l'on conserve aux archives départementales de la Haute-Vienne.

(2) Impr. dans nos *Documents historiques*, p. 164.

une maison avec jardin confrontant à la rue qui mène du château à la cité et aux treilles de feu M⁰ Mathieu de Beyssac, 1511. — Reconnaissance faite par Jean Pourteyron, prêtre, et autres cotenanciers à la confrérie des Pauvres à vêtir d'une obole de cens sur la susdite maison, 1513. — Ventes faites entre particuliers de plassages sis au dit faubourg, dans la fondalité de la confrérie des Pauvres à vêtir, à charge de quelques menues rentes dues à la dite confrérie, 1585-1623. — Arpentement fait en exécution d'un arrêt du Parlement de Bordeaux pour distinguer les fonds appartenant à la confrérie des Pauvres à vêtir de ceux qui relèvent de la vicairie de Saragosse fondée en la chapelle Ste-Catherine de l'église de St-Martial, les dits fonds consistant en six maisons sises en la rue du faubourg Boucherie et confrontant par le bas au ruisseau de las Charceys, 1640.

B. 165. (Liasse). — 51 pièces, parchemin ; 6 pièces, papier.

1509-1588. — Faubourg *Boucherie*. — Procédures concernant le paiement des rentes dues sur une maison du dit faubourg pour la confrérie des Pauvres à vêtir : contre Philippe Veyssière, 1509 ; — contre M⁰ Martial Romanet, prêtre, vicaire de la vicairie de Saragosse, appelant du juge du pariage de la cité de Limoges, 1510 ; — contre Pierre et autre Pierre Romanet, frères, 1560, etc. — Exploit donné à la requête de l'hôpital de St-Martial à Arnaud Dupré, *alias* Usance, parcheminier, et à Léonard de Lagarde, tanneur, débiteurs de cinq années d'arrérages de la rente due sur une maison du dit faubourg, confrontant au chemin qui mène de la porte Boucherie au cimetière de St-Maurice et au Naveys, 1588.

B. 167. (Liasse). — 2 pièces, parchemin ; 62 pièces et 3 cahiers in-8⁰, chacun 7 feuillets, papier.

1638-1639. — Faubourg *Boucherie*. — Procédures concernant le paiement des rentes dues sur une maison du dit faubourg pour la confrérie des Pauvres à vêtir contre Jean Chenaud, Catherine Romanet et autres cotenanciers.

B. 168. (Liasse). — 9 pièces, parchemin ; 1 pièce, papier.

1396-1527. — Territoire de *Bourgneuf*, alias de *St-Gérald* et de *Bantxogier*. — Procédures pour la confrérie des Pauvres à vêtir : contre Jacques Bayard, bourgeois, touchant la fondalité de treilles sises au dit territoire ; — contre Martial Benoist touchant le paiement des arrérages de rentes dus sur les dites treilles. Mention est faite du serment *ad litem* déféré aux bailes de la dite confrérie, devant le grand autel de l'église de St-Martial, par le juge de Limoges.

B. 169. (Liasse). — 1 pièce, parchemin ; 1 pièce, papier ; 1 sceau.

1250-1646. — Jardin des *Carmélites*. — Reconnaissance faite devant les Consuls de Limoges par Pierre Averos à la confrérie des Pauvres à vêtir de 14 sols de rente sur deux maisons comprises plus tard dans le jardin des Carmélites (en provencal) (1). — Mémoire concernant la rente de 14 sols due à la confrérie des Pauvres à vêtir sur partie du jardin acquis par les Carmélites vers 1630 de M⁰ de Verthamond, général des Finances.

B. 170. (Liasse). — 3 pièces, parchemin ; 2 sceaux.

1338-1393. — Place des *grands Carmes*. — Ventes faites : par Gérald Franhol et Catherine, sa femme, à Mathieu Botin de 30 sols de rente à percevoir partie sur une treille sise vis à vis le couvent des grands Carmes, partie sur une écurie de la rue Frégebize, pour le prix de 19 ll.; — par Barthélémy Franhol à Mathieu Benoit, par devant le juge du château de Limoges, des susdites treilles pour le prix de 80 ll., à charge de 10 setiers froment de cens et 30 sols de rente en faveur de la confrérie des Pauvres à vêtir, etc.

B. 171. (Liasse). — 2 pièces, parchemin.

1251-1329. — Rue des *Charseix*. — Vente faite par Pierre Demons au prieur de l'hôpital de St-Gérald de 4 deniers de rente sur un jardin de la dite rue confrontant à celui d'Aymeric Girourd (*sic*). — Reconnaissance de deux jardins sis en la dite rue faite par Jean Conil au prieur du dit hôpital.

B. 172. (Liasse). — 1 pièce, parchemin.

1271. — Chemin *Creux*, à coté de Pissevache. — Vente faite par Jean de Chavau au baile de l'aumône qu'on donne aux Pauvres honteux, « *bailico helemo-*

(1). Impr. dans nos *Documents historiques...*, p. 173.

sine que datur in castro Lemovicensi pauperibus verecundantibus, » de 25 sols de rente sur quatre maisons avec jardins sises *in via Croza.*

B. 173. (Liasse). — 2 pièces, parchemin ; 3 pièces, papier.

1404-1499. — Jardin d'*Entre les deux villes.* — Acceuse faite par les bailes de la confrérie des Pauvres à vêtir à Pierre Poyet d'un jardin ou verger sis entre la cité et le château, sous le devoir d'une obole de cens, 1404. — Vente faite par Pierre Poyet à Jean Nicolas du dit jardin confrontant à la maison et au verger de la vicairie fondée à St-Martial par le cardinal de St-Augustin, moyennant le prix de 18 ll., 1409. — Reconnaissance faite par Pierre Teste, bourgeois, à Laurent Chambon, vicaire de la vicairie de Saragosse fondée en l'église de St-Martial, d'une rente de 20 sols assise sur ladite vigne, 1490. — Transaction entre les bailes de la confrérie des Pauvres à vêtir et Paul d'Argenteau (*de Argentellis*), marchand, en vertu de laquelle ce dernier se désiste de l'appel par lui interjeté d'une sentence qui le condamne à payer une obole de cens aux dits bailes sur le dit jardin, 1499.

B. 174. (Liasse). — 38 pièces, parchemin ; 1 pièce, papier.

1497-1498. — Jardin d'*Entre les deux villes.* — Procédures par devant le pariage de la cité de Limoges pour les bailes de la confrérie des Pauvres à vêtir contre Paul d'Argenteau, touchant le paiement de la rente d'une obole par lui due sur un verger sis entre la cité et le château.

B. 175. (Liasse). — 1 pièce, parchemin.

1296. — Mas de *Lage.* — Reconnaissance du dit mas sis en la paroisse de St Pierre du Queyroix, faite par Pierre Lage au prieur de l'hôpital de St-Gérald sous le devoir de 6 setiers seigle de rente.

B. 176. (Liasse). — 1 pièce, parchemin.

1237. — Mas de *Lamartinie.* — Vente faite par B. de Defforcelas, bourgeois, à Jean Brunot, bourgeois, de 4 setiers seigle de cens et 4 deniers d'acapt sur la quarte partie du dit mas, paroisse de St-Pierre du Queyroix ; « *quod bladum dictus Johannes recognovit se emisse ad opus prioris et pauperum domus*

Sancti Geraldi Lemovicensis in permutatione aliorum quatuor sextariorum siliginis censualium ...»

B. 177. (Liasse). — 15 pièces, parchemin ; 5 sceaux.

1289-1372. — Clos *Lansecot,* alias de *las Touzas.* — Ventes faites par Pierre Aymeric, fils d'autre Pierre Aymeric, bourgeois, à la confrérie de N.-D. du Puy : de 5 sols de rente, sur un villar du dit clos, pour le prix de 4 ll., 1289 ; — de 5 sols de rente sur trois villars du dit clos, pour le prix de 4 ll., 1290 : — de 5 sols de rente sur un autre villar du dit clos, pour le prix de 65 sols, 1295. — Reconnaissance faite par Jean Marteau, bourgeois, à la confrérie de N.-D. du Puy d'une rente de 37 sols sur une vigne (treilles) du dit clos, 1322. — Vente faite par D^{lle} Pétronille, veuve de Martial Marteau, à la confrérie des Pauvres à vêtir de 18 deniers de rente sur sa maison sise au dit clos, pour le prix de 27 sols, 1322. — Acte par lequel les bailes de la confrérie des Pauvres à vêtir réduisent à 20 sols la rente de 32 sols à eux dus sur plusieurs maisons du dit clos, « *cum predicte domus modo sunt propter guerram redacte in solare et in absinam posito,* » 1372.

B. 178. (Liasse). — 6 pièces, parchemin ; 2 pièces, papier.

1488-1532. — Clos *Lansecot,* alias de *las Touzas.* — Reconnaissances faites : par Jean Astay, notaire, à la confrérie de N.-D. du Puy de 12 sols de rente sur certaines treilles du dit clos confrontant à celles du prieuré hospitalier de N.-D. des Arènes, les dites treilles ayant appartenu à M° Jean Astay, prêtre, père du contractant, et auparavant à M° Laurent Maumet (*Laurencius Mahometi*), curé de Verneuil, 1488 ; — par M° Gilles Ancellier, notaire, aux Consuls de Limoges comme administrateurs des aumônes Ste-Croix, d'un setier froment de rente sur une vigne du dit clos, 1494 ; — par Pierre Fordoysson, marchand, aux confréries de N.-D. du Puy et des Pauvres à vêtir d'une rente de 4 sols et d'une autre rente de 10 sols sur une vigne du dit clos, de la contenance de 6 journaux, 1513 ; — par M° Jean Baillot, notaire, et Jeannette Disnematin, sa femme, à la confrérie de N.-D. du Puy de 37 sols de rente sur une autre vigne du dit clos, confrontant à celle de M° Jean Astay et au chemin qui mène du faubourg des Arènes au couvent de St-Gérald, 1529 ; — par Dominique Mouret, orfèvre, et Marguerite Boutin, sa femme, à la susdite confrérie de 2 sols de rente sur une autre vigne du dit clos, de la contenance de 3 journaux, confrontant à celle de Martial Ferdoysson, 1532.

B. 179. (Liasse). — 5 pièces, parchemin ; 4 pièces et 1 cahier in-4°, 9 feuillets, papier.

1542-1772. — Clos *Lansecot*, alias de *las Touzas*. — Vente faite par Jean Moureau, marchand, à Jean Veyrinaud d'une vigne du dit clos, confrontant à celle de Jean Friquet, orfèvre, et à celle de Jean Boutin, prêtre, dans la fondalité de la confrérie de N.-D. du Puy, pour le prix de 720 ll., 1542. — Acte par lequel Jean Veyrinaud cède à Jean Rogier le jeune, notaire et praticien, fils d'autre Jean Rogier, aussi notaire et praticien, autorisé par sentence du juge de Limoges au retrait lignager et se trouvant parent au second degré de Jean Moureau, marchand, la vigne que lui avait vendue le dit Jean Moureau, pour le prix de 720 ll., à charge des rentes dues à la confrérie de N.-D. du Puy, la dite vigne d'une contenance de 14 journaux, sise au clos de Lansecot, 1542. — Reconnaissances faites : par Martial de la Place, clerc, aux Consuls de Limoges comme administrateurs des aumônes Ste-Croix, d'un setier froment de rente sur une vigne du dit clos, de la contenance de 3 journaux, 1551 ; — par Antoine du Peyrat, sgr. de Masjambost, bourgeois et marchand, à la confrérie de N.-D. du Puy de 2 sols de rente sur une vigne du dit clos, de la contenance de 2 journaux, 1560. — Accord entre les administrateurs de l'hôpital de St-Gérald, comme représentant la confrérie de N.-D. du Puy, et les bailes de la confrérie des Pauvres à vêtir, en vertu duquel tous les droits seigneuriaux dus sur les deux susdites vignes du clos Lansecot sont partagés par moitié, 1588. — Investiture faite par l'hôpital de St-Gérald, comme représentant la confrérie de N.-D. du Puy, à François Brunier d'une vigne du dit clos par lui acquise de Guillaume de Noujeat, maître du Jeu de paume, dans la fondalité du dit hôpital, 1614. — Quittance délivrée par l'hôpital général, comme représentant les aumônes Ste-Croix, à Barthélémy Villette, traiteur, d'une somme de 13 ll. 15 sols pour les droits de lods et ventes dus à cause de l'acquisition par lui faite d'une vigne du dit clos, 1769, etc.

B. 180. (Liasse). — 17 pièces, parchemin ; 3 sceaux.

1381-1490. — Clos *Lansecot*, alias de *las Touzas*. — Procédures concernant le paiement des rentes dues sur le dit clos : pour la confrérie des Pauvres à vêtir contre Pierre Boutin et la veuve d'autre Pierre Boutin, 1381-1482 ; — pour les fermiers de l'aumône des Pains de Noël contre Me Pierre de l'Aumônerie, prêtre, 1483 ; — pour la confrérie de N.-D. du Puy contre François Dupeyrat et Me Jean Astay, 1489-1490.

B. 181. (Liasse). — 27 pièces, parchemin ; 6 pièces et 1 cahier in-8°, 18 feuillets, papier.

1508-1529. — Clos *Lansecot*, alias de *las Touzas*. — Procédures concernant le paiement de rentes dues sur le dit clos pour la confrérie de N.-D. du Puy contre Balthazard Dupeyrat et Me Laurent Baillot, praticien.

B. 182. (Liasse). — 7 pièces, parchemin ; 2 pièces, papier.

1523-1610. — Clos *Lansecot* alias de *las Touzas*. — Procédures concernant le paiement des rentes dues sur le dit clos : pour la confrérie des Pauvres à vêtir contre Dominique Mouret, orfèvre, 1523 ; — pour la confrérie de N.-D. du Puy contre Ymbert Dupeyrat, 1526 ; — pour les fermiers des aumônes Ste-Croix contre Martial de Laplace, 1552 ; — et pour l'hôpital de St-Gérald, comme représentant la confrérie de N.-D. du Puy : contre Jean, Michel et Antoine Rougier, fils de feu Me Jean Rougier, procureur au Présidial, 1582 ; — contre Martial Baillot, apothicaire, 1588 ; — contre Jean Durand, orfèvre, 1597 ; — contre dame Louise Dubois, veuve de Léonard de la Charlenye, 1610.

B. 183. (Liasse). — 13 pièces, papier.

1713-1739. — Clos *Lansecot* alias de *las Touzas*. — Procédures : pour l'hôpital général, comme représentant les aumônes Ste-Croix, contre Jean Reculet, bourgeois et marchand, touchant les arrérages de rentes par lui dus sur une vigne du dit clos, confrontant à celle du sieur Desmaisons, viséné[al] en la sénéchaussée, à celle du sieur Goudin, ancien trésorier de France, et à celle du sieur Vidaud, ancien promoteur ; — pour le dit hôpital, comme représentant celui de St-Gérald, contre le sieur Labiche, marchand, touchant les arrérages de rentes par lui dus sur deux vignes du dit clos dont l'u[ne] confronte à la vigne des hoirs de Mad. de la Charlonye et l'autre à la vigne des hoirs de M⁰ Jean Astay.

B. 184. (Liasse). — 3 pièces, parchemin; 1 pièce, papier.

1466-1641. — Clos de *Lasvaux des Arènes* alias du *Thouroudeau.* — Ventes faites : par Étienne de l'Aumônerie à Martial Roger, marchand, d'une vigne contenant 6 journaux, pour le prix de 72 écus d'or et à charge de la rente de 20 sols due aux Consuls de Limoges comme administrateurs des aumônes Ste-Croix, 1466 ; — par Jacques Platon à la confrérie de N.-D. la Joyeuse d'une rente de 100 sols assise sur un pré du clos de Peyradent et sur une vigne du clos Thouroudeau, pour le prix de 100 ll., 1472: — par Marguerite Quarrète à Léonard Demout de 3 journaux de vigne sis au dit clos, pour le prix de 30 écus d'or et à charge de la rente due à la confrérie de N.-D. du Puy, 1477. — Reconnaissance faite par Jean Lacate, boulanger, à l'hôpital de St-Gérald, comme représentant la susdite confrérie, d'une rente de 4 sols sur la dite vigne confrontant aux fossés de Limoges, 1641.

B. 185. (Liasse). — 16 pièces, parchemin; 1 pièce, papier.

1389-1639. — Clos de *Lasvaux des Arènes*, alias du *Thouroudeau.* — Procédures pour la confrérie de N.-D. du Puy, — et pour l'hôpital de St-Gérald comme représentant la dite confrérie, touchant le paiement des rentes dues sur le dit clos.

B. 186. (Liasse). — 5 pièces, parchemin; 4 sceaux.

1367-1468. — Maisons faubourg *Manigne.* — Accense faite par Pierre d'Auvergne à André Choad d'une maison sise au faubourg Manigne, confrontant au jardin de feu M⁰ Pierre Boyol, sous le devoir de 38 sols de rente, 1367. — Reconnaissance faite par André Choada à la confrérie des Pauvres à vêtir de 12 sols 6 deniers de rente sur un solar confrontant au chemin qui mène de la porte Manigne au couvent des FF. Prêcheurs, 1387, etc.

B. 187. (Liasse). — 7 pièces, parchemin; 6 pièces, papier; 1 sceau.

1479-1722. — Maisons faubourg *Manigne.* — Transaction passée entre la confrérie des Pauvres à vêtir, M⁰ Gautier Garat, notaire, M⁰ Jean Garat, prêtre, son frère, et Léonard du Mas-à-la-fille,

« *Léonardo deu Mas à la filha,* » en vertu de laquelle le dit du Mas doit payer à la dite confrérie 10 sols de rente sur une maison avec jardin sis au faubourg Manigne, confrontant au verger de M⁰ Jean Feydit, notaire, et à celui de feu M⁰ Guillaume Arnould, chanoine de l'église de Limoges, 1479. — Reconnaissance faite par Jean et François de las Ribiéras aux Consuls de Limoges, comme administrateurs des aumônes Ste-Croix, de 2 sols de rente sur une maison du dit faubourg, confrontant à celle de M⁰ Martial de la Voulte, 1494. — Quittance des droits de lods et ventes délivrée par l'hôpital général à M⁰ Mathieu Morel, docteur en médecine, à cause de l'acquisition par lui faite d'une maison sise au dit faubourg, confrontant à l'auberge de *St-Jacques*, 1678. — Reconnaissance faite par Étienne Chouvet, bourgeois, et Pierre Deschamps, sculpteur, à l'hôpital général comme représentant les administrateurs des aumônes Ste Croix, de 2 sols de rente sur une maison du dit faubourg, confrontant à celle de feu Bonneval, m⁰ bassinier, 1693, etc.

B. 188. (Liasse). — 67 pièces, parchemin; 1 pièce, papier; 4 sceaux.

1461-1491. — Maisons faubourg *Manigne.* — Procédures pour la confrérie des Pauvres à vêtir touchant le paiement des rentes dues sur les dites maisons.

B. 189. (Liasse). — 26 pièces, parchemin; 3 pièces, papier.

1524-1553. — Maisons faubourg *Manigne.* — Procédures pour la confrérie des Pauvres à vêtir touchant le paiement des rentes dues sur les dites maisons : contre Pierre Gergot, 1524 ; — contre Joseph et Colin Ruaud, etc. 1553,

B. 190. (Liasse). — 15 pièces, parchemin; 5 pièces, papier; 6 sceaux.

1266-1708. — Maisons faubourg *Montmailler.* — Donation faite par Laurence, veuve de Pierre des Moulins à Pierre de St-Martial, clerc, fondé de procuration de Hugues, aumônier de St-Martial, de tous les droits qu'elle avait sur une maison du dit faubourg ayant appartenu à feu Adémar Laporte et confrontant au barri qui mène du château de Limoges à Montjauvy, « *per quod itur de castro Lemovicensi apud Montem-Gaudii,* » 1266. — Ventes

faites : par Guy Sudrau, clerc, à Gérald Podavinha
d'une maison sise au barri de Montmailler, pour le
prix de 11 ll. et à charge d'une redevance de 10 sols
de cens en faveur de la confrérie des Draps dont on
habille les pauvres, «*confratrie pannorum quibus in
castro Lemovicensi pauperes induuntur*, » 1268; —
par Jean Lobrugière, fils de Jacques et de Marie
de Banxaugeriis, à Guillaume de Périgord, fondé de
procuration de Guillaume de la Marche, aumônier de
St-Martial, de 9 sols 3 deniers de rente sur trois
maisons contigues sises au barri de Montmailler,
entre celle de Pierre Vigier, boucher, et celle du
sieur Saquet, pour le prix de 70 sols, monnaie de
Limoges, 1296. — Donation faite par Martial Gautier,
clerc, à la confrérie de l'aumône des Pains de Noël
« *helemosine panum natalis Domini*, » de 4 sols de
rente sur une maison sise hors la porte Montmailler
et confrontant à la maison de Radulphe Pateau, 1314.
—Reconnaissance faite par Augustin Robin et Étienne
Lecomte, d'Ourtigières, à la confrérie des Pauvres à
vêtir de 10 sols de rente sur une maison du dit faubourg, confrontant à celle d'Adémar Lavie, 1316;
(acte passé par devant le juge de la vicomté de Limoges : *Judex castri Lemovicensis pro nobili vicecomite
Lemovicensi*.) — Guerpissement fait par Valérie
Robine, fille de Pierre Robin, à la confrérie des
Pauvres à vêtir de la fondalité d'un terrain sis au
faubourg Montmailler, moyennant cession des 10 sols
de rente dus sur le dit terrain, 1358. — Vente entre
boulangers d'une maison avec four, boutique et
jardin, sise au faubourg Montmailler près celle de
Pierre Roby, dans la fondalité de l'abbé de St-Martial,
et chargée de 5 sols de rente envers la confrérie des
Pauvres à vêtir, de 4 sols de rente envers la confrérie
du Cierge des boulangers et de 4 autres sols de rente
envers la confrérie des Treize chandelles de N.-D.
des Arènes célébrée en l'église de St-Michel, 1360. —
Accense faite par frère Pierre Villain, aumônier de
St-Martial, à Simonnet Foussat d'un solar de maison
sis au faubourg Montmailler en la rue des Choux,
moyennant 2 sols de rente, 1396. — Réaccense du
dit solar faite par frère Pierre Astorge, aumônier de
St-Martial, à Jean Roy aux mêmes conditions que
dessus, 1474. — Reconnaissance faite par Jean de la
Gouten et autres cotenanciers à frère Antoine Chaussade, aumônier de St-Martial, de 18 deniers de rente
sur deux maisons avec jardin sises au barri de Montmailler, 1594. — Vente entre particuliers d'une
maison sise au faubourg Montmailler près celle de
feu Jean Duboucheys, pour le prix de 150 écus d'or

et à charge d'une rente non déclarée due à l'hôpita
de St-Martial, 1591. — Cession faite par l'hôpita
général, comme représentant l'hôpital de St-Martial,
J. Grégoire de Roulhac, marchand, des droits de lod
et ventes dus à cause de l'acquisition par lui fait
d'une maison appartenant à Martial Ranty, m
menuisier, sise au faubourg Montmailler, pour l
prix de 205 ll., 1681, etc.

B. 191. (Liasse). — 12 pièces, parchemin.

1400-1580. —Maisons faubourg *Montmailler*
— Procédures concernant le paiement des rentes due
sur diverses maisons du dit faubourg : pour la confré
rie des Treize chandelles de N.-D. des Arènes
« *confratrie tresdecim candelarum beate Marie d
Arenis que nunc deservitur in parrochali ecclesi
beati Michaelis de Leonibus*, » et pour celles d
Cierge des boulangers et du Luminaire arden
devant l'autel de Ste-Croix et de St-Austriclinien a
monastère St-Martial, « *confratrie cerei pistorum
et lampadarii ex nunc ardentis ante altare Sanc
Crucis et Sancti Austricliniani monasterii Sanc
Martialis Lemovicensis*, » contre David Raffardi
autres cotenanciers, 1409 ; — pour la confrérie d
Pauvres à vêtir contre Pierre de Born et les hoirs d
Pierre Foussat, intervenant la confrérie du St-Sacre
ment, 1409-1419; — pour l'abbé de St-Martial cont
Pierre Granier, hôte du faubourg Montmailler, 1430
— pour l'hôpital de St-Martial contre Étienne Yvé
naud et autres cotenanciers, 1580.

B. 192. (Liasse). — 2 pièces, papier.

1532-1776. — Le *Naveix*. — Transaction p
laquelle François de Julien, marchand, assigne à
confrérie des Pauvres à vêtir une rente d'un seti
froment sur une vigne sise au dit lieu, près l'égli
de St-Maurice. — Transaction sur procès entre part
culiers au sujet de la propriété d'un jardin du dit lie
confrontant à la rue qui mène du cimetière de
chapelle du Naveix à la Vienne, dans la fondalité
l'hôpital général à cause de la réunion à lui faite
la confrérie de N.-D. de la Règle.

B. 193. (Liasse). — 13 pièces, parchemin ; 2 pièces, papier ; 2 sce

1251-1623. — Maisons rue *Palvézy* ou

Chauchières — Vente faite par Pierre d'Aixe, bourgeois, aux bailes de la confrérie de N.-D. du Puy d'une rente foncière et directe de 4 sols sur une maison sise en la dite rue, « davan las chauchieiras aus Alsandres, » 1251. (En provençal) (1). — Accense faite par Martial de Janaillac, bourgeois, à Pierre Gérald et à Marie, sa femme, d'une maison avec une borde « afachadoyre, » moyennant 50 sols de cens, 1330. — Obligation consentie par Pierre Gérald et Marie, sa femme, en faveur de Martial de Janaillac d'une somme de 40 ll. : 20 ll. pour la susdite maison et 20 ll. pour la vente d'un chaudron de cuivre, de quatre tines et d'un bac de pierre, 1330. — Accense faite par Martial de Janaillac à Michel et Martial Foussat, bouchers, d'une borde sise en la dite rue, avec un chaudron de cuivre, deux tines « afachadoyres, » une tine «simadoyre,» trois bacs de pierre et un puits commun, moyennant 50 sols de cens, 1350. — Ventes faites : par Léonard Veyrier aux bailes de la confrérie de N.-D. du Puy d'une rente de 10 sols assise sur un verger et une borde du territoire de Palvézy, moyennant le prix de 10 ll., 1413 ; — par Audoin de Janaillac à Mathieu Veyrier, orfèvre, d'une rente de 8 deniers assise sur une borde de la rue Palvézy, moyennant le prix de 27 ll. et 6 deniers, 1464 ; — par Pierre de Janaillac à Pierre Dominique, notaire, de 10 sols de rente foncière sur une borde de la rue Palvézy, et de 15 sols de cens sur une maison de la dite rue, moyennant le prix de 30 ll., 1464 ; — par Pierre Desmouts, marchand, aux bailes de la confrérie de N.-D. du Puy de 8 sols de rente foncière sur une borde ou tannerie de la dite rue, moyennant le prix de 6 ll. 5 sols, 1465. — Reconnaissance faite par Bernard de Malevergne aux Consuls de Limoges, à Jean de Janaillac et consorts, d'une rente foncière d'un denier avec 3 sols d'accapt sur une maison de la dite rue, 1592. — Extrait du testament de François Mauplo léguant à l'hôpital de St-Martial une rente de 5 sols sur une borde ou chauchière de la rue Palvézy, 1542. — Fondation de deux repas en faveur des pauvres de l'hôpital de St-Martial, faite par Me Joseph de Jullien, chevalier, conseiller du Roi et trésorier de France en la recette de Limoges, moyennant une somme de 4 ll. assignée sur une tannerie ou chauchière de la rue Palvézy, 1559. — Autres reconnairsances ou ventes des dites bordes et maisons, 1560-1623.

(1) Impr. dans nos *Documents historiques....* p. 174.

B. 194. (Liasse). — 8 pièces, parchemin ; 5 pièces, papier ; 1 sceau.

1358-1719. — Maisons rue *Palvézy* ou des *Chauchières*. — Procédures touchant le paiement des rentes dues sur les dites maisons : pour Martial de Janaillac, bourgeois, 1358 ; — pour la veuve de Jean de Janaillac, 1449 ; — pour la confrérie de N.-D. du Puy contre Aymeric Guybert dit Mérigot, orfèvre, 1524 ; — pour la confrérie des Pauvres à vêtir, 1528 ; — pour l'hôpital de St-Gérald, 1588 ; — pour l'hôpital de St-Martial, 1593 ; — pour la confrérie du Pavillon de St-Pierre, 1593 ; — pour Michel de la Roche, marchand, 1606-1610, etc. — Arrêt du Parlement de Bordeaux adjugeant à Albert Ardit, pour la somme de 103 écus d'or, une maison de la rue Palvézy mise en criée et subhastation à la requête de Jeanne Gentaude, et déclarant que les Consuls de Limoges, Eustache de Janaillac et Martial Audier, cotenanciers de la dite maison, se sont bien et dûment opposés aux dites criées, 1493.

B. 195. (Liasse). — 14 pièces, parchemin ; 5 sceaux.

1233-1474. — Faubourg du *Pont St-Martial.* — Confirmation par Jean Noir, bourgeois, de la donation faite par Me Pierre Noir, archiprêtre de Noutron, son oncle, à l'hôpital de St-Gérald de 20 sols de rente à percevoir sur trois maisons de la rue du Pont St-Martial, et donation par le dit Jean Noir au même hôpital de 10 autres sols de rente sur deux maisons de la dite rue, 1233. — Acte relatif à l'hôpital de Lagorse, au delà du Pont St-Martial, (début illisible), 1237. (2) — Vente faite par Hélie Geoffroy, bourgeois, à la confrérie des Chandelles des pauvres de l'hôpital de St-Gérald de 5 sols de rente à percevoir sur la maison de Pierre Cosse, sise au dit territoire, pour le prix de 4 ll. 2 sols, 1251. L'acte débute ainsi : *Omnibus presentes litteras inspecturis Petrus Amlardi, domisellus civitatis Lemoricensis, salutem et pacem. Notum facimus,* etc. » — Vidimus du précédent acte, fait en 1332. — Vente faite par Guillaume Vaychière à Pierre Lauders d'un four avec jardin sis en la dite rue, dans la fondalié de la confrérie des Pauvres à vêtir, pour le prix de 4 ll. 10 sols et 12 deniers de pot de vin (*de beuragio*), à charge aussi de la rente de 30 sols due à la dite confrérie, 1291. — Reconnaissance faite par Jean Torau à la confrérie

(2) Impr. dans nos *Chartes et Chroniques.*

des Pauvres à vêtir et de las Chieiras de 10 sols de rente sur une maison de la dite rue, confrontant à celle d'Adémar Churros, 1330. — Reconnaissance faite par Jean Torau et Martial Noir, clerc, à la confrérie des Pauvres à vêtir représentée par Jacques Gérald, bourgeois, et Guarin de St-Martin damoiseau, bailes. comme seigneur foncier d'un jardin sis en la dite rue, 1334. — Donation faite par Gérald de Chavemoussense (*Geraldus de Chavamosossa*) ou de la Cour à l'hôpital de St-Gérald de deux maisons sises au Pont St-Martial et de treize autres biens ou rentes sis on à percevoir aux lieux dits du Colombier, de Champmoury, de Bachellerie, des Frères, de Morchavau près Chaptelat, de Chantegraule, de Louchoyer près Chaptelat, de Maledent près Nieul, de Cressac, de Chambaret, de Paymoret près Feytiat, d'Albiat et de Rouveix près St-Just, 1334. — Vente faite par Pierre Nadaud, tuinisier, à la confrérie des Chandelles des pauvres de St-Gérald et du Luminaire qui est devant le Crucifix, « *confratrie candelarum pauperum sancti Geraldi Lemovicensis et lampadarii qui est ante Crucifixum dicti loci,* » de 3 sols de rente sur une maison avec treilles sise en la dite rue, pour le prix de 32 sols et à charge d'un cens de 18 deniers dû à l'abbé de St-Martial et d'une rente de 18 deniers due à l'évêque de Limoges, 1340. — Accense faite par le prieur de l'hôpital de St-Gérald à Jean Savinan, voiturier, d'une vigne sise au dit faubourg, sous le devoir d'une émine froment de cens, 1350. — Accense faite par la confrérie des Pauvres à vêtir à Jean Merchand, manouvrier, demeurant au Pont St-Martial, de 3 so'ars sis au dit faubourg et confrontant à la rue qui mène à l'église de Ste-Félicité, moyennant 6 sols de cens, 1408. — Reconnaissance faite par Blaise de Salmodieyras à la confrérie des Pauvres à vêtir et de las Chieiras de 6 sols de cens sur une maison avec ort et verger sise au dit faubourg et confrontant à la maison de Pierre Labloys, boulanger, 1474.

B. 195. (Liasse). — 8 pièces, parchemin.

1492-1544. — Faubourg du *Pont-St-Martial* (1). — Ratification de la vente faite précédemment par

Pierre Chabessier à Nicolas Chabessier, son frère d'un verger sis au dit faubourg près la maison sieur Brugeulh, pour le prix de 80 ll., 1492. — Transaction entre Me Jean de Pousse, bachelier ès lois procureur au Parlement de Bordeaux, d'une part Jean Romanet aîné, marchand, d'autre, et André Pousse, fils de feu Théodore de Pousse, licencié lois, d'autre, en vertu de laquelle Jean de Pousse ratifie la vente faite par André de Pousse, son neveu au dit Romanet d'une vigne sise au Pont-St-Martial et confrontant au cimetière de l'église de Ste Félicité 1495. — Accense faite par Nicolas Chabessier, et Marrotaud, orfèvre, à Jean Dumas d'un verger sis Pont-St-Martial et confrontant à la maison de Jean Molinier, moyennant 2 deniers de cens et 37 sols deniers de rente, 1495. — Vente faite par Pierre Chabessier et Madeleine Descoutures, sa femme Jacques Balestier, docteur en médecine, de 40 sols de rente à percevoir sur une maison du dit faubourg possédée par Martial Dumas, notaire, pour le prix 40 ll. 1509, — Revente faite par Me Martial Balestier licencié ès-lois, et Jean, son frère, tous deux fils feu Jacques Balestier, docteur en médecine, à Pierre Chabessier. orfèvre, de la susdite rente de 40 sols pour le prix de 40 ll., 1531, etc.

B. 197. (Liasse). — 6 pièces, parchemin , 4 pièces, papier.

1551-1784. — Faubourg du *Pont-St-Martial.* — Vente faite par Me Martial, prêtre, Jean Jacques Chabessier, frères, à la confrérie des Pauvres à vêtir de 117 sols 6 deniers de rente sur trois maisons du dit faubourg, sises en la juridiction la Salle épiscopale, moyennant le prix de 110 1551. — Reconnaissances faites à la confrérie des Pauvres à vêtir : par Antoine Huard, notaire, de 40 sols de rente et 2 deniers de cens sur une maison du faubourg, confrontant à la vigne de François Navis 1551 ; — par Léonard Fouquet de 40 sols de rente 2 deniers de cens sur autre maison contiguë à la précédente, 1551. — Reconnaissances faites : Barthélémy Aury à l'hôpital de St-Martial de 12 de rente sur certaines vignes du dit faubourg, confrontant au cimetière de Ste-Félicité, sur lesquelles l'abbaye de St-Augustin perçoit 10 coupes froment de cens et le vicaire de la vicairie fondée par Me André de Pousse 3 barils de vin de rente, 1553 ; par Jean Reveillard, chirurgien du Pont-St-Martial à la confrérie des Pauvres à vêtir de 40 sols de rente et 2 deniers de cens sur une autre maison du

---

(1) Les actes analysés dans cet article ne concernent aucun des hôpitaux ou confréries de Limoges. Ils se rapportent vraisemblablement à des biens acquis plus tard par la confrérie des Pauvres à vêtir que nous savons avoir possédé de nombreuses rentes dans le faubourg du pont St-Martial. Mais il est malaisé d'identifier ces biens avec ceux que mentionne ci-dessus l'art. B. 195.

faubourg ayant appartenu à Antoine Huard, notaire, 1557. — Vente faite par Léonard de Lagorse, sieur de Merdalou, à Antoine Bonnet, notaire du Pont-St-Martial, d'une maison avec jardin sise au dit faubourg, près la ruelle du clos Chaudron, pour le prix de 730 ll. et à charge de payer 6 sols de rente à la confrérie des Pauvres à vêtir et 20 sols à l'église de Ste-Félicité pour un anniversaire fondé au jour et fête de la Chaire de St-Pierre, 1641. — Quittance délivrée par l'hôpital général à Me Léonard Chazaud, prêtre, d'une somme de 47 ll. pour arrérages de rente par lui dus sur trois maisons du dit faubourg, 1678, etc.

B. 198. (Liasse). — 10 pièces, parchemin ; 4 pièces, papier ; 4 sceaux.

1409-1666. — Faubourg du *Pont-St-Martial.* —Procédures pour la confrérie des Pauvres à vêtir touchant le paiement des rentes dues sur diverses maisons du dit faubourg. contre : le sieur Petit-Jean, 1409,—Blaise de Sermadieyras, 1467, — Me Pierre Gay et Pierre Benoist, 1533, etc. — Procédures pour l'hôpital général, comme représentant l'hôpital de St-Martial, contre Françoise Périer touchant le paiement des arrérages dus sur certaines vignes du dit faubourg confrontant au cimetière de l'église de Ste-Félicité, 1666.

B. 199. (Liasse). — 3 pièces, parchemin ; 1 sceau.

1300-1390. — Maisons au delà de la *Porte Pissevache.* — Vente faite par Élie Dantau à la confrérie de N.-D. du Puy de deux rentes, l'une de 9 sols l'autre de 12 deniers, sur deux maisons contiguës sises au delà de la dite porte et confrontant au chemin qui mène de la rue Pissevache au villar du sieur Jaucelin Lacroze, pour le prix de 10 ll. — Obligation faite par Pierre Reynaud à Pierre Gautier, bourgeois, à payer une rente de 2 sols sur un solar sis au delà de la dite porte, près la maison de Bonnet Gilet, prêtre, le dit Gautier se réservant le privilège de laisser tomber les égouts de sa maison dans le dit solar : « *Item, et quod reguozus sice lo regutz dicte mus ejusdem burgensis debet cadere in perpetuum dicto solare,* » etc.

B. 200. (Liasse). — 6 pièces, parchemin ; 2 sceaux.

1456-1527. — Clos *St-Cessateur* ou *St-Ces-*

sadre. — Extrait du testament de Guillaumette Ruaud, fille de feu Étienne Ruaud, bourgeois, et veuve de Jean Nicolas Testas, drapier, léguant à la confrérie des Pauvres à vêtir et de las Chiezas (*sic*) la somme de 10 ll. aux fins d'achat d'une rente de 10 sols sur partie de ses biens sise dans le dit clos, 1456. — Acte portant exécution du dit legs par Pierre Testas, fils et héritier de la dite Guillaumette Ruaud, 1490 ; (vidimus de 1527).

B. 201. (Liasse). — 4 pièces, parchemin ; 2 pièces et 1 cahier in-8º, 23 feuillets, papier.

1526-1630. — Clos *St-Cessateur* ou *St-Cessadre.* — Procédures concernant le paiement des rentes dues sur le dit clos pour la confrérie des Pauvres à vêtir : contre Jean et Pierre Testas, 1526-1550 ; — contre Guillaume de Plainemaison, 1630.

B. 202. (Liasse). — 8 pièces, parchemin ; 2 pièces, papier.

1258-1387. — Faubourg *St-Gérald.* — Vente faite par Aymeric Jaffeta, bourgeois, à l'hôpital de St-Gérald de 40 sols de rente sur plusieurs maisons du dit faubourg confrontant à celle d'Aymeric Nexon, pour le prix de 16 ll., 1258. — Reconnaissance faite par Pierre Maurin et autres cotenanciers à la confrérie des Pauvres honteux de 6 sols 3 deniers de cens sur quatre maisons du dit faubourg, confrontant au chemin creux, « *viam que appellatur via crosa,* » 1289. — Ventes faites entre particuliers : d'une maison sise au dit faubourg et confrontant à celle de Guillaume le Teinturier, pour le prix de 10 ll. et à charge d'une rente de 4 sols 6 deniers en faveur de la confrérie de N.-D. du Puy, 1293 ; — de 10 sols de rente sur une autre maison du dit faubourg confrontant à celle de Me Jean Teinturier, *alias* Tencharier, prêtre, pour le prix de 7 ll. et à charge d'une rente de 5 sols en faveur de la confrérie des Pains de Noël, 1324. — Accense faite par le prieur de l'hôpital de St-Gérald à Jean Blanchon d'une maison sise aux barris de St-Gérald, sous le devoir de 5 sols et 6 deniers de rente, 1359, etc.

B. 203. (Liasse). — 1 pièce, papier.

1767. — Territoire de *St-Michel de Pistorie.* — Vente faite par Barthélémy Villotte, aubergiste du *Lion d'or,* à Étienne Eymard, mº cordonnier, d'un jardin contenant 2 journaux sis au dit territoire, dans la fondalité de l'hôpital général, pour le prix de 410 ll. et à charge de 14 sols de cens envers le dit hôpital.

B. 204. (Liasse). — 5 pièces, parchemin ; 2 sceaux.

1258-1292. — Maisons rue de *las Tozas*, près l'église des Clairettes. — Vente faite par Laurent Maumet (*Laurentius Mahometi*), curé de Verneuil, à la confrérie de N.-D. du Puy : de 12 sols de rente sur la maison de Hugues des Bancs, de 4 sols de cens sur celle d'Hélie Itier, de 7 sols de cens sur celle de Philippe Nègre, de 8 sols de cens sur celle d'Élie Chauvel et de 5 sols de cens sur le villard de Pierre Aymeric, pour le prix de 38 ll. (1); — résumé de la susdite pièce, en provençal (2). — Obligation faite par Hélie Machaguet à la confrérie de las Chieiras d'une somme de 6 sols pour arrérages de la rente de 5 sols due sur une maison de la dite rue, confrontant à celle de l'aumônier de St-Martial, près la porte Lansecot.

B. 205. (Liasse). — 1 pièce, parchemin.

1334. — Rive de la *Vienne*, dite de St-Gérald. — Accense faite par le prieur de l'hôpital de St-Gérald à Gérald du Verdier, d'Aixe, prêtre, d'un pré sis au dit lieu, sous le devoir de 12 sols de rente : « ... *quoddam pratum nostrum cum suis pertinenciis situm in riparia sancti Gerardi prope vel quasi Vigennam.* »

IV. — RENTES SUR LES ENVIRONS DE LIMOGES.

B. 205. (Liasse). — 2 pièces, papier.

1681-1683: — Pré de l'*Abre* alias *Talabre*, aux appartenances du village de Puyrejaux. — Quittance délivrée par l'hôp tal général, comme représentant celui de St-Martial, à Martial Courtaud, marchand, de la somme de 27 ll. pour droits de lods et ventes dus à cause de l'acquisition du dit pré faite par le dit Courtaud pour le prix de 250 ll. — Cession par l'hôpital général à Pierre Valade des droits de lods et ventes dus à cause de la vente à faire d'une partie du dit pré, la dite cession faite pour la somme de 4 ll.

(1 et 2) Impr. dans nos *Documents historiques*.... pp. 179 et 181.

B. 207. (Liasse). — 3 pièces, parchemin ; 2 pièces, papier.

1724-1753. — Pré de *l'Abre*, près le Mas-blan
— Procédures pour l'hôpital général, comme représen
tant celui de St-Martial, contre les tenanciers du d
territoire touchant le paiement de la rente d'un setie
froment et 8 deniers argent due sur un pré du d
territoire.

B. 208. (Liasse). — 6 pièces, papier.

1609-1656. — Territoire d'*Aigueperse*.
Reconnaissance faite par l'hôpital de St-Gérald
l'abbaye de St-Martin : d'un setier froment de cen
sur un pré du dit territoire ; — de 22 sols 6 denie
de rente sur un autre pré du dit territoire, etc.

B. 209. (Liasse). — 1 pièce et 1 cahier in-4°, 9 feuillets, papie

1600-1647. — Territoire d'*Aigueperse*.
Procédures pour l'hôpital de St-Gérald contre les P
Feuillants de Limoges réclamant les arrérages
rente à eux dus sur un pré du dit territoire.

B. 210. (Liasse). — 1 pièce, parchemin.

1311. — Clos *Archambaud*. — Transacti
portant donation du dit clos par Bernard Chamb
au prieur de l'hôpital de St-Gérald.

B. 211. (Liasse). — 2 pièces, parchemin ; 3 pièces, papier.

1359-1610. — Clos de las *Assinas*, alias cl
aux *Consuls*, près Montjauvy. — Procès-verbal
criées faites par devant le juge des Combes de certai
bailies de terre sises au dit clos, dans la fondalité
prévôt des Combes, comme en témoigne M° Gua
de St-Martin, damoiseau. Au dos de l'acte on l
« Li sobastasien deu clau ou cossols beylha lo
clau à P. Guardau per lo pret de VIII sestiers
froment de renda e mais que deu pagar la renda q
cis deguda ou prebost de las Combas. E fo fax a V
d'abrile l'an M. IIIe L X. » — Accense faite par
Consuls de Limoges à Pierre Boyssa de certai
terres appelées les Absines des Consuls, sises au
clos et confrontant au chemin de Couzeix et
chemin qui mène à l'ormeau des fossés, « *ad ulm
de fossis,* » sous le devoir de 2 setiers froment de c
et à charge de 3 setiers froment et 1 setier seigle

ens envers le prévot des Combes, 1392. — Quittances délivrées par le fermier des Consuls de Limoges, comme administrateurs des aumônes Ste-Croix, des rrérages de rente dus sur le dit clos, 1610.

B. 212. (Liasse). — 2 pièces, parchemin ; 1 pièce, papier.

1327-1625. — Clos *Audoynarie* ou du *Moulin-foreau*. — Reconnaissance faite par Pierre Bayle ux Consuls de Limoges, comme administrateurs des umônes Ste-Croix, d'un setier froment de rente sur ne terre du dit clos, 1327. — Échange fait entre éonard Desflottes et Aymeric Yvern d'une maison se à Limoges rue du Puy de la Vieille-Monnaie, ès la tour de ce nom, et appartenant au premier, utre une vigne de la contenance de 10 journaux, se au dit clos et confrontant au chemin qui mène de Croix-Mandonaud à la fontaine d'Audoynarie, dite vigne chargée d'un setier froment de rente vers la vicairie des Marteaux fondée en l'église thédrale et de 5 sols de rente envers la confrérie de -D. du Puy, 1480. — Reconnaissance faite par Pierre arat et Vincent Duroux à l'hôpital de St-Gérald, mme représentant la confrérie de N.-D. du Puy, une rente de 5 sols sur une vigne de la contenance 8 journaux sise au dit clos et confrontant à la gne de Mᵉ Pierre Romanet, aumônier, et à celle du ur Vigier, émailleur, 1625.

B. 213. (Liasse). — 2 pièces, parchemin ; 1 pièce, papier.

1427-1584. — Clos *Audoynarie* ou du *Moulin-reau*. — « Décret » fait par devant le juge dinaire de Limoges, à la requête de Jean Yvern, une vigne du dit clos, acquise des héritiers de feu dré de las Ayras ; les bailes de la confrérie de -D. du Puy faisant opposition au susdit décret. — gement de la cour de Limoges condamnant dame anne de Chazettes, veuve de Mᵉ Pierre Boyol, à yer à l'hôpital de St-Gérald les arrérages d'une nte de 10 sols sur une vigne du dit clos confrontant celle de François Romanet, orfèvre.

B. 214. (Liasse). — 1 pièce, parchemin ; 2 pièces, papier.

1447-1609. — Clos de l'*Aumônerie* près le asbaten. — Accense faite par Raymond Donarel, mônier de St-Martial, à Gui Audier, bourgeois, u clos appelé les terres de l'Aumônerie de St-Mar-l, confrontant au chemin qui va de Limoges à

Veyrac, sous le devoir de 3 setiers seigle de rente. — Montrée du clos de l'Aumônerie sur lequel sont dus 3 setiers seigle de rente à l'hôpital de St-Martial.

B. 215. (Liasse). — 4 pièces, parchemin ; 3 pièces, papier.

1618-1716. — Clos de l'*Aumônerie* près le Masbaten. — Procédures concernant le paiement des rentes dues sur le dit clos : pour l'hôpital de St-Martial contre Jean Roux et Jean Marquet, 1618-1633 ; — pour l'hôpital général contre Jean Roux sieur du Masbaten et François Roux si ur du dit lieu, 1664-1684 ; — pour le dit hôpital contre Léonard Michelon, seigneur du Masbaten, capitaine au régiment de Montezet, 1716.

B. 216. (Liasse). — 8 pièces, parchemin ; 1 pièce, papier ; 1 sceau.

1259-1680. — Clos de la *Bachellerie*, alias clos *Querci*, au delà du pont St-Martial. — Vente faite par Mathieu Mercier à S. de Soliguac de 2 setiers froment de rente sur une vigne du dit clos, pour le prix de 100 sols, 1259 (en provençal (1). — Acte par lequel les exécuteurs testamentaires de Pierre Boutin, bourgeois, cèdent aux Consuls de Limoges, comme distributeurs des aumônes Ste-Croix, et aux bailes de la confrérie des Pauvres honteux : 1° le repaire de la Bachellerie, avec ses appartenances, relevant de l'évêque de Limoges à hommage lige ; 2° 3 setiers froment de cens sur une vigne du dit clos ; 3° 2 setiers frome t de cens sur une autre vigne du dit clos ; 4° 45 diverses autres rentes sur les prés pâturages et maisons du dit clos, conformément à la volonté du dit Pierre Boutin, ainsi exprimée pour le cas où il mourrait sans enfants, 1332. — Accense faite par les Consuls de Limoges à Jean Quercin d'un pré et d'une terre du dit clos, sous le devoir de 4 setiers froment de rente, 1442. — Reconnaissances sur transaction faites aux Consuls de Limoges : par Mᵉ Jean Romanet, bachelier ès lois, de 4 setiers seigle de rente sur une métairie du dit clos confrontant à la rivière de Valoyne, 1525 ; — par Mᵉ Jean Bermondet, chanoine de l'église de Limoges, de 4 setiers froment de rente sur un pré et terre du dit clos, 1534. — Cession faite par les administrateurs de l'hôpital général, comme représentant ceux des aumônes Ste-Croix, à Pierre Ardilier, tondeur, des droits de lods et ventes dus sur

(1) Impr. dans nos *Documents historiques...* p. 181.

la vente à faire du domaine de Querci, la dite cession faite pour le prix de 400 ll., 1680.

B. 217. (Liasse). — 4 pièces, parchemin; 3 pièces, papier.

1338-1752. — Clos de la *Bachellerie*, alias clos *Querci*, au delà du pont St-Martial. — Procédures concernant le paiement des rentes dues sur le dit clos : pour le prieur de St-Gérald et la confrérie de Ste-Croix de St-Gérald contre Bernard Lameyze, 1338; — pour les administrateurs de l'hôpital général, comme représentant ceux des aumônes Ste-Croix, contre le sieur Labrousse de Teyxouniéras, 1676, — et dame Marie de Petiot, veuve de M. J.-B. de Romanet sgr. de Sallette, 1733-1752.

B. 218. (Liasse). — 3 pièces, parchemin; 1 pièce, papier.

1520-1621. — Clos de *las Barras*, alias des *Treize-Chenauds*. — Contrat de mariage de Victurnien de la Brousse et de Marie de Bellegarde, en vertu duquel celle-ci apporte en dot une vigne d'environ 4 journaux, sise au dit clos, dans la fondalité de la confrérie des Pauvres à vêtir, et chargée de 3 quartes froment de cens envers la dite confrérie, et de 3 sols 4 deniers de rente envers le vicaire de la messe matutinale de St-Michel des Lions, 1520. — Vente faite par la confrérie des Pauvres à vêtir à Jean Boulaud, marchand, d'une vigne de la contenance de 7 journaux, sise au dit clos, pour le prix de 20 ll., 1532. — Reconnaissance faite à la dite confrérie par Jean Mouret d'un setier froment de rente foncière et de 20 sols de rente annuelle sur la vigne de Treize-Chenauds, 1621.

B. 219. (Liasse). — 6 pièces, parchemin; 5 pièces, papier.

1526-1713. — Clos de *las Barras*, alias des *Treize-Chenauds*. — Procédures concernant le paiement des rentes dues sur le dit clos : pour la confrérie des Pauvres à vêtir, 1526-1571 ; — pour l'hôpital général contre Jacques Nadaud, greffier à la maréchaussée, 1687; — pour le dit hôpital contre Jeanne Gouget, veuve de Me Jean Rousset, mo chirurgien, 1713.

B. 220. (Liasse). — 1 pièce, parchemin.

1309(?). — Territoire de *Beaubreuil*. — Vente faite par Élie Bayol et Marie, sa femme, à l'hôpital de

St-Gérald de 2 setiers seigle et 5 sols argent de ren sur le dit tènement pour le prix de 10 ll.

B. 221. (Liasse). — 7 pièces, parchemin; 10 pièces, papier.

1279-1784. — Clos *Beaupeyrat* ou d Orgnzys. — Vente faite par Audier Itier, fils d'aut Audier Itier, bourgeois, à la confrérie de N.-D. Puy de 20 sols de rente sur une vigne du dit cl confrontant au chemin qui va de Limoges au pré St-Gérald, pour le prix de 14 ll., 1279. — Donati faite par Marite Blanche et Mo Aymeric Blanc, prêt son fils, à religieuse personne frère Aymeric Bla leur fils et frère, d'une terre du dit clos sise dans fondalité de la confrérie de N.-D. du Puy, 1394. Reconnaissances faites à la confrérie de N.-D. Puy : par Aymeric Blanc, religieux de St-Gérald, 10 sols de rente foncière et directe sur la susdite ter 1394; — par Aymeric Blanc, de l'ordre de St-Augu tin de l'Artige, de 10 sols de rente sur la susd terre, 1402 ; — par Jean de la Charlonye de 11 s de rente sur une vigne du dit clos, confrontant à terre de feu Mo Aymeric Leblanc, 1552. — Fondati faite par Martial Verthamond, bourgeois et marchan en faveur des pauvres de l'hôpital de St-Martial, d' repas à prendre le jour de l'octave de St-Marti moyennant une rente de 40 sols que le dit Mart cède sur une vigne de Beaupeyrat appartenant Mo Léonard Boysse, prêtre, 1559. — Quittance dé vrée par la confrérie des Pauvres à vêtir à Pie Cibot, marchand, d'une somme de 25 ll. par lui pour droits de lods et vente à cause de l'acquisit faite de vigne et prés du clos Beaupeyrat, 1571. Reconnaissance faite par Me Albert de Noailh prêtre, à Hugues Barbou, imprimeur et librai comme administrateur de l'hôpital de St-Gér représentant la confrérie de N.-D. du Puy, de sols de rente sur deux vignes de la contenance 18 journaux sises au dit clos, 1593. — Ventes fait par Pierre de Plainemaison (de Pleinas-meijou archer, à Maureil Pinot, bourgeois, de 10 journa de vigne sise au clos Beaupeyrat, fondalité de l'hô tal de St-Gérald, pour le prix de 950 ll., 1647 ; — Mo Pierre Vernajoux sieur de Chamberet, avoca Louis Cibot dit las Vachas, boucher, d'un journa demi de vigne sise au dit clos et confrontant au du prieur de St-Gérald, dans la fondalité de l'hôp général, pour le prix de 150 ll., 1673. — Reconn sance faite à l'hôpital général par Me J.-B. Baral doc eur en théologie et curé de Sussac, d'une re vance de 20 ll. sur une terre du clos Beaupeyrat confrontant au pré du sieur Barbou de Monimes, 1778, etc.

B. 222. (Liasse). — 11 pièces, parchemin.

1366-1503. — Clos *Beaupeyrat* ou des *Orgneys.* — Procédures concernant le paiement des rentes dues sur le dit clos pour la confrérie de N.-D. du Puy contre Aymeric le Blanc, Bernard Boisseuil, Pierre de la Charlonie, notaire, et autres cotonanciers.

B. 223. (Liasse). — 16 pièces, parchemin ; 4 pièces, papier.

1510-1613. — Clos *Beaupeyrat* ou des *Orgneys.* — Procédures concernant le paiement des rentes dues sur le dit clos : pour la confrérie des Pauvres à vêtir contre Pierre Saleys et François Dupeyrat, marchand, 1510-1613 ; — pour l'hôpital de St-Gérald, comme représentant la confrérie de N.-D. du Puy, contre Jean de la Charlonye, contrôleur, Jeanne Chantoys, femme de Me Léonard Chenaud, receveur des tailles, Léonard Boisse dit Massy, orfèvre, et consorts, 1582-1589.

B. 224. (Liasse). — 1 pièce, parchemin.

1445. — Territoire de *las Bordarias.* — Baillette faite par la confrérie de N.-D. de la Règle à Pierre Ros, manouvrier, d'une terre sise au dit territoire, confrontant au chemin qui mène de Limoges à Panazol, et à une autre terre que le dit Ros tient de la fabrique de St-André, « *inter terram dicti Petri quam tenet a edifficio Sancti Andrae civitatis Lemovicensis ex parte una et iter publicum,* » et ce sous le devoir de 4 sols de cens.

B. 225. (Liasse). — 1 pièce, parchemin ; 2 pièces, papier.

1712-1732. — Clos *Boulinerie,* alias de *Chez-Boulhon.* — Vente faite par Jacques Grégoire de Roulhac sieur du Rozeau à Dlle Marie Malefon, épouse séparée de biens de Pierre Denis, me chirurgien, d'une vigne contenant 7 journaux, sise au dit clos et confrontant à un pré qui borde la Vienne, pour le prix de 260 ll. et à charge de 2 setiers froment de rente en faveur de l'hôpital général. — Jugement du Présidial de Limoges condamnant Me Pierre Denis et Marie Malefon, sa femme, au paiement des 11 années

d'arrérages de rente dus sur la dite vigne à l'hôpital général.

B. 226. (Liasse). — 2 pièces, parchemin.

1360-1370. — Clos aux *Boyols.* — Vente faite par Gérald Melhac et Marie, sa femme, à Guillaume Pinson, boulanger, de 3 quartes froment de rente sur les vignes du dit clos, pour le prix de 4 ll., vers 1360. — Acte par lequel les bailes de la confrérie des Boulangers, « *bajuli confratrie pistorum castri Lemovicensis que fit in monasterio Sancti Martialis ad altare Sancte Anne (?) monasterii predicti,* » du consentement de l'abbé de St-Martial et sur l'avis de Me Pierre Rogier, juriste (*jurisperiti*), réduisent à 2 quartes la rente de 3 quartes froment à eux due sur les vignes du dit clos.

B. 227. (Liasse). — 1 pièce, parchemin ; 2 pièces, papier.

1289-1781. — Clos de las *Brunas,* alias aux *Brunots.* — Reconnaissance de 3 setiers seigle de cens faite par Hélie David, bourgeois, et Marie, sa femme, aux bailes de l'aumône des Pauvres honteux comme seigneurs fonciers d'une vigne sise au dit clos, 1289. — Quittances délivrées par l'hôpital général : à Barthélémy Jandaud d'une somme de 30 ll. pour droits de lods et ventes par lui dus à cause de l'acquisition faite d'une vigne de 6 journaux sise au dit clos et confrontant à celle de Me Roux, chanoine de St Etienne, 1689 ; — à Jacques, me tailleur, et Jeanne Brègefort, frère et sœur, d'une somme de 75 ll. pour droits de lods et ventes par eux dus à cause de l'acquisition faite d'une terre sise au dit clos, pour le prix de 1224 ll., 1781.

B. 228. (Liasse). — 4 pièces, parchemin.

1290-1401. — Territoire de *Champ-Landry,* au delà du pont St-Martial. — Vente faite par Aymeric Ensalur (comme tuteur donné par l'official de Limoges aux enfants mineurs de feu Jean Rebelin), à la confrérie de N.-D. du Puy de 10 sols de rente sur une vigne du dit territoire, sise dans la fondalité de Pierre Bernard, damoiseau, pour le prix de 6 ll., 1290. —Donation faite par Jean-Toni Chasten à Guillaume Magnac, trompette de la ville, de tous ses biens, meubles et immeubles sis en partie au dit territoire, à la réserve d'une somme de 9 ll. pour son inhumation et d'une autre somme de 50 sols pour habiller sa

femme, 1310. — Accense faite entre particuliers d'une
terre sise au dit territoire, à charge d'une rente de
10 sols due à la confrérie de N.-D. du Puy, 1401.

B. 229. (Liasse). — 16 pièces, parchemin ; 1 pièce, papier.

1323-1555. — Territoire de *Champ-Landry*, au
delà du pont St-Martial. — Procédures concernant
le paiement des rentes dues sur le dit territoire : pour
Marie Nadalie, sœur et héritière de M. Pierre de Solignac, clerc. 1323 ;—pour Pierre d'Ahien, jurisconsulte,
contre les héritiers de feu Pierre Jutglar, 1376 ; — pour
la confrérie de N.-D. du Puy contre ses tenanciers,
1406-1555.

B. 230. (Liasse). — 1 pièce, papier.

1651. — Clos du petit *Chantecros*, près le Mas-
Rome. — Reconnaissance faite par dame Anne Maledent, veuve de Pierre Saleix, à la confrérie de N.-D.
de la Règle, de 15 deniers de cens sur une terre du dit
clos, contenant 3 quartelées environ.

B. 231. (Liasse). — 5 pièces, parchemin ; 5 pièces, papier ;
2 sceaux.

1286-1322. — Clos au *Chantre*, au delà du
pont St-Martial. — Reconnaissances faites à la confrérie des Pauvres à vêtir : par Pierre Jau, de 4 setiers
seigle de rente sur 4 bailies de terre sises au dit clos,
1286 ; — par Jean Sicart et Laurence, sa femme, d'un
setier seigle de rente sur une lèze de terre sise au dit
clos et confrontant à la vigne de Jean Alavie. 1293 ;
— par Pierre d'Aixe, de 3 setiers seigle et 12 deniers
argent de rente sur le dit clos au Chantre, *alias* clos
aux Aymerigous, 1296, etc.

B. 232. (Liasse). — 5 pièces, parchemin ; 2 sceaux.

1489-1531. — Clos de las *Chaussadas.* —
Échange fait entre Eustache de Janeilhac, bourgeois
de Limoges, d'une part, Pierre de la Charlonye, clerc
de chancellerie, « *clerico in officio dicti sigilli
jurato.* » et Jeannette, sa femme, d'autre part, d'une
rente de 5 sols assise sur une maison du faubourg
Montmailler et appartenant au premier, contre une
rente d'un setier froment assise sur une vigne du dit
clos et appartenant aux seconds, 1489. — Reconnaissances faites : par Jean Bardy à Me Jean de Janaillac,
prêtre, d'un setier froment de rente sur une vigne du dit

clos, de la contenance de 12 journaux. *Datum et
actum in assisia curie pariagii civitatis Lemovicensis
tenta in aula episcopali Lemovicensi, solo accomo-
dato, die octava mensis maii, anno* 1503 ; — par
Martial Bardy à Marguerite Dupeyrat, veuve de
Jacques de Janaillac, d'un setier froment de rente
sur une vigne du dit clos, de la contenance de
8 journaux, 1527, etc.

B. 233. (Liasse). — 5 pièces, parchemin ; 3 pièces, papier.

1532-1707. — Clos de las *Chaussadas.* —
Accense faite par Jean Béchameilh, marchand, à
Léonard de Massolas d'une vigne de 4 journaux sise
au dit clos, près la croix de St-Léonard, sous le devoir
de 40 sols de rente, 1532. — Reconnaissances faites
par Martial de Teysseuil dit Barbote et consorts à la
confrérie des Pauvres à vêtir d'une rente de 2 setiers
froment sur une vigne du dit clos, de la contenance
de 9 journaux, sise en la juridiction du pariage de la
cité de Limoges, 1539 ; — par Martial Jarry à la confrérie des Pauvres à vêtir d'un setier froment de rente
sur 5 journaux de vigne sis au dit clos et confrontant
au chemin qui mène de la cité à St-Léonard, 1543. —
Vente faite par Martin Jarre à François Rebeyrol de
Périgord, clerc, d'une vigne de 5 journaux sise au dit
clos, dans la fondalité de la confrérie des Pauvres à
vêtir, pour le prix de 60 ll., 1545. — Obligation
consentie par Gaucher Balézy à la confrérie des
Pauvres à vêtir d'une somme de 10 ll. 15 sols pour
raison des droits de lods et ventes dus à la dite confrérie sur une vigne acquise dans le dit clos, 1572, etc.

B. 234. (Liasse). — 9 pièces, parchemin ; 4 pièces, papier.

1515-1741. — Clos de las *Chaussadas.* —
Procédures concernant le paiement des rentes dues
sur le dit tènement : pour Antoine Bardin contre
Jacques de Janaillac, marchand, 1515 ; — pour la
confrérie des Pauvres à vêtir contre Martial de
Teysseuil, Charles de Loménie, marchand, et autres
tenanciers, 1538-1570 ; — pour l'hôpital général
comme représentant la confrérie des Pauvres à vêtir
contre Martial Brigueil et Dme Brigueil, 1703-1741, etc.

B. 235. (Liasse). — 7 pièces, parchemin ; 4 sceaux.

1400-1515. — Territoire de *Chinchauvea*
alias *Champchauveau.* — Ventes faites : par Jean
Johanneau à la confrérie des Pauvres à vêtir de 5 so-

de rente à percevoir partie sur une vigne du dit territoire, confrontant à la vigne de Pierre Massard, licencié ès lois, et à celle de Jean Cheffort (*Capitis fortis*), partie sur une vigne sise au territoire de la Maison-Dieu, pour le prix de 4 ll. 10 sols, 1400 ; — par Maurice de Janaillac, bourgeois, à Guillaume Nadaud, marchand, d'un setier froment de rente sur une vigne du dit territoire, confrontant au chemin qui mène d'Aigueperse au treuil de Janaillac, 1475. — Vente faite par Pierre Baret, « *botonario,* » à la confrérie des Pauvres à vêtir de 12 sols de rente à percevoir sur ses biens sis au territoire de Chinchauveau, pour le prix de 12 ll. 10 sols, 1513, etc.

B. 235. (Liasse). — 8 pièces, parchemin ; 4 pièces, papier.

1517-1644. — Territoire de *Chinchauveau,* alias *Champchauveau.* — Vente faite par Pierre Maisondieu à la confrérie de N.-D. de la Règle ou des Tailladours de 7 sols 6 deniers de rente à percevoir sur une vigne du dit territoire, pour le prix de 7 ll. 10 sols, 1517. — Reconnaissances faites : par Pierre de Lombardie à Marguerite Dupeyrat, veuve de Jacques de Janaillac, d'un setier froment de rente sur une vigne du dit territoire, 1523 ; — par Jean Moury dit de la Mamour à la dite Marguerite Dupeyrat d'un setier froment de rente sur une vigne du même territoire, de la contenance de 6 journaux, 1528 ; — par Jacques Sementery à la confrérie de N.-D. de Rocamadour de 4 sols de rente à percevoir en partie sur une vigne du territoire de Chinchauvaud, en partie sur une maison de la rue Rafilhoux, confrontant à celle de Mᵉ Arnaud Pellette, prêtre, 1530. — Vente faite par Martial Boignaud, balancier, à Jean Veyrinaud, boulanger, d'une vigne de la contenance de 7 journaux, sise au territoire de Chinchauvaud, pour le prix de sept-vingt dix (150) ll. et à charge de 5 sols de rente envers la confrérie des Pauvres à vêtir, 1538. — Reconnaissance faite par Jeannette de Lavault à la confrérie des Pauvres à vêtir d'une émine froment de rente sur une vigne du dit territoire, de la contenance de 4 journaux, 1554. — Ventes faites : par Jean Teyssonniéras à la confrérie de N.-D. des Taillad urs, célébée en l'église de la Règle, de 21 sols de rente sur une vigne du dit territoire, confrontant à celle de Dominique Mouret, orfèvre, pour le prix de 21 ll., 1562 ; — par Martial Patilhaud, épinglier, à la confrérie de N.-D. des Tailladours de 12 sols de rente sur une vigne du même territoire, confrontant à celle de feu Mᵉ Léonard

Lamy, notaire, pour le prix de 12 ll., 1600. — Donation faite par Pierre Pommier, tanneur, à l'hôpital de St-Martial d'une vigne de la contenance de 5 journaux sise au dit territoire, confrontant à celle de Mᵉ Léonard Fallot, prêtre, à la condition que le donateur sera nourri dans l'hôpital jusqu'à sa mort, 1644.

B. 237. (Liasse). — 35 pièces, parchemin ; 6 pièces, papier.

1521-1745. — Territoire de *Chinchauveau,* alias *Champchauveau.* — Procédures concernant le paiement des rentes dues sur le dit territoire : pour Jacques de Janaillac et Marguerite Dupeyrat, sa veuve, contre leurs tenanciers, 1521-1527 ; — pour la confrérie des Pauvres à vêtir contre Guillaume Johannissaud et autres tenanciers, 1526-1657 ; — pour la confrérie de N.-D. de la Règle contre Aymeric Boyer, vigneron, 1610 ; — pour l'hôpital général, comme représentant l'hôpital de St-Martial, 1745, etc.

B. 238. (Liasse). — 9 pièces, papier.

1660-1715. — Clos du bas *Chinchauveau,* alias *Champchauveau.* — Transaction entre l'hôpital de St-Martial, d'une part, et Jeanne Laudin, femme de Jacques Pommier et Marguerite Gorsas, veuve de Léonard Freyssinaud, d'autre part, par laquelle Marguerite Gorsas promet de payer au dit hôpital la rente de 8 ll. 10 sols sur une vigne du dit clos. — Procédures pour l'hôpital général contre les héritiers de feu Mᵉ Charles Freyssinaud, prêtre de St-Michel, touchant les arrérages de rente dus sur une vigne du dit clos.

B. 239. (Liasse). — 2 pièces, parchemin ; 2 pièces, papier.

1514-1681. — Clos de la *Combe-Vineuse,* alias clos *Thouny.* — Ventes faites : par François Albiac, marchand, à la confrérie des Pauvres à vêtir d'une émine froment de rente sur une vigne et terre de la contenance de 4 journaux, sises au dit clos, pour le prix de 100 sols, 1514 ; — par Pierre Fournier à Jean du Vigenaud d'une autre vigne du dit clos, confrontant au chemin qui va de Limoges à la métairie de Penot-Saleys, pour le prix de 49 ll. et à charge d'une émine froment de rente envers la confrérie des Pauvres à vêtir, 1527 ; — par Léonard Barrège, bonnetier, Mᵉ Antoine Barrège, prêtre de l'église de St-Michel et Denise Barrège, veuve de Léonard

Breuil, vigneron, à Martial Arnaud, greffier du Bureau des Finances, d'une terre autrefois en vigne, de la contenance de 4 journaux, sise au dit clos, pour le prix de 40 ll. et à charge d'une émine froment de rente en faveur de la dite confrérie, 1613, etc.

B. 240. (Liasse). — 2 pièces, parchemin.

1551. — Clos de la *Combe-Vineus*, alias clos *Thouny*. — Jugement de la juridiction des Combes condamnant Martial Breuil à payer à la confrérie des Pauvres à vêtir les arrérages de rente par lui dus sur une vigne du dit clos.

B. 241. (Liasse). — 2 pièces, parchemin ; 3 pièces, papier.

1519 - 1698. — Territoire de *Contadille*, paroisse de St-Paul-St-Laurent. — Reconnaissance de 20 setiers froment et 5 setiers seigle de rente, faite par les cotenanciers du dit territoire en faveur des frères Regnier, 1519. — Procédures : pour les Consuls de Limoges comme administrateurs des aumônes Ste-Croix, 150 , — et pour l'hôpital général comme représentant les aumônes Ste-Croix, 1698, touchant le paiement de la dite rente.

B. 242. (Plan). — 1 pièce, papier.

1774. — Les *Côtes de Vienne*. — Plan géométrique colorié du mas appelé les Côtes de Vienne, paroisse de St-Gérald, fondalité de l'hôpital général ; le dit plan dressé par le sieur Faure, arpenteur-géomètre, à l'échelle de 100 toises. Contenance du dit mas : 23 sesterées 4 coupées. En note : « Donné au sieur Faure la somme de 14 ll. pour le susdit plan. »

B. 243. (Liasse). — 1 pièce, parchemin.

1312. — Lieu dit du *Couderc*. — Vente faite par Jean et Pierre du Couderc à l'hôpital de St-Gérald de 4 sols de cens sur le dit lieu, paroisse non dénommée, pour le prix de 50 sols.

B. 244. (Liasse). — 1 pièce, papier.

1714. — Clos de la *Croix-Buchillen*, paroisse de St-Michel des Lions. — Bail emphytéotique fait par l'hôpital général à Pierre Brissaud, laboureur,

d'un pré non dénommé (1) sis au dit clos, contenan[t] 6 journaux, sous le devoir de 63 ll. de rente.

B. 245. (Liasse). — 3 pièces, parchemin ; 65 pièces, papier.

1580-1583. — Territoire des *Fontaines* [de] *St-Pierre*, alias de las *Fons St-Peyr*, près l'Oranc[e]. — Procédures instruites en la cour sénéchale d[e] Limoges et continuées devant le Parlement de Bor[deaux] pour l'hôpital de St-Martial contre D[lle] Made[leine] Petiot, veuve de François Bastide, touchant l[a] reconnaissance d'une rente d'un setier froment sur u[n] pré du dit territoire, de la contenance de 3 journau[x] confrontant au chemin de Limoges à St-Martin [de] Faulx.

B. 246. (Liasse). — 3 pièces, parchemin.

1289-1390. — Territoire de las *Fontanella[s]*. — Reconnaissance faite par Jean et autre Jean Sadi[x ?] père et fils, à la confrérie des Pauvres à vêtir de 3 s[ols] de rente sur une terre sise au dit territoire. — Transaction passée entre la confrérie des Pauvres [à] vêtir, d'une part, Guillaume Disnematia, Hélie s[on] fils et Bernard Ruaud, licencié ès lois, par laquelle c[es] derniers assignent à la dite confrérie 5 sols de ren[te] sur une maison de la rue du Temple, en compensati[on] de 3 sols de rente que la dite confrérie avait coutu[me] de percevoir sur une terre du territoire de [las] Fontanellas.

B. 247. (Liasse). — 8 pièces, parchemin ; 7 pièces, papier.

1364-1382. — Clos de *Fonthonne* ou de *Croix-Malet*. — Accenses faites par la confrérie ([aumône]) des Pauvres honteux : à Pierre Richchom[e ?] d'une terre et vigne sises au dit clos, moyennant rente de 3 setiers froment, 1364 ; — à Pierre Germa[in ?] boulanger, d'une autre vigne confrontant à la précé[dente], moyennant la rente de 4 setiers froment, 136[.] — à Pierre Adjutor d'une terre sise au dit cl[os] confrontant au chemin de Limoges à Aixe, moyenna[nt] la rente de 3 émines froment, 1370. — Deux sais[ies] faites à la requête de la confrérie des Pauv[res] honteux de tous les fruits « pendants et existants » [au] dit clos, 1374, etc.

(1) A considérer les confrontations, il semble s'agir du pré Pastouraux (Voy. ci-dessous, art. 258 et 259).

B. 248. (Liasse). — 2 pièces, parchemin.

1303. — Clos du *Galh.* — Échanges réciproques entre les possesseurs du dit clos, Pierre Benoist, bourgeois, le prieur de l'hôpital de St-Gérald et les bailes de la confrérie Ste-Croix en l'église St-Gérald, des rentes par eux perçues sur ce clos, 18 et 21 juin 1303.

B. 249. (Liasse). — 2 pièces, parchemin ; 17 pièces, papier.

1551-1785. — Clos au *Geai,* alias du *Puy des Carmes.* — Vente faite par Mᵉ Simon Palays, clerc, à Hugues Palays, son oncle, notaire, d'une vigne qui lui fut donnée par Mᵉ Simon Palays, prêtre, frère du dit Hugues, sise près la croix des Carmes, entre le chemin de Limoges à St-Junien et celui de Corgnac à la croix des Carmes, moyennant le prix de 30 écus d'or sol., 1551. — Quittance délivrée par Mᵉ Étienne Croisier, sieur d'Aubiat, conseiller du Roi, juge-prévôt royal de Limoges, à J.-B. Péconnet, orfèvre, d'une somme de 31 ll. 10 sols pour les arrérages de la rente due sur la dite vigne, 1669. — Accense de la dite vigne faite par Dᵉˡˡᵉ Barbe Benoist à Jean Beaubrun, sous le devoir de 15 ll. de rente, 1709. — Vente faite par Mᵉ Pierre Faulte, écuyer, sgr. du Puydutour, conseiller et procureur du Roi au Bureau des finances de la Généralité de Limoges, comme héritier de dame Marie Aubusson, sa grand mère, à Mᵉ Jean Sanson, écuyer, conseiller du Roi, président-trésorier de France au Bureau de Limoges, de 8 setiers froment et 25 sols argent de rente sur le dit clos, pour le prix de 1200 ll., 1746. — Transaction fixant les limites des tènements possédés dans le dit clos par Mᵉ Guillaume Sanson, chevalier, sgr. de Royère, président-trésorier de France au Bureau de Limoges, Pierre Leyssène de Masromme, bourgeois, et Martial Ratier, aubergiste, 1775. — Transaction sur procès passée entre le dit Mᵉ Guillaume Sanson et les administrateurs de l'hôpital général, comme représentant le prieuré commendataire de St-Gérald, par laquelle les parties, pour terminer le procès mû en la sénéchaussée de St-Yrieix touchant les limites du tènement de l'hôpital de Freyssinet, en la paroisse de ce nom, font échange de rentes, l'hôpital cédant les 12 setiers seigle et les 5 ll. argent qu'il perçoit sur le tènement de l'hôpital de Freyssinet, contre les 4 setiers froment et les 50 sols argent que perçoit Mᵉ Guillaume Sanson sur le clos au Geai, 1784. — Reconnaissances faites

à l'hôpital général, comme représentant Mᵉ Guillaume Sanson, par Pierre Marsicas, aubergiste, J.-B. Bardinet, chapelier, Martial Ratier, aubergiste, et Dᵉˡˡᵉ Anne Cossas, épouse de Léonard Dussoubs, bourgeois, des rentes par eux dues sur le clos au Geai, 1785.

B. 250. (Cahier). — In-4°, 6 feuillets, papier.

1586-1674. — Clos au *Geai,* alias du *Puy des Carmes.* — Analyse d'un « terrier en parchemin » contenant divers actes relatifs aux rentes du dit clos, entre autres : quittance délivrée par Jacques Benoist, marchand, à Mᵉ Audoyn Maleden, receveur des décimes pour le Roi au diocèse de Limoges, d'un setier froment de rente due sur le dit clos, 1590 ; — accord par lequel Léonard Doyucys, hôte des *Trois Épées,* promet de payer à Jacques Benoist 5 écus argent et 1 setier froment de rente pour arrérages de ses rentes sur le dit clos, 1591 ; — cession faite par Étienne Croisier, sieur d'Aubiat, à Léonard de Lortcornet, procureur au Présidial, pour le prix de 17 ll., des droits de lods et vents dus au dit Croisier à cause de l'acquisition faite par le sieur de Lortcornet de Jacques Mouret, orfèvre, d'une vigne de 6 journaux sise au dit clos, 1655, etc.

B. 251. (Liasse). — 1 pièce, papier.

1654. — Clos au *Geai,* alias du *Puy des Carmes.* — Arrêt du Parlement maintenant la veuve du sieur J. Benoist dans la perception du droit de dîme inféodée sur le dit clos.

B. 252. (Liasse). — 1 pièce, parchemin ; 1 pièce, papier.

1513. — Clos de *Goutenègre,* près la Prigère. — Jugement de la juridiction des Combes déclarant que les bailes de la confrérie de N.-D. du Puy se sont bien et dûment opposés aux subhastations d'un pré du dit clos, pour obtenir paiement des arrérages de la rente d'une émine froment à eux due.

B. 253. (Liasse). — 2 pièces, parchemin ; 1 pièce, papier.

1495-1540. — Clos *Jouffre-David,* près Montjauvy. — Reconnaissance faite par Pierre de Farge à Mᵉ Jacques Astays, fils de feu Mᵉ Jean Astays, bourgeois, d'un setier froment de rente sur une vigne de 3 journaux sise au dit clos et confrontant au chemin de Couzeix à Limoges 1491. — Ventes faites : par Jacques Astays, bougeois, à Pierre Farge d'un setier froment de rente sur une vigne du dit clos confrontant au chemin de Limoges à St-Martin du Fault pour le prix de 10 ll.. 1497; — par Pierre Bland et Guillemot Robert, comme exécuteurs testamentaires de Catherine Bargière et au nom de Jean Lizée, libraire, à Jean Duchamp d'une vigne sise au dit clos, dans la fondalité de la confrérie des Pauvres à vêtir, moyennant le prix de 55 ll., 1540.

B. 254. (Liasse). — 2 pièces, parchemin; 2 pièces, papier.

1512 - 1736. — Clos *Jouffre - David*, près Montjauvy. — Procédures concernant le paiement des rentes dues sur le dit clos : pour Me Jean Rogier, notaire, contre Pierre Farge ; — pour la confrérie des Pauvres à vêtir, contre Martin Bergier; — pour l'hôpital général contre Joseph Sénamaud.

B. 255. (Liasse). — 3 pièces, parchemin.

1481-1483. — Pré de la *Joyeuse*, au territoire de Peyradour. — Sentence du juge de la cour de Limoges adjugeant à la confrérie de N.-D. la Joyeuse un pré acquis par la dite confrérie de Jacques Platon, de Marguerite Carrette, sa femme, et de Jean Carrette, prêtre, le dit pré sis au territoire de Peyradour et confrontant au chemin qui mène de Limoges à Corgnac, 1481. — Quittance délivrée par Jacques Platon, Marguerite Carrette, sa femme, et autres cotenanciers, à la confrérie de N.-D. la Joyeuse d'une somme de 98 ll. due pour arrérages de rente sur le dit pré, 1481. — Affermes faites par la confrérie de N.-D. la Joyeuse à Mathieu Milenvaud, hôte, d'un pré du dit nom sis près du clos de las Branias, moyennant une redevance de 12 ll., 1483.

B. 256. (Liasse). — 1 pièce, parchemin.

1498. — Clos des *Lardons*. — Reconnaissance faite par Martial de Lechauzier et Pierre Nymbert dit Pataud à la confrérie de N.-D. des Tailladours de 2 sols 6 deniers de rente foncière, à percevoir sur une vigne et terre du dit clos, de la contenance de 5 journaux.

B. 257. (Liasse). — 2 pièces, parchemin.

1389-1444. — Clos du *Mas Baya*. — Accense faite par la confrérie de N.-D. du Puy à Jean de Mériol d'une terre du dit clos, confrontant à celle [de] Jacques Cap-de-rey (*Capitis regis*), sous le devoir [de] 5 sols de cens. — Reconnaissance de la dite ren[te] faite par Martial de Vergne.

B. 258. (Liasse). — 3 pièces, parchemin; 1 pièce, papier.

1507-1618. — Clos du *Mas-Blanquet*. Vente faite par Étienne Parot, notaire, à Albe[rt] Texier dit Pénicaille, d'une émine froment de ren[te] sur un pré du dit clos, confrontant au pré dit d[es] Juges-marchands, pour le prix de 10 ll., 1507. Reconnaissance faite par Jean Meynard aux Consu[ls] de Limoges, comme administrateurs des aumôn[es] Ste-Croix, d'une émine froment de rente sur un p[ré] du dit clos, confrontant au chemin qui mène à Vienne, 1536. — Cession faite par les Consuls [de] Limoges à Michel Brugière, marchand, pour le p[rix] de 3) ll., des droits de lods et ventes dus à cause [de] l'acquisition faite par Me Guillaume Nicot, prêt[re,] grand vicaire de St-Étienne, d'un pré sis au dit c[los] dans la fondalité des Consuls, 1618.

B. 259. (Liasse). — 2 pièces, parchemin; 2 sceaux.

1337. — Borderie sise derrière le *Mas-Jambe* — Accense faite par Pierre Geoffroy, aumônier [de] St-Martial, à Jean Boson, bourgeois, de la d[ite] borderie, confrontant au mas d'Hugues de Tholo[n,] moyennant la rente de 5 setiers seigle, avec t[ous] droits de passage pour l'aumônier au cas où Je[an] Boson viendrait à déguerpir sa tenure (en double).

B. 260. (Liasse). — 7 pièces, parchemin; 1 sceau.

1322-1480. — Bourg de *Montjauvy*. — Ven[tes] faites : par Jean Barrière et Douce Étienne (*Dul[cis] Stephani*), sa femme, à la confrérie des Pauvre[s à] vêtir de 3 sols de rente sur une maison et terre s[ise] en la paroisse de Montjauvy, pour le prix de 50 s[ols,] 1322 ; — par Pierre Sabbat à la dite confrérie d[']un setier froment de rente à percevoir sur un villa[ge de] Montjauvy, pour le prix de 100 sols petits tourn[ois,] 1328 ; — par Guillaume Chaptelat et Douce, sa fem[me,] de 10 sols de rente à percevoir sur trois maisons s[ises] à Montjauvy près du pressoir de Guy Piteau, fon[da]lité de l'aumônier de St-Martial, pour le prix de 15 sols, 1332; — par Pierre Reynaud à Jea[n] Barreyro d'une maison sise devant l'église d[u] bourg, fondalité de la confrérie des Pauvres à v[êtir] pour le prix de 25 sols. 1395. — Accenses faites : par Pierre Lascure, aumônier de St-Martial, à Ramnion Rousselet des solars du dit bourg contigus au pressoir de Pierre Piteau, sous le devoir de 10 sols de rente, 1431; — par Jean Donarel, aumônier de St-Martial, des solars du dit bourg confrontant à la vigne de M° Pierre Ardant, notaire, et au chemin qui mène de Limoges à la croix de pierre de Montjauvy, sous le devoir de 3 sols 6 deniers de rente, 1430.

B. 251. (Liasse). — 3 pièces, parchemin, 11 pièces, papier; 1 sceau.

1388-1789. — Bourg de *Montjauvy.* — Procédures concernant le paiement des rentes dues sur le dit bourg : pour Aymeric Leymarie, chargé de procuration de Guillaume Périgord, contre Pierre d'Aixe, possesseur d'une maison sise dans la fondalité de Pierre Astorge, aumônier de St-Martial, 1388; — pour la confrérie des Pauvres à vêtir, contre Valérie Deschamps, veuve de François Rogier, marchand, 1491 ; — pour l'hôpital général contre Jean Brun dit Tapissier, 1789.

B. 252. (Liasse). — 1 pièce, parchemin; 2 pièces, papier.

1531-1692. — Clos *Mourinarie.* — Jugement de la cour ordinaire de Limoges condamnant Laurent Gaudy, comme héritier pour un tiers de feu messire Laurent Gaudy son oncle, à payer à la confrérie des Pauvres à vêtir la somme de 27 sols 6 deniers pour arrérages de cens dus sur une vigne du dit clos. — Vente entre particuliers d'une vigne sise au dit clos, de la contenance de 9 journaux pour le prix de 800 ll., à charge d'un setier froment de cens en faveur de la confrérie des Pauvres à vêtir.

B. 253. (Liasse). — 3 pièces, parchemin.

1527-1672. — Clos au delà de l'*Orance.* — Accense faite par les Consuls de Limoges, comme administrateurs des aumônes Ste-Croix, à Jean du Mas-Sarrazin d'une terre contenant 8 sesterées, sise au dit clos, pour le prix de 7 sols 6 deniers, « sauf à mes dits seigneurs [Consuls] de pouvoir faire prandre et tirer les pierres que bon leur semblera pour l'édifice de la ville. » — Procédure y relative pour l'hôpital général, 1672.

B. 254. (Liasse). — 3 pièces, parchemin.

1258. — Pré du pont de l'*Orance.* — Donation faite par Jean Dupeyrat, bourgeois de Limoges, à l'hôpital de St-Gérald de 10 sols de rente sur le dit pré ; — avec deux autres contrats y relatifs.

B. 265. (Liasse). — 1 pièce, parchemin.

1384. — Clos des *Ormeaux,* alias des *Ulmeus,* au delà du pont St-Martial. — Reconnaissance faite par Jean Dubois et Pierre Saloud à l'aumône des Pains de Noël de 5 setiers froment de rente sur certaines vignes et terres du dit clos, sises en la juridiction de l'évêque de Limoges et confrontant au chemin de Solignac et à celui du moulin de la Pelissière.

B. 265. (Liasse). — 3 pièces, parchemin ; 9 pièces, papier ; 2 sceaux.

1338-1787. — Clos de las *Palissas.* — Vente faite par Matthieu Julhier, fils de feu Hélie Julhier, bourgeois, à Pierre Sarrazin, de Limoges, d'un jardin du dit clos, confrontant à celui de Pierre Ayguedousse, pour le prix de 30 ll. et à charge de la rente de 10 sols due à la confrérie de la Chieiras 1338. — Reconnaissances faites à la confrérie des Pauvres à vêtir de 10 sols de rente sur le dit jardin: par Léonard Sarrazin, fils de feu Pierre Sarrazin, 1392 ; — par Mathive Rousset, veuve de Jean Laquayre, 1554. — Amortissement fait par Pierre de Petiot, écuyer, sgr. de Masboucher, président-trésorier de France au Bureau de Limoges, d'une rente de 40 ll. due à l'hôpital général à cause d'un repas fondé par Valérie Disnematin, tutrice du dit Pierre de Petiot, en faveur de l'hôpital de St-Martial uni à l'hôpital général, le dit amortissement fait moyennant une émine froment de rente sur une vigne du clos de las Palissas, 1683. — Accense faite par l'hôpital général à Jean Broulhaud, vigneron, d'une vigne du dit clos, de la contenance de 6 journaux, confrontant à la vigne du sieur Bellut, notaire, sous le devoir de 18 sols de rente, 1700. — Cession de la dite vigne faite à l'hôpital général par Jeanne Montraud, veuve du dit Jean Broulhaud, 1711. — Quittance délivrée par l'hôpital général à François Frugier d'une somme de 9 ll. due pour droits de lods et ventes à cause de l'acquisition par lui faite d'une maison sise au clos de las Palissas, dans la fondalité du prieuré de St-Gérald uni à l'hôpital de St-Gérald, 1783, etc.

B. 267. (Liasse). — 3 pièces, parchemin.

1487-1569. — Clos de *las Palissas*. — Procédures pour la confrérie des Pauvres à vêtir contre Gérald Rebière, boulanger, et Thive Rousset touchant le paiement des rentes par eux dues sur le dit clos. -

B. 268. (Liasse). — 2 pièces, parchemin ; 6 pièces, papier.

1429-1705. — Pré des *Pastoureaux*. — Testament de Poncet Reynier, possesseur du dit pré, léguant : 50 sols à la confrérie des Torches, « *confratrie tortillorum corporis Christi ecclesie Sancti Michaelis de Leonibus,* » 20 sols à la confrérie de St-Georges, 5 sols à la confrérie de Ste-Marguerite, 5 sols à la confrérie des Ames du Purgatoire, « *confratrie fidelium deffunctorum beate Marie de Arenis,* » 10 sols à la confrérie de Ste-Catherine, 50 sols à la fabrique de l'église de St-Michel, « *edificio ecclesie parrochialis Sancti Michaelis de Leonibus ;........residuis vero omnibus et singulis aliis bonis et rebus meis heredes meos universales solos et in solidum facio, instituo et ordino Petrum, filium meum et Leonardam, filiam meam et Margaritam, uxorem meam, dum tamen non convolet, sed moretur cum liberis meis et suis in statu viduali,* » 1429 ; — codicille par lequel le testateur, au cas où ses enfants viendraient à mourir, leur substitue pour héritiers son frère Guillaume Reynier et la fabrique de St-Michel des Lions, 1429. — Quittances délivrées par le vicaire de la vicairie du patriarche Lami. des rentes à lui dues sur le dit pré, 1480. — Affermes du dit pré faites : par les bailes de la confrérie des Pastoureaux à Joseph Rnaud et Barthélemy Billard, sous le devoir de 13 ll. argent de rente, 1531 ; — par l'hôpital général à Marie Laplou, sous le devoir de 52 ll. argent de rente, 1685 ; — par le dit hôpital à Pierre Brissaud, sous le devoir de 60 ll. argent de rente, 1705.

B. 269. (Liasse). — 1 pièce, parchemin.

1481. — Pré des *Pastoureaux*. — Jugement préparatoire de la cour de Limoges pour parvenir au décret du dit pré, à la requête de la confrérie de N.-D. la Joyeuse : *Nos judex curie castri et castellanie Lemovicarum pro domino majore ejusdem, notum facimus universis quod cum ad nostram accedente presentiam. in judicio curie presentis, hora expeditionis causarum ejusdem, nobis pro tribunali sedent et causas dicte curie expediente, bajuli confratri beate Marie la Joyeuse que fit et celebratur i ecclesia parrochiali Sancti Petri de Quadrivio castri predicti, per magistrum Leonardum Amici, notarium, eorum procuratorem, comparentes nobis expo nere curaverunt quod nuper Jacobus Plator celarius et Margarita Carrete, conjuges, dicti castri habitatores, vendiderunt dictis confratrie et bajulis et ad opus ejusdem quoddam pratum....*

B. 270. (Liasse). — 7 pièces, parchemin ; 9 pièces, papier.

1432-1667. — Clos des *Pauvres*, alias d Pains de Noël. — Acte par lequel les Consuls de Limoges réduisent à une émine la rente de trois émines froment à eux due sur une vigne du dit clos « *attentis guerris, caristia et fructuum sterilitate,* » 1432. — Reconnaissances faites aux Consuls de Limoges : par Gui Monceau, dit Lachardie, prêtre de Limoges, de 2 setiers une émine froment de rente sur une vigne du dit clos, de la contenance de 8 journaux. 1507 ; — par Pastalot, cordonnier, de 3 émines froment de rente sur une autre vigne du dit clos, de la contenance de 5 journaux, 1507 ; — par Martin Montaudon, marchand, de 3 émines froment de rente sur une autre vigne du dit clos, 1507. — Vente faite par Léonard Rouvey, voiturier, à Mathieu Lanssac « bastier, » d'une vigne contenant 2 journaux demi, sise au dit territoire, pour le prix de 27 l. 15 sols, la dite vigne confrontant à celle de M. Baret, prêtre de St-Michel des Lions, et située dans la fondalité des Consuls de Limoges comme administrateurs des aumônes Ste-Croix, 1554. Obligation consentie par Denis Moureau au fermier revenu des aumônes Ste-Croix d'une somme 29 sols, à cause d'une émine froment de rente due sur une vigne du dit clos, 1563. — Vente faite par Simon Bayleblat, vigneron, à M° Pierre Pagnon, conseiller au Présidial, d'une terre contenant une éminée, sise au dit clos, ès appartenances de Soubrevas, pour le prix de 50 ll., 1611. — Extrait de la liève des rentes dues à l'hôpital général sur le dit clos, pour les années 1663-1667, la dite liève faite par M° Martin de Bourgade, conseiller au Présidial, administrateur receveur particulier du dit hôpital.

B. 271. (Liasse). — 5 pièces, parchemin ; 3 pièces, papier.

1557-1613. — Clos des *Pauvres*, alias des *Pains de Noël*. — Procédures concernant le paiement des rentes dues sur le dit clos : pour les fermiers du revenu des aumônes Ste-Croix, 1557 ; — pour les Consuls de Limoges comme administrateurs du revenu des aumônes Ste-Croix, 1560-1613.

B. 272. (Liasse). — 1 pièce, parchemin.

1398. — Territoire du *Pont*. — Donation faite par Gérald Lascure à l'hôpital de St-Gérald d'un jardin sis au dit territoire, près la rivière d'Auzette, sous réserve de 2 deniers de rente pour le donateur.

B. 273. (Liasse). — 1 pièce, parchemin.

1492. — Clos du *Pouzadour*. — Reconnaissance faite par Jean Marensau, vigneron, à la confrérie de N.-D. célébrée en la chapelle de l'hôpital de St-Martial, « *confratrie beate Marie virginis que fit et tenetur in capella hospitalis Sancti Marcialis castri Lemovicensis,* » de 6 sols de rente sur une vigne du dit clos.

B. 274. (Liasse). — 2 pièces, parchemin ; 1 sceau.

1363-1441. — Territoire des *Prats*, près de Condadille et du ruisseau de Valoyne, paroisse de St-Paul-St-Laurent. — Vente faite par Pierre Durand à Pierre Dupont, bourgeois, d'un pré et bois sis au dit territoire, pour le prix de 10 deniers d'or appelés guianeys et 5 sols 6 deniers de pot de vin, les dits pré et bois chargés d'une rente de 5 sols envers la confrérie des Pauvres à vêtir. — Accense faite par la confrérie des Pauvres à vêtir à Jean de l'Age des dits pré et bois, sous le devoir de 5 sols de cens.

B. 275. (Liasse). — 2 pièces, parchemin ; 3 pièces, papier.

1575-1744. — Territoire des *Prats*, près de Condadille et du ruisseau de Valoyne, paroisse de St-Paul-St-Laurent.—Procédures pour la confrérie des Pauvres à vêtir : contre Martial Dubois comme tuteur des enfants mineurs de Jean Dubois, touchant le paiement d'une rente de 8 sols due sur le pré Dupuy, sis au dit territoire, 1575 ; — contre Balthazard Dubois, sieur de St-Léger, touchant le paiement de la rente due sur le dit territoire, 1612. — Autres procédures pour le syndic de la frairie de la Courtine contre Garat de St-Yrieix et Lafosse de Champdorat, intervenant l'hôpital général, pour même raison que dessus, 1744.

B. 276. (Liasse). — 1 pièce, parchemin ; 1 pièce, papier.

1397. — Clos du *Pré-au-Bois*, alias du *Prat-au-Bost*, près Corgnac. — Acte par lequel la confrérie des Pauvres honteux et des Pains de Noël réduit à une émine, en considération des ravages de la guerre, la rente de 2 setiers froment due par Jean de Tilhia sur une terre du dit clos.

B. 277. (Liasse). — 1 pièce, parchemin ; 1 cahier in-8º,
11 feuillets, papier.

1663-1682. — Place du *Prêche*, alias du *Four aux Huguenots*, près Beauséjour. — Bail judiciaire fait moyennant 20 ll. de rente et 3 deniers de cens, à la requête des administrateurs de l'hôpital général, d'un plassage d'environ 3 éminées, appelé place du Four, « proche le lieu de Beauséjour, en une place où estoit cy-devant le temple et presche des religionaires, où estant le procureur du Roy nous a requis le procès-verbal de l'estat du lieu où nous sommes, et comme quoy il n'y a aucune marque d'aucun temple ny presche, ny maison ou habitation au dit lieu. » (1) — Autre bail du même lieu, fait moyennant 9 ll. de cens et rente.

B. 278. (Liasse). — 2 pièces, parchemin ; 1 pièce, papier.

1675-1732. — Place du *Prêche*, alias du *Four aux Huguenots*, près Beauséjour. — Procédures pour l'hôpital général touchant le paiement des rentes à lui dues sur un plassage du dit lieu.

B. 279. (Liasse). — 6 pièces, parchemin ; 5 pièces, papier.

1222-1723. — Clos du *Pré-vicomtal*, au delà du pont St-Martial. — Vente faite par l'abbaye de Saint-Augustin de Limoges à l'hôpital de St-Gérald de tous les droits qu'elle possédait sur le dit clos, pour le prix de 101 ll., « *ne bona ejus absorberentur vora-*

____

(1) Ce temple, construit vers 1601, avait été détruit en 1651 par les écoliers de la ville. Voy. Élie Benoît, *Hist. de l'Édit de Nantes*, III, 290.

gine usurarum, » 1222. — Reconnaissance faite par Laurent Martin à la confrérie de N.-D. de Rocamadour, célébrée en l'église de Ste-Valérie. de 18 deniers argent de rente sur le dit clos, 1377. — Accense faite par les Consuls de Limoges comme administrateurs des aumônes Ste-Croix, à Guillaume Aury d'une vigne et terre du dit clos, sous le devoir de 5 sols de rente, 1429. — Reconnaissance faite par Mathieu et Martial Dubois, frères, aux Consuls de Limoges de 26 sols de rente sur un pré du dit clos, de la contenance de 5 journaux, 1494. On y a joint un titre de 1493 servant à établir la rente d'un setier froment due sur un pré confrontant au précédent en faveur de la confrérie de St-Nicolas, établie en l'église de Ste-Félicité. — Ventes faites : par Jean Dubois à Giraud Lagorce, marchand, d'un pré de la contenance de 5 journaux, sis au dit clos, le long de la Vienne, dans la fondalité des aumônes Ste-Croix, pour le prix de 200 ll., 1525 ; — par Jeannette Aury, veuve de Jean Pouzoux, Jean Pouzoux et Jean Meynard, ses fils et gendre, à François Martin, marchand, d'un pré du dit clos, de la contenance de 3 journaux d'homme, sis dans la fondalité de la confrérie de la Conception N.-D., célébrée en l'église de St-Pierre, et confrontant au pré de Jean Delacourt, barbier, cy devant de Mº Liénard Barny, licencié ès lois, juge de Limoges, pour le prix de six vingt (120) ll., 1555. — Quittance délivrée par l'hôpital général comme représentant les aumônes Ste-Croix à dame Valérie de Labiche, veuve de messire J.-B. Maillard, écuyer, sgr de la Couture, d'une somme de 283 ll. par e le duc, savoir : 233 ll. pour arrérages de la rente assise sur le Pré-vicomtal et 50 ll. pour droits de lods et ventes, 1723.

B. 280. (Liasse). — 5 pièces, papier.

1620-1698. — Clos du *Pré-vicomtal*, au delà du pont St-Martial. — Procédures concernant le paiement des rentes dues sur le dit clos : pour Jean Bardinet et Bernard Toulhe, commissaires établis au régime et gouvernement des fruits du dit Pré-vicomtal (*alias* pré Meycontaud), appartenant à Mº Jean Salot, élu, contre les Consuls de Limoges comme administrateurs des aumônes Ste-Croix, 1620-1630 ; — pour l'hôpital général comme représentant les aumônes Ste-Croix contre Paul Maillard, marchand, et J.-B. Maillard, sgr de la Couture et trésorier de France, son fils, 1671-1698.

B. 281. (Liasse). — 1 pièce, parchemin.

1253. — Mas du *Puy*. — Donation faite par Itier Bernard, chevalier, aux pauvres de l'hôpital de St-Gérald de 16 sols 6 deniers de rente sur plusieurs vignes du dit mas, paroisse non dénommée.

B. 282. (Liasse). — 7 pièces, parc emin; 3 sceaux.

1304-1534. — Territoire du *Puy-Aurey*, près de la Cité. — Vente faite par Guy Vidaud et Blonde de Pajas, sa femme, à Gilbert Bilh ou d'un pré d'une vigne sis au dit lieu, pour le prix de 29 ll. 20 sols de pot de vin, « precio......... viginti solidorum de logres et de beuragio, » 1304. — Donation faite par Barthélemy Vidaud à Jean de Janailhac, bourgeois, d'un denier de rente sur le dit pré et sur une terre sis dans la justice du pariage de la Cité, entre chemin d'Aureil et la terre de Mº André Gaston, 14.. — Vente faite par Léonard de Janailhac, bourgeois de Poitiers, à Eustache de Janailhac, bourgeois de Limoges, de 3 émines froment de rente assise sur tènement du Verdier, confrontant aux terres du prieuré de St-André de la Cité, pour le prix de 6 écus d'or, 1464. — Reconnaissances faites par Martin Thouniaud, marchand de la Cité : à Marguerite Dupeyrat, veuve de Jacques de Janaillac, de 3 émines froment de rente sur le tènement de las Saignas, confrontant au chemin de Limoges à Eymoutiers, 1529 ; — à sire Jean Juge, bourgeois, cessionnaire des héritiers de Jacques de Janaillac, de la dite rente sur le tènement de las Saignas, 1531. — Vente faite par Jean Juge aîné, marchand, à la confrérie des Pauvres à vêtir de la dite rente de 3 émines froment sur tènement de las Saignas et de deux autres rentes montant à 2 setiers froment sur la vigne de Chaussadas et le clos de Chinchauveau, pour le prix de 49 ll., 1524.

B. 283. (Liasse). — 12 pièces, parchemin; 3 pièces, papier.

1392-1718. — Territoire du *Puy-Aurey*, près de la Cité. — Procédures concernant la fondalité dit territoire : pour Jean de Janaillac contre Barthélemy Vidaud, par devant André Gaston, juge du pariage de la Cité, 1392 ; — pour la confrérie des Pauvres à vêtir contre Martial Thouniaud, marchand de la Cité, par devant Étienne Daniel, juge du pariage, 1534. — Procédures concernant le paiement des rentes dues sur le dit territoire : pour la confrérie des Pauvres à vêtir contre Claude Thouniaud, par devant Guillaume Poylevé, licencié ès lois, lieutenant de la cour du commun pariage de la Cité de Limoges, 1551 ; — pour l'hôpital général, comme représentant la confrérie des Pauvres à vêtir, contre Jean Laville et les Carmes déchaussés de la Cité, 1693 ; — pour le dit hôpital contre D^{lle} Catherine Meynard, veuve de Mathieu Chambon, huissier, 1718.

B. 284. (Liasse). — 5 pièces, parchemin ; 1 pièce, papier.

1538-1776. — Clos de *Puy-Ponchet*. — Reconnaissances faites à la confrérie de St-Laurent des Trépassés : par Martial Ribaignac d'une quarte froment de rente sur une vigne de 3 journaux sise au dit clos, 1538 ; — par Jean Bonnet dit Talabot d'une quarte froment de rente sur autre vigne de 3 journaux sise au dit clos et confrontant à la vigne de Pierre Veyrier le jeune, orfèvre, 1543 ; — par Mathive, fille de feu Jean de Ribaignac, de 3 quartes froment de rente sur une vigne de 16 journaux si-e au dit clos, 1549 ; — par Léonard Limousin, « serviteur de chambre du Roy et son maître exmalicur, » de 3 sols 4 deniers de rente sur une terre de 9 sesterées, appelée la métairie des Vidaud, sise au dit clos et confrontant au pré du chantre de l'église cathédrale, 1554 ; — par Pierre Veyrier, orfèvre, d'une quarte froment de rente sur une vigne de 3 journaux sise au dit clos et confrontant à celle de Mathive, fille de feu Jean de Ribaignac, 1555. — Transaction passée entre l'hôpital général comme représentant la confrérie de St-Laurent des Trépassés ou de la Conception d'une part, Joseph Germain, m° tailleur d'habits pour femmes d'autre, et D^{lle} Marguerite Daury, veuve de J.-B. Ribagnon d'autre, en vertu de laquelle la dite Daury reconnaît les arrérages par elle dus à l'hôpital sur une vigne du Puy-Ponchet et paye au dit Germain la somme de 25 ll. pour indemnité de la somme par lui payée précédemment, 1776. Il est dit que la vigne en question avait appartenu successivement aux chanoines réguliers de la Congrégation de France et à Étienne Bargeas, libraire.

B. 285. (Liasse). — 5 pièces, parchemin ; 2 pièces, papier.

1530-1572. — Moulins des *Rabaud*, alias de *Puy-Franc* ou de la *Courcelle*, sur l'Orance. — Accense faite par Jean Chaussade, aumônier de St-Martial, à Jean Martin d'un pré sis sur le bord de l'Orance, de deux jardins et d'une terre sis au voisinage des dits moulins, sous le devoir de 15 setiers seigle de cens, 1530. — Obligations consenties par Mathieu Rabaud, meunier des dits moulins, à l'hôpital de St-Martial : d'une somme de 15 ll. due pour arrérages de la rente assise sur les dits moulins, 1570 ; — d'une autre somme de 48 ll. 15 sols pour même raison que dessus, 1572.

B. 286. (Liasse). — 4 pièces, parchemin ; 4 pièces, papier.

1525-1669. — Moulins des *Rabaud*, alias de *Puy-Franc* ou de la *Courcelle*, sur l'Orance. — Procédures pour l'aumônier de St-Martial contre Micheau Couihon, du Masblanc, au sujet du cours de l'Orance qui fait moudre les dits moulins, 1525. — Procédures concernant le paiement des arrérages de rente dus sur les dits moulins : pour l'hôpital de St-Martial, 1571-1574 ; — pour Jacques Cabas, procureur au Présidial, 1613-1621 ; — pour l'hôpital général contre Pierre Chabrol, 1669.

B. 287. (Liasse). — 2 pièces, papier.

1524-1559. — Clos de la *Rebière*, alias de las *Gabias*, au delà du pont St-Martial. — Obligation consentie par Pierre Rebière aux Consuls de Limoges de 2 setiers froment pour les arrérages de pareille rente due sur le pré de la Font, sis au dit clos et confrontant au chemin qui mène de la métairie de Romanet au pont de la Garde. — Reconnaissance de 2 setiers froment de rente, faite par le dit Pierre Rebière aux Consuls comme administrateurs des aumônes Ste Croix, sur le dit pré de la Font.

B. 288. (Liasse). — 1 pièce, papier.

1655. — Clos *Redon*. — Cession faite par la confrérie des Pauvres à vêtir à Jean Malinvaud, m° bassinier, des droits de lods et ventes par lui dus pour acquisition d'une vigne du dit clos, et ce pour le prix de 62 ll. 10 sols.

B. 289. (Liasse). — 3 pièces, papier.

1523-1682. — Territoire des *Ribières de l'Aumônerie*, près du ruisseau de l'Orance. — Accense faite par l'aumônier de St-Martial aux frères Rabaud du pré de las Ribièras, de la contenance de 4 journaux, sous le devoir de 9 ll. 5 sols de rente, 1523. —

Vente faite par Martial Poylevé aux frères Teulhier d'un pré confrontant à celui du sieur Jean Juge, et de plusieurs autres terres du dit territoire, pour le prix de 700 ll., les dites terres situées en partie dans la fondalité de l'hôpital de St-Martial, 1574, etc.

B. 290. (Liasse). — 2 pièces, parchemin; 3 pièces, papier.

1453-1734. — Territoire des *Ribières de l'Aumônerie*, près du ruisseau de l'Orance. — Procédures concernant le paiement des rentes dues sur le dit territoire : pour l'aumônier de St-Martial contre Jean Brégefer (*sic*), de Monjauvy. 1453; — pour l'hôpital général contre Bernard Mursicas, 1715-1734.

B. 291. (Liasse). — 1 pièce, parchemin; 3 pièces, papier.

1494-1665. — Territoire de *St-Lazare*. — Reconnaissance faite par Jean Colomb, marchand, aux Consuls de Limoges, comme administrateurs des aumônes Ste-Croix, d'une émine seigle de rente sur une terre non dénommée du dit territoire, confrontant au chemin qui mène du bourg de St-Lazare au moulin de Fargeas. 1494. — Vente faite par Bertrand de Pradeau à Jean de Lavaud, marchand, d'une maison et terre sises au clos de las Plantas, territoire de St-Lazare et fondalité de l'hôpital de St-Martial, pour le prix de 300 ll., 1630. — Reconnaissance faite à l'hôpital général par dame Anne Malevergne de 3 setiers seigle de rente sur le clos de las Plantas, 1665.

B. 292. (Liasse). — 3 pièces, parchemin; 4 pièces, papier.

1664-1694. — Territoire de *St-Lazare*. — Procédures concernant le paiement des rentes dues à l'hôpital général sur le dit territoire par dame Anne Malevergne, veuve de Jacques Voureys.

B. 293. (Liasse). — 7 pièces, papier.

1608-1705. — Clos de *St-Martial*. — Reconnaissance faite par sire Jean Mercier à l'hôpital de St-Martial de 45 sols de rente sur une terre du dit clos, confrontant au chemin qui mène de la porte Montmailler au bourg de Montjauvy et à autre chemin qui mène à la fontaine de Montjauvy. — Procédures pour l'hôpital général touchant le paiement de la dite rente.

B. 294. (Liasse). — 3 pièces, parchemin; 1 sceau.

1334-1552. — Clos de *St-Martin*. — Vente f[aite] par Pierre Hylaire à la confrérie des Pauvres à v[êtir] d'une rente d'un setier froment sur une vigne du clos, pour le prix de 77 sols. 1334. — Reconnaiss[ance] faite par Marite de Glouton à la confrérie de N.[-D.] de Rocamadour, célébrée en l'église Ste-Valérie, d'[une] rente de 2 sols sur un jardin sis au-dessus de la f[on-]taine de St-Martin, 1364, etc.

B. 295. (Liasse). — 3 pièces, parchemin; 1 sceau.

1385-1526. — Clos de *St-Martin*. — Pro[cé-]dures pour la confrérie des Pauvres à vêtir touch[ant] le paiement des rentes dues sur le dit clos.

B. 295. (Liasse). — 2 pièces, parchemin; 3 pièces, papier.

1528-1562. — Clos de *Ste-Valérie*, alias *Puy-Vincent*. — Ventes faites : par Guillaume Be[sse] marchand, fils de feu Martial Besse, notaire[, à] Vaulri Pouzol d'une vigne de la contenance d[e] journaux, sise au dit clos et confrontant à la [terre] des hoirs de Mⁱ Pierre Bermondet, licencié ès [lois,] lieutenant général en la sénéchaussée du Limo[usin,] pour le prix de neuf vingt (180) ll., 1528; — [par] Vincent Moston à Vaulri Pouzol d'une autre vi[gne] du dit lieu, pour le prix de 87 ll., 1530, etc.

B. 297. (Liasse). — 3 pièces, parchemin; 3 pièces, papier.

1534-1723. — Clos de *Ste-Valérie*, alias *Puy Vincent*. — Procédures touchant le paie[ment] des rentes dues sur le dit clos : pour l'hôpital de [St-] Martial contre Vaulri et Jean Pouzol et Nicolas [de la] Voulte, 1534-1573 ; — pour l'hôpital général co[ntre] Claude Michel, bourgeois, 1723.

B. 298. (Liasse). — 3 pièces, parchemin; 1 pièce, papier.

1358-1631. — Clos de *Sannecor*, près M[ont-] jauvy. — Accense faite par le prévôt des Combe[s, hos-] pitalier de St-Martial, la confrérie des Pauv[res à] vêtir et Jean Boutin à Guillaume Leluc d'une ter[re et] vigne sises au dit territoire et confrontant à cell[es de] Mⁱ Barthélemy Choussade, prêtre, sous le de[voir] d'une émine froment de rente en faveur de la confrérie, de 3 émines en faveur du prévôt, d'un s[etier] en faveur de Jean Boutin et de 4 sols argent en faveur du pitancier, 1358. — Guerpissement fait par Pierre Geoffroi en faveur de la confrérie des Pauvres à vêtir d'une terre du dit territoire confrontant à celle de la confrérie de Saint-Martial, 1383. — Accense faite par l'aumônier de St Martial à Simon Bouriaud d'une terre sise au dit clos, de la contenance de 3 sesterées, sous le devoir de 2 setiers seigle de rente, 1473, etc.

B. 299. (Liasse). — 2 pièces, parchemin ; 3 pièces, papier.

1527-1705. — Territoire de *Sauf-Gouffier*. — Vente faite par Jean Rougier, notaire et praticien, et Magdeleine Astays, sa femme, à la confrérie des Pauvres à vêtir d'une rente foncière de 2 setiers froment à percevoir sur une vigne du dit territoire, contenant 12 journaux, et d'autres rentes montant à 4 setiers froment sur les ténements de Touny, las Barras et Jouffre-David, pour le prix de 79 ll., 1527. — Transaction par laquelle Guillaume Monneyron, apothicaire, agissant pour ses neveux, reconnaît devoir à la confrérie des Pauvres à vêtir deux setiers froment de rente sur deux vignes du dit territoire, 1570. — Transaction analogue à la précédente, consentie par Joseph Morange, boucher, en faveur de l'hôpital général, 1705.

B. 300. (Liasse). — 6 pièces, parchemin ; 3 pièces, papier.

1554-1643. — Territoire de *Sauf Gouffier*. — Procédures touchant le paiement des arrérages de rente dus sur le dit territoire pour la confrérie des Pauvres à vêtir : contre Simon et Guillaume Monneyron, 1554-1573 ; — contre Martial Malefont, 1643.

B. 301. (Liasse). — 5 pièces, papier.

1644-1663. — Moulin de *Sarmiéras* sur l'Orance. — Quittances délivrées par les Consuls de Limoges comme administrateurs des aumônes Ste-Croix à Jean Roux, sieur du Masbaten, de la rente de 10 setiers froment due sur le dit moulin.

B. 302. (Liasse). — 5 pièces, parchemin ; 2 sceaux.

1280-1338. — Clos de *Sol-Vigerand*. — Ventes faites : par Geoffroi Bolho à Bernard Pastet et Pierre le Daurat, exécuteurs testamentaires de feu Gaucelin Gille et représentants des Consuls de Limo-

ges, distributeurs des aumônes qu'on fait le jour de l'invention de la Ste-Croix, d'un setier froment de rente sur un villar du dit clos, pour la somme de 63 ll. léguée aux Consuls par Gaucelin Gille, 1280 ; — par Bernard Faure, bourgeois, à Jean Boyol, laboureur, et à Pierre de Lubersac d'un villar du dit clos sis dans la fondalité de la confrérie des Pains qu'on distribue le jour de Noël, pour le prix de 3 ll. 6 deniers, 1304. — Investiture faite par les bailes de l'aumône des Pains de Noël à Guillaume Gille, clerc, d'une vigne du dit clos, pour le prix de 7 ll. 10 sols, 1338.

B. 303. (Liasse). — 3 pièces, parchemin ; 6 pièces, papier.

1488-1556. — Clos *Touny*, près Laborie. — Reconnaissance faite par Me Pierre du Fraux, prêtre, aux Consuls de Limoges d'un setier froment de rente sur le dit clos, 1488. — Échange fait entre Pierre Gay, chirurgien, et Pierre Penye d'une vigne du clos Rochier, appartenant au premier et confrontant au pré de Me François Lamy, licencié ès lois, lieutenant particulier du gouverneur et sénéchal du Limousin, contre une terre du clos Touny, contenant 15 journaux et située dans la fondalité des Consuls de Limoges comme administrateurs des Pains de Noël, 1529. — Vente faite par Héliot Gay, fils de feu Pierre Gay, dit Coussiron, mr chirurgien, à Martial Charles, pâtissier, d'une terre sise au dit clos, de la contenance de 18 journaux, pour le prix de huit vingt dix (170) ll., la dite terre sise dans la fondalité des aumônes Ste-Croix et chargée de 5 sols de rente envers la confrérie des Trépassés du cimetière des Arènes et de 6 sols envers la confrérie des Treize chandelles de l'église St-Martial, 1556.

B. 304. (Liasse). — 1 pièce, parchemin.

1492. — Territoire de *las Tris-Fonts*. — Reconnaissance faite par Jean Arnaut et Mariote Bardette, sa femme, à la confrérie des Boulangers, célébrée en l'église de St-Martial, de 6 sols de rente sur une vigne sise au dit territoire et confrontant à celle de Hilaire de Billauges et à celle de Martial lou Mayno, coutelier.

B. 305. (Liasse). — 1 pièce, parchemin.

1256. — Clos de las *Tremolidas*. — Vente faite par Jean de Peirat à l'hôpital de St-Gérald de 11 setiers seigle de rente sur le clos de las Tremoladas au delà de l'Orance, et de 10 setiers sur le pré de las Gotas, pour le prix de 30 ll.

B. 305. (Liasse). — 10 pièces, parchemin ; 2 pièces, papier ; 1 sceau.

1292-1557. — Clos du *Treuil-Guyernaud*, alias *Treuil-Ste Croix* ou de las *Couturas* et du *Puy-Lanault*. — Ventes faites : par Pierre Audoin. clerc, à la confrérie de N.-D. du Puy de 10 sols de rente sur une vigne du dit tènement sise dans la fondalité de Gérald, abbé de St-Martial, pour le prix de 9 ll., 1292 ; — par Jean Eschanvie, manouvrier, à Me Pierre Dominique notaire, d'une rente de 12 sols 6 deniers à percevoir sur une vigne du dit clos, de la contenance de 2 seterées pour le prix de 10 ll., 1459 ; — par Pierre Dalezis ou Bardot à la confrérie de N.-D. de la Règle, dite des Tailladours, de 10 sols de rente sur une vigne du dit clos, confrontant à celle d'Antoine Dabreuil, curé de Cossac, et au chemin qui mène du monastère de St-Augustin à la fontaine Rabau, pour le prix de 10 ll., 1493 — Reconnaissance faite par Léonard Pélicaud orfèvre, et Jeanne Tamain, veuve d'Arnaud Dupré, d'une rente de 12 sols 6 deniers sur deux vignes du dit clos, 1495. — Vente faite par Martial Dengresas à la confrérie de N.-D. de la Règle de 3 sols 6 deniers de rente sur une vigne du dit clos, confrontant au chemin qui mène du pont St-Étienne à la chapelle de N.-D. du Puy-Lanaud, pour le prix de 70 sols, 1514. — Échanges faits : entre Pierre Bonnet et Martial Rogier, tous deux marchands, d'une vigne de la contenance de 8 journaux, sise au clos de las Couturas ou du Treuil-Guyernaud, près la vigne du curé de la Maison-Dieu, fondalité de la confrérie des Pauvres à vêtir, la dite vigne appartenant à Pierre Bonnet, contre une autre vigne de la contenance de 6 carreaux, sise au territoire de Montjauvy, et un jardin de la contenance de 2 journaux sis au faubourg des Arènes, 1545 ; — entre Me Martial Rougier, prieur de Chauveilh, et Martial Rougier, son frère, d'une moitié de maison sise en la grande rue des Bancs et appartenant au premier, contre une vigne de la contenance de 8 journaux, sise au dit clos, fondalité des Pauvres à vêtir, et appartenant au second, 1519 — Transaction en vertu de laquelle Martial Rougier aîné reconnaît devoir à la confrérie des Pauvres à vêtir 12 sols 6 deniers de rente sur une vigne du dit clos, de la contenance de 8 journaux, 1552. — Vente faite par Georges Chiquet, balancier, et

Jeanne Thouniaud, sa femme, à Guillaume Dusolier, laboureur, d'une vigne sise au dit clos, de la contenance de 12 journaux fondalité de la confrérie des Pauvres à vêtir, pour le prix de 200 ll., 1556, etc.

B. 307. (Liasse). — 8 pièces, parchemin ; 2 pièces, papier.

1533-1552. — Clos du *Treuil-Guyernaud*, alias *Treuil-Ste-Croix* ou de las *Couturas* et du *Puy-Lanault*. — Procédures concernant le paiement des rentes dues sur le dit clos pour la confrérie des Pauvres à vêtir : contre Jean Thouniaud. prêtre, par devant la cour du pariage de la Cité ; — contre Catherine Thouniaud, par devant la juridiction ordinaire des Combes ; — contre Guillaume Teilher, par devant la juridiction ordinaire de Limoges, etc.

B. 308. (Liasse). — 6 pièces, parchemin ; 7 pièces, papier.

1488-1627. — Territoire des *Trois Treuils*. — Reconnaissances faites aux Consuls de Limoges comme administrateurs des aumônes Ste-Croix : par Me Jacques Moutaudon, notaire, d'une rente de 3 émines froment sur une autre vigne du dit territoire confrontant au chemin qui mène au pressoir de l'abbaye de la Règle, 1492 ; — par Mathieu de Larocle, prêtre, d'une rente de 3 émines froment sur une vigne confrontant au chemin qui va de Limoges à Aixe, 1488 ; — par Pierre Logaud d'une rente de 3 quartes froment sur une vigne de 3 journaux sise au dit territoire. 1528. — Testament de Jean Alesme marchand, léguant à l'hôpital de St-Martial une somme de 120 ll. à prendre sur ses biens du territoire des Trois-Treuils pour être employée à l'acquisition d'une rente, 1505. — Ventes faites : par Cécile Dubouscheix, veuve de Pierre Meubaye, à l'hôpital de St-Martial d'une rente de 10 ll. à percevoir sur ses biens du dit territoire, pour le prix de 124 ll., 1571 — par la dite Cécile Dubouscheix à M. Gayne Forest, procureur au Présidial, d'une vigne de 1 journaux sise au dit territoire, près du chemin qui va de Limoges à Ventaux, pour le prix de 50 ll., 1573 — Échange fait entre Jacques et Pierre Meyrange frères, prêtres, d'une part, et Nicolas Guéry, marchand, d'autre part, d'une vigne ayant appartenu au couvent des Ursulines et présentement aux dits Meyranges, sise à la Croix-Mandonnaud, contre une autre vigne sise aux Trois-Treuils, 1627.

B. 309. (Liasse). — 2 pièces, parchemin ; 6 pièces, papier.

1570-1589. — Territoire des *Trois Trenils.* — Procédures touchant le paiement des arrérages de rentes dues sur le dit territoire : pour les Consuls de Limoges contre Mathieu Alesme; — pour l'hôpital de St-Martial contre Catherine Forest.

B. 310. (Liasse). — 4 pièces, papier.

1490-1669. — Clos des *Tuilières* alias du *Puy-St-Martin.* — Reconnaissances faites : par Barthélemy Durieu, manouvrier, à la confrérie des Pauvres à vêtir d'un setier froment de rente sur deux vignes du Puy-St-Martin, confrontant au chemin qui mène du pont d'Aigueperse aux Tuilières 1490; — par Martial et Jean Bouricaud, tuiliers, à la confrérie de St-Martial célébrée en l'église de Montjauvy, de 2 setiers froment de rente sur le dit clos. — Échange fait entre Jeannette Barrière, fille de feu Jean Barrière et veuve de Jean Besse, et Nicolas Garat, sieur de la Grange, conseiller et secrétaire de la Reine, d'une terre de 3 sesterées, appartenant à la première, sise au clos des Basses-Tuilières ou du Puy-St-Martin et relevant pour moitié de la vicairie du patriarche Lamy et de l'hôpital général, contre une rente annuelle de 12 ll. et une rente foncière de 1 sol, appartenant au second sur une maison de la rue de las Charseix.

B. 311. (Liasse). — 1 pièce, parchemin; 6 pièces, papier.

1670-1757. — Clos des *Tuilières.* alias du *Puy-St-Martin.* — Procédures pour l'hôpital général comme représentant celui de St-Martial concernant le paiement de la rente d'un setier froment due sur le dit clos.

B. 312. (Liasse). — 1 pièce, parchemin.

1297. — Clos du ruisseau de *Valoyne.* — Reconnaissance faite par Étienne Constantin et son fils à la confrérie de l'aumône des Pauvres honteux de 3 setiers seigle de rente sur une terre sise sur les deux rives du dit ruisseau, de la contenance de 4 sesterées.

B. 313. (Liasse). — 3 pièces, parchemin ; 1 pièce, papier ; 3 sceaux.

1394-1463. — Clos du *l'aucnt,* près des côtes de Valoyne. — Accense faite par la confrérie des Pauvres à vêtir à Bernard Desplas d'un bois sis au dit clos, près l'étang de St-Gérald et au delà du pont St-Martial, moyennant 4 sols de cens, 1394. — Reconnaissances faites à la confrérie des Pauvres à vêtir : par François Bayard, bourgeois, de 4 sols de rente sur le dit bois, 1448 ; — par François Rebière de 4 sols de rente sur une terre autrefois en bois, sise au dit clos, de la contenance de 3 sesterées, 1463.

B. 314. (Liasse). — 2 pièces, parchemin; 1 pièce, papier.

1293-1313. — Moulins de *Vaux* et pré *Marbay.* — Assignation faite par Guy de Pierrebuffière, damoiseau, aux bailes de la confrérie des Pauvres honteux, « *bajulis helemosine pauperum verecundorum castri Lemovicensis* » de 12 setiers seigle de rente sur les moulins du mas de Vaux et de 3 setiers seigle de rente sur le pré Marbay, les dits 15 setiers légués par feu M⁰ Audoin de Pierrebuffière, abbé du Dorat, frère de Guy, aux dits pauvres, à condition que ses héritiers pourront racheter les 15 setiers à raison de 25 sols chaque setier. — Reconnaissance faite par Graucelin de Pierrebuffière, damoiseau, fils de feu Guy de Pierrebuffière, chevalier, à la confrérie des Pauvres honteux de 15 setiers seigle de rente sur les dits moulins et pré.

B. 315. (Liasse). — 2 pièces, parchemin; 2 pièces, papier.

1668-1730. — Moulins de *Vaux* et pré *Marbay.* — Procédures pour l'hôpital général, comme représentant les administrateurs des aumônes Ste-Croix, contre le sieur Vidaud d'Envaux touchant le paiement de la rente de 15 setiers seigle dus sur les dits moulins et pré.

B. 316. (Liasse). — 2 pièces, parchemin; 4 pièces, papier.

1483-1673. — Clos du *Verlarier* alias du *Verrier* ou des *Plantas* ou du *Sablard.* — Confirmation pour Martial Coulomb de la donation par lui faite à la confrérie de N.-D. de la Règle d'un setier froment de rente sur le dit clos, 1483. — Amortissement fait par Gabriel Boisse, moyennant la somme de 45 ll., de la dite rente d'un setier froment due à la confrérie de N.-D. de la Règle. 1571. — Cession faite par l'hôpital général comme représentant la dite confrérie à Jacques Martin, marchand des droits de lods et ventes sur un pré de M. François Tardieu, la présente cession faite pour le prix de 22 ll., 1673.

B. 317. (Liasse). — 4 pièces, parchemin ; 4 pièces, papier.

1579-1663. — Clos du *Verdurier*, alias du *Verdier* ou de las *Plantis* ou du *Sablard*. — Procédures concernant le paiement des rentes dues sur le dit clos : pour la confrérie de N.-D. de la Règle, 1579-1649 ; — pour l'hôpital général comme représentant la dite confrérie, 1663.

B. 318. (Liasse). — 1 pièce, parchemin ; 2 pièces, papier ; 1 sceau.

1349. — Clos de *Villard*, alias de la *Croix*, près le chemin de St-Junien. — Donation faite par Pierre Quercin, bourgeois de Limoges, à Jean de Chambaret, aussi bourgeois, de 5 setiers froment de rente sur le dit clos, confrontant au chemin de Verneuil.

B. 319. (Liasse). — 2 pièces, parchemin.

1298-1299. — Clos du cimetière de *Villard* au delà de l'Orance, près le chemin de St-Junien. — Guerpissement fait par Marie Chabaude, veuve de Pierre Chabaud, en faveur des bailes de l'aumône des Pauvres honteux d'une vigne du dit clos chargée d'un setier seigle de rente. — Reconnaissance de la dite rente d'un setier seigle, faite aux bailes de l'aumône des Pauvres honteux par la dite Marie Chabaude.

B. 320. (Liasse). — 3 pièces, parchemin ; 2 pièces, papier.

1460-1685. — Clos de *Villas-reina*, alias de l'*Illourina*, au delà du pont St-Étienne. — Vente faite par la confrérie de N.-D. de la Règle à Hélie Bardy d'une terre du dit clos, confrontant au chemin qui mène de Limoges à Fargeas, pour le prix de 40 sols, 1460. — Quittances délivrées : par la confrérie de N.-D. de la Règle à Léonard Bardy d'une somme de 25 ll., pour droits de lods et ventes à cause de l'adjudication faite d'une vigne du dit clos, 1635 ; — par l'hôpital général à Jean Romanet d'une somme de 30 ll. pour arrérages de la rente due sur le dit clos, 1685.

B. 321. (Liasse). — 3 pièces, parchemin ; 3 pièces, papier.

1571-1741. — Clos de *Villas-reinas*, alias *Villourina*, au delà du pont St-Étienne. — Procédures concernant le paiement des rentes dues sur le dit clos :

pour la confrérie de N.-D. de la Règle, 1571 ; — pour l'hôpital général, 1673-1741.

B. 322. (Liasse). — 1 pièce, parchemin ; 1 pièce, papier.

1445-1558. — Clos de *Villecorne* ou du *Verdurier*. — Accense faite par la confrérie de N.-D. de la Règle à Pierre du Planchaden d'une terre sise au dit clos, sous le devoir d'une émine froment de cens. — Vente faite par Louis Lavaud à Martial Cibot, dit las Vachas, boucher, d'une terre du dit clos, contenant 9 journaux, pour le prix de sept vingt (140) ll. et à charge de la rente d'une émine froment due à la dite confrérie.

B. 323. (Liasse). — 1 pièce, parchemin.

1445. — Clos de *Villeneuve*. — Accense faite par la confrérie de N.-D. des Tailladours à Jean Boutineau, manouvrier, d'une terre sise au dit clos et confrontant à celle de Me Aymeric Vincent, prêtre, moyennant 7 blancs de cens. « *septem alborum censualium monete usualis currentis.* »

B. 324. (Liasse). — 9 pièces, parchemin ; 6 pièces, papier.

1336-1640. — Clos du haut *Villeyrent*. — Ventes faites : par Hymbert de Villeyrent et Dulcie, sa femme, à la confrérie de la Chandelle de N.-D. du Puy d'un setier froment de rente sur le dit clos sis au territoire de Lac-anadier, pour le prix de 70 sols tournois, 1336 ; — par Pierre Teilhet à Jacques Roux d'une vigne sise au dit clos, pour le prix de 20 écus d'or, à charge de la rente de 2 setiers froment due à la confrérie de N.-D. du Puy, 1436. — Reconnaissances faites aux bailes de la confrérie de N.-D. du Puy : par Jean Gentil d'une rente de 2 setiers froment sur une vigne du dit clos, confrontant à la vigne de Martial Albiat, notaire, et au chemin qui va de Limoges à Aixe, 1458 ; — par Jean de la Moline, épinglier, d'une rente de 2 setiers froment sur une autre vigne de la contenance de 3 journaux, sise au dit clos et confrontant à la vigne de Jeannette de Fursac, 1537 ; — par Antoine Descoutures, maçon, d'une rente de 2 setiers froment sur la vigne ayant appartenu à Jean de la Moline, 1544. — Autres reconnaissances des mêmes rentes faites à l'hôpital de St-Gérald comme représentant la confrérie de N.-D. du Puy : par Noël Bardinet, prêtre de St-Michel, 1579 ; — par Mathieu Bardinet, boucher, 1583 ; — par

Denise Baud et Françoise Lachault, tant en leur nom
que comme mère et légitime administratrice des biens
et personne de M° Michel Coulomb, l'un des grands
vicaires de l'église St-Martial, 1615. — Accense faite
par les administrateurs de l'hôpital de St-Gérald à
Léonard Benoist, marchand, d'une terre de 6 journaux
sise au dit clos, laquelle avait appartenu à feu Michel
Coulomb, prêtre, condamné à en payer les arrérages,
1639, etc.

B. 325. (Liasse). — 5 pièces, parchemin ; 4 pièces, papier.

1529-1760. — Clos du haut *Villeyrent*. —
Procédures concernant le paiement des rentes dues sur
les tènements du dit clos : pour la confrérie de N.-D.
du Puy, 1529 ; — pour l'hôpital de St-Gérald comme
représentant la dite confrérie, contre Marie Bardinet, 1530, et contre Michel Coulomb, grand vicaire de
l'église St-Martial, 1630 ; — pour l'hôpital général
comme représentant l'hôpital de St-Gérald, 1706-
1760.

B. 325. (Liasse). — 1 pièce, parchemin.

1258.—Clos *Vincent*. — Donation faite par Jean
Vincent, bourgeois de Limoges, et Guillaume, son
fils, à l'hôpital de St-Gérald de 20 setiers froment de
rente sur une vigne du dit clos.

B . 327. (Liasse). — 2 pièces, parchemin ; 5 pièces, papier.

1557-1733. — Territoire de *Viraclos*, alias
Vieillas-laux. — Procédures concernant le paiement
des rentes dues sur le dit territoire pour la confrérie
de St-Laurent-des-Trépassés, célébrée en l'église de
St-Laurent : contre les Augustins de Limoges 1557 ;
— contre Léonard Bardinet, dit Papaud, 1571 ; —
contre François Cibot et Paulie Bardinet, sa femme,
1622-1625. La rente due par ces derniers est dite
assise sur une vigne convertie en pré, confrontant au
chemin qui va de la croix de l'Escalier à la tour St-
Martin. — Procédures pour l'hôpital général comme
représentant la confrérie des Trépassés : contre
Maureil Cibot, dit Papaud, pour raison des arréra es
de rente par lui dus sur un pré appelé Papaud, sis
entre les fossés de la ville, le chemin qui mène du
faubourg Montmailler à la croix de l'Escalier, et la
terre de M. Garat, commissaire aux montres, 1712 ; —
contre Maureil Papaud, aux mêmes fins que dessus,
1733.

B. 328. (Liasse). — 6 pièces, parchemin ; 2 pièces, papier.

1248-1720. — Paroisse d'*Aixe*. — Ventes
faites au prieur de l'hôpital de St-Gérald : par Agnès
Lombard de 6 sols de rente sur la vigne de la
Menescheyra en la dite paroisse, 1248 ; — par Pierre
et Jean Barreu d'un setier froment et 4 deniers argent
de rente sur la vigne de Rivo, en la dite paroisse,
1293. — Ratification par Philippe Desmoulins,
damoiseau, de la donation faite par ses père et mère
à l'hôpital de St-Gérald de 2 sols et 6 deniers de
rente sur le lieu de Prat-vieil, 1277. — Reconnaissance faite par Gérald Donzeu aux bailes de
l'aumône des Pains de Noël qu'on distribue chaque
année aux religieux et religieuses du Limousin. *«bajulis et procuratoribus helemosine panum natalis Domini quae datur religiosis viris et monialibus de Lemovi-
cinio, quolibet anno in vigilia festi natalis Domini, »*
d'un setier froment de rente sur le mas de las Goutas
en la dite paroisse, 1308. — Accord par lequel
M° Guillaume, curé de Montjauvy, reconnaît vis-à-vis
des bailes de l'aumône des Pains de Noël que ses
prédécesseurs, M° Gérald de Péron et M° Jean Célier,
ont perçu à tort une rente de 2 setiers seigle sur le
mas de Lasturgarias et déclare laisser aux dits bailes
le droit par lui prétendu sur la dite rente, 1309. —
Reconnaissance faite à l'aumônier de St-Martial,
Pierre Astorge, par Pierre Pinchet, de 2 setiers seigle
et 6 sols 10 deniers argent de rente sur le tènement du
Vinhal, 1374. — Afferme faite par l'hôpital général
comme donataire de feu Jean de la Rodye, médecin,
à Martial et autre Martial Arragon, père et fils, de
trois pièces de terre sises au territoire d'Aixe et
confrontant au pré de M. l'abbé des Farges, moyennant la somme annuelle de 20 ll., 1720.

B. 329. (Liasse). — 3 pièces, papier.

1374-1627. — Paroisse d'*Aixe*. — Procédures
pour l'hôpital de St-Martial : contre les tenanciers du
Vinhal, paroisse d'Aixe (*alias* de Tarn), touchant le
paiement de leurs rentes : — contre les tenanciers de
l'Aumônerie, touchant même objet que dessus.

B. 330. (Rouleau). — Parchemin : longueur, 3ᵐ30; largeur, 0ᵐ23.

1421. — Paroisse d'*Aixe.* — Procédures pour l'hôpital de St-Gérald contre Jean le Parquier touchant la rente due sur une vigne sise en la ville d'Aixe : « *Sequuntur deppositiones et attestationes testium judicialiter productorum per magistrum Bartholomœum Pinard ut procuratorem dominorum prioris et conventus Sancti Ger[al]di adversus et contra Johannem le Parquier, nominatum quo procedit…* » Entre autres témoins figurent : Jean Planchas, prêtre d'Aixe, âgé de 60 ans; frère Martial Solier, prieur de St-Julien-St-Affre, âgé de 50 ans.

B. 331. (Liasse). — 3 pièces, papier.

1504-1693. — Paroisse d'*Ambazac* : tènements du grand et du petit Juniat. — Investiture d'une terre sise dans le dit tènement, contenant 5 sesterées, faite par l'aumônier de St-Martial à Jean Teslas, bourgeois, sous la redevance accoutumée, 1504. — Reconnaissance faite par les tenanciers de Juniat à l'aumônier de St-Martial de 3 setiers seigle, 10 éminaux avoine, 15 sols argent et une demi charretée de bois de rente sur le dit tènement, 1544. — Vente faite entre particuliers d'un essart sis au village de Juniat, pour le prix de 60 ll., à charge par l'acquéreur de payer la rente due au seigneur qui en fera apparoir, 1680, etc.

B. 332. (Liasse). — 3 pièces, parchemin; 4 pièces, papier.

1678-1717. — Paroisse d'*Ambazac* : tènements du grand et du petit Juniat. — Procédures pour l'hôpital général comme représentant celui de St-Martial contre les tenanciers de Juniat, touchant le paiement de leurs redevances.

B. 333. (Liasse). — 4 pièces, parchemin; 6 pièces, papier.

1532-1713. — Paroisse de *Beaune* : bourg de Beaune. — Vente faite par Gonde Raoul, veuve de Jean Durand, notaire, à la confrérie des Pauvres à vêtir de diverses rentes foncières montant à 5 quartes seigle, 9 sols 12 deniers argent et une géline, pour le prix de 20 ll. 10 sols, 1532. — Reconnaissance de partie de la susdite rente, faite à la confrérie des Pauvres à vêtir par Me Pierre Nadaud, vicaire de Beaune, sur une maison du bourg de Beaune

confrontant à celle d'autre Pierre Nadaud, aussi prêtre, son neveu, 1532. — Vente faite par Catherine Nadaud, dite Cathon, veuve de Léonard Astay de Puymarat, à Me Guillaume Bidon, curé de Bussière-Dunoise, de la maison de feu Me Pierre Nadaud aîné, vicaire de Beaune, sise à Beaune, le long du chemin qui mène de la prévôté à la fontaine du lieu, pour le prix de 20 ll. et à charge des rentes dues au seigneur qui en fera apparoir, 1550. — Reconnaissances faites : par Jean Condat à la confrérie des Pauvres à vêtir de 5 quartes seigle, 7 sols 6 deniers argent et 1 géline de rente sur une terre du dit bourg, confrontant aux terres de Me Pierre Durand, procureur ès cours présidiale et sénéchale de Limoges, 1557; — par Me Étienne Labiche, auditeur des comptes à Limoges, à l'hôpital général comme représentant la confrérie des Pauvres à vêtir de 5 quartes seigle, 19 sols argent et une géline de rente sur une maison du dit bourg, confrontant à celle Me Jean Dangrezas, 1664. — Vente faite par Me Étienne Labiche aux religieux de St-Martin de Limoges de la dite maison confrontant au cimetière de Beaune et au chemin qui mène à la maison prévôtale de Beaune possédée par les dits religieux, 1664. — Deux rôles de répartition des tailles imposées sur la paroisse de Beaune, 1670 et 1682, etc.

B. 334. (Liasse). — 27 pièces, parchemin; 17 pièces, papier.

1550-1734. — Paroisse de *Beaune* : bourg de Beaune. — Procédures concernant le paiement de rentes dues sur le dit bourg : pour la confrérie des Pauvres à vêtir contre Me Guillaume Bidon, curé de Bussière-Dunoise, Pierre Bidon, seigneur de Leyssart, Me Jacques de Julien, abbé de St-Martin, etc., 1550-1572; — pour l'hôpital général comme représentant la confrérie des Pauvres à vêtir contre Me Roch Faulte, curé de Beaune, 1667, etc.

B. 335. (Liasse). — 2 pièces, parchemin.

1543-1572. — Paroisse de *Beaune* : tènement du Mas-Charretier. — Reconnaissance faite par noble D[elle] Dauphine du Cheyron comme tutrice de nobles Pierre et Jean Bilou, ses enfants, et par Me Guillaume Bidon, curé de Bussière-Dunoise, à Me Bernard Aubusson, aumônier de St-Martial, de 15 setiers seigle, 6 éminaux avoine, 6 sols 6 deniers argent, 2 gélines et une charretée de bois de rente sur le tènement, confrontant au lieu noble de Leyssart.

Quittance délivrée par Me Antoine Busseyron, notaire à Limoges, au nom des baies de l'hôpital de St-Martial, à noble Pierre Bidou, sgr de Leyssart, de la susdite rente.

B. 335. (Liasse). — 8 pièces, parchemin; 11 pièces et 1 cahier in-8°, 25 feuilles, papier; 1 sceau.

1566-1674. — Paroisse de *Beaune* : tènement du Mas-Charretier. — Procédures concernant le paiement des rentes dues sur le dit tènement : pour l'aumônier de St-Martial contre Pierre Bidou, écuyer, sgr de Leyssart, 1566; — pour l'hôpital de St-Martial contre Jacques Bidou, écuyer, sgr de Leyssart, 1617-1627; — pour l'hôpital général contre dame Sibille Vidaud, 1672, etc.

B. 337. (Liasse). — 9 pièces, parchemin; 9 pièces, papier; 2 sceaux.

1234-1789. — Paroisse de *Beaune* : tènement du Teil. — Ventes faites : par Adhémar de Beaune, « *pelli arius* », et Rainold lo Massos, son neveu, à l'aumônier de St-Martial de tout le droit qu'ils avaient sur le dit tènement, pour le prix de 25 sols, 1234; — par Géraud de Nieul, damoiseau, à Bernard de Graylho, aumônier de St-Martial, de 12 émines avoine de rente sur le dit tènement pour le prix de 25 sols, 1279. — Cession faite par Guillaume de Razès damoiseau, à Me Gérald Geoffroy, aumônier de St-Martial, de 3 setiers seigle de rente sur le dit tènement, 1322. — Investiture du dit tènement faite par Pierre Geoffroy, aumônier de St-Martial, en faveur de Pierre Auleya, bourgeois, 1333. — Vente faite par Pierre Meunier, prêtre, Bernard et Martial Mounier, ses frères, à Pierre de Bullio, prêtre et chapelain de St-Martial de Limoges, de 4 quartes avoine de rente sur chaque feu du grand Teil, pour le prix de 25 sols tournois 1335. — Baillette faite par frère Pierre Lascure, aumônier de St-Martial, à Pierre et Étienne Parrin, frères, du tènement du Teil sis entre le ruisseau d'Orance et celui de Binchault, sous le devoir de 15 setiers 40 émines avoine, 4 sols argent, 4 gélines et 2 charretées de bois de rente, 1410. — Extrait du « répertoire des titres, lettres et enseignemens des cens, rentes dixmes, droietz et debvoirs » dus à Jean Chaussade, aumônier de St-Martial, sur le tènement du Teil, 1535. — Quittance délivrée par l'hôpital général aux tenanciers du Teil de la somme de 23 l 11 par eux due pour arrérages de rente, 1675. — Quatre affermes faites par l'hôpital général, comme représentant de l'hôpital de St-Martial, des dîmes dues sur le dit tènement sous le devoir de : 20 setiers seigle, 1692; — 46 setiers seigle 1772; — 55 setiers seigle, 1780; — 60 setiers seigle, 1789;

B. 338. (Liasse). — 3 pièces, parchemin.

1334-1455. — Paroisse de *Beaune* : tènement du Teil. — Procès-verbal de la déposition faite par plusieurs témoins pour prouver que la juridiction haute, moyenne et basse du grand et du petit Teil appartient à l'aumônier de St-Martial, 1334. — Acte par lequel Jean Grégoire, Léonard de Droulhes consul, Nicolas de Jean, prévôt de Limoges, et Adémar de Sarazac, aumônier de St-Martial, prétendent respectivement à la juridiction du dit tènement, 1367. — Montrée des limites du dit tènement pour établir la juridiction prétendue par l'aumônier de St-Martial, par Louis Bayard, bourgeois, prévôt et juge criminel de la cour de Limoges, agissant au nom des Consuls, et par Me André de la Pousse, procureur général de la dite cour, 1455.

B. 339. (Liasse). — 10 pièces, parchemin; 25 pièces, papier.

1362-1759. — Paroisse de *Beaune* : tènement du Teil. — Information faite par le juge de l'aumônier de St-Martial à la requête de Pierre de Faxinet, sergent, fondé de procuration d'Adhémar de Sarazac, aumônier de St-Martial, sur un meurtre commis au Teil, 1362. — Publication faite par un sergent royal en l'audience de la cour de Limoges, par devant Me Pierre Gaudin, clerc, procureur du vicomte de Limoges et lieutenant du juge de la dite cour, des lettres royaux de sauvegarde obtenues par l'abbaye de St-Martial pour tous ses biens et, en particulier pour celui du Teil, 1363. — Procédures concernant le paiement des rentes dues par les tenanciers du Teil : pour le syndic et les administrateurs triannuels de l'aumônerie et hôtel-Dieu de St-Martial, 1562; — pour l'hôpital de St-Martial 1562-1631; — pour l'hôpital général comme représentant celui de St-Martial contre Isaac Jacques de Ramera, écuyer sieur de la Cour, 1710-1736, etc.

B. 340. (Liasse). — 1 pièce, parchemin; 1 pièce, papier.

1500-1783. — Paroisse de *Verneuil*. — Reconnaissance faite par Julien de la Peyssonnerie à frère Pierre Chaussade, aumônier de St-Martial, d'une quarte froment de rente sur le mas de la Goutte-au-Rousseau, dans les appartenances du Breuilaufa. — Quittance délivrée par l'hôpital général comme représentant celui de St-Martial à Gaspard Biernoix, laboureur, d'une somme de 8 ll. due pour droits de lods et ventes à cause de l'acquisition faite par le dit Biernoix, pour le prix de 72 ll., d'une terre appelée de las Laygas dans les appartenances du village de Vieillefond, fondalité du dit hôpital.

B. 341. (Liasse). — 2 pièces, parchemin ; 1 pièce, papier ; 1 sceau.

1330-1777. — Paroisse de *Reynac* : tènement des Champs. — Reconnaissance faite au prieur de l'hôpital St-Gérald par Aymeric Borrilau de 8 sols de rente sur un pré et bois de la dite paroisse, non dénommés, 1330. — Vente faite par Pierre de Reyssa", apothicaire, et Catherine Reynier, sa femme, à Pierre Dubois, marchand, de la tierce partie de la fondalité du dit tènement et de la rente de 5 setiers froment, 6 émines avoine, 13 sols 4 deniers argent et une géline due sur le même tènement, pour le prix de 80 ll. — Prolongation de l'afferme du dit tènement consentie par l'hôpital général comme représentant celui de St-Martial, en faveur de Martial Sudraud des Isles, juge des juridictions d'Aixe et Rochefort, moyennant la redevance annuelle de 3 ll.

B. 342. (Liasse). — 1 pièce et 1 cahier in-4°, 11 feuillets, papier.

1635-1708. — Paroisse de *Reynac* : tènement des Champs. — Procédures concernant le paiement des rentes dues sur le dit tènement : pour l'hôpital de St-Martial contre Martial Moulinier ; — pour l'hôpital général contre Martial Laschamps, laboureur.

B. 343. (Liasse). — 1 pièce, parchemin ; 1 pièce, papier ; 1 sceau.

1333-1686. — Paroisse de *Bonnat* : tènement de Lavaud-Salesse. — Vente faite par Gui Roger et Agnès, sa femme, Jean Siderse et Simone, sa femme, à Aymeric de Lavaud-Salesse de la quarte partie du dit tènement sis dans la fondalité de l'aumônier de St-Martial, pour le prix de 6 ll. — Transaction en vertu de laquelle Me Léonard des Flottes, seigneur de Leychoisier, conseiller du Roi au Présidial de Limoges, Me Joseph Durand, curé de Cieux, et Dlle Martiale Duclou, veuve d'autre Joseph Durand, cotenanciers du dit tènement, reconnaissent devoir à

l'hôpital général comme représentant celui de St-Martial 4 setiers seigle, 8 émines avoine, 5 sols argent, 2 gélines, un journal d'homme et une charretée de bois de rente sur le dit tènement.

B. 344. (Liasse). — 5 pièces, papier.

1573-1743. — Paroisse de *Bonnat* : tènement de Lavaud-Salesse. — Procédures pour l'hôpital général comme représentant celui de St-Martial contre les tenanciers du dit tènement touchant le paiement de leurs redevances ; avec pièces anciennes à l'appui.

B. 345. (Liasse). — 8 pièces et 1 cahier in-4°, 21 feuillets, papier.

1504-1784. — Paroisse de *Bonnat* : mas de Trasmont. — Reconnaissance faite par les tenanciers de Trasmont à l'aumônier de St-Martial de 10 setiers seigle, 19 émines avoine, 40 sols argent, 2 gélines et une charretée de bois de rente, avec la justice haute, moyenne et basse sur le dit lieu, confrontant à la Drouille-blanche et au fief noble de l'Eychoisier, 1504. — Obligation d'arrérages de rente, consentie par les tenanciers de Trasmont en faveur de l'hôpital de St-Martial, 1611 ; — plusieurs quittances des dits arrérages délivrées aux tenanciers de Trasmont par les fermiers des revenus de l'hôpital de St-Martial, 1639-1648. — Arpentement du dit mas fait par Me Martial Faure, nonobstant opposition de Me Léonard des Flottes, conseiller du Roi, et de la dame prieure de la Drouille-blanche, 1659. Contenance : 519 sestérées 13 coupées. — Reconnaissance faite par les tenanciers de Trasmont à l'hôpital général comme représentant l'hôpital de St-Martial de 12 setiers seigle, 48 émines avoine, 40 sols argent, 6 gélines, un journal d'homme et un charroi de bois de rente sur le dit mas, 1666. — Cession faite par l'hôpital général à Antoine Tilhet, bourgeois, des droits de lods et ventes à percevoir sur la vente future des biens de feu Me Martial Faure, maître de poste de la Maison-Rouge, sis dans le mas de Trasmont, la dite cession faite pour le prix de 322 ll., 1688, etc.

B. 346. (Liasse). — 6 pièces et 1 cahier in-8°, 10 feuillets, parchemin ; 120 pièces, papier.

1606-1740. — Paroisse de *Bonnat* : mas de Trasmont. — Procédures concernant le paiement des rentes dues sur le mas de Trasmont : pour l'hôpital de St-Martial contre les tenanciers du dit lieu ; — pour l'hôpital général comme représentant l'hôpital de St-Martial contre les dits tenanciers.

B. 347. (Liasse). — 2 pièces, parchemin ; 4 pièces, papier.

1421-1783. — Paroisses de *Bonnat* et *Rilhac-Chadenier* : tènement de Vedrenne, *alias* de la Faucherie. — Accense faite par l'aumônier de St-Martial à Jean Teilhaud du tènement de Vedrenne confrontant à la Droulhe-blanche, sous le devoir de 6 setiers seigle, 12 émines avoine, une charretée de bois et 2 gélines de rente et de 20 sols 15 deniers pour la taille, 1421. — Reconnaissance de la dite rente faite à l'aumônier de St-Martial par Jean de la Faucherie, avec la juridiction haute, moyenne et basse et tous autres droits seigneuriaux, 1504. — Affermes de la dite rente faites par l'hôpital général comme représentant celui de St-Martial : à Joseph Rouard, bourgeois, pour le prix de 27 ll., 1722 ; — à Charlotte Lavaud, veuve de Léonard Rouard, pour un prix non spécifié, 1783.

B. 348. (Liasse). — 8 pièces, parchemin ; 2 pièces, papier.

1562-1672. — Paroisse de *Bonnat* et *Rilhac-Chadenier* : tènement de Vedrenne *alias* de la Faucherie. — Procédures concernant le paiement des rentes dues sur le dit tènement : pour les syndics et administrateurs de l'aumônerie et hôtel-Dieu de St-Martial contre les tenanciers du lieu ; — pour l'hôpital général comme représentant celui de St-Martial contre Michel Peyrichon.

B. 349. (Liasse). — 1 pièce, parchemin ; 2 pièces, papier.

1629-1678. — Paroisse de la *Brugère* : clos de las Piéroudas. — Transaction sur procès passée entre la confrérie de N.-D. la Joyeuse, autrement dite des Pâtres de St-Pierre, et les enfants de feu Léonard Bastier, en vertu de laquelle on réduit à 2 setiers la rente de 3 setiers seigle due à la dite confrérie sur le dit clos confrontant au cimetière de la Brugère, à la vigne de la Cure, à la terre de l'église dite de la Luminaire (*sic*) et à la terre de la dame prieure de la Droulhe-blanche possédée par le président Martin. — Condamnation du sieur Léonard Bastier à payer la dite rente à l'hôpital général comme représentant la confrérie de N.-D. la Joyeuse.

HAUTE-VIENNE. — SÉRIE B.

B. 350. (Liasse). — 3 pièces, papier.

1505-1773. — Paroisse de *Chaptelat* : tènement de las petitas Bourdelas. — Reconnaissance faite par les tenanciers du lieu à l'aumônier de St-Martial de 4 setiers seigle, 8 émines avoine, 2 sols argent, 2 chapons et une charretée de bois de rente sur le dit lieu. — Afferme faite par l'hôpital général comme représentant celui de St-Martial à Joseph Fournier aîné, notaire royal et commissaire des saisies réelles du Limousin, de la dite rente et de diverses autres montant en tout à 13 setiers seigle, 33 éminaux avoine, 2 ll. 3 sols 3 deniers argent, 2 chapons, 2 gélines et 3 charretées de bois, pour le prix de 75 ll.

B. 351. (Liasse). — 2 pièces, parchemin ; 5 pièces, papier.

1704-1735. — Paroisse de *Chaptelat* ; tènement de las petitas Bourdelas. — Procédures pour l'hôpital général concernant le paiement des rentes dues sur le dit tènement.

B. 352. (Liasse). — 3 pièces, parchemin ; 11 pièces, papier.

1587-1593. — Paroisse de *Chaptelat*. — Procédures pour l'hôpital de St-Martial contre divers tenanciers de la dite paroisse touchant le paiement de leurs redevances.

B. 353. (Liasse). — 2 pièces, parchemin ; 3 pièces et 1 cahier in-4°,
17 feuillets, papier.

1420-1789. — Paroisse de *Châteauponsac* : tènement de Cheygurat, *alias* des Mathieux. — Reconnaissances faites à l'aumônier de St-Martial par les tenanciers de Cheygurat de 3 setiers seigle, 3 setiers avoine, 12 deniers argent et une géline de rente sur le dit tènement, 1420 et 1504. — Arpentement du tènement de Cheygurat fait par François Dazat, arpenteur et appréciateur royal, 1650. Contenance : 326 sesterées. — Affermes de la dite rente faites par l'hôpital général comme représentant celui de St-Martial à Me Leborlhe, avocat, demeurant à Laval : moyennant la somme annuelle de 27 ll., 1779 ; — moyennant la somme annuelle de 30 ll. 1789.

B. 354. (Liasse). — 24 pièces, papier.

1665-1706. — Paroisse de *Châteauponsac* :

ténement de Cheygurat, *alias* des Mathieux. —
Procédures pour l'hôpital général contre les tenanciers
du dit lieu touchant le paiement des rentes dues.

B. 355. (Liasse). — 2 pièces, parchemin.

1396-1403. — Paroisse de *Condat*. — Procès-
verbal de l'opposition faite par le prieur de l'hôpital
de St-Gérald aux criées du mas de la Jutgie, en
raison des arrérages de rente dus sur le dit ténement.
L'acte débute ainsi : « *Memoriale est quod die
hodierna subscripta, in curia et assisia de Condato
judicialiter hora expeditionis causarum coram nobis
judice sive regente offi ium judicature dicti loci de
Condato ad manum regiam tanquam superiorem
existens, sexto banno duorum mansorum videlicet
mansi de la Jutgia et mansi 2e. Serulhet.... compa-
ruit venerabilis vir frater Petrus de Albiaco....* » —
Quittance délivrée par la confrérie des Pauvres à
vêtir à Bernard Boscaud des arrérages de la rente de
4 sols due sur le ténement de Jas Levadas, d'une
autre rente de 3 oboles due sur une terre sise près
l'église de Condat, d'une autre rente de 7 sols
3 deniers due sur le pré de Dessous-l'ort et sur le pré
de la Roche-Gironde, les dites rentes ayant été
données à la confrérie par Marie Desmoulin, veuve
de Martial Sarrazin.

B. 356. (Liasse). — 1 pièce, parchemin.

1514. — Paroisse de *Condat* : territoires de
Sous-l'Age et de la Planche. — Reconnaissance faite
par Pierre Mosnier, prêtre, à Jacques Deschamps,
apothicaire, fils de Jean Deschamps, bachelier ès lois
et notaire, d'un setier froment de rente sur une vigne
du territoire de Sous-l'Age et d'une émine seigle de
rente sur un pré du territoire de la Planche.

B. 357. (Liasse). — 1 pièce, parchemin; 8 pièces, papier.

1687-1752. — Paroisse de *Condat* : territoires
de Sous-l'Age et de la Planche. — Procédures pour
l'hôpital général comme représentant celui de St-Martial concernant le paiement des rentes dues sur les
deux dits territoires.

B. 358. (Liasse). — 10 pièces et 1 cahier in-8°, 14 feuillets, papier.

1548-1772. — Paroisse de *Condat* : moulin et
ténement de la Vigerie. — Arpentements du dit
ténement faits par Dupeyrat, arpenteur juré, 1548 et
1581. Contenance non indiquée. — Quittances des
rente dues sur le dit ténement, signées MICHEL,
XVII° siècle. — Accense du moulin de la Vigerie faite
par l'hôpital général à Martial Fournier, marchand,
moyennant la redevance annuelle de 174 ll., 1767, etc.

B. 359. (Liasse). — 1 pièce, parchemin ; 3 pièces, papier.

1692-1718. — Paroisse de *Condat* : moulin de
la Vigerie. — Donation faite par Me Grégoire Deschamps, chanoine de St-Martial, à l'hôpital général
de tous les droits et rentes qui peuvent lui appartenir
dans la dite paroisse comme créancier de feu Martial
Deschamps, son frère, et ce en considération de
« l'extrême pauvreté du dit hôpital, » 1692. —
Testament du dit Deschamps, possesseur du moulin
de la Vigerie, demandant à être enseveli dans l'église
de St-Martial et instituant 1,000 messes pour le repos
de son âme (800 chez les Bénédictins, 100 chez les
Franciscains, 50 chez les Cordeliers, 50 chez les
chanoines de St-Martial, à raison de 8 sols chacune);
léguant en outre : aux dits chanoines, les arrérages
de sa prébende, une pièce de brocard et six aunes de
moire pour servir d'ornement à l'église; aux Franciscains, 50 ll. « pour agrandir leur sacristie » et 30 ll.
pour acheter du bois de chauffage; à l'église de
Condat, « le grand tableau qui est sur ma cheminée
dans la chambre de mon moulin, représentant un
crucifix, la Magdelaine au pied et trois autres
petites figures que je veux estre délivrées à M. le curé
du dit Condat, incontinent que ma niepce Valérie
Deschamps quittera la jouissance d'un appartement
du dit moulin; » plus 40 ll. pour faire dorer le tabernacle de la dite église; plus diverses menues sommes
à quelques habitants de Condat; aux pauvres de
Limoges, 100 ll. et tout son linge; à la dite Valérie
Deschamps, sa nièce, 300 ll., la vigne de St-Gérald,
tous ses livres, sa vaisselle, la moitié de ses meubles
etc; à l'hôpital général tout le reste de ses biens et
créances, 1693. — Deux transactions passées entre
l'hôpital général et les cohéritiers du dit Grégoire
Deschamps, pour régler les difficultés pendantes,
1705-1718.

B. 360. (Liasse). — 8 pièces, papier.

1631-1742. — Paroisse de *Condat* : moulin de
la Vigerie. — Procédures pour l'hôpital général
contre les héritiers de Me Grégoire Deschamps, cha-

noine, qui avait légué le dit moulin à l'hôpital. (Voy. l'article précédent.)

B. 361. (Liasse). — 4 pièces, parchemin; 2 pièces, papier.

1300-1739. — Paroisse de *Couzeix* : tènement des Biaux. — Vente faite par Simon la Chaize à l'aumônier de St-Martial de 2 setiers seigle de rente sur les terres du dit tènement confrontant au pré du prévôt de Couzeix, à la fontaine de Pompedors et à la pêcherie du curé de Couzeix, pour le prix de 60 sols, 1300. — Échange entre particuliers de terres du dit tènement, confrontant aux rebières de M° Guillaume Poylevé, avocat au Présidial, à charge des rentes dues à l'aumônier de St-Martial, 1563. — Arpentement du dit tènement fait par le sieur Tarrade, 1739. Contenance : 50 sesterées 1 coupée.

B. 362. (Liasse). — 1 pièce, parchemin ; 5 pièces, papier;

1668-1747. — Paroisse de *Couzeix* : tènement des Biaux. — Procédures pour l'hôpital général comme représentant celui de St-Gérald contre les tenanciers de Biaux, touchant le paiement de leurs rentes.

B. 353. (Liasse). — 1 pièce, parchemin ; 5 pièces. papier.

1290-1690. — Paroisse de *Couzeix* : tènements de Mas-Béraud et Puy-franc. — Guerpissement des deux dits tènements faits par Gérald de Puy-franc en faveur de l'aumônier de St-Martial, 1290 (?). — Reconnaissances faites par Pierre Mandat, laboureur, à l'aumônier de St-Martial de 5 setiers seigle, 5 setiers avoine et 2 sols argent de rente sur Mas-Béraud. 1440 et 1444. — Transaction par laquelle Mathieu Benoist, seigneur baron de Compreignac, reconnaît à l'hôpital général une rente de 30 ll. sur le tènement de Mas-Béraud, 1690.

B. 364. (Liasse). — 3 pièces, parchemin ; 18 pièces, papier.

1635-1680. — Paroisse de *Couzeix* : tènement de Mas-Béraud. — Procédures concernant le paiement des rentes dues sur le dit tènement : pour l'hôpital de St-Martial contre Dlle Jeanne de Douhet, femme de M° Martial Benoist, sieur du Mas-de-l'Age et de Compreignac, et héritière de M° Pierre Benoist,

trésorier de France, son fils, et demoiselle Marie Benoist, fille de la dite Jeanne de Douhet et femme de M° Gaspard Benoist, trésorier de France ; — pour l'hôpital général comme représentant celui de St-Martial contre les mêmes.

B. 365. (Liasse). — 7 pièces, papier.

1571-1694. — Paroisse de *Couzeix* : tènement de Puy-Auroux. — Obligation d'une somme de 15 ll. 6 sols consentie par Hélie Pinat en faveur de l'hôpital de St-Martial pour arrérages de rentes dus sur le dit tènement, 1571. — Quittance délivrée par l'hôpital général comme représentant celui de St-Martial à M° Martial Descordes, conseiller du Roi et son receveur des décimes au diocèse de Limoges, d'une somme de 159 ll. 18 sols pour arrérages de rente dus sur le dit tènement, 1694.

B. 365. (Liasse). — 4 pièces, papier.

1705-1739. — Paroisse de *Couzeix* : tènement de Puy-Auroux. — Procédures pour l'hôpital général touchant le paiement des rentes dues sur le dit tènement : contre M° Martial Descordes, sgr de Grès ; — contre dames Marianne et Marguerite Moulinier, épouses l une de Charles Roulhac d'Estivaux et l'autre du sieur de Coux, sgr du Bouchet.

B. 367. (Liasse). — 2 pièces, parchemin ; 10 pièces, papier.

1443-1784. — Paroisse de *Couzeix* : tenue de la Roche ou de Villefelix de Trasmont. — Accense faite par l'aumônier de St-Martial, du consentement de l'abbé, à Hugonet de Teysonnières de la dite tenue confrontant à une autre tenue, appartenant à l'abbesse de la Règle, sous le devoir de 2 setiers seigle, 3 setiers avoine, 5 sols argent, une géline et une charretée de bois, 1443. — Reconnaissances de la dite rente faites : par Coulaud et Penot de Villefelix, frères, à l'aumônier de St-Martial, 1504 ; — par Noël Chouvaud et autres cotenanciers à l'hôpital général comme représentant celui de St-Martial, 1668. — Arpentements de la dite tenue faits par Breton, arpenteur royal héréditaire, 1663, — et par Jean-Godefroy Chevalier, « géomètre arpenteur es eaux et forêts, » 1754. Contenance : 101 sesterées 7 coupées; etc.

B. 368. (Liasse). — 2 pièces et 1 cahier in-8°, 10 feuillets, parchemin ; 47 pièces et 2 cahiers in-8°, 10 et 14 feuillets, papier.

1584-1740. — Paroisse de *Couzeix* : tenue de la Roche ou de Villefelix de Trasmont. — Procédures concernant le paiement des rentes dues sur le dit tènement : pour l'hôpital de St-Martial contre les tenanciers du lieu, 1584-1610 ; — pour l'hôpital général contre les dits tenanciers, 1667-1740.

B. 369. (Liasse). — 6 pièces, parchemin, 3 pièces, papier.

1350-1690. — Paroisse de *Couzeix* : tènements divers. — Échange fait entre Pierre Bernard, damoiseau, et Guillaume Luchalme, de quinze rentes différentes provenant de la dot de dame Alpadie, femme du dit Bernard, contre les droits qui appartiennent à Guillaume Lachalme sur le mas Joubert, en la dite paroisse, 1350. — Vente faite entre particuliers de 8 setiers froment de rente sur le mas Anglar, avec mention de la donation d'un setier froment faite par l'acheteur en faveur de la confrérie des Pauvres à vêtir, 1370. — Reconnaissance faite par Jeanne Fouschière à la confrérie des Pauvres à vêtir d'un setier froment de rente sur le mas Anglar, 1391. — Cession par l'hôpital général comme représentant celui de St-Martial à Claude Martial Cibot, marchand, des droits de lods et ventes dus à cause de la vente faite entre particuliers de 4 sesterées de terre au territoire de las grandas Pessas pour la somme de 100 ll. ; la dite cession faite pour la somme de 6 ll., 1690. — Procédure pour l'hôpital de St-Martial contre les tenanciers du mas de Villapse confrontant au chemin qui mène à la chapelle de St-Martin du Faux, *alias* de las Genouilliéras, touchant le paiement de leurs redevances, 1630.

B. 370. (Liasse). — 1 pièce, parchemin.

1460. — Paroisse d'*Ryhoulcuf*. — Accense faite par Jean Mercier, bourgeois, comme procureur de frère Guillaume Foucaud, aumônier de St-Martial, à Pierre de la Geneytouse, du mas de St-Marsau sis en la dite paroisse et confrontant au chemin qui mène de Limoges à Eymoutiers, sous le devoir de 4 setiers seigle de rente.

B. 371. (Liasse). — 2 pièces, parchemin ; 12 pièces, papier.

1579-1581. — Paroisse de *Feytiat* : tènement de Crouseil, *alias* Croseil et Crouzeix. — Procédures pour l'hôpital de St-Martial contre les tenanciers du lieu touchant le paiement de la rente de 7 ll. par eux due.

B. 372. (Liasse). — 2 pièces, parchemin.

1402-1562. — Paroisse de *Feytiat* : tènement de Marceilh. — Accense faite par Pierre des Farges, aumônier de St-Martial, à Pierre Bonac du tènement de Marceilh, sous le devoir de 3 setiers seigle et 3 setiers avoine de rente. — Échange entre particuliers de terres sises dans le dit tènement, sans désignation du seigneur foncier.

B. 373. (Liasse). — 1 pièce et 2 cahiers in-8° et in-4°, 6 et 7 feuillets, parchemin ; 3 pièces, papier.

1581-1584. — Paroisse de *Feytiat* : tènement de Marceilh. — Procédures pour l'hôpital de St-Martial contre les tenanciers de Marceilh touchant le paiement de leurs rentes.

B. 374. (Liasse). — 3 pièces, parchemin ; 4 pièces, papier.

1396-1722. — Paroisse de *Feytiat* : tènement du Puy-Andreau. — Extraits des lièves de l'aumônerie de St-Martial, portant qu'il est dû à l'aumônier 6 setiers seigle et 10 émines avoine de rente sur le dit tènement, 1396-1480. — Reconnaissances de la dite rente faites à l'aumônier de St-Martial : par Agnès du Puy-Andreau, femme de Martin Roy, 1455 ; — par Mariote Querciue, veuve de Me Jean Clément, notaire, 1499. — Cessions faites par l'hôpital général : à Me Jean Vidaud, prêtre, docteur en théologie et promoteur général du diocèse, de partie des droits de prélation, lods et ventes dus sur le dit tènement, pour le prix de 24 ll., 1685 ; — à Pierre Boucher, économe de l'abbaye de Bénévent, de partie des mêmes droits, pour le prix de 66 ll., 1688. — Quittance de partie de la dite somme de 66 ll., délivrée par l'hôpital général à Me Pierre Boucher, seigneur de Cordelas, 1722.

B. 375. (Liasse). — 4 pièces, parchemin ; 14 pièces, papier.

1573-1652. — Paroisse de *Feytiat* : tèneme n

du Puy-Andreau. — Procédures pour l'hôpital de St-Martial contre les tenanciers du dit tènement touchant le paiement de leurs rentes, les dites procédures instruites devant la juridiction ordinaire, la juridiction de la Salle épiscopale, la cour sénéchale et le Présidial de Limoges.

B. 376. (Liasse). — 4 pièces, parchemin.

1419-1504. — Paroisse de *Feytiat* : tènement de Puymarot. — Acte par lequel l'aumônier de St-Martial consent à réduire pour sept ans de 3 setiers seigle et 3 deniers argent à un setier seigle et un denier argent la rente à lui due sur le dit tènement. — Reconnaissance faite par Léonard de Puymarot à l'aumônier de St-Martial de 3 setiers seigle et 6 émines avoine de rente sur le dit tènement.

B. 377. (Liasse). — 6 pièces, parchemin ; 25 pièces et 1 cahier in-8°, 19 feuillets, papier.

1573-1580. — Paroisse de *Feytiat* : tènement de Puymarot. — Procédures instruites en la cour de la cellererie de St-Martial entre les commissaires députés au régime des fruits du village de Puymarot, d'une part, les administrateurs de l'hôpital de St-Martial, l'abbé de St-Martial et les tenanciers de Puymarot, d'autre, touchant le paiement des rentes.

B. 378. (Liasse). — 1 pièce, parchemin.

1254. — Paroisse de *Flavignac.* — Vente faite par Guillaume Vidaud (*Guillelmus Vitalis*) à l'aumônier de St-Martial d'un setier seigle et 3 deniers argent de rente sur la terre de l'Aumône, près l'ormeau de la croix, « *in terra de Lolmeno sita ad ulmum de cruce,* » pour le prix de 30 sols.

B. 379. (Liasse). — 6 pièces, parchemin ; 3 sceaux.

1346-1439. — Paroisse de la *Geneytouse* : bourg de la Geneytouse et ses dépendances. — Reconnaissance faite par Foulques d'Acre, *alias* de Royère, damoiseau, à Pierre Geoffroy, aumônier de St-Martial, de 4 deniers argent de rente sur diverses terres sises dans les dépendances du bourg de la Geneytouse, 1346 ; — avec un vidimus de 1362. — Investiture donnée par l'aumônier de St-Martial à

Gaucelin Panabuou, chevalier, des cens et rentes par lui acquis dans la paroisse de la Geneytouse, 1346. — Donation faite par Gilbert Panabuou, damoiseau, fils de feu Gaucelin Panabuou, chevalier, sgr de St-Nicolas, à Adhémar de Sazeyrac, aumônier de St-Martial, de tous les biens qu'il possédait dans le dit bourg, 1357. — Accense faite par M° Pierre Lascure, aumônier de St-Martial, à Pierre de la Geneytouse, *alias* de la Vacherie, des tènements de Botetarie, Nanot, Vernolhau, etc., sis au bourg de la Geneytouse, sous le devoir de 2 setiers seigle de rente, 1439.

B. 380. (Liasse). — 1 pièce, parchemin.

1362. — Paroisse de la *Geneytouse.* — Excommunication prononcée par l'official de Limoges à la requête de l'aumônier de St-Martial contre Foulques de Royère, damoiseau, qui refusait de payer au dit aumônier les arrérages de dix années de rente sur un tènement non dénommé. (Voy. l'article précédent.)

B. 381. (Liasse). — 3 pièces, parchemin.

1445-1507. — Paroisse de la *Geneytouse* : tènement du Mas-la-Vialle. — Accense du dit tènement faite par Jacques Jouviond, aumônier de St-Martial, à Peyraud de la Geneytouse, laboureur, sous le devoir de 3 setiers seigle, 1 setier froment, 5 sols argent et une géline de cens, 1445. — Investiture du dit tènement donnée par Raymond Donarel, aumônier de St-Martial, à Jean las Vergns, laboureur, sous les devoirs accoutumés, 1448. — Acte par lequel Antoine Choussade, bachelier en l'un et l'autre droit et aumônier de St-Martial, réduit la susdite-rente du tènement de Mas-la-Vialle à 3 setiers seulement, 1507.

B. 382. (Liasse). — 5 pièces, parchemin ; 31 pièces, papier.

1657-1678. — Paroisse de la *Geneytouse* : tènement du Peyraud. — Cession faite par l'hôpital général à Jean Ledot, sieur de Puyjoubert, bourgeois de St-Léonard, des droits de lods et ventes dus pour raison de l'acquisition faite par ce dernier de quelques biens sis dans le dit tènement, la dite cession faite moyennant la somme de 11 ll. 1 sol 3 deniers, 1678. — Procédures pour l'hôpital général contre les tenanciers du dit tènement touchant le paiement de leurs rentes, 1657-1672.

B. 383. (Liasse). — 3 pièces, parchemin ; 1 sceau.

1271-1447. — Paroisse de la *Geneytouse* : tènement de la Rebière-au-Sourd. — Accense du dit tènement faite par Simon Vidaud, aumônier de St-Martial, à Gautier Laverguolle, sous le devoir de 3 setiers seig'e de rente pendant dix ans, 1271. — Donation faite par Gaucelin Panabuou, chevalier, à Pierre Geoffroy, aumônier de St-Martial, de 4 setiers seigle de rente sur le dit tènement, 1346, etc.

B. 384. (Liasse). — 3 pièces, parchemin ; 4 pièces, papier ; 1 sceau.

1291-1598. — Paroisse de la *Geneytouse* : tènement de la Rebière-au-Sourd. — Approbation par les Consuls de la ville franche de Masléon d'une sentence du bailli de Laront confirmant l'aumônier de St-Martial dans la possession d'une rente de 17 sols sur le dit tènement sis dans la justice de Masléon , 1291. L'acte débute ainsi : « *Universis presentes litteras inspecturis nos magister P. de Çapella junior, clericus, custos sigilli domini regis Francie in baylia de Laront constituti, salutem in Domino. Litteras consulum ville franche de Mansa-Leonis in dicta baylia per dominum regem Francie constitut[orum] non cancellatas.... nos vidisse noveritis in hec verba.....*» (1) — Sommation faite au nom de Guillaume Bonneau, chevalier, lieutenant de Me Jourdain de Lubercie, conseiller du Roi et son sénéchal à Poitiers, et à la requête de Raymond de la Rebière, à Me Gaucelin de Panabuou, chevalier, de mettre en la main du roi les fruits du tènement de la Rebière saisis à la demande de l'aumônier de St-Martial et enlevés par le dit Panabuou, et ce à peine de 1,000 ll. d'amende, 1335. — Procédures pour l'hôpital de St-Martial contre noble Antoine Geneste, sieur d'Aigueperse, touchant le paiement des droits de lods et ventes par lui dus pour raison de certaine acquisition faite dans le tènement de la Rebière par feu Guy Geneste, sgr d'Aigueperse et de Bort, 1598.

B. 385. (Liasse.) — 7 pièces et 1 cahier in-8°, 12 feuillets, parchemin ; 2 pièces, papier.

1246-1680. — Paroisse de la *Geneytouse* : tènements divers. — Cession faite par Étienne de Croche à l'aumônier de St-Martial de tout le droit qu'il pouvait avoir sur les mas de la Pouyade, Villemigou et St-Martial, 1246. — Promesse donnée par Pierre Roi d'observer les conventions de l'accense à lui faite par Hugues de Charrières, aumônier de St-Martial, d'un jardin sis dans le mas de la Pouyade, 1266. — Partage entre frères des tènements du Teil, Boucheyron et Boisson, avec obligation de payer les rentes dues sur les dits tènements à noble homme Guillaume Daniel, chevalier, et à Pierre Genel, vicaire de la vicairie de Ste-Quitterie ou Ste-Christine, à St-Léonard, 1443. — Cession faite par l'hôpital général à Jean Baure, sieur de la Borderie, bourgeois de St-Léonard , des droits de lods et ventes dus pour raison de l'acquisition d'une métairie appelée Chez-Gras, la dite cession faite pour le prix de 300 ll., 1680. — Autres transactions concernant les tènements de Julhac, les Berthus, les Calans, Rioumaride, Mas-Larue et le Breuil.

B. 386. (Liasse). — 4 pièces, parchemin ; 1 pièce, papier; 2 sceaux

1303-1674. — Paroisse de la *Geneytouse* : tènements divers. — Sentence rendue en l'assise de Château-Chervix par Blancas de Grasée, sénéchal et la vicomté de Limoges, « *Senescallus in vicecomitat[u] Lemovicensi*, » agissant au nom du vicomte, la dite sentence renvoyant l'aumônier de St-Martial et Raymond la Ribière, son tenancier, de la demande contre eux formée à raison de la possession du moulin de Mas-Larue. — Procédures pour l'hôpital général contre Jacques Fournier touchant le paiement de rentes par lui dues sur les tènements de St-Martial, Rioumaride, la Rebière-au-Sourd, etc.

B. 387. (Liasse). — 2 pièces, parchemin.

1295-1398. — Paroisse d'*Isle* : tènement du Mas-Bouchard et de las Conchas. — Vente faite par Hugues Borzès, clerc, fils de feu Jean Borzès, clerc, à la confrérie des Pauvres honteux, « *helemosine pauperum verecundorum que datur in castro Lemovicensi*, » de 3 setiers seigle de rente à percevoir sur le mas Bouchard, pour le prix de 110 sols. — Accense faite par les Consuls de Limoges à Pierre et Étienne Douzeau, père et fils, d'une terre dite de las Conchas, réduite en absine, sous le devoir d'un setier seigle de cens et un édule (*uno edulo*) d'accap

---

(1) Sur la ville franche de Masléon et le bailliage de Laront, cf. *l'Invent. des Arch. dép. de la Haute-Vienne*, D, 1048.

B. 388. (Liasse). — 4 pièces, papier.

1699. — Paroisse d'*Isle* : vigne de Dufé. — Procédures pour l'hôpital général contre Blaise Brissaud, laboureur, touchant le paiement des droits de lods et ventes par lui dus pour acquisition de la dite vigne.

B. 389. (Liasse). — 2 pièces, parchemin ; 9 pièces, papier.

1653-1743. — Paroisse de *Janailhac* : métairie de Bosmard. — Cession en forme d'hypothèque faite par noble Charles Grenier, écuyer, seigneur de Bosmard, à M* Jean d'Argenteaux, contrôleur général du taillon, de la dite métairie, au labourage de deux paires de bœufs, 1653. — Extrait du testament de D* Anne Peyroche, veuve de M* Martial d'Argenteaux, léguant la dite métairie aux pauvres de l'hôpital général de Limoges, à charge par les dits pauvres de prier Dieu pour le repos de son âme, de chanter tous les dimanches un *De profundis* après vêpres et de faire célébrer à perpétuité un service au jour anniversaire de son décès, 1724. — Procédures pour l'hôpital général contre les tenanciers de la dite métairie, touchant le paiement de leurs redevances, 1743.

B. 390. (Liasse). — 7 pièces, parchemin ; 7 pièces, papier.

1298-1785. — Paroisse de *Janailhac* : tènement de Chaumensouze. — Guerpissement du dit tènement fait par Jean de Chaumensouze en faveur de l'aumônier de St-Martial, par cette raison que le tènement devenait abse, faute de culture, 1298. — Trois reconnaissances faites à l'aumônier de St-Martial de 10 setiers seigle, 16 ras avoine, 13 sols argent et 3 gélines de rente sur le dit tènement, 1483-1521 ; — même reconnaissance en faveur de l'hôpital général comme représentant l'hôpital de St-Martial, 1663. — Affermes faites par l'hôpital général des rentes à lui dues sur les tènements de Chaumensouze (paroisse de Janailhac), Noailhas (paroisse de Nexon), Bosmareiche (paroisse de St-Hilaire-Lastours), Valeix et Mailac paroisse de St-Martin du Temple) : moyennant la somme annuelle de 450 ll., 1777 ; — moyennant la somme annuelle de 430 ll., 1785 — Arpentement du tènement de Chaumensouze fait par Tarrade, arpenteur, 1782. Contenance : 184 sesterées 15 coupées.

B. 391. (Liasse). — 2 pièces, parchemin ; 7 pièces, papier.

1629-1725. — Paroisse de *Janailhac* : tènement de Chaumensouze. — Procédures concernant le paiement des rentes dues sur le dit tènement : pour l'hôpital de St-Martial ; — pour l'hôpital général.

B. 392. (Liasse). — 1 pièce, parchemin ; 1 pièce, papier.

XII° siècle-1772. — Paroisse de la *Jonchère*. — Donation faite par Gérald II. évêque de Limoges, aux pauvres de St-Gérald d'un muid seigle de rente sur le lieu de la Jonchère : avec confirmation de la dite donation par Saibrand, évêque de Limoges, décembre 1196. (Vidimus fait par Durand, évêque de Limoges, le 5 des ides d'octobre 1241, d'un autre vidimus des susdits actes fait par Guy II, évêque de Limoges, le 8 des calendes de mars 1229 (1). — Consultation juridique sur la valeur de la susdite rente, 1772.

B. 393. (Liasse). — 4 pièces, parchemin ; 2 pièces, papier.

1399-1713. — Paroisse de *Meillac* : fief noble de la Mondie. — Acte par lequel Jourdain Richard, damoiseau, seigneur de la Mondie en Basse-Marche, diocèse de Poitiers, reconnaît tenir de l'aumônier de St-Martial, en foi et hommage, le dit fief noble, à charge d'une obole d'or d'accapt et de 60 sols de rente, 1399. — Reconnaissances de la dite rente faites au dit aumônier : par noble homme Jourdain Richard, damoiseau, 1423. — par noble homme Louis Richard, damoiseau, sous réserve d'hommage lige à l'abbé de St-Martial, 1509 ; — par messire Jacques Richard, écuyer, coseigneur de la Mondie et curé de St-Barban, fils de feu Louis Richard, écuyer, 1551. — Acte de foi et hommage rendu à l'hôpital général comme représentant celui de St-Martial par messire Philippe de la Roche, chevalier, seigneur de la Mondie, pour raison du dit fief et sous promesse d'en fournir le dénombrement dans les 40 jours de l'ordonnance, 1686, etc.

B. 394. (Liasse). — 9 pièces, parchemin ; 11 pièces, papier.

1614-1758. — Paroisse de *Meillac* : fief noble de la Mondie. — Sentence de la sénéchaussée du Dorat adjugeant à l'hôpital de St-Martial, au préjudice

(1) Impr. dans nos *Documents historiques*..... p. 167.

de l'abbé de St-Martial, l'hommage du fief noble de la Mondie, 1614. — Sentence de la sénéchaussée du Dorat condamnant Jonas de la Roche, écuyer, sieur d'Oradour, appelé en garantie par Gédéon de la Roche, écuyer, sieur de la Mondie, son frère, à rendre foi et hommage lige à l'hôpital de St-Martial pour le dit fief noble et à payer la redevance accoutumée, 1614. — Procédures : concernant la saisie du fief de la Mondie par défaut d'hommage, les dites procédures instruites à la requête de l'hôpital de St-Martial contre Gédéon et Jonas de la Roche, et encore contre Pierre Duverdier, abbé de St-Martial, 1619; — condamnant Philippe de la Roche, écuyer, sgr de la Mondie, à rendre hommage pour le dit fief à l'hôpital général comme représentant celui de St-Martial, 1671-1686; — condamnant Philippe de la Roche, chevalier, à payer à l'hôpital général les arrérages de la rente due sur le dit fief noble, 1746-1758.

B. 395. (Liasse). — 2 pièces, parchemin; 6 pièces, papier.

1368-1703. — Paroisse de *Meuzac* : tènement de la Jouffrenie. — Accense faite par Guy de Puyfaucon, damoiseau, et Alpadie de Jougnac, sa femme, fille de feu Pierre de Jougnac, chevalier, à Pierre de la Bernardie, Pierre Toraud et Pierre Jacques, habitants de la paroisse de Nexon, du tènement de la Jouffrenie et de la terre de Vialle, à charge de payer 10 setiers seigle et 2 sols argent de rente à l'aumônier de St-Martial, 3 ras avoine, 43 sols argent et 3 gélines de rente, 5 sols d'accapt et 5 sols pour la taille franche au dit Guy de Puyfaucon et à sa femme, aux quatre cas. « *in quolibet casu quatuor casuum consuetorum vi telicet in nova militia et transfretatione ultra partes maritimas, captivitate inimicorum suorum et pro filia sive filiabus suis maritandis,* » 1368. — Deux reconnaissances faites à l'aumônier de St-Martial de 10 setiers seigle et 2 sols argent de rente sur le tènement de la Jouffrenie, par les tenanciers du lieu, 1595 et 1562. — Transaction passée entre l'hôpital général comme représentant celui de St-Martial et Me Jean de Montczy, procureur d'office en la juridiction de Château-Chervix, comme fondé de procuration des tenanciers de la Jouffrenie, la dite transaction portant reconnaissance de la rente de 10 setiers seigle et 2 sols argent, 1703.

B. 396. (Liasse). — 6 pièces, parchemin; 27 pièces, papier.

1561-1745. — Paroisse de *Meuzac* : tènement de la Jouffrenie. — Procédures commencées en [la] juridiction de Château-Chervix, concernant le paiement des rentes dues sur le dit tènement : pou[r] l'hôpital de St-Martial contre ses tenanciers, 1561[-]1661; — pour l'hôpital général contre messir[e] Philibert de Joussineau, chevalier, marquis de Faya[t], 1675-1692; — contre dame Marie de Joussineau[,] marquise de Fayat, veuve de Me d'Ussel d[e] Châteauvert, 1716-1722, etc.

B. 397. (Liasse). — 1 pièce, papier.

1788. — Paroisse de la *Meyze*. — Vente fait[e] par l'hôpital général à François Guinaud du droit d[e] lods et ventes dû à cause de l'acquisition faite pa[r] M. de Lafaye d'une terre appelée la Lande, dans l[e] tènement de las Auliéras, susdite paroisse, la dit[e] cession faite pour la somme de 3 ll.

B. 398. (Liasse). — 18 pièces, parchemin; 1 pièce, papier; 7 sceaux.

1236-1466. — Paroisse de *Nantiat* : tènement de Clavières. — Donations faites à l'aumônier de St-Martial : par Pierre la Celle, chevalier, d'une rente de 2 sols 6 deniers et de tout le droit qu'il avait sur la maison de Clavières; il reconnaît en outre à la dite maison tous les droits d'usage dans la forêt de Dosse « *in nemore quod dicitur nemus Dossa.* » Par le même acte, Hélie des Monts, damoiseau, beau-frère de Pierre la Celle, abandonne au monastère de St-Martial et maison de Clavières une rente de 12 deniers qu'il percevait sur la dite maison, 1236; — par Guillaume de Bellac, cordonnier de Limoges, de tout le droit qu'il avait sur la terre de St-Martial de Clavières, 1237; — par Pierre Maurice, laïque de Rancon, « *laicus de Ranconio,* » d'une émine seigle de rente à percevoir sur le tènement de Clavières, 1240. — Vente faite par Pierre Fauchet, damoiseau portant la croix, « *domisellus crusesignatus,* » à Hugues de Charrières, aumônier de St-Martial, de 8 deniers de rente à percevoir sur la maison de Clavières qui appartient à l'aumônerie de St-Martial, « *in domo de Claveiras que est Sancti Marcialis Lemovicensis et spectat ad helemosinariam Sancti Marcialis Lemovicensis,* » et ce pour le prix de 10 sols, 1239. — Transaction réglant les droits de fondalité sur une terre des Clavières, près la forêt de Dosse, entre Hélie Bodoyher, damoiseau, et Pierre de St-Martial, clerc, procureur de feu Hugues, aumônier de St-Martial,

1266. —.Ventes faites : par Albert Saultier, damoiseau, Aymeric et Guillaume Saultier, clercs, tous trois frères, à Pierre Dupin, procureur de Simon Vidaud, aumônier de St-Martial, de 2 setiers une émine seigle et 9 deniers argent de rente à percevoir sur le mas Gras, dans le tènement de Clavières, et de toute la dîme à lever sur les mas de Laleu, Faugères, Montaten, etc., pour le prix de 10 ll. 10 sols, 1273 ; — par Imbert de Verneuil, damoiseau, à Pierre de St-Martial, procureur de Simon Vidaud, d'un setier seigle de rente à percevoir sur la maison de Clavières, pour le prix de 30 sols, 1273. — Deux investitures faites par l'aumônier de St-Martial à ses tenanciers de Clavières, de biens par eux acquis au dit lieu, 1332. — Donation faite par l'aumônier de St-Martial, avec le consentement du chapitre, aux pauvres de l'aumônerie de 20 setiers seigle et 20 sols tournois de rente annuelle à prendre sur la dîme de Clavières, le Roure, Lascoulx, Marty et leurs dépendances, 1286. — Accenses faites par Jean Mercier, bourgeois et procureur de frère Raymond Donarel, aumônier de St-Martial : à Jean Guinard, de diverses terres du lieu de Clavières, sous le devoir de 3 setiers une émine seigle de rente, 1456 ; — à Guillaume Chanet et autres cotenanciers, d'une terre appelée le Mas-a-Peyre, dans les appartenances du tènement de Clavières, sous le devoir de 2 setiers une émine seigle de rente, 1465 ; — à Guillaume Corriveau, dit le Riche, d'une terre sise au dit lieu de Clavières et confrontant au chemin qui mène de la Garde-St-Gérald à la croix du Poirier, sous le devoir de 3 quartes seigle de rente, 1466.

1491-1721. — Paroisse de *Nantiat* : tènement de Clavières. — Reconnaissances faites : par Guillaume Grelet à Pierre Choussade, aumônier de St-Martial, de 10 deniers de cens sur le lieu du Perrier dans les appartenances de Clavières, 1491 ; — par Pierre Leparfait à Bernard Aubusson, aumônier de St-Martial, de 4 setiers une émine seigle, 3 quartes avoine, 4 sols argent et une géline de rente sur le lieu de Redon, et de diverses autres rentes sur les lieux de Bullesygnoux, les Joix, Parrelon et les Vernys, dans les appartenances de Clavières, 1542. — Montrée des tènements de Clavières, Roulle et Lascoux, faite par autorité du juge de l'aumônerie de St-Martial, pour établir les redevances des tenanciers, 1634. — Cession

faite par l'hôpital général à Me Pierre Leparfait, notaire royal à Clavières, à raison de 3 sols 4 deniers pour livre, des droits de lods et ventes dus pour certaine acquisition par lui faite à Clavières, 1673. — Obligations et quittances relatives aux rentes dues à l'hôpital général sur le dit tènement, 1681-1721.

1584-1788. — Paroisse de *Nantiat* : tènement de Clavières. — Affermes des rentes et dîmes du dit tènement faites par l'hôpital de St-Martial : à Me Antoine Busseyron, procureur, pour 120 ll., 1584 ; — à François Rivier, laboureur, pour 25 setiers seigle, 1591. — Autres affermes des mêmes rentes et dîmes faites par l'hôpital général, à Pierre Leparfait, notaire royal, et à diverses autres personnes : pour 85 setiers seigle, 1662 ; — pour 60 setiers seigle, 1682 ; — pour 42 setiers seigle, 1694 ; — pour 64 setiers seigle, 1696 ; — pour 42 setiers seigle, 1697 ; — pour 35 setiers seigle, 1698 ; — pour 49 setiers seigle, 1713 ; — pour 200 setiers seigle, 1780 et 1788.

1692-1721. — Paroisse de *Nantiat* : tènement de Clavières. — Extraits de lièves des rentes dues à l'hôpital général sur le dit tènement, avec indication de la quotité due par chaque tenancier.

1656-1720 — Paroisse de *Nantiat* : tènement de Clavières. — Extraits de lièves et pièces diverses servant à établir les cens et rentes dus à l'hôpital général sur le dit tènement.

1580-1723. — Paroisse de *Nantiat* : tènement de Clavières. — Jugement de la sénéchaussée de Limoges en faveur de l'hôpital de St-Martial, condamnant les habitants de Clavières à serrer dans leurs granges et à conserver la dîme des pauvres jusqu'à ce qu'on puisse y envoyer pour la faire battre ; — procédures y relatives, 1580-1596. — Mémoire servant à établir la justice de Clavières, 1591. — Procédures pour l'hôpital de St-Martial : contre les tenanciers de Clavières, touchant le paiement de leurs rentes, 1597 ; — contre Me Jean Roy, prieur curé de Nantiat, pour raison des dîmes de Clavières, 1598. — Autres procédures pour l'hôpital général contre les tenanciers de Clavières touchant le paiement des rentes, 1689-1723.

B. 404. (Liasse). — 5 pièces, parchemin ; 4 pièces, papier.

1490-1789. — Paroisse de *Nantiat* : tènement des Lèzes. — Donation faite par noble homme Ponnet des Lèzes, seigneur de l'Age, à l'aumônier de St-Martial de la dîme totale perçue sur le tènement des Lèzes, cette dîme relevant en fief de l'évêque de Limoges, 1490. — Lettres de sauvegarde obtenues par l'aumônier de St-Martial au Parlement de Bordeaux pour raison de la dîme des Lèzes, 1494 ; — avec la publication faite en l'audience de la sénéchaussée de Limoges, 1500. — Transaction par laquelle noble Antoine Faucon, écuyer, seigneur des Lèzes, s'engage à payer aux administrateurs de l'hôpital de St-Martial 12 setiers seigle de rente sur le lieu des Lèzes, 1562. — Transaction portant paiement d'une somme de 216 ll. par Me Picon, écuyer, seigneur des Lèzes, en faveur de l'hôpital général pour arrérages des rentes dues sur le tènement des Lèzes, 1706. — Afferme de la dîme des Lèzes, montant à 12 setiers seigle, faite par l'hôpital général à Philippe Joubert de la Briaudière, receveur des domaines du Roi, pour la somme annuelle de 48 ll., 1789.

B. 405. (Liasse). — 16 pièces, parchemin ; 16 pièces et 1 cahier in-8°, 48 feuillets, papier ; 2 sceaux.

1500-1714. — Paroisse de *Nantiat* : tènement des Lèzes. — Enquête faite à la demande de l'aumônier de St-Martial contre les tenanciers du dit tènement pour raison du paiement des dîmes ; — procédures y relatives, 1500-1513. — Lettres du grand sceau de la chancellerie de Bordeaux obtenues par les bailes de l'hôpital de St-Martial pour faire toutes diligences contre les tenanciers des Lèzes, touchant le paiement des dîmes, 1561. — Procédures : pour l'hôpital de St-Martial contre nobles Antoine et Philippe Faucon, seigneurs des Lèzes, touchant le paiement des arrérages de rentes, 1565-1591 ; — pour l'hôpital général contre le seigneur des Lèzes, pour même raison que dessus, 1714.

B. 406. (Liasse). — 7 pièces, parchemin ; 1 pièce, papier.

1448-1491. — Paroisse de *Nantiat* : tènement du Roure. — Transaction par laquelle l'aumônier de St-Martial, Raymond Donarel, et le prieur du prieuré de Nantiat, Jean de Villechenour, s'engagent à ne percevoir que la dîme des agneaux sur le dit tènement, 1448. — Reconnaissance faite à l'aumônier de St-Martial par Jean Jarret de 3 quartes seigle et 18 deniers argent de rente sur le lieu des Côtes, sis dans le dit tènement, 1455. — Transaction par laquelle Petit-Pierre de Peyriceyx et autres cotenanciers reconnaissent à l'aumônier de St-Martial la fondalité du lieu de las Pradelas, sis dans le dit tènement, 1474. — Accense du dit lieu de las Pradelas faite par Jean Donarel, aumônier de St-Martial, à Petit-Pierre de Peyriceyx, sous le devoir d'un setier froment et 3 setiers seigle de rente, 1474. — Investiture de la terre de Jouffre, du pré Meynard et du pré de la Fontfoucaud, faite par Pierre Choussade, aumônier de St-Martial, en faveur de Jean Leparfait, 1491.

B. 407. (Liasse). — 1 pièce, parchemin ; 9 pièces, papier.

1589-1597. — Paroisse de *Nantiat* : tènement du Roure : Procédures pour l'hôpital de St-Martial : contre les tenanciers du Roure touchant le paiement de leurs rentes ; — contre les tenanciers du Roure, de Lascoux, Marty et Clavières touchant les droits de lods et ventes par eux dus.

B. 408. (Liasse). — 13 pièces, parchemin ; 40 pièces, papier.

1504-1753. — Paroisse de *Nantiat* : tènements divers. — Reconnaissance faite par Martial Verny et autres cotenanciers à l'aumônier de St-Martial de 8 setiers seigle, une coupe et demi froment, 2 gélines et 8 sols 8 deniers argent de rente sur le lieu de Vernety, 1504. — Procédures : pour l'hôpital de St-Martial contre les tenanciers de Champardy, Peyregaliarde, Fontbelion, Verny, Mazaude, Lascoux-Marty, la Garde-St-Gérald, etc., touchant le paiement de leurs redevances, 1587-1597 ; — pour l'hôpital général contre messire Jacques de St-Georges, écuyer, seigneur de Peyrasseix, touchant le paiement des droits de lods et ventes par lui dus pour acquisition du lieu de la Vouzelle, 1694 ; — pour le dit hôpital contre Charlotte de Chauvet de Nantiat, dame de Fredaigne, veuve de Me Jean-François Martin, écuyer, touchant le paiement des arrérages de rentes par elle dus sur le tènement de Villechenoux et autres de la dite paroisse, 1753.

B. 409. (Liasse). — 3 pièces, parchemin ; 8 pièces, papier.

1366-1784. — Paroisse de *Nexon* : tènement de Bosemaresche. — Vente faite par Guy de Puyfaulcon, damoiseau, fils de feu Nicolas de Puyfaulcon, damoiseau, à l'aumônier de St-Martial de 5 setiers froment de rente sur le dit tènement, pour le prix de 22 ll., 1366. — Acte par lequel noble Geoffroi de Lastours, damoiseau, exempte Pierre de Bosemaresche, tenancier du dit lieu, et ses successeurs du droit de faction et de prestation d'embûches ou guet dû au dit seigneur, à cause de sa châtellenie de Lastours, moyennant la somme de 20 écus d'or, 1428 (1) : « *Prefatus nobilis Guaufridus de Turribus.... exemit, affranchivit, liberavit et quittavit preffatum Petrum de Boumareycha ibidem presentem et sollempniter stipulantem pro se et suis heredibus et successoribus, et suos heredes et successores quoscumque presentes et futuros et omnem stirpem ex eo descendentem ac exemptos, francos, liberos, quittos et liberatos ac immunes esse voluit in perpetuum affaccione et prestacione insidiarum sive lo guach diei et noctis in quibus idem Petrus de Boumareycha tenebatur et tenetur pro nunc et in futurum eidem domino de Turribus, racione loci et castri et castellanie predictorum de Turribus....»*— Transaction par laquelle Louis de Vautière, écuyer, seigneur du lieu, Antoine Bazin, seigneur de Puyfaulcon, et autres cotenanciers de Bosemaresche reconnaissent devoir à l'hôpital de St-Martial 15 setiers seigle; 12 émines avoine, 35 sols argent et 2 gélines de rente sur le dit tènement, confrontant au chemin qui mène de Puyfaulcon à St-Martinet, jusqu'à la croix de la Reilhe, 1614. — Ventes de parties du dit tènement faites : à l'hôpital général par Charles de Vautière, écuyer, pour la somme de 20 ll. 5 sols, 1675 ; — à Me Pierre Martin par François de Vautière, écuyer, pour la somme de 140 ll., à charge de la rente due à l'hôpital général, 1694. — Ventes faites entre particuliers de maisons et terres sises dans le dit tènement, à charge des rentes dues à l'hôpital général, 1695-1783, etc.

B. 410. (Liasse). — 2 pièces, parchemin ; 25 pièces, papier.

1551-1726. — Paroisse de *Nexon* : tènement de Bosemaresche. — Procédures pour l'hôpital de St-

(1) Impr. dans nos *Documents historiques....* p. 232.

Martial et pour l'hôpital général contre les tenanciers du dit tènement, touchant le paiement de leurs rentes. Entre autres tenanciers figure Delle veuve Léonarde Dupuytren, 1702.

B. 411. (Liasse). — 4 pièces, parchemin ; 9 pièces et 1 cahier in-8°, 14 feuillets, papier.

1508-1744. — Paroisse de *Nexon* : tènement de Noailhas. — Investiture faite par Me Pierre des Bordes, prêtre, comme procureur de l'aumônier de St-Martial : aux habitants de Puyraveau de la moitié du tènement de Noailhas, *alias* Chabiraudie, sous le devoir de 2 setiers froment, 2 setiers seigle et 6 sols argent de rente en faveur du dit aumônier, 1508 ; — à Jean du Courdent de l'autre moitié du dit tènement, sous même devoir que dessus, 1508. — Reconnaissances des dites rentes, faites à l'aumônier de St-Martial par les tenanciers de Noailhas, entre lesquels figure Me Guillem de Puyraveau, prêtre, 1521. — Procès-verbal de montrée du tènement de Noailhas fait à la requête de l'hôpital St-Martial ; — avec un plan informe ; — et un arpentement fixant à 43 sesterées la contenance du dit tènement, 1610. — Reconnaissances de 2 setiers froment, 2 setiers seigle et 6 sols argent de rente faites à l'hôpital général par les tenanciers de Noailhas, 1665 et 1744.

B. 412. (Liasse). — 2 pièces, parchemin ; 39 pièces, papier.

1663-1747. — Paroisse de *Nexon* : tènement de Noailhas. — Procédures pour l'hôpital général comme représentant celui de St-Martial contre les tenanciers de Noailhas, touchant le paiement de leurs rentes. Entre autres tenanciers figure Me François Guyot, notaire et procureur en la juridiction de Nexon, 1740.

B. 413. (Liasse). — 3 pièces, parchemin ; 9 pièces, papier.

1632-1701. — Paroisse de *Nexon* : tènement de Reymondie. — Cession faite par Jacques Bouchaud, seigneur des Étangs, et Jean Bouchaud, seigneur des Roches, son frère, à l'hôpital général de 3 setiers froment, 2 setiers seigle, 3 émines avoine, 2 gélines et 10 sols argent de rente sur le dit tènement, jusqu'à ce qu'ils puissent rembourser la somme de 500 ll. à laquelle le dit hôpital a restreint l'amende de 2,000 ll., portée contre les dits frères pour une cause non indiquée, 1670 ; — procédures et pièces di-

verses à l'appui de la susdite affaire, entre autres un arpentement de 1632 fixant à 141 sesterées la contenance
du ténement de Reymondie. — Jugement du sénéchal
de Limoges condamnant M° Pierre de David, écuyer,
seigneur de Ventoux, comme mari de dame Renée du
Bouchaud des Étangs, héritière de Jacques Bouchaud,
à payer les 2,090 ll. portées par le contrat de 1670,
faute par lui de rapporter les titres, 1699 ; — reprise
du susdit procès, intervenant dame Renée du Bouchaud, veuve de Jean de Chouly, seigneur de Béchadic, et autre dame Renée du Bouchaud, veuve de
Pierre de David, seigneur de Ventoux, 1701.

B. 414. (Liasse). — 4 pièces, parchemin ; 3 pièces, papier.

1348-1366. — Paroisse de *Nexon* : ténement
de Valette. — Ventes faites : par Pierre Sicart, au
nom d'Agnès, sa sœur, à Adhémar Faure, de Rilhac,
d'une émine froment de rente sur une maison et terre
du dit ténement, fondalité de l'aumônier de St-
Martial, 1316 ; — par Pierre et Guillaume Faure, fils
d'Adhémar Faure, à l'aumônier de St-Martial de 8
rentes différentes assises sur diverses parties du ténement de Valette et montant à un setier 11 quartes
3 émines froment et 2 quartes seigle, pour le prix de
49 ll., 1355. — Reconnaissance faite par Jean Cessat à
l'aumônier de St-Martial de 2 setiers froment de rente
sur tous les biens du dit Cessat sis dans le ténement
de Valette, 1366.

B. 415. (Liasse). — 7 pièces, parchemin ; 16 pièces, papier.

1279-1783. — Paroisse de *Nexon* : ténements
de Valeix, Valette, Baroneys, Teil et Boscmaresche. —
Autorisation accordée par Seguin de las Tours,
damoiseau, à Seguin de Melhac, son homme lige, de
donner, vendre ou transporter de quelque manière
que ce soit à frère B., aumônier de St-Martial, tous
les droits qu'il possède sur les ténements de Valeix,
Valette et Boscmaresche, 1279 (1). — Donation faite
par Aymeric, fils d'autre Aymeric Colier, clerc, à
Étienne Bosrichard du pré de Breuil sis dans le mas
de Valeix, fondalité de l'aumônier de St-Martial,
1471. — Ratification par Raymond Donarel, aumônier de St-Martial, d'une transaction passée entre son
prédécesseur, frère Jacques Jouvion d'une part,
M° Pierre Davinen, juriste (*jurisperitum*), seigneur
de Puyfaulcon et Guillaume de Valeix d'autre, par

(1) Impr. dans nos Documents historiques.... p. 195.

laquelle le lieu dit des Bouviers, sis dans les appartenances du ténement de Valeix, était reconnu de la
fondalité du dit aumônier, 1446. — Reconnaissance
faite par Guillaume de Valeix, prêtre, à l'aumônier
de St-Martial de 4 setiers froment, 18 setiers seigle,
2 gélines et 40 sols argent de rente sur les mas de
Valeix et Valette et sur les affaires (*affuria*) appelées
des Baroneix et du Teil, 1484. — Arpentement des
ténements de Valeix, Valette, Baroneys et Teil, 1613.
Contenance : 427 sesterées. — Ventes faites entre
particuliers de diverses parties du ténement de Valeix,
mouvant de la fondalité de l'hôpital général comme
représentant celui de St-Martial, 1735-1783.

B. 416. (Liasse). — 13 pièces et 1 cahier in-4°, 13 feuillets,
parchemin ; 47 pièces et 3 cahiers in-8°, 22, 12 et 12 feuillets, papier.

1531-1756. — Paroisse de *Nexon* : ténements
de Valeix, Valette, Baroneys, Teil et Boscmaresche.
— Procédures : pour l'aumônier de St-Martial contre
les tenanciers des dits ténements, touchant le
paiement de leurs rentes, 1531-1533 ; — pour l'hôpital
de St-Martial contre les tenanciers des dits ténements,
Dlle Françoise Gentil, dame de Lastours et noble Jean
Bazin, écuyer, seigneur de Puyfaulcon, pour même
raison que dessus, 1562-1592 ; — pour le dit hôpital
contre les tenanciers des mêmes ténements, intervenant noble Jean Bazin, seigneur de Puyfaulcon,
M° Gabriel de la Douze, chevalier, baron de Lastours et
dame Jeanne de Lastours, sa femme, 1606-1613 ;
pour l'hôpital général comme représentant celui de
St-Martial contre Thomas Bernys sieur de Noyeras,
juge de Nexon. Martial Jouhaud et autres cotenanciers des dits ténements, 1697-1735.

B. 417. (Liasse). — 5 pièces, parchemin; 4 pièces, papier; 2 sceaux.

1255-1742. — Paroisse de *Nexon* : ténements
divers. — Donation faite par Pierre Dupuy, sergent,
à Hugues de Charrières, aumônier de St-Martial, de
tout le droit qu'il pouvait avoir sur le mas Doichette
et ses dépendances, *in parrochia de Buxxonio* (sic),
sous la réserve de 2 setiers avoine, *ad mensuram
Cessaresam*, et d'une trousse de foin, *unam trossam
feni*, 1255. — Ventes faites : par Jean Raymond à
Jacques et Bernard Sicard, frères, d'un setier froment
de rente sur le pré du Moulin, fondalité de l'aumônier
de St-Martial, pour le prix de 60 sols, 1318 ; — par
Pétronille, veuve de Gérald Alaydis, à Adhémar
Faure d'une émine froment de rente sur tous les biens

de la dite Pétronille sis en la paroisse de Nexon, fondalité de l'aumônier de St-Martial, 1339.— Reconnaissance faite à Pierre de Bordas, prêtre, comme procureur de l'aumônier de St-Martial, par les tenanciers de Veyrinas-Chadenier de 15 sols argent et 4 émines châtaignes de rente sur le dit tènement, paroisses alternatives de Nexon et St-Hilaire-Lastours, « *parrochie in uno anno de Nexonio et in alio anno Sancti Illarii las Thours,* » 1508. — Arpentement du tènement des Pauvres de St-Martial, sis dans les appartenances du village de Biard et du bourg de Nexon, le dit arpentement fait par Jean Rouliac, arpenteur juré de la ville d'Aixe, 1666. Contenance non indiquée.— Vente faite par Mᵉ Annet Tarrade, notaire et procureur d'office en la juridiction de Nexon, à Féréol Bonnet, laboureur, d'une terre sise dans les appartenances du village de Biard, fondalité du seigneur de Nexon et de l'hôpital général, pour le prix de 650 ll., 1742.

B. 418. (Liasse). — 2 pièces, parchemin; 2 pièces, papier.

1566-1630. — Paroisse de *Panazol.* — Codicille du testament de Mᵉ Jean Batiste, prêtre de Limoges, révoquant une donation par lui faite en faveur des prêtres de la communauté de St-Pierre du Queyroix et fondant en échange un repas en faveur des pauvres de l'hôpital de St-Martial, moyennant la somme de 40 ll. une fois payée; instituant en outre pour son héritier universel Jean Colomb, son filleul, fils d'autre Jean Colomb, en son vivant seigneur de Proximard et de Marie Batiste, nièce du testateur, 1566; — procédures pour l'hôpital de St-Martial contre Jean Colomb touchant le paiement des arrérages de la susdite fondation, si mieux n'aime se désister d'une métairie sise au bourg de Panazol et provenant de la succession du sieur Batiste, 1630. — Reconnaissance de 15 sols 6 deniers de rente faite en faveur des bailes de la grande frairie de N.-D. de la Règle sur les biens du sieur Souche, dit le Chat, sis dans la paroisse de Panazol, 1625.

B. 419. (Liasse). — 1 pièce, parchemin; 28 pièces, papier.

1697-1791. — Paroisse de *Panazol.* — Procédures pour l'hôpital général : contre les collecteurs de la paroisse de Panazol réclamant la taille du domaine de la Grelle appartenant au dit hôpital, 1713; — contre les tenanciers du domaine de la Grelle, touchant le paiement de leurs rentes, 1759-1791.

B. 420. (Liasse). — 1 pièce, parchemin; 13 pièces, papier.

1677-1754.— Paroisse de *Rilhac-Lastours.* — Matières ecclésiastiques. — Quittances de portion congrue délivrées par les curés de la dite paroisse à l'hôpital général comme représentant celui de St-Martial, 1677-1754; — avec une consultation d'avocat concernant les différends des curés de Rilhac-Lastours avec l'hôpital pour le service divin, les dîmes et novales, etc., 1717. — Adjudication des réparations à faire en l'église de Rilhac-Lastours, moyennant la somme de 866 ll., 1735. — Procès-verbal de visite de l'église de Rilhac-Lastours par le vicaire général du diocèse, 1741 : «.... Avons remarqué qu'il manque une petite chaîne à l'aiguille du soleil, qu'il n'y a d'autre pied pour le soleil que celui de la custode, que le tabernacle est très ancien, que les deux chandeliers de bois qui sont au grand autel sont très malpropres, qu'il n'y a pas de tableau ny d'image du baptème de N.-S. aux fontsbaptismaux, qu'à l'autel de St-Antoine, en entrant à main gauche, il n'y a ny rétable, ny tableau, ny chandelier, ny cartons, ny croix, qu'à celui qui est à main droite il manque aussy des chandeliers, des cartons, une croix et un marbre ou pierre consacrée, qu'il n'y a pas de confessionnal, ny de navette, ny de cuiller pour l'encensoir, etc. » — Autre procès-verbal de visite de la dite église par l'évêque de Limoges, 1744 : «.... Avons remarqué que le marchepied du grand autel est hors d'état de servir, qu'il n'y a point d'ornement blanc ny d'étole pour l'administration des sacrements, qu'il n'y a point aussi de sacristie ny de confessional, que la chaire n'est pas décente, que les murs et arboutans de la chapelle de N.-D. menacent ruine, etc. »

B. 421. (Liasse). — 13 pièces, papier.

1675-1677. — Paroisse de *Rilhac-Lastours.* — Matières ecclésiastiques. — Procédure instruite en l'officialité de Limoges entre le curé de Rilhac-Lastours et ses paroissiens au sujet du refus fait par le dit curé de célébrer le service divin dans l'église du lieu, 1677; — on y a joint un règlement épiscopal de 1675 portant qu'attendu que la paroisse de Rilhac-Lastours n'a pas un nombre de communiants suffisant pour obtenir un vicaire, que les sacrements ont été administrés dans l'église Ste-Marguerite de Lastours, le prône et le service divin faits dans la dite église depuis plus de 70 ans, le service sera continué dans cette église ; portant en outre que, dans l'église de Rilhac, il sera dit seulement messe les jours de fêtes solennelles qui ne tomberont pas un dimanche.

B. 422. (Liasse). — 7 pièces, parchemin ; 2 pièces, papier ; 4 sceaux.

1102-1299. — Paroisse de *Rilhac-Lastours*. — Donation faite par Gui de Périgord, fils de Hugues de Lastours, au monastère de St-Martial du bois d'Aurenz, du mas Guinamar, de l'étang, des moulins et vignes sis près du château de Lastours et de quatre borderies du lieu de Rilhac, et ce pour le cas où le dit Gui mourrait sans enfants légitimes ; au cas contraire le monastère n'aurait que la moitié des biens énumérés ci-dessus, 1102 (1). — Accord entre Foulques, aumônier de St-Martial, et Gérald de Bré, curé des églises de Lastours et Rilhac « *cappellanum ecclesiarum de Turribus et de Rialhac*, » réglant les droits respectifs de chacun sur les revenus des dites paroisses, 1228 (2) : « .... *Idem capellanus dicebat quod in redditibus communibus, inter eos qui solvuntur in crastinum natalis Domini, habet et consuevit percipere prior quatuor solidos annuatim, et quod, quandocunque contigerit ipsum capellanum comedere in castro Lemovicensi, habet et consuevit percipere tantum panis et vini quantum datur uni monacho illa die.... Qui prepositus et helemosinarius dixerunt, prestito super sacrosancta Dei evangelia juramento et super periculum animarum suarum, quod idem helemosinarius habet et consuevit percipere in dictis ecclesiis unam procurationem condumalem, pariter fenum, paleam et avenam, et quod idem capellanus debet dare candelas nuntio ejusdem helemosinarii qui venerit apud Rialhac sive a Lastors pro colligendis bladis helemosinarii memorati.... Dixerunt etiam quod, quandocunque idem capellanus comederit in castro Lemovicensi, debet percipere in helemosinam Sancti Marcialis unam justam vini et unam cornutam, si ipse vel ejus nuncius petierit ab helemosinario vel ejus mandato, et quod nuncius ejusdem capellani qui attulerit denarios eidem capellano de pensione quatuor librarum et decem solidorum qui debentur solvi Lemovicis in ramis palmarum, si pedes venerit, debet percipere in dictam helemosinam unam cornutam et justam vini, si eques venerit et est talis*

(1) Impr. dans nos *Documents historiques...*, p. 129.

(2) Impr. dans nos *Documents historiques....*, p. 193.

persona que debeat eques ire, et in eodem castro Lemovicensi jacuerit illa nocte, helemosinarius ipse vel ejus mandatum debet eidem dare fenum et avenam et unam cornutam et justam vini et nuncio suo tantum panis et vini quantum superius est dictum, si est talis persona que debeat et consueverit ducere nuncium secum.... » — Donation faite par Gui et Hugues de Périgord, frères, chevaliers, à l'aumônier de St-Martial de 8 setiers seigle, 2 setiers froment, 3 setiers avoine et 7 gélines de rente à prendre sur le quart de la dîme de Rilhac et de Lastours que Gérald Lachèze, chevalier, tenait d'eux en fief, 1241. — Vente faite par Pierre Lachèze, damoiseau, à Bernard de Grial, aumônier de St-Martial, d'un setier froment de rente à percevoir sur partie de la dîme de Rilhac que possède le vendeur, et ce pour le prix de 40 sols, 1282. — Cession faite par Guillaume de Nieul, sergent, à l'aumônier de St-Martial d'une géline de cens sur certaines maisons du lieu de Lastours, en compensation d'une rente perçue indûment sur le même lieu par le dit Guillaume au préjudice de l'aumônier, 1282. — Accord par lequel l'aumônier de St-Martial, d'une part, Rannulphe de Lastours, damoiseau, coseigneurs du fief de Lastours, Geoffrin, son fils, et tous les siens d'autre, se remettent toutes les offenses commises et toutes les amendes encourues, sans préjudice de leurs droits de juridiction, 1285. — Donation d'une émine seigle de rente, faite à l'aumônier de St-Martial par Adhémar, fils de feu Jean Raymond, à percevoir sur le lieu de Mas-blanc, 1299.

B. 423. (Liasse). — 8 pièces, parchemin ; 1 pièce, papier ; 1 sceau.

1323-1366. — Paroisse de *Rilhac-Lastours*. — Vente faite par Pierre Raymond à Gérald Raymond, comme procureur d'Aymeric et Lucie, ses frère et sœur, de 4 deniers de rente sur une maison appelée de las Reynias, sise au bourg de Rilhac, fondalité de l'aumônier de St-Martial, pour le prix de 5 sols 8 deniers, 1323. — Transaction passée entre Pierre Geoffroy, aumônier de St-Martial, d'une part, Aymeric Bouvier, curé de Chaleys en Périgord, et Hélie son frère, d'autre, portant reconnaissance de 2 setiers seigle de rente en faveur du dit aumônier pour raison de la dîme de Rilhac, 1336. — Donation faite par Adhémar Faure à l'aumônier de St-Martial de 12 deniers de rente à percevoir sur les ténements de Dessus-la-ville, Pelegraule et Ponteil, en la paroisse de Rilhac, 1338.

— Vente faite par Pierre Sampson, clerc, à l'aumônier de St-Martial d'un setier seigle et 6 sols argent de rente à percevoir sur la terre des hoirs de feu Colin de Puyfaulcon, damoiseau, et ce pour le prix de 6 deniers d'or, appelés à l'écu au coin du Roi, « *precio siquidem sex denariorum auri puri, vocatorum ad scutum de cunhio regis Francie, boni et legalis ponderis,* » 1352. — Accense faite par Pierre Sampson et Jeanne, sa femme, à Pierre Raymond, clerc, du bois de Charmont avec le champ contigu, pour la somme de 11 ll. une fois payée et à charge d'un setier seigle de rente en faveur de l'aumônier de St-Martial et de 5 sols argent de rente en faveur de Guillaume de Puyfaulcon, 1358. — Accense faite entre particuliers d'une terre non dénommée de la paroisse de Rilhac-Lastours, fondalité de l'aumônier de St-Martial, 1365, etc.

B. 424. (Liasse). — 2 pièces, parchemin; 19 pièces, papier.

1446-1787. — Paroisse de *Rilhac-Lastours*. — Dîmes. — Afferme de la mi-partie des fruits décimaux de la paroisse de Rilhac-Lastours, faite par l'aumônier de St-Martial à Pierre Daniel, seigneur de Puyfaulcon et à Guillaume Valuers, sous le devoir de 20 setiers seigle, 10 setiers froment et 2 setiers avoine de rente, 1446. — Transaction passée entre l'aumônier de St-Martial, d'une part, le curé et les paroissiens de Rilhac-Lastours, d'autre, portant que l'aumônier continuera de percevoir la moitié de toutes les dîmes de la dite paroisse, sans que le curé puisse y mettre obstacle pour raison des novales, 1478. — État du revenu de la cure de Rilhac-Lastours pour l'année 1651. Net : 41 ll. représentant la moitié du produit des dîmes, l'autre moitié appartenant à l'hôpital. — État des novales reçues par le curé de Rilhac-Lastours en l'année 1713. Point de récapitulation. — Relevé des maisons de la dite paroisse qui payent la dîme. Sans date; écriture du XVIIIᵉ siècle. — Rôle de répartition des tailles et autres impositions de la dite paroisse pour l'année 1715. — Affermes faites par l'hôpital général : des dîmes de la paroisse de Rilhac-Lastours à Jean Second, bourgeois, moyennant la redevance annuelle de 76 setiers seigle, 1721 ; — de la moitié des mêmes dîmes à Jean Second, bourgeois, moyennant la redevance annuelle de 72 setiers seigle, 1779 ; — de la moitié des mêmes dîmes à Mᵉ Geoffroy Raud, curé de Rilhac, moyennant la redevance annuelle de 80 setiers seigle, 1787.

B. 425. (Liasse). — 3 pièces, parchemin; 6 pièces, papier.

1453-1598. — Paroisse de *Rilhac-Lastours*. — Procédures pour l'aumônier de St-Martial : contre Geoffroy Ébrard qui contestait le droit du dit aumônier à percevoir la moitié des dîmes de la dite paroisse, 1453; — contre Madeleine de Châteauneuf, dame de Murat, au sujet du droit de dîme prétendu par elle sur la dite paroisse, 1587-1598; — contre Dᵉˡˡᵉ Françoise Gentil, dame de Lastours, touchant le paiement de sa redevance, 1590.

B. 426. (Liasse). — 4 pièces, parchemin ; 66 pièces, papier.

1670-1715. — Paroisse de *Rilhac-Lastours*.— Procédures : pour l'hôpital général contre le curé de Rilhac-Lastours et autres habitants de la dite paroisse, pour raison des dîmes par eux contestées, 1670 ; — pour le dit hôpital contre Mᵉ Jean Escalier, notaire, en qualité de fermier des dîmes de la dite paroisse, pour arrérages du prix de l'afferme, 1676 ;— pour le curé de Rilhac-Lastours appelant en garantie l'hôpital général contre le prieur de Bussière-Galand, touchant le droit de dîme sur le tènement de la Tenaille revendiqué par les deux paroisses, 1689 ; — pour l'hôpital général contre le receveur des décimes du diocèse qui avait saisi en entier la dîme de Rilhac pour non paiement des décimes, 1709 ; — pour le dit hôpital contre le curé de Rilhac, pour raison des novales, 1710, etc.

B. 427. (Liasse). — 4 pièces, parchemin , 68 pièces, papier.

1715-1754. — Paroisse de *Rilhac-Lastours*.— Procédures pour l'hôpital général : contre le curé de la dite paroisse prétendant à la totalité des dîmes sans diminution de sa portion congrue, 1715 ; — contre Mᵉ Jean François David, chevalier, seigneur de Lastours, touchant le paiement de la dîme inféodée, 1720 ; — contre dame Élisabeth de Rocard, veuve de Mᵉ Bazin de Puyfaulcon, touchant le paiement de la dîme, 1748, etc.

B. 428. (Liasse). — 2 pièces, parchemin ; 1 pièce, papier.

1504-1545. — Paroisse de *Roussac*. — Deux reconnaissances faites à l'aumônier de St-Martial par Simon du Vergier et autres tenanciers, de 3 émines seigle de rente sur le tènement des Loubards, en la dite paroisse.

B. 429. (Liasse). — 15 pièces, parchemin; 7 pièces, papier.

1583-1742. — Paroisse de *Roussac*. — Procédures pour l'hôpital de St-Martial : contre les tenanciers du tènement des Loubards, touchant le paiement des rentes par eux dues sur le dit tènement, 1583-1594; — contre les dits tenanciers, intervenant l'abbé de St-Martial, touchant les droits de lods et ventes par eux dus à raison des acquisitions faites dans le dit tènement, 1608-1619. — Procédures pour l'hôpital général comme représentant celui de St-Martial contre les dits tenanciers, touchant le paiement de leurs rentes, 1703-1742.

B. 430. (Liasse). — 6 pièces, parchemin; 2 sceaux.

1245-1280. — Paroisse de *St-Denis-des-Murs*. — Droit de justice. — Sentence arbitrale de Guillaume Marches, grand maître de l'ordre de St-Jean de Jérusalem en Limousin, déboutant noble homme Jourdain, seigneur de Châteauneuf, de toutes demandes contre Pierre et Jean de Châteaudeau, hommes de l'aumônier de St-Martial, qui avaient pêché dans la rivière du dit seigneur, 1245. — Mandement de Gérald, official de Limoges, prescrivant aux curés de St-Denis-des-Murs et autres paroisses voisines d'enjoindre à noble homme Gaucelin de Châteauneuf, chevalier, à son sénéchal et à ses prévôts, au prône du dimanche, de ne point troubler l'aumônier de St-Martial dans les assises qu'il doit tenir à St-Denis, sous peine d'excommunication, 1270 (1). — Excommunication prononcée par l'évêque de Limoges contre Gaucelin de Châteauneuf, pour avoir tenu des assises à St-Denis-des-Murs, au préjudice de l'aumônier de St-Martial, 1279 (2). — Enquêtes, accords et autres pièces concernant la contestation mue entre l'aumônier de St-Martial et Gaucelin de Châteauneuf et autre Gaucelin de Châteauneuf, chevaliers, père et fils, au sujet du droit de justice dans la paroisse de St-Denis-des-Murs, 1279-1280. Sont dénommés dans les dits actes : Bernard de Mairas, Gui de Laroche, Raynaud Amalvin, Pierre Vigier, Aymeric d'Éjaux, Olivier de Noblac, Gui de Grandmont, Pierre de Jaunhac, Hélie de St-Marc, etc., qualifiés chevaliers, damoiseaux ou sergents.

(1 et 2) Impr. dans nos *Chartes et Chroniques*.....

B. 431. (Liasse). — 2 pièces, parchemin; 1 pièce, papier; 1 sceau.

1299-1339. — Paroisse de *St-Denis des Murs*, la Cure. — Arrentement de 4 ll. fait par Gui, abbé de St-Martial, en faveur de l'aumônier du dit monastère, à percevoir sur la cure de St-Denis-des-Murs, pour servir à acheter des chemises aux cent pauvres qui entrent au dit monastère, le jeudi saint, « *ad opus camisiarum centum pauperum distribuendarum quolibet anno per manus ipsius helemosinarii dicti centum pauperibus advenientibus in dicto monasterio die jovis in cœna Domini*, » et ce pour tenir lieu d'une autre rente de 4 ll. 10 sols due au dit aumônier par le curé de Rilhac-Lastours pour le même objet. Il est dit que cette dernière rente ainsi que l'église de Rilhac, jadis dépendant de l'abbé de St-Martial, avaient été par lui données à l'aumônier en échange du prieuré de Bellegarde sis près la chambre de Beaurais, « *prope cameram nostram seu maynerium de Bellovidere*, » vers 1299 (1). — Obligation d'une somme de 40 sols faite par Pierre du Château, curé de St-Denis des Murs, en faveur de Léonard Pinheta, créancier de l'aumônier de St-Martial, le dit curé étant redevable de pareille somme à l'aumônier, à chaque synode, 1339.

B. 432. (Liasse). — 1 pièce, parchemin; 16 pièces, papier.

1573-1682. — Paroisse de *St-Denis-des-Murs*, la Cure. — Jugement du Présidial de Limoges condamnant Me Jean Roze, curé de la dite paroisse, à payer à l'hôpital de St-Martial les arrérages de la rente de 4 ll. due à chaque synode, 1573. — Procédures pour Me Martial Faure, curé et vicaire perpétuel de la dite paroisse, contre le prévôt des Seychères et l'hôpital de St-Martial, en revendication de la portion congrue par eux due comme décimateurs de la paroisse, 1640-1646; — pour l'hôpital général comme représentant celui de St Martial contre Me François Simonnet, curé de St Denis-des-Murs, touchant le paiement des arrérages de la susdite rente de 4 ll. 1682.

B. 433. (Liasse). — 9 pièces, parchemin; 2 sceaux.

1209-1250. — Paroisse de *St-Denis-des-Murs*

(1) Impr. dans nos *Documents historiques*,... p. 201.

en général. — Procès-verbal de l'amende honorable faite au chapitre de St-Martial par Boson de Mauriac, chevalier, pour les violences commises par son père contre les hommes et les biens du dit chapitre, dans la paroisse de St-Denis-des-Murs, et cession faite par le dit Boson au monastère de St-Martial de tout le droit qu'il pouvait avoir sur les biens du dit monastère, etc. 1209 (1). — Transaction par laquelle Archambaud de Mauriac, chevalier, cède aux moines de St-Martial toutes les acquisitions qu'ils avaient pu faire dans la dite paroisse, pour sceller la réconciliation opérée entre lui et Guillaume, aumônier de St-Martial, dans le palais des Templiers, *apud palacium Templariorum.* Présents : *G. de Arnaco et Ai[mericus] de Fisco, prepositi, Hugo, cellararius vini, Godafredus, W[illelm]us Chabrol, N. de Sancto Martino, monachi, Guido de Brusac, templarius, Guido et Gaubertus de Noalac, milites et A[dema]rus Vigers, miles, et A[dema]rus Passot qui huic facto poterunt veritatis testimonium perhibere* (2). (Vers 1214, d'après une note de la main de Duroux, archiviste de l'hôpital, qui justifie cette date par diverses considérations critiques). — Cession perpétuelle faite par Guillaume Amalvi au monastère de St-Martial de 4 setiers seigle et 4 setiers avoine de rente que son père avait donnés en aumône, et en outre, de tout le droit qu'il avait sur le fief et la bailie *(in fendo et ballia)* que Jean de Ramnac avait donnés au dit monastère. « *Actum in claustro beati Stephani, anno Verbi incarnati M° CC° XII°, assistentibus et audientibus W. helemosinario Sancti Marcialis, Jacobo monacho, P. Luneu, capellano de Sancto Dionisio, Nicholao de Chausellis, P. de Subtusrua, clericis, Joscelano Picmaur laico.* » — Donation faite par Archambaud de Mauriac, chevalier, et Boson, son frère, au monastère de St-Martial de tout le droit qu'ils pouvaient avoir sur le bourg de St-Denis-des-Murs, sous certaines conditions : « *fuit insuper additum quod si forsan aliquis vel aliqui homines olim habitantes in burgo predicto redirent in villam ipsam ita quod ibidem essent mansionarii, statim efficerentur homines beatissimi Marcialis. Si vero aliquis vel aliqui ab eodem burgo exeuntes ad loca alia se transferrent, possint abire liberi, set terre ipsius vel ipsorum quecumque sint, remanebunt in pleno jure beatissimi Marcialis.* » Il est stipulé en outre que le dit Archambaud cède à St-Martial tout le droit qu'il possède sur la chapelle de Châteaudeau

(1 et 2) Impr. dans nos *Chartes et Chroniques.*

et ses dépendances, et qu'en retour Jacques de Chauchegrue, moine de St-Martial, donne aux dits A. et B. de Mauriac, du consentement de l'abbé, 2,200 sols marchois, à titre charitable *(caritative)*; de plus, l'abbé de St-Martial donne aux dits frères, suivant la décision arbitrale d'Adhémar Vigier, chevalier, et de Pierre Luncau, curé de St-Denis, 25 setiers seigle de rente, les dits frères cédant en échange le jardin de Lafont. Jean, seigneur de Châteauneuf, Guy de Noblac, chevalier, seigneur de Montbrun, et autre Guy de Noblac, aussi chevalier, fils de feu dame Conge, se portent cautions, 1216. — Acte par lequel Gaucelin de Ste-Marie, chevalier, représenté par noble homme Hélie de Razès, donne à Gérald Berrivier, aumônier de St-Martial, ses frères et sœurs et leur postérité, à condition qu'ils soient libres. Présents : Jacques de St-Martial, moine, P. Luneu, curé de St-Denis, W. aumônier de St-Martial, Adhémar Vigier, Jourdain Mesclajoch, Hélie Bodoier, Gérald las Molieiras, Itier de Vesio, Gaucelin d'Ahen et Marbodie d'Eschizadours, chevaliers, 1218. — Donations faites à l'aumônier de St-Martial : par Pétronille Brunichière, veuve de Pierre Brunichier, Bernard, son fils, et Aiceline, sa fille, des maisons qu'ils possèdent dans le bourg de St-Denis-des-Murs, 1226 ; — par P. de Villaivenc et Gaucelin, son fils, de tout le droit qu'ils pouvaient avoir sur la dite paroisse, 1228 ; — par Archambaud de Mauriac, chevalier, Bos et Guillaume, ses fils, de tout le droit qu'ils pouvaient avoir sur la dite paroisse, 1250.

B. 434. (Liasse). — 4 pièces, parchemin ; 31 pièces, papier.

1606-1723. — Paroisse de *St-Denis-des-Murs* en général. — Procédures pour l'hôpital de St-Martial contre les tenanciers du dit bourg, touchant le paiement de la dîme, 1606. — Autres procédures pour l'hôpital général : contre ses tenanciers du dit bourg, touchant le paiement de leurs rentes, 1665 ; — contre les dits tenanciers touchant le paiement de la dîme des laines, 1689 ; — contre M° Pierre Guitard, écuyer, seigneur de Montgeoffre, touchant le paiement des arrérages de rente par lui dus, 1708 ; — contre M° Daubart, curé de Roziers, et autres cotenanciers, pour même raison que dessus, 1713, etc.

B. 435. (Liasse). — 7 pièces, parchemin ; 19 pièces, papier; 2 sceaux.

1232-1721. — Paroisse de *St-Denis-des-Murs* : tènements de Châteaudeau, *alias* Chez-Tandeau, et

12

Leyssine, *alias* Leyssène. — Donation faite à l'aumônier de St-Martial par Roger de Laront, damoiseau, de tout le droit qu'il peut avoir sur la forêt de Châtaudeau ; en retour Foucaud de Lâge, aumônier, lui donne une somme de 4 ll., 1232. — Transaction entre l'aumônier de St-Martial et Guy de la Roche, damoiseau, par laquelle ils nomment chacun un arbitre pour terminer le différend mû entre eux pour la possession de la forêt de Châtaudeau, 1295. — Sentence arbitrale prononcée en vertu de la susdite transaction, adjugeant à l'aumônier de St-Martial la propriété de la forêt de Châtaudeau, 1296. — Guerpissement des tènements de Châtaudeau et Leyssine fait par Jean de Brugeirou à l'aumônier de St-Martial, 1429. — Accenses faites par l'aumônier de St-Martial : des tènements de Châtaudeau et Leyssine, sous le devoir de 3 setiers seigle, 12 éminaux avoine et 5 sols argent de rente, 1429 ; — du mas de Leyssine, sous le devoir de 5 setiers seigle, 1 setier froment, 2 éminaux avoine, 5 sols argent et 2 gélines de rente, 1447 ; — de la forêt de Châtaudeau, sous le devoir de 9 setiers seigle, 30 sols argent et 2 gélines de rente, 1464. — Reconnaissances des susdites rentes, faites à l'aumônier de St-Martial par les tenanciers des lieux dits, 1506-1555. — Arpentement du tènement de Chez-Tandeau fait par Basselin, arpenteur juré, 1622. Contenance : 522 sesterées. — Transactions : entre l'hôpital de St-Martial, d'une part, noble Guy Galot, écuyer, seigneur de la Garde, M° Pierre Ardant, avocat, et autres cotenanciers de Chez-Tandeau, d'autre, portant reconnaissance d'un setier froment, 14 setiers seigle, 10 éminaux avoine, 25 sols argent et 2 gélines de rente sur le dit tènement, 1621 ; — entre l'hôpital général et M° Balthazard de Volondat, prieur-curé de Courgnac, portant reconnaissance de la susdite rente sur le tènement de Chez-Tandeau, 1668. — Cessions de lods et ventes faites par l'hôpital général à M° Jean Simonet, curé de St-Denis-des-Murs, pour acquisition par lui faite dans le dit tènement, et ce à raison de 3 sols 4 deniers pour livre, 1681, etc.

B. 436. (Liasse). — 7 pièces, parchemin ; 6 pièces, papier.

1450-1720. — Paroisse de *St-Denis-des-Murs* : tènements de Châtaudeau, *alias* Chez-Tandeau, et Leyssine, *alias* Leyssène. — Procédures pour l'hôpital de St-Martial : contre Jean Peyr de Combret, coupable d'avoir usurpé le droit d'usage dans la forêt de Châtaudeau, 1450 ; — contre quelques autres tenanciers de Châtaudeau qui avaient dévasté la dite forêt, 1494. — Autres procédures : pour l'hôpital de St-Martial contre les tenanciers de Châtaudeau, touchant le paiement de leurs redevances, 1614-1651 ; — pour l'hôpital général contre les dits tenanciers, pour même raison que dessus, 1664-1720.

B. 437. (Liasse). — 1 pièce, parchemin ; 4 pièces, papier ; 1 sceau.

1654-1686. — Paroisse de *St-Denis-des-Murs* : vicairie et tènement de Malamas. — Prise de possession de la dite vicairie par M° Martial Roussarias, prêtre, sur visa de l'évêque de Limoges, en présence de M° Martial Vincent, vicaire de St-Denis-des-Murs, 1654. — Provision de la dite vicairie faite par l'évêque de Limoges en faveur de M° Barthélemy-Grégoire Roulhac, prêtre, après décès du dernier titulaire, 9 août 1664 : « *Ficariam seu missarum commissionem vulgo appellatam de Malamas, fundatam in ecclesia parrochiali Sancti Dionisii des Murs ad altare beatæ Mariæ deserviri solitam contulimus*, etc. » — Reconnaissance faite à l'hôpital général par M° Martial Roussarias, prêtre, vicaire de la dite vicairie, de la rente d'un setier froment, 3 setiers seigle et 12 sols 3 deniers argent sur le dit tènement, 1664. (Projet de contrat non signé). — Copie de lettres en restitution obtenues par M° Guy de Montalescot, curé de Châteauneuf et vicaire de la vicairie de Malamas, contre l'hôpital général, 1686.

B. 438. (Liasse). — 15 pièces, papier.

1664-1738. — Paroisse de *St-Denis-des-Murs* : vicairie et tènement de Malamas. — Procédures pour l'hôpital général : contre divers tenanciers de Malamas, 1664 ; — contre Jean de Mianas, vicaire de la dite vicairie, 1666 ; — contre Guy de Montalescot, curé de Châteauneuf et vicaire de la dite vicairie, 1686 ; — contre M° Chaussade, vicaire de la dite vicairie, 1738, touchant le paiement de leurs redevances.

B. 439. (Liasse). — 1 pièce, parchemin ; 3 pièces, papier.

1363-1382. — Paroisse de *St-Denis-des-Murs* : tènement de Malamas. — Reconnaissance du tènement de Malamas faite à Adhémar de Sarrazac, aumônier de St-Martial, par Pierre de Malamas, prêtre, 1363 : « *Nos Petrus Rotgerii, clericus, in legibus licentiatus, custos sigilli authentici illustris domini nostri Anglie regis, domini*

Hymbernie et Aquitanie, in baylivia Lemovicensi constituti, notum facimus, etc.... » — Accense du dit tènement faite par Pierre Astorge, aumônier de St-Martial, à Pierre de Malamas, prêtre, sous le devoir de 3 setiers seigle, 1 setier froment et 12 sols 3 deniers de rente, 1382 : « *Nos Martialis Biza, burgensis castri Lemovicensis, custos sigilli authentici illustrissimi domini nostri Franci regis in baylivia Lemovicensi constituti, notum facimus,* etc. »

B. 440. (Liasse). — 4 pièces, parchemin ; 1 pièce, papier.

1329-171 ?. — Paroisse de *St-Denis-des-Murs* : moulin Nigou. — Accense faite par Pierre Geoffroy, aumônier de St-Martial, à Arnaud de St-Denis, chapelain du monastère de St-Martial, du lieu appelé le gué au Moulin, sous le devoir de 3 setiers seigle de rente, 1329. — Accense du dit moulin avec ses dépendances, faite par l'aumônier de St-Martial à Jean Mathieu, sous le devoir de 3 setiers seigle, 12 sols et 2 gélines de rente, 1453. — Reconnaissance de la dite rente faite en faveur du dit aumônier, 1453. — Liquidation des arrérages de rente dus à l'hôpital général sur le dit moulin, 1711.

B. 441. (Liasse). — 15 pièces, parchemin ; 7 pièces, papier.

1563-1730. — Paroisse de *St-Denis-des-Murs* : moulin Nigou. — Procédures : pour l'hôpital de St-Martial contre les tenanciers du dit tènement, touchant le paiement de leurs redevances, 1563-1633 ; — pour l'hôpital général contre les dits tenanciers, pour même raison que dessus, 1673-1730.

B. 442. (Liasse). — 5 pièces, parchemin ; 2 pièces, papier.

1486-1603. — Paroisse de *St-Denis-des-Murs* : tènement des Simonet. — Ventes de deux parties du dit tènement, faites entre particuliers, à charge par l'acheteur de payer à l'aumônier de St-Martial 2 deniers argent de rente sur l'une, 1286, — et 10 deniers argent de rente sur l'autre, 1287. — Reconnaissances du dit tènement faites à l'hôpital de St-Martial sous le devoir de 4 setiers froment, 14 setiers seigle, 30 sols argent et 2 gélines de rente, 1591 et 1603. — Arpentement du dit tènement, fait par Peupeyrat, 1603. Contenance : 101 sesterées 2 coupées.

B. 443. (Liasse). — 10 pièces, parchemin ; 1 pièce, papier ; 1 sceau.

1232-1416. — Paroisse de *St-Denis-des-Murs* : tènement divers. — Donations faites à l'aumônier de St-Martial : par Gaucelin *de Avnto de Lacosta*, chevalier, de la borderie de la Vigne, tenue en fief de l'abbé de St-Martial, à la réserve de 4 setiers seigle et 2 setiers froment de rente : le dit aumônier lui donne en retour *(in recompensationem)* la somme de 8 ll. 10 sols, 1232 ; — par Bertrand de la Geneytouse, damoiseau, de tout le droit qu'il pouvait prétendre sur la terre de Villements et sur le mas de Larchena ; le dit aumônier et le prévôt de Couzeix lui donnent en retour la somme de 20 sols, 1236 ; — par Raymaud Amalvi, chevalier, et Raynaud son fils, damoiseau, de tout le droit qu'ils pouvaient avoir sur l'ort de Laluc, « *in orto de Laluo, sito in villa Sancti Dionisii ;* » le dit aumônier lui donne en retour la somme de 20 sols, 1248. — Vente faite par Gaucelin et Archambaud de Mauriac, frères, damoiseaux, à l'aumônier de St-Martial d'une émine seigle de rente sur le mas Papaloup, pour le prix de 10 sols, 1264. — Compromis entre l'aumônier de St-Martial et Pierre Faure, portant bornage de la terre dite du Cimetière, 1290. — Accenses faites par l'aumônier de St-Martial : à Pierre Salvanh, damoiseau, de la borderie de la Souterraine *(bordaria Sostarrana)*, sous le devoir de 6 setiers seigle et 12 ras avoine de rente, 1336 ; — à Pierre de Malarmas, prêtre, de la tenure de feu Pierre Lameynias, sous le devoir de 3 setiers seigle, 1 setier froment et 12 sols 6 deniers argent de rente, 1382, etc.

B. 444. (Liasse). — 8 pièces, parchemin ; 2 pièces, papier.

1434-1405. — Paroisse de *St-Denis-des-Murs* : tènements divers. — Accenses faites par l'aumônier de St-Martial : à Léonard du Mazeau, du tènement de Beylotau, sous le devoir de 2 setiers froment, 3 setiers seigle et 6 sols argent de rente, 1434 ; — à Pierre de las Brugieyras, du pré Gras, confrontant au pré du prieur de l'Artige, sous le devoir de 5 sols de rente, 1435 ; — à Pierre de Villejoubert, tisserand, du lieu dit de l'Aumônerie, sous le devoir de 5 sols argent, une quarte froment et une géline de rente, 1454 ; — à Philippe des Sazônes, du lieu dit des Phelipoux, sous le devoir de 6 setiers seigle, 3 setiers avoine et 12 deniers argent de rente, 1454 ; — à Pierre Alamic, du tènement de Meyrilier, sous le devoir de 4 setiers seigle, 3 setiers froment, 10 sols argent et

une géline de rente, 1458; — à Pierre des Vaux, du
tènement de Bertrandie, sous le devoir de 10 setiers
froment, 12 setiers seigle et 7 sols argent de rente,
1465.

B. 445. (Liasse). — 7 pièces, papier.

1506-1781. — Paroisse de *St-Denis des Murs* :
tènements divers. — Reconnaissances de rentes faites
sur le tènement de Phelippoux : à l'hôpital St-Martial,
1506, — et à l'hôpital général, 1666. — État des
arrérages de rente dus à l'hôpital général sur les
divers tènements de la paroisse de St-Denis-des-Murs,
1693-1705. — Cession faite par l'hôpital général
comme représentant celui de St-Martial à Mᵉ Antoine
de la Joumard, chevalier, seigneur de Belabre, des
droits de lods et ventes dus à cause de la vente faite
par Joseph Vidaud à Dⁱˡˡᵉ Marie Taudeau, veuve de
J.-B. Moufle, d'un domaine appelé de la Garde; la
dite cession faite pour la somme de 30 ll., 1781.

B. 446. (Liasse). — 18 pièces, papier.

1363-1731. — Paroisse de *St-Denis des-Murs* :
tènements divers. — Procédures : pour l'hôpital de
St-Martial contre les tenanciers de Meyriglier et Lage-
Mitout, touchant le paiement de leurs redevances,
1363; — pour le dit hôpital contre les tenanciers de
Lage et Boissière, touchant le paiement de leurs
redevances, 1572; — pour l'hôpital général contre
Mᵉ Perière, chantre de St-Martial et prévôt de Seychères, touchant le paiement des arrérages de rente
par lui dus sur le tènement de Phelippoux, 1688; —
pour le dit hôpital contre les tenanciers de Basveau,
Lage-Mitout, etc, pour même raison que dessus,
1688-1731.

B. 447. (Liasse). — 5 pièces, parchemin ; 5 pièces, papier ;
5 sceaux.

1251-1782. — Paroisse de *St-Genest*. —
Donations faites à l'aumônier de St-Martial : par
Bernard de Meyras, clerc, de la moitié de la dîme de
St-Genest, 1251 ; — par Hugues Dubois, sergent, de
tout le droit qu'il pouvait avoir sur la dîme de St-
Genest à cause de sa bailie, « *quicquid juris nomine
bailie sive serviencie vel alias quoquo modo habebat,* »
1260. — Reconnaissance faite à l'aumônier de
St-Martial par Hélie de Visiou, damoiseau, de 5 setiers
une coupe froment et 10 deniers argent de rente sur

le mas de Visiou, duquel dépend la terre de Goutenègre, 1331. — Transaction entre l'aumônier de
St-Martial, d'une part, noble Jean de Pierrebufflère,
chevalier, baron de la châtellenie de Pierrebufflère,
St-Paul et Aigueperse, et les tenanciers du mas
Visiou, *alias* Veyrioux, d'autre, réduisant à 3 setiers
froment la susdite rente de 5 setiers et 12 deniers,
1465. — Afferme faite par l'hôpital général à Gabriel
Pommier, bourgeois, de la rente annuelle due sur le
tènement de Veyrioux, paroisse de St-Paul-St-Genest,
moyennant la redevance de 16 ll., 1782.

B. 448. (Liasse). — 5 pièces, parchemin ; 1 pièce, papier.

1324-1658. — Paroisse de *St-Genest*.
Enquête faite dans le procès mû entre le prévôt de
Feix et l'aumônier de St-Martial qui réclamait
10 setiers seigle de rente sur partie de la dîme de
St-Genest. — Sentence de l'official et vicaire général
du diocèse de Limoges, Itier Rousseau, condamnant
le prévôt à payer les arrérages de la susdite rente,
1324. — Procédures touchant le paiement de la dite
rente pour l'hôpital de St-Martial : contre Pierre de
l'Hermite et autres cotenanciers du tènement de
Veyrioux, 1573; — contre Mᵉ Pierre Romanet, prêtre,
sous-chantre de l'église de Limoges, et dame Catherine Roulhac, veuve d'autre Pierre Romanet, cotenanciers du dit tènement, 1658.

B. 449. (Liasse). — 1 pièce, parchemin.

1336. — Paroisse de *St-Hilaire-Bonneval*. —
Accense faite par le prieur et les religieux de l'hôpital
de St-Gérald à Pierre des Monts, damoiseau, du
tènement de Puybareau, sous le devoir de 2 setiers
froment, 2 setiers seigle et 2 setiers avoine de rente.

B. 450. (Liasse). — 8 pièces, parchemin ; 11 pièces, papier ;
1 sceau.

1246-1785. — Paroisse de *St-Hilaire-Lastours* :
tènement de Mailhac, *alias* Masllhac. — Donations faites à l'aumônier de St-Martial : par Guy et Hugues de
Peirignos, frères, chevaliers, de 2 setiers avoine et 8
deniers argent de rente et de la quête (*questam*) et
autres droits qu'ils avaient coutume de percevoir sur
la moitié du dit tènement; en outre, les dits frères
vendent à l'aumônier la borderie de Sarmont contiguë
au tènement de Mailhac, pour le prix de 7 ll., avec
promesse de faire ratifier le présent acte par Guy

Raymond Juif (*Judei*), frères, et par tous autres qui pourront prétendre droit sur la dite borderie, 1246 ; — par Guy et Raymond Juif, de tout le droit qu'ils pouvaient avoir sur le tènement de Mailhac et la borderie de Sarmont, « *quicquid de facto vel de jure vel de consuetudine vel usagio seu alias quocunque modo habebant vel habere seu requirere poterant,* » 1253. — Reconnaissances faites : à l'aumônier de St-Martial par Pierre Roger de la Pleu, clerc, et Jean Roger, son frère, d'un denier de rente sur le tènement et le bois de Mailhac, sur le bois de Jay et sur trois autres terres non dénommées de la dite paroisse, 1339 ; — à l'aumônier de St-Martial et au prévôt des Cars de 2 deniers de rente sur le tènement de Mailhac, sur le pré du Pontis, sur les terres de la Combe-Arbert, de la Rochoze, de l'Ort-reyne, du Puy de Lageda, du Puy de Mailhac, etc., sis en la dite paroisse, 1339. — Accenses faites par l'aumônier de St-Martial : à Guillaume Roger de la Pleu, clerc, d'une borderie et des autres terres ci-dessus dénommées du tènement de Mailhac, sous les devoirs accoutumés, 1349 ; — à Giroux Siebert du tènement de Mailhac, sous le devoir de 8 setiers froment, 8 setiers seigle, 2 sols argent et une géline de rente, 1444. — Reconnaissance de la susdite rente faite par les cotenanciers de Mailhac, 1508. — Réduction de la susdite rente à 8 setiers seigle, 16 éminaux avoine et une géline de rente, la dite réduction faite par l'aumônier de St-Martial, « de son bon gré et franche volonté, luy deubment informé que le dit lyeu de Mailhac est en pays maigre et ne contient pas grant pays, » 1528. — Transaction entre les fermiers du revenu de l'hôpital de St-Martial et les tenanciers de Mailhac, fixant à 100 sols par sesterée le montant des arrérages de rentes par eux dues, 1624. — Quittance délivrée par l'hôpital général à MM. du séminaire de la Mission d'une somme de 1,600 ll. par eux due pour les arrérages de la rente du tènement de Mailhac, 1735. — Transaction portant reconnaissance par MM. du séminaire de la Mission en faveur de l'hôpital général de 8 setiers seigle, 16 éminaux avoine et une géline de rente sur le tènement de Mailhac, 1740. — Transaction portant guerpissement par les tenanciers de Mailhac du dit tènement en faveur de l'hôpital général, 1771. — Transaction portant abandon par Me François de Bazin, chevalier, seigneur de Puyfaucon, Marval et autres lieux, chevalier de l'ordre de St-Louis, ancien capitaine de cavalerie au régiment Dauphin, des droits par lui prétendus sur le tènement de Mailhac, 1774, etc.

1622-1786. — Paroisse de *St-Hilaire-Lastours* : tènement de Mailhac, *alias* Maslhac. — Arpentements du dit tènement faits : par Dupeyrat, 1622. Contenance : 39 sesterées une quartelée une coupée ; — par J.-B. Tarrade, 1759. Contenance : 43 sesterées ; — par J.-B. Tarrade, 1786. Contenance : 65 sesterées.

1570-1771. — Paroisse de *St-Hilaire-Lastours* : tènement de Mailhac, *alias* Maslhac. — Procédures pour l'hôpital de St-Martial contre les tenanciers de Mailhac, entre lesquels noble Gabriel de la Douze, baron de Lastours et dame Jeanne de Lastours, sa femme, touchant le paiement des rentes, 1570-1629. — Autres procédures, touchant le paiement des rentes, pour l'hôpital général : contre les dits tenanciers, entre lesquels Me Henri de Taillefer, chevalier, comte de Roussille, marquis de Vert et de St-Hilaire, seigneur de Barrière, Villebran, etc., 1663-1677 ; — contre les prêtres du séminaire de la Mission, 1738, etc.

1452-1664. — Paroisse de *St-Jouvent* : tènement du Dogneix, *alias* Dougneix et Dompnheix. — Vente faite par noble et puissant messire Rathon de Montrocher, chevalier, seigneur de la châtellenie de Montrocher et Nieul, à Jean Disuematin, bourgeois, de 2 setiers une émine seigle, 2 éminaux avoine et 10 sols argent de rente sur le dit tènement et de 3 autres setiers seigle de rente sur le mas de Vioulx, paroisse de Nieul, pour le prix de 25 écus d'or nouveaux. « *precio videlicet sive summa viginti quinque scutorum auri numorum, cujus et ponderis dicti domini nostri regis, nunc cursum habentium,* » 1452. — Échange fait entre Mathieu Benoist, marchand, et Me Jean Petiot, bachelier en droit et notaire, d'une rente de 73 sols assise sur une maison de la rue Porte des Arènes à Limoges, la dite rente appartenant au premier, contre une autre rente de 2 setiers une émine seigle, 2 éminaux avoine et 10 sols argent appartenant au second sur le tènement du Dogneix, 1534. — Reconnaissance de la dite rente faite par les tenanciers du Dogneix à Mathieu Benoist, lequel réduit les 10 sols à 8, en considération de ce que les dits tenanciers promettent de porter leur relevance à Limoges, 1534. — Échange fait entre Mathieu Benoist, marchand, d'une part, Guillaume et Jean Meyze, marchands, et M° Gérald Meyze, chanoine, frères, de la fondalité du Dogneix, appartenant au premier, contre la fondalité du tènement de Mas-Marteau, paroisse de Couzeix, appartenant aux seconds, 1545. — Reconnaissance de la rente du Dogneix mentionnée ci-dessus, faite par les tenanciers du lieu à Pierre Meyze, marchand, 1572. — Arpentement du Dogneix, fait par Dupeyrat, 1598. Contenance : 43 sesterées une coupée. — Échange fait entre messire Martial de Maledent, seigneur de Savignac et Meilhac, prêtre, et l'hôpital général des rentes dues au premier sur les tènements de Dogneix, la Grange-Bourlhe et Lavaux-Crose, susdite paroisse, et sur le tènement de Peurée, paroisse de Veyrat, les dites rentes montant à 23 setiers 7 émines seigle, 2 émines avoine, 30 sols 8 deniers argent, 2 gélines, contre la rente de 10 setiers seigle, 8 éminaux avoine, 3 poules et 20 sols argent due au dit hôpital sur le tènement de Mas-du-Puy, paroisse de Verneuil, 1664.

B. 454. (Liasse). — 3 pièces, parchemin ; 3 pièces, papier.

1500-1665. — Paroisse de *St-Jouvent* : tènement du Dogneix *alias* Dougneix et Dompnheix. — Procédures : pour Martial Disnematin et Pierre Meyze contre les tenanciers du dit tènement touchant le paiement de leurs rentes, 1500-1587 ; — pour l'abbé et le chapitre de St-Martial, Mathieu Maledent, trésorier de France et Jean Desflottes, sieur des Bordes, contestant entre eux les rentes du dit tènement, 1626 ; — pour l'hôpital général contre les tenanciers du Dogneix touchant le paiement des arrérages de leurs rentes, 1665.

B. 455. (Liasse). — 2 pièces, parchemin ; 4 pièces, papier.

1323-1750. — Paroisse de *St-Jouvent* : mas de Lavaux-Crose. — Vente faite par Perrot Planchat, damoiseau, à Jean Marteau, bourgeois, de 4 setiers seigle de rente sur le dit mas, pour le prix de 12 ll., 1323. — Reconnaissance faite par Mathieu Tricand à M° Pierre Meyze de 3 setiers seigle et 10 sols argent de rente sur le dit tènement, 1531. — Obligation faite par Jacques Bourdier à M° Gérald Meyze, chanoine de Limoges, et Jean Meyze, son frère, des arrérages

de la rente due sur le dit tènement, 1553. — Extrait de l'arpentement du dit mas, portant mention des rentes dues par les tenanciers (entre lesquels le sieur Brissaud, juge de Nieul et Peyrilhac, Martial Valade, chirurgien, François Couty, sergent), aux seigneurs fonciers du dit tènement (entre lesquels le seigneur de Nieul et l'hôpital général de Limoges), 1750.

B. 456. (Liasse). — 10 pièces, parchemin ; 88 pièces, papier ;
1 sceau.

1486-1755. — Paroisse de *St-Jouvent* : mas de Lavaud-Crose. — Commission obtenue de la juridiction ordinaire de Limoges par Guillaume Meyze et Valérie Tamaing, sa femme, pour la perception de leurs revenus, quels qu'ils puissent être, 1486. — Procédures : pour M° Gérald Meyze, chanoine et Jean Meyze, son frère, contre leur tenancier de Lavaux-Crose touchant le paiement de sa rente, 1551 ; — pour M° Martial Maledent, sieur de Savignac, contre M° Pierre Couty, notaire, pour même raison que dessus, 1668 ; — pour l'hôpital général contre les tenanciers du dit mas, entre lesquels D°° Marie Boisse, femme de M° Simon Dorsonval, procureur du Roi en l'hôtel de ville de Limoges (1705), pour même raison que dessus, 1691-1755.

B. 457. (Liasse). — 4 pièces, parchemin ; 39 pièces et 1 cahier in-8°,
30 feuillets, papier.

1558-1681. — Paroisse de *St-Laurent-sur-Gorre*. — Cahier contenant copie des actes suivants : Codicille du testament de D°° Françoise de Bermondet, fille de feu M° Gautier de Bermondet, lieutenant général en la sénéchaussée et président au siège présidial de Limoges, léguant 230 ll. à l'hôpital de St-Gérald, pour subvenir à la nourriture des pauvres et à la réparation des bâtiments 1569 ; — actes de la procédure entamée par l'hôpital de St-Gérald contre noble Jean de Bermondet, seigneur de la Quintaine, aux fins d'obtenir le paiement des arrérages de la rente de 17 ll. 5 sols assignée sur tous ses biens sis en la dite paroisse, en vertu du legs fait à l'hôpital par D°° Françoise de Bermondet, 1576-1588 ; — actes de la procédure entamée par l'hôpital de St-Gérald contre dame Marguerite de Lajaumont, veuve de Jean de Bermondet, intervenant Jean Allemand, sieur du Guespard et du Chatelet, au sujet de la susdite rente, 1587-1596. — Série des pièces interlocutoires reproduites en partie dans le précédent cahier ; — avec quelques 'pièces plus anciennes à l'appui, 1558-1597. — Procédures pour l'hôpital de St-Gérald, 1613, — et pour l'hôpital général, 1681, contre les tenanciers des terres de la Quintaine, touchant le paiement de la rente de 17 ll. 5 sols par eux due.

B. 458. (Liasse). — 1 èce, parchemin ; 1 pièce, papier.

1570. — Paroisse de *St-Laurent-sur-Gorre.* — Assignation faite par Me Gautier de Bermondet, écuyer, seigneur de la Quintaine et St-Laurent-sur-Gorre, lieutenant général en Limousin, d'une rente de 17 ll. 5 sols sur tous ses biens pour satisfaire au contenu du testament de Dlle Françoise de Bermondet, sa sœur, qui avait légué 230 ll. à l'hôpital de St-Gérald ; laquelle rente il s'engage à servir jusqu'au paiement de la dite somme dont il est légataire.

B. 459. (Liasse). — 31 pièces, parchemin ; 3 pièces, papier.

1520-1528. — Paroisse de *St-Léonard* : tènement de Doment. — Procédures pour l'aumônier de St-Martial contre les tenanciers de Doment touchant le paiement de la rente due sur le dit lieu.

B. 460. (Liasse). — 2 pièces, parchemin ; 1 pièce, papier.

1271-1524. — Paroisse de *St-Léonard :* tènement de Marsac. — Ventes faites : par Gui Faure à l'aumônier de St-Martial de 2 setiers seigle, 6 ras avoine et 21 deniers argent de rente sur le dit tènement, pour le prix de 100 sols, 1271 ; — par Hélie Faure à Pierre Joruet de la dite rente pour le prix de 80 sols, réserve faite des droits de l'aumônier de St-Martial, 1268. — Reconnaissance faite par les tenanciers de Marsac à l'aumônier de St-Martial de 7 setiers une émine seigle, 9 émines avoine, 4 sols argent et une géline de rente, 1524.

B. 461. (Liasse). — 6 pièces, parchemin ; 3 pièces, papier.

1528-1572. — Paroisse de *St-Léonard* : tènement de Marsac. — Procédures pour l'aumônier de St-Martial contre les tenanciers de Marsac touchant le paiement de la rente due sur le dit lieu.

B. 462. (Liasse). — 1 pièce, parchemin ; 2 pièces, papier.

1592-1786. — Paroisse de *Ste-Marie-de-Vaux.* — Reconnaissance faite « à Monsieur l'aulmosnier, aux pauvres et administrateurs de l'aulmosnerie et hospital de Sainct Marcial » par les tenanciers du mas Lagorce, *alias* mas Lavialle, susdite paroisse, de 6 setiers seigle et 2 sols argent de rente, 1592. — Affermes de la susdite rente faites par l'hôpital général comme représentant celui de St-Martial : à Jean Blanchard, bourgeois, moyennant la somme annuelle de 13 ll. 10 sols, 1712 ; — à J.-B. Toussaint de la Boulinière, bourgeois, moyennant la somme annuelle de 24 ll. 2 sols, 1786.

B. 463. (Liasse). — 1 pièce, parchemin ; 6 pièces, papier.

1592-1704. — Paroisse de *Ste-Marie-de-Vaux.* — Procédures pour l'hôpital de St-Martial — et pour l'hôpital général, concernant le paiement des arrérages de rente dus par les tenanciers du mas Lagorce.

B. 464. (Liasse). — 10 pièces, parchemin ; 6 pièces, papier ;
2 sceaux.

1239-1619. — Paroisse de *St-Martin-du-Temple* : tènement des Soulx ou du Sol. — Donations faites à l'aumônier de St-Martial : par G. du Barri, damoiseau de Lastours, « *crucesignatus,* » de 2 setiers avoine et 6 deniers de prêt (?) (*sex denarios de com nda*), et de tout le droit qu'il pouvait avoir sur le tènement que Jean et Pierre du Soulx tiennent de St-Martial. *Actum Lemovicis, sede vacante, anno Domini M° CC° XXX nono, l° kalendas augusti;* — par Pierre Ajosta, sergent de Lastours (*serviens de Turribus*), de tout le droit qu'il pouvait avoir sur le dit tènement. *Datum II° idus novembris, sede vacante, anno Domini M° CC° XXX° nono;* — par Gui du Barri, chevalier, et son fils appelé vulgairement Ribaud du Barri, de Lastours, « *Guido de Barrio, miles, et filius ejus qui vulgariter Ribaudus de Barrio vocatur, de Turribus,* » de 2 setiers avoine et 6 deniers de prêt (?) et de tout le droit qu'ils pouvaient avoir sur le susdit tènement, 1241. — Ventes faites : à l'aumônier de St-Martial par Pierre et Guillaume Faure, clercs, fils d'Adhémar Faure, des fonds par eux possédés dans le tènement du Soulx, pour le prix de 40 ll., 1354 ; — à Guillaume de Villoutreys et Pierre, son frère, prêtre, par Me André Dubreuil, prêtre, du mas des Soulx, en la fondalité de l'aumônier de St-Martial, du village de Chazelles, en la fondalité du comte des Cars, du village de las Brossas, en la paroisse de Flavigne même fondalité, du village de Ponthinoux, paroisse de St-Martinet (*sic*) du Temple, fondalité du seigneur d'Eycenat, et ce pour le prix de 850 ll., 1525. — Reconnaissance faite par Pierre de Villoutreys, prêtre, à l'aumônier de St-Martial de 10 setiers froment, 5 setiers seigle, 5 émines avoine, 15 sols argent et 2 gélines de rente sur le mas des Soulx, juridiction des Cars, 1525; — réduction faite par l'aumônier de St-Martial de la susdite rente à 4 setiers froment, 4 setiers seigle, 5 émines avoine, 15 sols argent et 2 gélines, 1527. — Afferme des dîmes et rentes du tènement des Soulx faite par Pierre Romanet, fermier de l'hôpital de St-Martial, à Me Léonard de Cezerat, alias Sazerat, notaire de Nexon, moyennant la somme de 92 ll. 10 sols, 1561. — Arpentement du village des Soulx, fait par Simon Dupeyrat, notaire et arpenteur juré à Aixe, 1619. Contenance : 155 sesterées 6 coupées.

B. 465. (Liasse). — 10 pièces, parchemin ; 34 pièces, papier.

1614-1735.—Paroisse de *St-Martin-du-Temple:* tènement des Soulx ou du Sol. — Procédures : pour l'hôpital de St-Martial contre les tenanciers du dit tènement, entre lesquels Me Durand Brugière, juge des Combes, touchant le paiement de leurs rentes, 1614-1662 ; — pour l'hôpital général contre les dits tenanciers, entre lesquels Pierre Dupuytren, sieur de Leyssard (1674), Jean Doudet, me chirurgien, Catherine et Gabrielle Dupuytren, sœurs (1704), touchant même objet que dessus.

B. 466. (Liasse). — 1 pièce, parchemin.

1298. — Paroisse de *St-Martin-le-Vieux.* — Transaction portant reconnaissance de 3 setiers seigle de rente par Pierre Guinot, sergent, en faveur de l'hôpital de St-Gérald sur un tènement non dénommé de la dite paroisse.

B. 467. (Liasse). — 4 pièces, parchemin.

1445-1787.—Paroisse de *St-Priest-sous-Aixe.* — Accense faite par Me Jean Lapine, clerc, notaire public, à Jean d'Azac, charpentier, du mas Genest, moyennant la redevance annuelle de 7 setiers froment, 8 setiers seigle, 10 émines avoine, 10 sols argent et 4 gélines, 1445. —Arpentement du dit mas, fait par Jacques Bassalin, arpenteur à Aixe, 1660. Contenance : 200 sesterées une coupée. Il est dit que le dit mas relève pour parties de la fondalité des sieurs Lapine, de Jean Vidaud, de l'hôpital de St-Martial et

de la vicairie de N.-D. d'Abondance. — Cession faite par l'hôpital général à Léonard Juge, bourgeois, des droits de lods et ventes dus au dit hôpital à cause de la vente faite par Pierre Constant, écuyer, sieur de Pressac, à Me François Carboyneau, procureur aux siéges royaux de Limoges, d'un pré appelé de Bouchaud ou de las Vergnas, dans les appartenances du mas Genest, pour le prix de 550 ll., la dite cession faite pour la somme de 31 ll. 1787. Il est dit que le dit pré relève pour parties de la fondalité de la vicairie de Lapine, fondée en la chapelle de N.-D. d'Abondance de l'église de St-Michel des Lions et de la fondalité de messire Jacques-Basile Thévenin, ancien curé de Janailhac.

B. 468. (Liasse). — 1 pièce, parchemin.

1296. —Paroisse de *St-Saturnin de Magnazeix.* — Reconnaissance faite au prieur de l'hôpital de St-Gérald par Étienne de la Roche, sergent, de 3 setiers seigle de rente sur le mas de la Roche en la dite paroisse.

B. 469. (Liasse). — 2 pièces, parchemin ; 12 pièces, papier.

1461-1698. — Paroisse de *St-Symphorien.* — Transaction passée entre l'abbaye de St-Martin lez Limoges et Jean Foulques, chevalier, seigneur de Thouron, en vertu de laquelle le dit seigneur assigne à l'abbaye 8 setiers seigle à prendre sur la dîme de St-Symphorien, à charge de célébrer chaque année un anniversaire solennel avec vigile et absolution pour le repos des âmes des parents du dit seigneur, 1461. — Vente faite par Foucaud Faucon, chevalier de l'ordre du Roi et seigneur de Thouron, à Étienne Yvernaud, marchand, et à Me Pierre Massolard, procureur au Présidial de Limoges, de la sixième partie des dîmes de la dite paroisse, pour le prix de 400 ll. 1576. — Reconnaissance faite par Étienne Yvernaud, marchand, et Me Jean Forgemol, procureur au Présidial et subrogé au lieu et place de Me Jacques Massolard, frère de feu Me Pierre Massolard, aussi procureur au dit Présidial, en faveur de sire Claude Rouard, bourgeois et marchand, de la sixième partie des dîmes de la dite paroisse pour le prix de 133 écus un tiers, 1579. — Quittances délivrées par les fermiers du chapitre de St-Étienne au sieur Rouard, de la pension de 3 setiers seigle due sur sa portion des dîmes de St-Symphorien, 1613-1649. — Transactions passées entre Me Jean Rouard, élu en l'Élection de Limoges et messire Léonard Bandel, chanoine de Limoges et curé de St-Silvestre, en vertu de laquelle le dit Rouard s'engage à payer au chapitre de St-Étienne moitié de la pension de 6 setiers à lui due sur les dîmes de St-Symphorien, l'autre moitié devant être payée par le baron de St-Pardoux, 1645; — entre M° Jean Rouard et les PP. Feuillants de St-Martin lez Limoges, en vertu de laquelle le dit Rouard s'engage à payer aux Feuillants 8 setiers de rente sur la dîme de St-Symphorien, 1656. — Échange fait entre dame Marie d'Aubusson, femme de M° Jacques de Douhet, seigneur du Puymolinier, lieutenant criminel au Présidial de Limoges, et M° Jean Rouard, par laquelle ce dernier délaisse les dîmes qu'il perçoit sur la paroisse de St-Symphorien et obtient par contre la moitié de la rente foncière due à la dite dame sur le village des Cars, paroisse d'Ambazac, les dîmes inféodées de la dite paroisse, la rente due sur le village de la Combe, même paroisse, et enfin la métairie des Cars au labourage d'une paire de bœufs, 1662. — Donation faite par dame Marie d'Aubusson à l'hôpital général de la sixième partie des dîmes de la paroisse de St-Symphorien, à charge de faire célébrer trois messes dans la chapelle du dit hôpital, plus trois autres messes après la mort de M° Jacques de Douhet, mari de la dite dame, plus une messe d'anniversaire au jour de leur décès, et en outre de délivrer chaque année 12 setiers froment aux pauvres du dit hôpital, 1662, etc.

B. 470. (Liasse). — 5 pièces, papier.

1615-1715. — Paroisse de *St-Symphorien*. — Affermes de la sixième partie des dîmes de la dite paroisse, faites : par M° Léonard Rouard, greffier criminel en la sénéchaussée de Limoges, à M° André Doyrat, notaire royal, moyennant la redevance de 48 setiers une émine seigle, 1615; — par le même à M° Gérald de Jayat, procureur au siège présidial de Limoges, moyennant la redevance de 52 setiers seigle, 1618; — par M° Gaspard Benoist, conseiller du Roi et élu en l'Élection du Haut-Limousin, comme héritier de feu Léonard Rouard, à M° André Doyrat, notaire royal, moyennant la redevance de 52 setiers seigle, 1621; — par l'hôpital général à D¹¹° Barry, femme séparée de biens de M° Gérald Chambinaud, notaire royal, moyennant la redevance de 62 setiers seigle, 1690; — par le dit hôpital à divers autres fermiers, moyennant la redevance de 49 setiers seigle, 1701, etc.

B. 471. (Liasse). — 2 pièces, parchemin ; 1 pièce, papier.

1504-1680. — Paroisse de *St-Symphorien*. — Procédures : pour le chapitre de St-Étienne contre dame Anne Dubois, veuve de M° Claude Rouard, touchant le paiement de la pension due sur les dîmes de la dite paroisse; — pour l'hôpital général contre Jean Prugnaud, touchant le paiement de sa redevance.

B. 472. (Liasse). — 3 pièces, parchemin ; 2 pièces, papier ; 1 sceau.

1259-1304. — Paroisse de *Séreilhac*. — Vente faite à Hugues de Charrières, aumônier de St-Martial, par Hélie Brugière, Gui et Pierre, ses frères, et Guillemine, leur mère, de Guorre, de 6 setiers seigle de rente à prendre sur la huitième partie de la dîme de Séreilhac que possèdent les dits vendeurs; en outre, de 16 sols de rente sur le mas Audeguers, même paroisse, et ce pour le prix de 18 ll., 1259; — ratification du précédent acte, 1260. — Reconnaissance faite à l'aumônier de St-Martial par M° Guillaume de Puyfaulcon, chevalier, de la fondalité du pré Lafont, susdite paroisse, de la terre de Delhote et des Coulx (*de Collibus*), paroisse de Nexon, 1304.

B. 473. (Liasse). — 14 pièces, papier.

1505-1740. — Paroisse de *Séreilhac*. — Reconnaissance faite par Guillaume du Genest à l'aumônier de St-Martial d'un setier froment, setier seigle, 3 quartes avoine, 10 deniers argent et une géline de rente sur le mas David, 1505. — Procédures pour l'hôpital général touchant le paiement de la susdite rente : contre D¹¹° Marie de Moreliéras, veuve d'Étienne Rouvelin, 1663; — contre les sieurs Chatenet, père et fils, intervenant dame Marie-Louise de la Cropte de St-Abre, veuve de messire Charles Boucher d'Orsay, conseiller du Roi, maître des requêtes honoraire et intendant de la Généralité de Limoges, 1740.

B. 474. (Liasse). — 1 pièce, parchemin ; 5 pièces, papier.

1699-1708. — Paroisse de *Solignac*. — Testament de Pierre Dumas, instituant pour héritiers les pauvres de l'hôpital général, 1700; — procédures pour le dit hôpital touchant le paiement de la rente de 4 ll. due sur une châtaigneraie de Solignac léguée par le dit Dumas, 1699-1708.

B. 475. (Liasse). — 5 pièces, parchemin ; 5 pièces, papier ; 1 sceau.

1323-1542. — Paroisse de *Soubrevas Ste-Claire* : territoire de ce nom. — Accense faite par la confrérie des Pauvres honteux à Pierre Hupagne d'une bayle (*baylam*) sise au dit territoire, moyennant la rente de 3 émines froment, 1323. — Vente faite par Jean Bordeau à Pierre de Bosmie d'une rente annuelle de 10 sols sur deux maisons du bourg de Soubrevas, moyennant la somme de 8 ll., 1372. — Extrait du testament du dit Pierre de Bosmie léguant la dite rente de 10 sols à la confrérie de N.-D. du Puy, 1386. — Transaction par laquelle Pierre Lapleu promet de continuer à payer à la confrérie de N.-D. du Puy une rente de 2 sols 6 deniers due sur une maison du bourg de Soubrevas, confrontant à celle de Léonard Reyx, 1542.

B. 476. (Liasse). — 8 pièces, parchemin; 2 pièces, papier.

1468-1640. — Paroisse de *Soubrevas Ste-Claire* : territoire de ce nom. — Procédures : pour la confrérie de N.-D. du Puy contre Coulaud Lapleu et Pierre Lapleu, touchant le paiement de leurs redevances sur une maison du bourg de Soubrevas, 1468-1541 ; — pour l'hôpital de St-Gérald comme représentant la confrérie de N.-D. du Puy contre Simon Noalher condamné au paiement des arrérages de rente par lui dus sur la dite maison, 1640.

B. 477. (Liasse). — 1 pièce, parchemin ; 13 pièces, papier.

1628-1778. — Paroisse de *Soubrevas Ste-Claire* : clos de las Barras, *alias* du Puy las Rodas ou des Treize-Chenaux. — Cession faite par la confrérie des Pauvres à vêtir à Marguerite Besse, pour le prix de 6 ll. 5 sols, des droits de lods et ventes dus à la dite confrérie à cause de la vente d'une vigne du dit clos, 1628. — Reconnaissance faite par Mathieu Blancher à Me Jean Rouard, conseiller du Roi et élu en l'Élection de Limoges, d'une émine froment de rente sur une vigne de 5 journaux sise au dit clos, 1662. (En note : « Cette rente fut cédée par M. Rouard à l'hôpital par échange en 1671. »)— Cession faite par l'hôpital général comme représentant la confrérie des Pauvres à vêtir à Pierre Morin, praticien, pour le prix de 30 ll., des droits de lods et ventes dus à l'hôpital à

cause de la vente d'une vigne du dit clos, 1678. — Bail fait par l'hôpital général comme héritier bénéficiaire de feu Michel Dumas, me chirurgien, à Me Jean Dalesme, chanoine de l'église de Limoges, moyennant la rente de 38 ll., d'une portion de vigne, de la contenance de 18 journaux, sise au dit clos, confrontant à celle de Me Jean Chambinaud, notaire, à celle des hoirs de Me Paul Garlandier, procureur, et au moulin à vent des PP. Carmes, 1702. — Abandon de la dite vigne fait par Jean Dalesme, chanoine, à l'hôpital général, moyennant 38 ll. de rente annuelle, 1707. — Reconnaissances faites par Me J.-B. Baralier, docteur en théologie et curé de Sussac, à l'hôpital général : de 3 quartes froment de rente sur une vigne de 6 journaux sise au dit clos, confrontant à celle du sieur Heyraud, ancien curé de Véyrac, et au chemin qui conduit aux domaines du sieur Merdefroide, 1778 ; — de 5 sols de rente sur une terre de 3. sesterées sise au dit clos, confrontée comme dessus, 1778.

B. 478. (Liasse). — 9 pièces, parchemin ; 4 pièces, papier.

1326-1708. — Paroisse de *Soubrevas Ste-Claire* : clos de las Barras, *alias* du Puy las Rodas ou des Treize-Chenaux. — Procédures concernant le paiement des rentes dues sur le dit clos : pour les bailes de l'aumône des Pauvres honteux, 1326 ; — pour les consuls de Limoges, 1557-1571 ; — pour l'hôpital général comme représentant la confrérie des Pauvres à vêtir, 1701-1708.

B. 479. (Liasse). — 7 pièces, parchemin ; 9 pièces, papier.

1256-1767. — Paroisse de *Soubrevas Ste-Claire* : clos Canadier, *alias* clos Anedier. — Accord par lequel Pierre de Banxatgier, fils de Guy, cède à Laurent Aymeric, bourgeois de la Rochelle, 30 setiers froment de rente sur le dit clos, 1256 (en provencal.)[1] — Obligation faite par Pierre Boneffau aux bailes l'aumône des Pauvres honteux de 4 setiers froment de rente sur une vigne du dit clos, pour arrérage d'une année de la dite rente, 1291 — Ventes faites par les bailes de l'aumône des Pauvres honteux Étienne d'Aixe d'une vigne du dit clos, pour le prix de 4 ll. et à charge d'une rente annuelle de 4 setiers froment, 1295 ; — par Hélie le Chavebessier aux bailes de l'aumône des Pauvres honteux d'un setier seigle de rente sur une vigne du dit clos, confrontant

(1) Impr. dans nos *Documents historiques*.... p. 177.

à celle de Léonard Courbelobe, prêtre, pour le prix de 30 sols, 1206. — Reconnaissances d'une rente de 4 setiers seigle faites sur une vigne du dit clos aux bailes des Pauvres honteux : par Guillaume de St-Michel, 1296 ; — par Jean Lavile et Catherine Guyone, sa femme, 1303. — Arpentement du dit clos, 1705. Contenance : 14 sesterées 12 coupées ; etc.

B. 480. (Liasse). — 2 pièces, parchemin ; 24 pièces, papier.

1326-1740. — Paroisse de *Soubrevas Ste-Claire* : clos Canadier, *alias* clos Anedier.—Procédures concernant le paiement des rentes dues sur le dit clos : pour les bailes de l'aumône des Pauvres honteux ; — pour l'hôpital général comme représentant les dits bailes contre D^{lle} Marie Pagnon.

B. 481. (Liasse). — 9 pièces et 1 cahier in-8°, 12 feuillets, parchemin ; 79 pièces et 2 cahiers in-4°, 33 et 18 feuillets, papier.

1699-1715. — Paroisse de *Soubrevas Ste-Claire* : clos Canadier, *alias* clos Anedier.—Procédures pour l'hôpital général comme représentant les aumônes Ste-Croix contre Me Philippe Paignon, procureur du Roi au Bureau des Finances, *alias* assesseur en la prévôté, touchant le paiement des arrérages de rente dus sur le dit clos.

B. 482. (Liasse). — 3 pièces, parchemin ; 1 pièce, papier.

1487-1685. — Paroisse de *Soubrevas Ste-Claire* : clos Pillat, *alias* Meilhat. — Reconnaissances faites à la confrérie de N.-D. du Puy : par Jeanne Vicharde, femme de Jacques Borden, d'un setier froment de rente sur une vigne du dit clos, confrontant au chemin de Limoges à Soubrevas, 1487 ; — par Jeanne Reys et Jeannette Petite-Reys, sa sœur, veuve de Pierre la Pluou, d'un setier froment de rente sur une terre du dit clos, confrontant à celle de Me Martial Pédard, prêtre, 1528 ; — par Jeanne Reys d'un setier froment de rente sur une autre terre du dit clos, ayant appartenu à Pierre la Pluou, 1532. — Cession par l'hôpital général comme représentant celui de St-Gérald à Philippe Paignon, sieur du Breuil, conseiller du Roi et assesseur en la grande prévôté, des droits de lods et ventes dus au dit hôpital pour raison d'une acquisition faite entre particuliers au dit clos, la dite cession faite pour la somme de 30 ll., 1685.

B. 483. (Liasse). — 2 pièces, parchemin ; 4 pièces, papier.

1583-1668. — Paroisse de *Soubrevas Ste-Claire* : clos Pillat, *alias* Meilhat. — Procédures : pour l'hôpital de St-Gérald comme représentant la confrérie de N.-D. du Puy contre Pierre Damet, touchant le paiement des arrérages de rente dus sur le dit clos ; — pour l'hôpital général comme représentant celui de St-Gérald contre les tenanciers du clos Pillat, touchant même objet que dessus.

B. 484. (Liasse). — 6 pièces, parchemin ; 10 pièces, papier.

1389-1598. — Paroisse de *Tarn*. — Investiture du tènement de l'Aumônerie faite par l'aumônier de St-Martial à Jean Moulin, sous les devoirs ci-après indiqués, 1390. — Reconnaissances faites à l'aumônier de St-Martial : par la nommée Plaisance de la Mosnarie de 2 setiers seigle, mesure de Limoges, de 2 autres setiers seigle, mesure d'Aixe, et de 9 sols 6 deniers argent de rente sur le mas de l'Aumônerie, 1389 ; — par Pierre Calhou d'un setier seigle, une quarte froment et 3 sols 4 deniers argent de rente, 1° sur une maison du Pont-vieux, 2° sur certaines murailles en ruines du dit lieu, 3° sur 4 sesterées de terre sis au Pré-long, 4° sur une terre du Pont-vieux.... et 8° sur 2 sesterées de terre sises au lieu dit Darsas, 1446 ; — par Guillaume Robert d'un setier froment et une émine seigle de rente sur le lieu dit le Pont-vieux, 1504. — Transaction en vertu de laquelle l'aumônier de St-Martial réduit à 9 setiers seigle, 20 sols argent et une géline la rente à lui due par les tenanciers de la Valade, 1345. — Vente entre particuliers de biens sis dans le tènement de la Valade, portant mention des droits de fondalité de l'aumônier de St-Martial, 1560. — Arpentement du tènement de la Valade fait par Dupeyrat, 1598. Contenance : 65 sesterées 9 coupées.

B. 485. (Cahier). — In-8°, 28 feuillets, papier.

1624. — Paroisse de *Tarn*. — « Procès-verbal de montrée et piquettement des mas et tènements de l'Aumônerie et du Vignaud, » fait à la requête de l'hôpital de St-Martial contre noble Jean de Lubersac, écuyer, sieur du Verdier, et D^{lle} Charlotte Chantoys, sa femme.

B. 486. (Registre). — In-8°, 129 feuillets, papier.

1629. — Paroisse de *Tarn*. — « Procès-verbal de monstrée pour le sindicq des pauvres de l'hospital St-Marcial de Limoges, de la tenue de l'Aumônerie et du Vignau près Aixe, » la dite montrée faite à la requête de l'hôpital de St-Martial contre Jean de Lubersac, écuyer, Charlotte Chantoys, sa femme, Olympe de St-Marsault dame de la Feuillade, Adrienne de Bourdeille dame de St-Bonnet, M° Charles des Cars comte de St-Bonnet, etc.

B. 487. (Liasse). — 18 pièces, parchemin; 42 pièces et 3 cahiers in-8° et in-4°, 14, 25 et 35 feuillets, papier.

1374-1630. — Paroisse de *Tarn*. — Procédures pour l'hôpital de St-Martial contre les tenanciers du Vignaud, touchant le paiement de leurs rentes. Entre les dits tenanciers figurent Jean de Lubersac, écuyer, et Charlotte Chantoys, sa femme.

B. 488. (Plan). — 1 pièce, parchemin.

1629. — Paroisse de *Tarn*. — Plan figuratif colorié du tènement de l'Aumônerie, dressé par le sieur Dupeyrat à l'occasion du procès mû entre l'hôpital de St-Martial et M° Jean de Lubersac, écuyer.

B. 489. (Liasse). — 4 pièces, parchemin; 1 pièce et 1 cahier in-4°, 13 feuillets, papier.

1297-1648. — Paroisse de *Verneuil*. — Vente faite par Aymeric de la Motte, damoiseau d'Aixe, à Guillaume Lamarche, aumônier de St-Martial, de 8 setiers seigle, 4 ras avoine et 2 gélines de rente sur le mas de las Planchas, pour le prix de 12 ll., 1297. — Transaction par laquelle le prévôt de Verneuil s'engage à payer à l'aumônier de St-Martial 10 setiers seigle, 9 ras avoine et 6 sols argent de rente pour raison des dîmes de Boscalay et Mas-Mouzier, en la dite paroisse (en double). 1366. — Ratification de la susdite transaction, faite par l'évêque de Limoges. *Datum et actum in castro nostro de Insula, die ultima mensis marcii, anno Domini M° CCC° octuagesimo secundo.* — Accord par lequel le prévôt de Verneuil s'engage à payer à l'aumônier de St-Martial 20 setiers seigle, pour tenir lieu des arrérages de la susdite rente, 1427. — Échange fait entre les administrateurs de l'hôpital de St-Martial et D^lle Charlot e Chantoys, veuve de noble Jean de Lubersac, des cens et rentes possédés par les premiers sur le tènement de l'Aumônerie, paroisse de Tarn, contre la rente féodale due à la seconde sur le tènement de las Traversas et le pré Chatou, paroisse de Verneuil, 1635, etc.

B. 490. (Rouleaux). — 2 pièces, parchemin: long., 2m 50; larg., 0m 20; long., 1m 80; larg., 0m 22.

1366. — Paroisse de *Verneuil*. — Enquête pour fixer la quotité de la pension due par le prévôt de Verneuil à l'aumônerie de St-Martial.

B. 491. (Liasse). — 15 pièces, parchemin; 80 pièces, papier.

1514-1750. — Paroisse de *Verneuil*. — Procédures: pour l'aumônier de St-Martial contre frère Roland Barthon, abbé de Solignac et prévôt de Verneuil, condamné à payer au dit aumônier la pension due sur la prévôté de Verneuil, 1514; — pour l'hôpital de St-Martial contre Antoine de Vaucourbeil, marchand, fermier des fruits de la dite prévôté, condamné à payer audit hôpital la rente due sur la prévôté de Verneuil, 1562-1571; — pour le dit hôpital contre M° Jean de Puzilhon, doyen de l'église de Limoges et prévôt de Verneuil, touchant les arrérages de la susdite rente, 1587-1595; — pour le dit hôpital contre les tenanciers de las Traversas et du pré Chatou, touchant le paiement de leurs rentes, 1647; — pour l'hôpital général contre les tenanciers de la Traversas et du pré Chatou, touchant même raison que dessus, 1706-1741; — pour l'hôpital général contre Antoine Hyvert, huissier au Bureau des Finances, touchant le paiement de la ferme à lui consentie des rentes de las Traversas, 1750.

B. 492. (Liasse). — 2 pièces, parchemin; 1 sceau.

1437-1573. — Paroisse de *Veyrac*. — Reconnaissances de 6 setiers seigle et 18 deniers argent de rente sur le tènement de Peurie, faites par les tenanciers du lieu: à M° Pierre Tamangin, licencié ès droit et Jean, son frère, au nom de Jeanne et Valérie Martel, leurs femmes; — à Pierre Meyze, marchand.

B. 493. (Liasse). — 5 pièces, parchemin; 2 pièces, papier.

1532-1619. — Paroisse de *Veyrac*. — Jugement de la juridiction ordinaire de Limoges portant paiement en faveur de Pierre Meyze de la rente due s le tènement de Peurie, 1532. — Jugement du Présidial de Limoges portant que le procureur des tenanciers du tènement de Peurie, en la dite paroisse, prendra connaissance des titres communiqués au greffe par le procureur de Pierre Meyze, marchand, qui réclamait le paiement des arrérages de la rente de 6 setiers seigle et 18 deniers argent, due sur le dit tènement, 1566. — Procédures pour Me Mathieu de Maledent, receveur des tailles, réclamant les arrérages de la rente due par les tenanciers de Peurie, 1619. « *Nota.* M. Maledent de Savignac donna cette rente en échange aux administrateurs de l'hôpital général, en 1664. »

B. 494. (Liasse). — 2 pièces, parchemin ; 4 pièces, papier.

1558-1778. — Paroisses du *Vigen* et de *Boisseuil.* — Ventes faites par Martial Freyssinaud et Martial de Lagrange à la confrérie des Pauvres à vêtir : d'un setier froment de rente à percevoir sur leurs biens sis en la paroisse du Vigen, pour le prix de 10 ll., 1558 ; — de 3 setiers froment de rente sur les mêmes biens, pour le prix de 30 ll., 1561. — Procédures pour la confrérie des Pauvres à vêtir contre Jean de Lagrange, meunier du moulin du Vigen, et Roby de Got, de la paroisse de Boisseuil, touchant le paiement des rentes dues sur les biens des dits tenanciers, 1574. — Accense faite par l'hôpital général à Pierre Métadier, me tailleur, d'une terre sise près de Solignac, en la paroisse du Vigen, dans le tènement appelé Goule-de-bœuf, sous le devoir de 50 sols de rente, 1778.

B. 495. (Registre). — In-folio, 99 feuillets, papier.

1659-1669. — Terrier de l'hôpital général pour Limoges et les environs (côté 2), commencé en 1659. — Fo 1 ro et ss : Lettres patentes pour l'établissement de l'hôpital général, 1660, homologation des dites lettres par le Parlement de Bordeaux, consentement de la maison de ville de Limoges, de l'évêque, du chapitre et de l'abbé de St-Martial au dit établissement (1) ; — fo 7 ro : Arrêt du Parlement de Bordeaux

(1) Voy. série A, 2.

interdisant « à toutes sortes de personnes, de quelque qualité et conditions qu'elles soient, de donner l'aumône manuellement aux pauvres dans les rues, ny dans les églises aux portes d'icelles, ny autres lieux, pour quelque cause et sous quelque prétexte que ce soit, à peine de 100 ll. d'amende, au payement de laquelle les contrevenants seront contraints sur-le-champ par corps et sans depost par le bailli des pauvres, ses brigadiers ou archers. » 1663 ; — vo : Nomination des premiers administrateurs ; — transaction avec les bailes des Pauvres à vêtir, portant remise de leurs titres ; — fo 8 vo : Adjudication des fournitures à faire pour les convois funèbres ; — prix fait avec un boucher pour la fourniture de la viande ; — fo 9 ro : Transaction entre l'hôpital et les prêtres de St-Pierre touchant la frairie des Pâtres qui se célébrait dans la dite église. Les dits prêtres déclarent renoncer aux revenus de la frairie réunie à l'hôpital ; — fo 10 ro : Quittance donnée aux religieuses de Ste-Claire d'une somme de 2,000 ll. par elles payée pour l'achat de l'hôpital St-Jacques ; — vo : Quittance d'un legs de 130 ll., donnée au sieur Colin ; — fo 11 ro et ss : Reconnaissances faites à l'hôpital général : du pré de Chez-Tandeau, paroisse St-Denis-des-Murs, de la vigne de Souche, d'une maison sise rue Ste-Valérie, de la vigne du sieur Garat au clos de las Chaussadas, d'une autre maison rue Biscolle, du clos Thouny, d'une autre maison sise rue Manigne, d'une autre maison sise rue des Fossés, d'une autre maison sise rue des Bancs, du tènement de Mas-du-Puy, d'une maison sise au Naveix, d'un banc charnier de la halle, d'une maison dite de la vicairie de Peyteau, rue Gaignolle, du moulin Rabaud sur l'Aurance, etc. ; — fo 11 vo et ss : Affermes faites par l'hôpital général : des dîmes du Theil et de Rilhac-Lastours, du jardin de l'hôpital, du pré des Pâtres, des dîmes de St-Symphorien, de Clavières et des Lèzes, du pré des Pauvres près Aigueperse, etc. ; — fo 14 vo : Prix fait pour la couverture d'un bâtiment de l'hôpital ; — fo 15 vo : Délibération tendant à placer l'argent de l'hôpital en rente constituée ; — fo 16 vo : Constitution de rente faite en faveur de M. Faugeras pour 19,000 ll. de principal ; — fo 18 ro : Transaction entre l'hôpital et le chapitre de St-Martial « touchant l'adjudicature des pauvres ; » — fo 29 vo : Revendication par l'hôpital des titres du prieuré de St-Gérald qui sont en la possession du sieur Jean Dubois, avocat ; — fo 33 ro : Remise à l'hôpital général des titres de l'hôpital de St-Gérald, 1664 ; — vo : Contrat passé entre l'hôpital et les Carmélites réglant les droits de lods et ventes dus sur certaines treilles par elles acquises au voisinage de l'hôpital ; — fº 39 vº : Quittance des rentes dues par les prêtres de la Mission sur le jardin de l'hôpital St-Gérald ; — fº 42 rº : Reconnaissance par le sieur Balthazar Maledent de la rente d'un repas sur les biens de Léonard Rougier ; — fº 62 rº : Afferme faite par l'hôpital à dame Isabeau Dorat, veuve de Guillaume Faute, bourgeois, du « droit de cuiller accoutumé estre levé et perceu par le dit hôpital général à cause de la ditte union [de l'hôpital St-Martial], du bled qui se vend et est conduit dans le cloître de la dite ville ; » — fº 66 rº : Quittance d'une pension de 140 ll. payée par l'hôpital à MM. de St-Martial ; — fº 70 rº : Quittance de la rente servie par l'hôpital à la vicairie du bienheureux Guillaume Lamy ; — fº 73 vº : Transaction entre l'hôpital et les Filles de Notre-Dame touchant les eaux de la fontaine St-Martial, la dite transaction passée « à la grille du dévot monastère des Filles de Notre-Dame ; » — fº 82 rº : Délibération du Consulat attribuant à l'hôpital les revenus des Aumônes Ste-Croix et Pains de Noël (février 1665) ; — fº 85 vº : Procès-verbal de l'état du lieu dit de St-Gérald, « proche le lieu de Beauséjour, en une place où estoit cy-devant le temple et presche des religionnaires ; » — fº 88 vº : Contrat passé entre l'hôpital et le sieur Jean Desandelles, bourgeois et marchand, pour l'entretien du marché au blé : le dit Desandelles est dit demeurer rue des Taules, en une maison « joignant d'une part au cloître où l'on tient le marché du bled, et au cloître bourcier d'autre, le long duquel cloître au bled y ayant certains pilliers et crouesses de bois qui portent non tant seulement le dit cloître ains la maison du dit Desandelles.... lesquels pilliers soient pouris et corompus par vieillesse ou autrement, en telle façon que le dit cloître et la ditte maison du dit Desandelles estoient et sont en danger de tomber par vieillesse ou autrement ; » — fº 89 vº : Ordonnance du Présidial de Limoges portant que la maison de l'hôpital St-Jacques sera mise aux enchères, 1661 ; — fº 96 rº : Délibération du Bureau de l'hôpital relative à la construction du séminaire de la Mission attenant à l'hôpital.

B. 495. (Registre). — In-folio, 245 feuillets, parchemin (1).

1660-1732. — « Terrier de l'hôpital général de la ville de Limoges, escript par moy soubsigné,

(1) Reliure de veau non tannée, avec cinq clous sur chacun des plats.

Nicolas Pouyat, *Lemovix.* » — Écriture du XVIIIᵉ siècle. — Desvignes, Parfait, Rougier, Sazerac, Debeaubreuil, Boudet, Nadault, Nicolas, Varat, Belut, etc., notaires, ont signé successivement. — La table des matières, à la page 465, mentionne 460 actes. Voici les plus importants : P. 1 : Lettres patentes du Roi pour l'établissement d'un hôpital général des pauvres en la ville de Limoges (Paris, déc. 1660 (2) ; — P. 6 : Arrêt d'enregistrement des dites lettres, nonobstant l'opposition de plusieurs communautés de la ville ; — P. 7 : Délibération des Consuls touchant la construction du nouvel hôpital ; — P. 8 : Autre délibération des mêmes touchant l'union des hôpitaux de St-Martial et St-Gérald ; — P. 10 : Consentement de l'évêque de Limoges à la dite union ; — *Ibid* : Contrat passé entre les chanoines de St-Martial et les bailes administrateurs de l'hôpital général touchant la dite union ; — P. 12 : Acte du chapitre de l'église St-Martial portant consentement à la dite union ; — *Ibid* : Consentement de l'abbé de St-Martial à la dite union ; — P. 13 : Arrêt du Parlement de Bordeaux portant que les arrêts rendus pour la vérification des lettres d'établissement seront exécutés selon leur forme et teneur ; — P. 14 : Acte de nomination des bailes et administrateurs du nouvel hôpital général (19 juin 1661), à savoir : Mᵉ Pierre de la Biche, sieur de Reignefort, « conseiller du Roi, juge magistrat au siège présidial de Limoges ; » François de Verneuil sieur de Lage, « conseiller, ancien accesseur en l'Élection ; » Pierre Grégoire de Roulhat, « bourgeois et marchand ; » le dit acte fait par devant notaire en présence de Mᵉ Pierre Darfeuille, procureur, et de Joseph Crosrieu, clerc, témoins appelés ; de Martial de Malledent, sieur de Savignat, prêtre, d'Étienne de Malledent sieur de la Borie, trésorier général de France au Bureau de Limoges ; de Martial Martin, sieur de la Bastide, conseiller du Roi, juge magistrat au siège présidial de Limoges ; de Pierre Chastaignet, sieur de Marliaguet, trésorier de France au dit Bureau, administrateurs anciens de l'hôpital général, de Pierre Chambinaud, chanoine de St-Martial, administrateur nommé par le chapitre ; de Mᵉ du Verdier, écuyer, et de Pierre de Douhet, sieur de la Gorse, administrateurs nouveaux nommés par les Consuls ; — *Ibid* : Contrat passé entre les bailes de la confrérie des Pauvres à vêtir et les administrateurs de l'hôpital général, portant quittance des titres ; — P. 16 : Contrat passé entre les administrateurs de l'hôpital

(2) Pour cet acte et les suivants voy. série A.

et divers marchands de la ville, lesquels s'engagent à fournir pendant un an toutes les tentures nécessaires aux inhumations dans toutes les églises de la ville et cité de Limoges et du pont St-Martial. « en ce que, du provenu qui se payera par ceux qui feront faire les dites tentures, il en appartiendra aux dicts sieurs bailes et administrateurs le tiers et les autres deux tiers appartiendront aux dicts marchands » (1661); — P. 16 : Contrat portant que le sieur Pastoureau, boucher, fournira pendant un an la viande nécessaire à l'hôpital; — P. 17 : Transaction entre les administrateurs de l'hôpital et les prêtres de la communauté de St-Pierre-du-Queyroix, portant renonciation par ceux-ci aux revenus de la frairie des Pastoureaux, dont les biens ont été réunis au nouvel hôpital général, « aussy bien que de toutes les autres fréries qui avaient descheu de leur premier institut » (1662); — P. 28 : Prix fait entre les administrateurs et le sieur Jean Chapoul, blanchisseur de la Cité, pour l'entretien et couverture des bâtiments de l'hôpital ;— P. 30 : Délibération des administrateurs portant que les deniers qui étaient aux mains des sieurs de Savignat et autres seraient employés à acheter des rentes constituées ; la dite délibération prise sur la représentation faite par l'un des administrateurs « que diverses personnes de condition de la présent ville, capables de l'administration du dit hôpital, qui n'ont de moyens et industrie pour colloquer de l'argent aux intéressés, ny aultrement le faire valoir, taschent de s'esloigner de l'administration d'icelluy parce que, y ayant des deniers dans le dit hospital provenus de l'hérédité de feu M. Pinot….,» ces deniers n'ont point été placés à intérêts ; — P. 31 : Approbation de la dite délibération par l'évêque de Limoges; — P. 46 : Contrat passé entre les administrateurs et Me Étienne de Chavaille, doyen de Limoges, fondé de procuration du lieutenant général d'Uzerche, son père, portant que la somme de 19,000 ll. de rente constituée qui était destinée à l'acquittement des droits matrimoniaux de dame Marie de la Serre, est appliquée à l'acquittement de partie du prix de l'office de conseiller que le dit lieutenant général a acquis au Parlement de Bordeaux pour François Chavaille, son fils (1663); — P. 48 : Ratification de l'acte précédent donnée par François Chavaille, conseiller au Parlement de Bordeaux ; — P. 65 : Sommation faite par les administrateurs au sieur de Verthamond, président en l'Élection de Limoges, comme procureur de François de Verthamond, clerc tonsuré et prieur de St-Gérald, pour obtenir la remise des titres appartenant aux pauvres de l'hôpital ; — P. 94 : Réclamation faite par les religieuses de St-Alexis, portant que les instruments de pharmacie par elle achetés proviennent de l'hôpital; — P. 123 : Contrat d'apprentissage de Jacques Mouange chez le sieur Vitrac, cordonnier, portant quittance en faveur des administrateurs de l'hôpital, exécuteurs testamentaires de Françoise las Sauvas (1666); — P. 125 : Transaction entre les administrateurs et le sieur du Masbateu, touchant la distribution des Pains de Noël, et redevance de 10 setiers de froment assignée sur son moulin ; — P. 190 : Sentence du sénéchal de Limoges portant condamnation à 10 ll. de rente en faveur de l'hôpital contre le sieur Claude d'Alesme, de Gorceix, sur sa maison sise devant l'abbaye de St-Martial ; — P. 192 : Accord intervenu entre les Consuls de Limoges et les administrateurs de l'hôpital touchant les titres des aumônes de Ste-Croix et Pains de Noël, en vertu duquel les dites deux aumônes sont concédées à l'hôpital avec tous les droits et devoirs seigneuriaux qui en dépendent (1671); — P. 203 : Ordonnance de M. Martin, conseiller doyen, portant que, sans avoir égard à l'opposition formée par les religieuses de Ste-Claire, il sera procédé à la vente de la maison appelée l'hôpital St-Jacques, suivant les patentes; — PP. 213 et 216 : Deux actes concernant les bâtiments de la Mission ; — PP. 233 à 245 : Séries de condamnations obtenues par l'hôpital contre l'abbé de St-Martial, la dame Anne Malavergne, veuve de Jacques Rouveix, Pierre de Guytard, écuyer, sieur de Montgeoffre, Jacques Martin, sieur du Rouveix, Jean Meynard, docteur en médecine, Martial Barbou, me imprimeur, Jacques Laborlhe, sieur de Chégurat, « conseiller du Roi, accesseur en la Basse-Marche, » et autres touchant le paiement de rentes par eux dues; — P. 235 : Testament de Pierre Merlin, marchand de Limoges, léguant aux pauvres de l'hôpital deux repas de 6 ll. chacun, à prendre sur le lieu de Ventoux, appelé de las Plassas, et sur sa propre maison proche St-Michel (1606); — P. 261 : Testament de Martial de Malledent, sieur de Meillac, prêtre, « demeurant dans l'appartement qu'il s'est faict bastir entre le logement de l'hospital des enfermés et celluy des malades » (1666). Il demande à être enterré dans le caveau de l'église qu'il a fait bâtir pour le séminaire de la Mission et institue le dit séminaire pour son héritier universel, « affin qu'à toujours et à perpétuité MM. les ecclésiastiques qui l'habitent et habiteront à l'avenir puissent trouver un fonds pour entretenir ceux qui s'applicqueront à.

l'instruction et secours spirituel du dit hospital, sans être à charge aux pauvres; » — P. 265 : Donation de la terre et seigneurie de Meillac faite aux prêtres de la Mission par le dit Martial de Malledent, prêtre (1667); - P. 268 : Donation faite à l'hôpital par dame Marie d'Aubusson, épouse de Mᵉ Jacques de Douhet, seigneur du Puymoulinier, « conseiller du Roy en ses conseils et lieutenant général criminel en la sénéchaussée et siège présidial de Limoges, » de la quotité des dîmes inféodées à elle appartenant sur le bourg et paroisse de St-Symphorien (1662); — P. 318 : Union de la frairie de N.-D. de la Conception, autrement dite des Trépassés, à l'hôpital général, « les confrères.... recognoissants que leur confrérie a relasché de son ancien institut et que le revenu d'icelle sera mieux employé à la nourriture des pauvres qu'il n'a été par le passé » (1680); — P. 319 : Homologation de la dite union par le sénéchal de Limoges; — P. 322 : Vente d'un banc charnier faite entre particuliers, avec réserve des droits de l'hôpital; — P. 326 : Lettres patentes du Roi accordant à l'évêque de Limoges « la préséance et la présidence » dans les assemblées de l'hôpital général (St-Germain-en-Laye, 24 mars 1681); — P. 338 : Testament d'Anne Vidaud portant fondation de deux repas en faveur de l'hôpital; — P. 340 : Donation d'une rente de 5 ll. faite à l'hôpital par Jeanne Terrasson, « fille dévote, demeurant de présent dans l'hospital général; » — P. 341 : Donation de tous ses biens faite par Dˡˡᵉ Marie Deschamps en faveur de l'hôpital; — P. 358 : Jugement rendu par M. de Barberie, seigneur de St-Contest et marquis de Courteille, intendant de la Généralité, touchant les rentes dues sur les bancs charniers des halles de Limoges, à cause des aumônes Ste Croix, ledit jugement intervenant entre Jean Fauconnet, fermier général des domaines de France, et Louis Pollet, son fermier pour la Généralité de Limoges, d'une part, les Consuls et les bailes des maîtres bouchers de Limoges, d'autre (1684); — P. 361 : Hommage du fief de la Mondie sis en la paroisse de Millat, diocèse de Poitiers, province de Basse-Marche, fait aux administrateurs de l'hôpital général à cause de l'hôpital de St-Martial par Mᵉ Philippe Laroche, chevalier, seigneur de la Mondie et autres places (1686); — Lettres patentes portant union à l'hôpital de Limoges de 150 ll. de rente annuelle que l'abbaye de la Règle payait anciennement aux lépreux (1696); — P. 384 : Arrêt du Conseil d'État qui établit en faveur des pauvres de l'hôpital une rente annuelle de 400 ll. que paieront les contribuables de l'élection pour le loyer

des bureaux de l'Élection et de l'hôtel de la Monnaie établis dans l'ancien hôpital de St-Martial (1694); — P. 386 : Extrait du testament de dame Barbe Martin de Reignefort, léguant 3,000 ll. à l'hôpital de St-Gérald (*lisez* St-Alexis), (1695); — P. 394 : Testament de Pierre Dumas, vigneron de Solignac, malade en l'hôpital de Limoges, léguant ses biens aux pauvres de l'établissement; — P. 397 : Lettres de maîtrise accordées au sieur Martial Raymond, mᵉ chirurgien, pour avoir servi les pauvres malades; les dites lettres délivrées « avec consentement de tous les maîtres du dit art, sans avoir esté interrogé. » Présents : Bertrand Recorquillet, seigneur de Pommaret, François Laudon, Joseph Maulmy, Jean Bagot, Jacques Bardet père, Jean Héralde, Jean Chabelard, Léonard Michel, Pierre Denis, Jean Lavaud, « tous maîtres chirurgiens de la dite ville, fauxbourgs et cité, faisant le corps et communauté de la dicte maistrise; » — P. 412 : Donation entre vifs faite par Mᵉ Martin Dubois, ancien curé de Bujaleuf, à présent confesseur des religieuses de la Visitation, en faveur de l'hôpital général de Limoges, de diverses rentes constituées, montant en capital à la somme de 475 ll. (1705); — P. 425 : Lettres patentes sur arrêt, autorisant l'hôpital de Limoges à aliéner certaines rentes (Versailles, 16 mars 1710); — P. 429 : Donation d'une rente de 700 ll. faite à la maison du Refuge par M. de Canisy, « ancien évêque de Limoges, demeurant de présent à Paris, grande rue du Bacq » (1714); — P. 431 : Donation d'une rente de 1,090 ll., faite par le même en faveur de l'hôpital de Limoges (1715); — P. 433 : Donation d'une somme de 2.000 ll., faite par Mᵉ Jean Vidaud, chevalier, seigneur vicomte du Dognon, baron de Brignat et de Murat, etc., en faveur de l'hôpital, « à charge de l'employer en bâtiments pour les pauvres convalescents.... et à condition de mettre ses armes empreintes sur la principale pierre du portail ou porte aboutissant à la place et sur celle de la principale cheminée de ce nouveau bastiment » (1710); — P. 464 : Testament de M. Labiche de Marsac, trésorier de France en la Généralité de Limoges, léguant 700 ll. à l'hôpital de Limoges (1710). = Les autres actes, non analysés ci-dessus, sont des quittances et reconnaissances de redevances, investitures de domaines ou affermes de dîmes sur les biens et tènements suivants : le grand et le petit Teilh, en la paroisse de Beaune, le clos de las Chaussadas, le clos Lansecot, le pré des Pastouraux, le clos Thouny, le grand et le petit Jugnat, en la paroisse d'Ambazac, le mas du Puy, en la paroisse de Verneuil, le clos de las Barras, diverses maisons sises à Limoges, etc., etc. (Voyez ci-dessous le Terrier général, B. 497 et 498.)

B. 497. (Registre). — In-folio, 301 feuillets, papier.

1480-1756. — « Terrier général nouveau, » (coté 13). — Tome I, concernant Limoges, les environs et les campagnes. — Les deux premiers feuillets font défaut. D'après la pancarte collée sur le plat du volume, ce terrier a été commencé en 1723 et a servi jusqu'en 1756. — Jouvert, Bélut, E-tienne, Lombardie et Fournier, notaires, ont signé successivement. — La table des matières, au f° 291 et suivants, mentionne 443 articles. Voici les plus intéressants : f° 1 r°: Reconnaissance par Martial et François Cybot, bouchers, de 30 sols de rente en faveur de l'hôpital général, « sur un premier banc en entrant dans la petite halle ; » — Reconnaissances analogues sur d'autres bancs charniers des halles du St-Esprit et de la Porte-Manigne aux f° 4 r°, 38 v°, 50 r°, 61 v°, 71 r°, 74 v°, 75 v°, 77 r°, 111 r°, 153 v°, 203 r°, 206 r° et v°, 207 r°, 209 v°, 210 r°, 212 r° et v°, 213 v°, 214 r° et v°, 215 r° et v°, 216 r° et v°, 235 r° et v°, 237 r°; — f° 11 r°: Réduction des rentes dues par le clergé de Limoges au denier 50, en conséquence de la déclaration du Roi; — f° 14 r°: Reconnaissance d'un repas annuel de 3 ll. sur le lieu de las Plassas, paroisse de St-Michel; — f° 21 v°: Bail de la manufacture de l'hôpital fait à Aubert Chézaud, m° sargetier de Limoges, lequel aura « usage et faculté de faire travailler en seul tous les ouvrages que bon luy semblera faire ouvrer dans la manufacture du dit hospital ; pour la fabrique lesquels ouvrages les dits sieurs administrateurs seront tenus de luy fournir 24 fileuses, 10 hommes ou enfans qu'il choisira du corps du dit hospital, excepté toutefois de ceux et celles quy sont destinés et qui travaillent actuellement à filer le coton et autres quy seront à l'advenir choisis et propres à ce service. Ne pourra le dit Aubert priver les employés dans la dite manufacture de faire le travail ordinaire du dit hospital et sera tenu, outre le prix de sa ferme, de leur donner à chascun la rétribution ordinaire, » 1728; — f° 23 v°: Transaction entre l'hôpital et MM. de la Mission pour raison de leurs infirmeries; — f° 27 v°: Accord fait avec Breton « pour la boutique de serrurier dans l'hospital; » — f° 28 v°: Procès-verbal des biens appartenant aux pauvres dans le village de la Grelle, paroisse de Panazol; — f° 30 v°: Bail pour 7 ans fait à Léonard Mignot du moulin des pauvres appelé le moulin de la Vigerie, sis sur la rivière de Vienne, en la paroisse de Condat; — f° 38 v°: Testament du sieur Simon Durand, prêtre, chanoine de l'église de St-Martial, en faveur de l'hôpital; — f° 40 r°: Codicille portant révocation du legs fait par le dit testament en faveur de l'hôpital, 1723; — Ibid. v°: Transaction entre M. Rogier des Essarts, lieutenant général, et l'hôpital « pour raison des dons faits par M. du Buisson, » oncle du dit M. Rogier. L'hôpital le tient quitte de la somme de 15,313 ll. sur laquelle le dit M. Rogier retient cependant la somme de 133 ll. « pour la messe matutinale de 5 ans et 8 mois faite par le dit feu seigneur du Buisson dans la chapelle du Refuge ; » — f° 48 r°: Nouveau bail des manufactures de l'hôpital (11 août 1733) fait au sieur Aubert Chézaud, « garçon sargetier de cette ville, » avec faculté pour lui « de faire travailler tous les ouvrages que bon luy semblera faire ouvrer dans les manufactures du dit hôpital, concernant la fabrique de son métier, sauf de celle des cottons qui demeure réservée au dit hospital ; pour raison de laquelle ferme les administrateurs seront tenus de luy fournir 24 fileuses et 10 hommes ou garçons que le dit Chézaud choisira du corps du dit hôpital, en ce qu'il ne pourra prendre de ceux ou celles employés pour les cottons.... non plus que les enfans et filles destinés pour le tricotage : » — Ibid. v°: Acte de résiliation (a fait 1733) d'un précédent bail des manufactures fait par le même Chézaud en mars 1732. Le dit Chézaud déclare qu'il n'avait consenti le bail que « dans la persuasion où il estoit que les ouvriers qu'on luy donneroit travailleroient fidellement et affectionnément pour luy, ce qui l'obligea de porter le bail à un sy haut prix.... Mais cette surcharge et le peu d'ouvrage que lui font les ouvriers de la maison l'ont tellement dérangé de ses affaires par les grosses pertes qu'il a faites pour le temps qu'il y a resté, qu'il se voit hors d'état de pouvoir plus longtemps continuer le bail ce quy fait qu'il prie MM. les administrateurs d'avoir un peu de commisération pour luy, ce faisant résilier tous traités et conventions.... » (Cet acte devrait précéder dans le registre le nouveau bail rapporté ci-dessus); — f° 47 v° : Transaction entre l'hôpital et D°° Marie Malefont, veuve de Pierre Denis, m° chirurgien, et Isabeau Latreille, veuve de Martial Denis, « aussi m° chirurgien de la présente ville, » touchant une vigne du clos Boutonerie: — f° 51 r°: Reconnaissance de 25 sols de rente foncière, faite en faveur de l'hôpital par Moreix Papaud et autres bouchers de la présente ville, sur un banc charnier, « le quatorzième et dernier de la grande halle ; » — f° 60 v° : Acte de

la vente des Champs de Beynac consentie par Messire
François Duverdier, « escuyer, prestre, docteur en
droit civil et canon, doyen de l'église cathédrale
d'Engoulesme, seigneur des Courades et de Narmons, »
à Messire Guillaume des Isles, « docteur en médecine, habitant de la ville d'Aixe, paroisse de Tarn, »
à charge par l'acquéreur « de payer à l'avenir les
rentes dhues sur le dit domaine à M. Rogier des
Essards, lieutenant général de la sénéchaussée de
Limoges, au sindic de l'hôpital général de cette
ville, au seigneur d'Aixe, ensemble à l'hôpital d'Aixe,
s'il en est dhu; » — f° 66 v° : Accord fait entre l'hôpital
et Léonard Hardy touchant la boutique de serrurier
dans l'hôpital. « En conséquence de la clause apposée
au testament de feu Martial Tindaraud, vivant
m° serrurier de la présente ville…, par lequel il
lègue au dit hôpital tous les outils et ouvrages faits
ou à faire de son mestier de serrurier, qui se trouveront dans sa dite boutique lors de son dééz, à la
charge qu'il sera construit dans icelluy hôpital une
boutique de serrurier où il sera mis un garçon compagnon du dit mestier : qu'au moyen de six ans de
travail et de deux pauvres qu'il prendra dans le dit
hôpital pour leur apprendre le dit mestier de serrurier et en rapportant les brevets de leur apprentissage à la fin des six années, sera receu dans le corps
de la maîtrise de serrurier de la présente ville, conformément aux patentes du dit hôpital, et autres choses
portées par le dit testament, » les administrateurs
de l'hôpital, « pour exécuter l'intention du dit Tindaraud,…. ont fait faire des placards dans les coins,
carrefours et portes des églises, ponts, cité de la
présente ville, ensemble dans les villes voisines
pour donner advis de l'intention du dit Tindaraud et
que le bail de Louis Georges dit le Breton estoit fini,
afin de sçavoir s'il y avoit quelque compagnon qui
fût en état de le vouloir exécuter. Sur quoy s'est
présenté Léonard Hardy, » lequel a été receu aux conditions énumérées ci-dessus. (Le testament du dit
sieur Tindaraud est rapporté plus à plein au f° 239 r°);
— f° 69 v° : Vente faite à l'hôpital par Martial Blanchon, sieur du Paignat, habitant de Limoges, de « la
moitié des cens et rentes foncières, directes et
seigneurialles, appelées des *Quarteries*, deues sur
diverses maisons de cette ville, dont l'autre moitié
appartient, sçavoir un quart au dit hôpital à cause
de l'union des ausmones de Ste-Croix, et l'autre quart
aux baisles de la frairie du Pavillon de l'église parois-
sialle de St-Pierre…., la dite vente ainsi faitte
moienant le prix et somme de 400 ll., laquelle les dits

sieurs administrateurs [de l'hôpital] ont illec payée
comptant réellement et d'effect en cours d'argent et
autre bonne monnoye des deniers propres et particuliers du sieur Faulte, receveur général; » — f° 88 v° :
Procuration donnée par l'hôpital à M. Garat, « contrôleur au Bureau des finances de la Généralité de Limoges, de présent demeurant en la ville de Saintes,
auquel ils donnent plein pouvoir de se présenter pour
eux, avec tels arbitres qu'il jugera à propos de nommer en leur nom, sur l'assignation qui leur a été
donnée de la part du sieur abbé Certain, abbé de
Dalon, par devant M. le lieutenant général de Rochefort, aux fins de la visite des dépendances du prieuré
des Touches, ordonnée par NN. SS. les commissaires
du Conseil…. » (1), 4 mars 1738; — f° 89 v° : Hommage
du fief de Lamondie fait à l'hôpital de Limoges par
messire Philippe de la Roche, chevalier, seigneur de
Lamondie et autres places, « pour satisfaire au com-
mandement à luy fait à la requête des administrateurs [de l'hôpital], de rendre l'hommage lige deubt
au dit hôpital à cause de l'aumônerie de l'abbaye
St-Martial unie par lettres patentes de S. M., en datte
du 17 avril dernier, » 7 mai 1738; — f° 110 r° : Copie
de l'arpentement du tènement appelé las Costas et
les Biaux, « situé près le pont de l'Orance, allant de
Limoges à Couzeix, paroisse de Couzeix, icelluy au
devoir de cens, rente foncière et directe à l'hôpital-
général de Limoges, à cause de l'union de l'hospital
St-Martial, mesure de l'aumônerie : seigle, deux
setiers, portables ez greniers de la dite aumônerie; »
— f° 117 v° : Reconnaissance de la rente due sur le
dit tènement de las Costas et les Biaux, faite en faveur
de l'hôpital par Aurélien Cibot, boucher, Marie Plainemaison, sa femme, Léonard Droit, laboureur, et
autres cotenanciers : — f° 130 r° : Bail d'un domaine
situé dans le village de Beaumard, paroisse de Ja-
naillhac, consenti par les administrateurs de l'hôpital
en faveur de M° Annet Tarade, procureur d'office de
Nexon, moyennant la rente annuelle et perpétuelle
de 150 ll. Le dit acte est passé par devant Antoine
Noualher, seigneur des Bayles, « conseiller du Roy,
lieutenant particulier en la sénéchaussée et siège
présidial de Limoges, » juin 1739; — f° 136 r° : Nouvelle procuration donnée au sieur Garat pour l'affaire
de Dalon, janvier 1740; — f° 138 v° : Cession faite à
l'hôpital par le sieur Dubois, marchand, de la rente
de 275 ll. à lui due par le sieur Étienne Pichon,
« conseiller du Roy, receveur des tailles en l'Élection

(1) Cf. ci-dessus B, 5.

de la présent ville » de Brive ; — f° 142 v° : Constitution d'une rente annuelle et perpétuelle de 300 ll. faite en faveur de l'hôpital par messire François de Carbonnières. « écuyer, seigneur de St-Denis, de Montjeoffre, las Roussarias, la Briance, le Moufflet et autres lieux, demeurant en son château de Montjeoffre, paroisse du dit St-Denis, » en échange de la cession à lui faite à perpétnité de tous les devoirs dus à l'hôpital dans la dite paroisse ; — f° 158 v° : Délégation donnée par dame Marie de Petiot, « veusve de J.-B. Romanet. seigneur de la Salesse. vivant substitut de MM. les gens du Roy au Bureau des finances de la Généralité de Limoges, » à l'hôpital sur ses fermiers du domaine de Quercy. paroisse de St-Gérald. touchant la somme de 336 ll. due au dit hôpital pour arrérages de rentes sur le dit domaine; — f° 165 v° : « Je soussigné reconnois avoir receu de M. Fautte de Poulonzat, administrateur et receveur particulier de l'hôpital général de Limoges, la somme de 6 ll. que le dit hôpital s'est trouvé relevable envers l'hérédité de feu M. Arbonneau l'ainé, mon oncle, pour les honoraires qui luy estoient attribués en qualité de médecin du dit hôpital. A Limoges, ce 1 juillet 1741. ARBONNEAU fils. » (De son prénom Michel, docteur en médecine, comme il se voit ailleurs) ; — f° 167 v° : Investiture faite par Messire Jean David, « prêtre, chanoine honoraire de l'église royalle et collégialle de St-Martial de cette ville, » agissant « au nom et comme vicaire de la vicairie des Martaux fondée dans l'église cathédralle de St-Estienne de Limoges, dans la chapelle des *Trois Roys.* » et par Pierre Fautte, sieur de Poulonzat, « l'un des administrateurs de l'hôpital général de cette ville et receveur particulier d'iceluy, » agissant en cette qualité, à D^le Péronille Dumas. veuve de Laurent Partenaud, « aubergiste de la présent ville, » demeurante faubourg Mauigne, paroisse de St-Maurice, » d'une maison « à l'image de *St-Jacques.* » acquise de J.-P. Rogier des Essarts, lieutenant général, et sise près la place de St-Gérald, de laquelle les pauvres de l'hôpital sont seigneurs fonciers et directs, le vicaire des Martaux ne percevant qu'une rente de 5 sols sur le jardin y attenant ; — f° 172 r° : Procès-verbal de l'état de la métairie de Bomard, paroisse de Janailhac, appartenant à l'hôpital général ; — f° 193 v° : Prix fait entre l'hôpital et le sieur Jean Thomas, m° charpentier, pour la reconstruction « des bâtimens où sont les lieux servant aux malades du dit hôpital, et à la salle St-Martial près de la boulangerie menaçant à ruine, » moyennant la somme de

226 ll., toutes fournitures à la charge de l'entrepreneur ; — f° 197 v° : Procès-verbal de l'état d'une maison sise rue du Clocher, fait à la requête de J.-P. Coutaud, « marchand courroyeur de la présent ville. » (Il n'est point question de l'hôpital dans cet acte) ; — f° 198 v° : Transaction réglant à nouveau le droit de fondalité des bailes de la confrérie des Pauvres à vetir et de M. Pierre Guittard, « prêtre, vicaire des vicairies appelées des Saragousses, desservies en l'église collégialle St-Martial et chapelle de Ste-Catherine, dans la carolle de la dite église, » sur cinq maisons contiguës qui sont de la fondalité des pauvres au faubourg Boucherie. 1610; (vidimus de 1743 ;) — f° 199 v° : Afferme du grand jardin des pauvres de l'hôpital. faite à M. du Séminaire pour 469 ll. de rente annuelle, avec stipulations spéciales aux latrines et égouts du dit jardin; — f° 203 v° : Arpentement du tènement de Nouhalas, autre nent appelé Chabiraudie, sis dans les appartenances du village de Binads et du bourg de Nexon, sur lequel est dû à l'hôpital de rente foncière et directe : froment. 2 setiers. seigle 2 setiers, argent, 6 sols; — f° 218 v° : Confirmation par le roi Louis XV juillet 1720, des lettres patentes de décembre 1618 qui érigeaient l'hôpital général de Limoges. la dite confirmation faite de l'avis du duc d'Orléans. régent. du duc de Chartres, du duc de Bourbon. du comte de Charolais, du prince de Conti. du comte de Toulouse, et autres pairs de France. » Enregistrée au Parlement de Bordeaux le 1 octobre 1720, au greffe du bureau de l'hôpital le 18 décembre, au greffe de la cour sénéchale de Limoges le 30 janvier 172.; — f° 219 r° : Sommation faite aux religieux et prieur de St-Gérald d'avoir à conduire la fontaine des Touradoux *alias* Tourandaux; à l'hôpital de St-Gérald; — *Ibid* v° : Contrat y relatif. passé entre l'hôpital et les dits religieux, ceux-ci s'engageant à faire conduire les eaux de la dite fontaine jusqu'à l'hôpital « par des tuyaux de bois, » conformément à l'obligation qui résulte pour eux d'un contrat en latin. du 4 février 1451, par lequel les Consuls de Limoges donnent au prieuré de St-Gérald la fontaine des Tourandaux, « à charge de la faire conduire dans l'hôpital St-Gérald à leurs frais et dépens, pour le service et soulagement des pauvres; » — f° 221 r° : Autre contrat entre l'hôpital et le prieuré de St-Gérald, complétant le précédent; — f° 223 v° : Accord entre le prieur de St-Gérald et les religieuses de Ste-Ursule, par lequel le prieur se déclare satisfait de la somme de 150 ll. à lui payée pour raison des dommages que

cause la fontaine des dites religieuses à la fontaine du prieuré ; — *Ibid* : Contrat par lequel les religieuses de Ste-Ursule promet en 200 ll. au sieur Darfeuille « pour creuser et chercher une source ou fontaine dans la vigne du dit Darfeuille, proche le prieuré des Arènes et le prieuré de Ste-Ursule ; » — f° 226 r° : Procuration de Messire Jean Certain, « docteur de la maison de Sorbonne, cy-devant théologien du Roy en cour de Rome et abbé de N.-D. de Dallon, diocèse de Limoges, demeurant à Paris, » donnée à Messire Léonard Desay en, chanoine de St-Étienne de Limoges, « pour convenir avec MM. les administrateurs de l'hôpital de Limoges à la somme de 1,400 ll. pour les réparations qu'ils ont été condamnés de faire faire, par arrêt du Conseil du 8 avril 1742, à la maison abbatialle de la dite abbaye de Dallon ; » — *Ibid* v° : Ordonnance de M. de Tourny, intendant de la Généralité de Limoges, « concernant les règlements et privilèges des hôpitaux pour le débit de la viande, volailles, etc, pendant le Caresme. » « Sera icelle ordonnance lue, publiée et affichée par tous les carrefours et lieux ordinaires de la ville, faubourg et cité. Fait à Limoges le 13 février 1711. » Elle débute par ce préambule : « Les défences faites par l'Église de manger de la viande, le Caresme, ayant été suivies de celles du prince d'en tuer et d'en exposer en vente, les unes et les autres ont reçu des modifications de la part de l'église en faveur des infirmes dont la santé ou auroit besoin d'une nourriture onctueuse pour se rétablir, ou ne pourroit se soutenir avec les seuls aliments exigés, et de la part du prince en permettant pour les infirmes la vente de quelques boucheries dans les principales villes. Mais sy l'Église a toujours invité les fidelles à racheter par des aumônes l'indulgence dont elle usoit en cette occasion à leur égard, la piété de nos Roys, non moins attentive à tirer de la loi un objet de soulagement pour les pauvres, n'a jamais accordé qu'aux hôpitaux la permission de tenir boucherie au dit temps, afin de leur y faire trouver quelque profit. Une politique aussy sage, aussy charitable, établie dans des jours où les mœurs pures et sévères ne laissoient personne avec la dangereuse confiance de pouvoir faire gras sans une nécessité évidente, doit avoir aujourd'huy une exécution d'autant plus exacte que, d'un côté, les mauvaises récoltes de plusieurs années ont beaucoup augmenté la quantité des malheureux qui ont besoin de recourir aux hôpitaux et que, de l'autre, la corruption du siècle rendant la pluspart des gens à leur aise peu

scrupuleux sur l'obligation de l'abstinence de Caresme, le débit de la viande devient de plus en plus considérable en ce saint temps.... » Art. I. Défense à tous bouchers, rôtisseurs et poulaillers, autres que ceux qui seront préposés par les administrateurs de cette ville, de vendre aucune viande de boucherie, gibier ou volaille, du mercredi des cendres au samedi saint, sous peine de 500 ll. d'amende au profit de l'hôpital et de punition corporelle en cas de récidive. Art. II : Défense à toute personne d'introduire dans la ville bestiaux, volaille ou gibier sans le consentement des dits administrateurs, sous peine de confiscation avec amende de 500 ll. Art. III : Ordre à tous ceux qui auraient de la viande de reste, le mercredi des cendres, de la porter à l'hôpital où elle leur sera payée à juste prix. Art. IV : Défense aux bouchers préposés par les administrateurs de vendre leur viande « d'un plus haut prix que 5 sols la livre, poids de marc ; » — f° 228 r° : Ordonnance de l'intendant de la Généralité portant que les lettres patentes pour l'établissement de l'hôpital général de Limoges et lettres de confirmation seront exécutées selon leur forme et teneur, la dite ordonnance rendue à la requête de Léonard Boisse, bourgeois de Limoges et syndic de l'hôpital général, pour empêcher que les fermiers du dit hôpital soient taxés aux rôles des contributions tant ordinaires qu'extraordinaires, « pour raison des domaines et revenus du dit hôpital, seulement pour leurs biens particuliers, pour lesquels ils seront raisonnablement taxés par les élus, » 1741 ; — f° 251 r°, novembre 1719 : Cession d'arrérages de rentes sur le mas de las Combas, paroisse d'Éjaux, faite en faveur de l'hôpital, acceptant M. Joseph Constant, seigneur de Beaupeyrat, conseiller du Roi au Présidial et Sénéchal de Limoges, par messire Étienne Finet, prêtre, supérieur du séminaire de Limoges, cy-devant pourveu de la vicairie des Barbarot qui depuis peu a été réunie partie à l'église cathédrale, partie au susdit séminaire ; » — f° 252 r° : Testament de Jean Collasson, prêtre, curé de Nieul, natif de Limoges.... « *Item*, donne et lègue aux pauvres de l'hôpital de St-Junien la somme de 20 ll. une fois payée, un an après son décès. » Et au cas où les autres hoirs dénommés feraient défaut, le dit sieur Collasson « veut que le tout revienne par substitution au couvent et maison des Filles repenties de la ville de Limoges, » septembre 1697 ; (vidimus de 1749 ;) — f° 257 r° : Transaction entre l'hôpital et les sieurs Louis Mage et Hélie Teytaud, « maîtres perruquiers de cette ville, y demeurant rue Raffillou, donataires pour ce qui les concerne de damoiselle Madeleine Colusson, » touchant la substitution faite en faveur du Refuge par feu M. Collusson, prêtre. Il est réglé que les administraieurs de l'hôpital cèderont aux dits sieurs Mage et Teytaud les droits mobiliers et immobiliers de la maison du Refuge sur le lieu des Ruchoux, près Montjauvy, légué aux dits sieurs Mage et Teytaud par la D^{lle} Collusson, et ce moyennant le prix de 500 ll.; — f° 266 r° : Extrait du testament de messire Martial Dartigeas, prêtre, curé de St-Michel-des-Lions, en date du 9 novembre 1748, par lequel « appert que le sieur testateur donne et lègue aux pauvres de l'hôpital général le principal de la rente constituée de 1,500 ll., au revenu de 75 ll. par an, dues au dit sieur Dartigeas par Monseigneur l'évêque de Sarlat, abbé de St-Martial de Limoges; » — *Ibid* v° : Extrait du testament de M° Joseph Durand, prêtre, prévôt de l'église collégiale de St-Martial, en date du 12 février 1749, par lequel « appert que le sieur testateur donne et lègue aux pauvres de l'hôpital général un contrat de constitution de rente au capital de 1,500 ll., au revenu de 75 ll., consenti en sa faveur par Monseigneur l'évêque de Sarlat, plus la somme de 1,000 ll. payable en argent ou effets de son hérédité, un an après son décès; » — f° 267 v° : Extrait du testament de Monseigneur François Duverdier, évêque d'Angoulême, conseiller du Roy en ses conseils, en date du 15 septembre 1753, par lequel « appert que le dit seigneur testateur donne et lègue aux pauvres de l'hôpital de Limoges la somme de 1,000 ll. une fois payée, » le dit seigneur se recommandant à leurs prières ; en outre il fait son héritier M. de la Briderie, « procureur du Roy au Présidial de Limoges, son parent. » Codicille du 18 septembre suivant, par lequel le testateur confirme le précédent testament en tous ses points, « sy ce n'est qu'il a réduit la disposition faite de la somme de 700 ll. aux Pénitents-bleus de Limoges à celle de 500 ll.; et ajoûtant à son dit testament par le présent codicille, il a donné et donne aussy pour cause de mort à l'hôpital de la dite ville de Limoges trois différantes rentes constituées, créées à son profit en l'année 1720, l'une sur le sieur Vergnolle, de St-Paul, l'autre sur le sieur Dubois, de la Tronchère, et la troisième sur M. Bourgeois, écuyer, sieur de la Joffrenie en Limousin, ne se ressouvenant point à quoy se montent les dittes trois rentes. » Suit aux f°s 269 et 270 la copie des contrats des dites rentes constituées en faveur de Mgr du Verdier; — f° 273 r° : Arpentement du ténement des Fromentaux, paroisse de Verneuil, fait par Breton,

arpenteur juré, le 27 juin 1732. Il est dû à l'hôpital général sur le dit ténement 4 setiers froment de rente foncière et directe; — f° 276 r° : Arpentement du ténement de Roche-Phélix de Traimont, *alias* Chez-Gonnot, paroisse de Couzeix, fait par Jean Godefroy Chevalier, « géomètre arpenteur ez eaux et forets. » Il est dû à l'hôpital général sur le dit ténement 2 setiers seigle, 8 éminaux avoine, une géline, 5 sols argent, une charrette de bois à brûler et un journal d'homme de cens et de rente foncière et directe; — f° 280 v° : Procuration de Messire Guillaume Joseph de Roulhac du Cluzeau, « conseiller du Roy au Sénéchal et Présidial de Limoges, l'un des administrateurs de l'hôpital général de cette ville et receveur particulier d'iceluy, » donnée à Messire Louis Texier, « procureur ez sièges royaux du dit Limoges et du dit hôpital général, » pour faire arpenter et reconnaître les ténements de Valeix et Bosemareiche, paroisse de Nexon, des Ponts, paroisse de St-Martin du Temple, et de Mailhac, paroisse de St-Hilaire-Lastours, » mai 1755. == Les autres actes du registre, non analysés ci-dessus, sont des reconnaissances, investitures ou affermes concernant les ténements suivants : du f° 1 au f° 25 : Le clos Chinchauveau, le clos Antony, une grange sise au village de la Grelle en la paroisse de Panazol ; une maison sise à Limoges rue des Combes, confrontant sur le derrière à la rue Fontaine des Barres ; une maison sise rue Ste-Valérie ; le moulin de la Vigerie sur la rivière de Vienne, paroisse de Condat ; le ténement de Trasmond au lieu du Chênevert, paroisse de Bonnat ; une maison sise rue Bareyrette ; la métairie de Bosmard, paroisse de Genouillac ; une maison sise rue Gasuiolle (Gaignolle) ; le petit Treuil, paroisse de Beaune, pour le droit de dîmes : le jardin et les osières du clos Lapot ; le clos de l'Aumônerie ; une maison sise rue Porte-des-Arènes, confrontant à la place de Frège-bise ; une maison sise place des Bancs, confrontant à d'autres maisons désignées seulement par le nom de leurs possesseurs ; le ténement des Giraud et Simonnet, paroisse de St-Denis-des-Murs ; une maison sise au Naveix, confrontant à la grande rue allant du cimetière à la rivière de Vienne ; une maison, borde et tannerie, sises hors la porte Boucherie ; le lieu de Claviéras, paroisse de Nantiat ; la paroisse de Rilhac-Lastours pour le droit de dîmes ; une maison sise rue de la Grande-Pousse, confrontant à une ruelle qui aboutit dans la Petite-Pousse ; — du f° 25 au f° 50 : Une maison sise rue Mirebeuf, confrontant par le derrière « le long des murs de la place Dessous-les-Arbres; » le jardin des Orphéroux « situé entre les deux ponts.

près le ruisseau des égouts de la ville, descendant dans la rivière de Vienne; » le ténement de Gorse, en la paroisse de Ste-Marie de Vaux; une tannerie sise rue Palevézy; une métairie sise « dans le fonds de Tramond, paroisse de Bonnat; » le pré Pouzo ou pré Gouraud, en la paroisse de Panazol: le ténement de la Beaffarie, en la paroisse de Meilhac; le lieu de Chez-Tandeau, en la paroisse de St-Denis des Murs; le ténement de Chamensouze, en la paroisse de Genouilhac; le pré Talabre, *alias* Alabre, aux Aurances près le moulin Rabaud: le clos du Puy St-Martin près des tuileries; une maison sise rue du Clocher, « vis-à-vis la maison de M. Pichon, chanoine de St-Martial; » une maison sise « dans la rue des Tanneries, paroisse de St-Maurice, confrontant par le derrière à la rue de Palevézy; » la terre des Treize-Chenauds, sise au clos du Puy-das-Rodas, paroisse de St-Michel; — du f° 51 au f° 55: Une maison sise rue du Verdurier, « confrontant par le devant à la rue qui descend de la porte Poulalière et va à la porte Manigne; » une maison sise rue Torte, confrontant par le bas à la maison du sieur Cibot, dit Pifre, prêtre; une maison sise rue Manigne, appartenant à M. Joseph Picat, prestre, l'un de MM. les grands vicaires de l'église royale et collégiale de St-Martial, » confrontant par le haut à la maison du sieur Arbonnaud, médecin, et par le bas à celle de Rabeaud, huissier en l'élection; une maison sise rue du Puy d'Eygoulène, confrontant par le devant à la grande rue, par le haut à la maison du sieur Coussy, épinglier, par le bas à celle du nommé Lachenaud, fondeur, et par le derrière au grand étang; une maison sise rue Ferrerie, confrontant au ruisseau appelé Paute, une autre maison rue Manigne, non confrontée; le ténement de las Traversas-Fromenteau, en la paroisse de Verneuil; le ténement de Purrie, paroisse de Veyrat; une maison sise rue Ratilhoux, appartenant à M. Pierre Juge, curé de St-Pierre du Queyroix, confrontant à la maison de David, tondeur de draps, et à celle de Pierre Cibot, aussi tondeur de draps; une autre maison sise rue du Clocher, confrontant à d'autres maisons désignées seulement par le nom de leurs possesseurs; une maison sise rue Lanscot, non confrontée, appartenant à Pierre Rivet, m° tailleur; une maison, escure et jardin sis place de la Motte, ayant appartenu précédemment au sieur Du eyrat, trésorier de France, confrontant à la maison du sieur Hélie Louis, aubergiste; le lieu de Puymarot, en la paroisse de Feytat; une vigne sise au Puy-Vincent, paroisse non indiquée: — du f° 75 au f° 100: Une autre maison sise rue Ratilhoux,

faisant coin et « confrontant autrefois à celle de M. Léonard de Loménie, cy-devant procureur; » le lieu de Clavières, en la paroisse de St-Symphorien; une autre maison sise rue Manigne, confrontant à d'autres maisons désignées seulement par le nom de leurs possesseurs; une vigne sise au Puy-Ponchet, en la paroisse de St-Christophe; une maison rue de l'Arbre-point, confrontant par le derrière « à un plassage où la dite maison a une sortie; » une vigne sise au clos Margot ou Croix-St-Léonard, paroisse non indiquée; une autre maison sise rue Manigne, appartenant à demoiselle Jeanne Dubois, veuve de M° Joseph Reculet, docteur en médecine; une autre maison, sise rue Ferrerie, non confrontée, appartenant à Pierre Durand, bourgeois; le pré de l'Aumônerie sis au territoire de l'Auransas de Courgnac, en la paroisse de St-Michel-des-Lions; une terre sise au clos de las Palissas, en la paroisse de St-Gérald; une autre maison sise rue Plainevaire (*sic*) ou de la Peyrusse, confrontant à la rue qui va à la fontaine d'Eygoulène; une autre maison sise rue de l'Arbre-peint, confrontant à d'autres maisons désignées seulement par le nom de leurs possesseurs; une autre maison sise rue Ferrerie, confrontant à d'autres maisons désignées seulement par les noms de leurs possesseurs; le lieu de la Jaufrenie, en la paroisse de Meuzac; une autre maison sise rue Plainevaire, confrontant à la rue qui va de l'église St-Michel à la fontaine d'Eygoulène; le Pré-Vicomtal, paroisse non indiquée, appartenant à dame Valérie de Laviche, veuve de Messire J.-B. Maillard, « escuyer, seigneur de la Couture, conseiller du Roy, président trésorier général de France et garde-scel au Bureau de la présente Généralité; » une maison sise au faubourg Montmailler, confrontant à la rue qui va de la porte Montmailler à Montjauvy, par le haut, et par le derrière à un petit chemin qui va sortir au bas du cimetière des Arènes; une autre maison sise rue du Verdurier, confrontant par le haut à la maison de M. Lhuillier, prêtre desservant la commune de Panazol, et par le bas à celle du sieur Patier, prêtre du séminaire de St-Sulpice; une maison sise rue des Fossés, confrontant à la rue des Fossés ou des Écoles et aux murs de la ville; une autre maison sise rue du Temple, confrontant à d'autres maisons désignées seulement par le nom de leurs possesseurs: — du f° 101 au f° 125: Le lieu de Juniac, grand et petit en la paroisse d'Ambazac; le pré Gouraud, au territoire de las Saignas, en la paroisse de St-Domnolet; le mas de Lavaud de Salesse, en la paroisse de Bonnat; une

tre maison sise au faubourg Montmailler, confron-
nt à d'autres maisons désignées seulement par le nom
leurs possesseurs ; la métairie de Beaumard, en la
roisse de Janailhac ; le pré des Pastoureaux, sis au
rritoire de la Croix-Buchelin, en la paroisse de
-Michel des Lions ; une autre maison sise rue du
erdurier, faisant coin à celle qui va de l'Arbre-peint
la porte Manigne et qui monte à la Croix de
ndeix de Manigne ; une autre maison sise au
ubourg Montmailler, confrontant à la rue qui va
la porte Montmailler au faubourg de Montjauvy
à la ruelle qui mène au cimetière des Arènes ; le
nement du Puy-Auroux en la paroisse de Couzeix ;
terre et seigneurie de St-Laurent-de-Gorre,
roisse non désignée, appartenant à « Messire
cques Léonard, chevalier, seigneur de St-Laurent
de St-Cyrcq, conseiller du Roy, président trésorier
néral de France au Bureau dés finances de la
néralité de Limoges, » demeurant à Limoges
vant la fontaine des Barres ; le tènement de las
titas-Bourdellas, en la paroisse de Chaptelat ; les
gnes du Puy-St-Martin, en la paroisse de St-Michel
s Lions ; une maison sise rue Biscolle, confrontant
la rue de las Bélageas ; le pré de las Ribiéras, près
pont de l'Aurance, en la paroisse de Couzeix ; le
nement du Genest, en la paroisse de St-Priest-sous-
ixe ; les vignes du clos Lansecot ou de las Touzas,
la paroisse de St-Michel des Lions, confrontant à
petit chemin qui passe devant le couvent des
mes Clairettes ; une autre maison sise rue du
mple, confrontant à d'autres maisons désignées
lement par le nom de leurs possesseurs ; — du
126 au f° 159 : Le clos de las Plantas, au territoire de
-Lazare, confrontant au chemin de la fontaine
St-Lazare et aux terres de M. Petiot, seigneur de
ins ; le domaine de Quercy, paroisse de St-Gérald,
ppartenant à dame Marie de Petiot, veuve de Messire
au Baptiste Romanet, seigneur de la Salesse,
substitut de MM. les gens du Roy au Bureau des
nances de la Généralité de Limoges ; » le lieu des
èzes, paroisse de Nantiat ; le mas David, paroisse
Séreilhac ; l'Aumônerie de la Salle épiscopale ; un
lassage de maison incendiée, sis rue Manigne, con-
ontant au plassage d'une autre maison pareillement
ncendiée et à d'autres maisons désignées seulement
ar le nom de leurs possesseurs ; un autre plassage
maison sis rue Manigne, confrontant à la maison
u sieur Roby, marchand pelletier ; une maison sise
ue Porte des Arènes, « faisant coin en revenant de
église St-Michel. à main gauche ; » les tènements

de Marseix et Puyaudraud, paroisse de Feytiat ; le
lieu de Maillat, ès appartenances du village de
Laplaud, paroisse de Rilhac-Lastours, le dit lieu
appartenant à Messire Jean Maumy, prêtre, syndic
du séminaire de la Mission de Limoges ; — du f° 151
au f° 175 : Une maison sise rue de l'Andeix du Vieux-
Marché, confrontant à d'autres maisons désignées
seulement par le nom de leurs possesseurs ; une autre
maison sise également rue de l'Andeix du Vieux-
Marché, confrontant à d'autres maisons désignées
seulement par le nom de leurs possesseurs ; une
maison avec jardin sise au territoire de Montjauvy,
sur le chemin qui va de Limoges à Couzeix, à droite,
confrontant à d'autres jardins et vignes désignés
seulement par le nom de leurs possesseurs ; une autre
maison sise rue Ste-Valérie, « faisant le coin et bout
de la rue allant à la place de Viclacloux » (sic), et
ayant appartenu à Jean Joubert dit de Nexon,
m° épinglier ; les tènements de Chaumensouze,
paroisse de Janaillac, et de Nouaillas, alias Chabiraudie, paroisse de Nexon ; un plassage de maison sis
rue du Verdurier, confrontant à d'autres maisons
désignées seulement par le nom de leurs possesseurs ;
une autre maison sise rue de l'Arbre-peint, confrontant « par le devant à la dite rue qui descend au
canal, à main gauche, par le bas, à la maison de
Léonard Boudeau, porte-robe, près l'église St-Pierre
et par le dernier (sic) à la maison du sieur Chapoulaud,
imprimeur ; » le mas et village de Veyrioux, paroisse
de St-Paul et St-Geniès ; une maison sise rue Boucherie, confrontant « par le bas et au coin à la porte
Boucherie, un petit chemin entre deux, en forme de
rue, » la dite maison étant pour moitié de la fondalité
de la frairie du Pavillon représentée par M. Louis
Texier, procureur du Présidial de Limoges et baile
en charge ; une maison sise rue Cruche-d'or, à main
droite en allant à la rue Manigne, ayant appartenu à
M. Pierre Hardy, trésorier de France, et ensuite au
sieur Chevalier, apothicaire, confrontant par le haut
à la maison de M. Regnaudin, trésorier, et par le
derrière « à la ruelle qui va de Cruchedor à la Maison
commune de cette ville ; » une autre maison sise rue
de Cruchedor, faisant le coin à main gauche, et
confrontant par le haut à la maison des Sœurs de
St-Alexis « à cause de la succession de Sœur Hélaine
Mercier, » par le derrière à la maison du sieur de
Loménie, et par le bas à la rue Manigne ; une autre
maison sise rue Boucherie, « vis à vis la porte de
l'église des PP. Jésuites, faisant coin de la rue
Boucherie, à main droite, allant à la rue de l'Arbre-

peint, » ayant appartenu à M. Pierre Duteil, vivant procureur au Présidial de Limoges, et ensuite à M. Martial de Verthamont, grand chantre de l'église de Limoges; » — du f° 175 au f° 200 : Une autre maison sise rue Boucherie, à main droite, venant de la Poissonnerie et allant à la Porte Boucherie, et appartenant à Guillaume Ventenat, marchand bonnetier; une autre maison sise rue Rafilhoux, faisant le coin de la dite rue, à main gauche venant de St-Pierre, et ayant appartenu au prieur de Compreignac; une maison sise « près et hors la porte Boucherie, faisant coin entre la rue qui va aux tanneries et au chemin qui va aux PP. Cordeliers...., confrontant par le bas à la maison de la nommée Gaux, faiseuse de canolles; » une autre maison sise rue Boucherie, à main droite venant de la Poissonnerie et allant à la porte Boucherie, et appartenant à Joseph Limonzin, marchand coutelier, une maison et jardin sis au Naveix, confrontant à d'autres maisons et vignes désignées seulement par le nom de leurs propriétaires; une autre maison sise rue Boucherie, à main droite venant de la porte Boucherie à l'église des RR. PP. Jésuites, ayant appartenu à Léonard Maison, grand archer de la grande prévôté; une maison sise rue des Combes, à main droite en descendant de la porte Montmailler, ayant appartenu à Pierre Lestrade, m° pâtissier et archer, confrontant par le haut à la maison du sieur Frayssix, m° chapelier, par le bas à celle de la veuve Benoist, éperonnier, et par le derrière à la rue Froment autrement Fauconnerie, qui descend à la fontaine des Barres; une autre maison sise rue des Combes, non confrontée, ayant appartenu pour moitié à Antoine Beauregard, m° bassinier; le tènement de Clavières, paroisse de Nantiat, appartenant à Messire René d'Arfeuille, sieur de Villeneuve, lieutenant d'infanterie au régiment de la Fère; deux maisons contiguës sises rue du Consulat, alias Font graulaud à main droite montant de la porte Paulailhère à la place des Bancs, ayant appartenu à M. Bhouet, président, et ensuite à Pierre Tirebas, notaire royal; le tènement de la Faucherie, paroisse de Rilhac, affermé à Messire Joseph Rouard sieur de la Boissarde, juge de la ville de Solignac, habitant à Limoges, rue Croix-Neuve; une autre maison sise rue Gaignolle, confrontant par le devant « au bureau de MM. les Trésoriers de France de cette Généralité, la ruelle de Gaignolle qui va à la place St-Michel entre deux; » une autre maison sise place de la Mothe, confrontant par le bas et du côté de l'église St-Michel à la maison du sieur Noualher, et ayant

appartenu pour partie à Jean Mathieu, orfèvre, à Hilaire Lemoine, imprimeur, à Joseph Ardant, chanoine de St-Étienne, à Jean Ardant, orfèvre, et présentement à Jacques Ardant, aussi orfèvre; une maison sise rue des Étangs, confrontant « par le devant, à main gauche venant de l'église de St-Michel du costé de la Croix-Neuve, à la rue qui va au petit étang et place de la Mothe; » une autre maison sise rue du Temple, à main droite en montant de la rue des Taules et marché au blé à la dite rue du Temple, confrontant par le haut à la maison de M. Martin, curé de Compreignac; un plassage de maison sis rue du Temple, à main droite en montant du marché au blé et de la rue des Taules, ayant appartenu à Pierre Chambon, élu de Bourganeuf, et ensuite à M. Légier, président en la cour de la Monnaie de Paris; une maison et vigne du bourg de Condat, paroisse de ce nom; les biens de Jean Bellegard, « vivant huissier en l'Élection de Limoges, » sis au lieu de Bellegarde, paroisse de Boisseuil; le lieu de Beauséjour, alias du Prêche, près Limoges, paroisse de St-Gérald; le lieu de Chaumensouze, paroisse de Janeilhac, dont les droits de lods et ventes sont cédés par l'hôpital à Férol Pauzet, châtreur, demeurant au village de Lagarde, paroisse de Nexon; une maison avec jardin sise au clos du Masgoulet au Naveix, confrontant au chemin qui va de Limoges au Palais, la dite maison appartenant à Jean de Laurent, m° charpentier; une maison sise rue Ferrerie, ayant appartenu à Jean Pauzac, dit l'Orgueilleux, faisant le coin de la rue qui descend des prisons ou de la place du palais, à main droite, à la rue de la Croix-Neuve et confrontant par le derrière à la maison de l'Intendance; une autre maison sise rue de la Peyrasse ou Pleinevaire, à main gauche allant de l'église St-Michel aux Étangs, confrontant par le haut à la maison du sieur Pleinemaison, prêtre; une maison sise rue Frégebize ou Tansecot, confrontant présentement par le devant à la rue Tansecot, à main droite venant de la rue Torte, allant à l'arbre d'Eygoulène, par le haut à la maison du sieur Petit, garde-palais du Présidial, par le derrière aux grands Étangs, une ruelle entr'eux deux, et par le bas à la maison de Jean Froment dit Tiactte, pâtissier; une maison sise rue Banc-Léger, confrontant par le devant à la rue qui va de Ste-Ursulle aux murs de la ville et par le haut à la cour du monastère de Ste-Ursulle; une autre maison sise rue Manigne, faisant coin près la porte d'icelle, appartenant à Isabeau Degorses, veuve de Pierre Bordes, faiseur de canolles; un plassage de maison sise rue du Vieux-Marché, faisant coin, à main gauche en venant de l'église des Ursulines à l'église St-Aurélien, et appartenant à Léonard Germain, relieur de livres; une maison sise rue Dessous l'Arbre d'Eygoulène, ayant appartenu à Pierre Gramagnat, greffier de l'hôtel de ville, et présentement au sieur Baud de Leysserie, chanoine de la ville de St-Junien; une maison sise rue Pauche-Boucherie ou Vieille-Monnoye proche l'Arbre-peint, ayant appartenu à Jean Guillet, corroyeur; une maison sise au faubourg des Arènes, faisant face à la porte des Arènes, à main droite en montant aux Carmes, appartenant à Dlle veuve Marie Massiat, hôtesse des *Trois-Anges*; une maison sise rue du petit Étang, confrontant à d'autres maisons désignées seulement par le nom de leurs possesseurs; une maison avec cour et jardin sise au faubourg Manigne, à main droite en descendant de la place Manigne à l'église des Frères Prêcheurs, confrontant par le bas à la maison du sieur Boutinaud, garde-palais de la juridiction consulaire, la dite maison appartenant à Pierre Beaubrun, marchand fourbisseur; le tènement de Chezgurat, paroisse de Châteauponsac; une maison sise rue du Clocher, confrontant à celle de M. Juge de St-Martin et à autres désignées également par le nom de leurs possesseurs; une maison avec jardin sise au pont St-Martial, faisant face à la rivière, confrontant à la maison du sieur Hytier, chirurgien; le clos de las Chaussadas au dessus de la Croix-St-Léonard, paroisse de Panazol; une maison avec jardin sise au lieu de Sannecort proche la Croix-Malacaire, paroisse de St-Michel; — du fo 201 au fo 225 : Une autre maison sise rue du Clocher, confrontant à diverses maisons désignées seulement par le nom de leurs possesseurs; une vigne sise au clos de Ste-Valérie, ayant appartenu à Pierre Benoist, prêtre de l'Oratoire, puis à M. Chastaignat, chanoine de St-Martial, la dite vigne confrontant au chemin qui va de l'église de Ste-Valérie au pont St-Martial et à autre chemin qui va de la dite église à la Roche-au-Gost; une autre maison sise rue Banc-léger, ayant appartenu à Messire François Reymond, seigneur de Montmort, contiguë à un mur « au devant duquel il y a une image de la Ste-Vierge; » une autre maison sise rue Torte, confrontant à diverses maisons désignées seulement par le nom de leurs possesseurs; une maison sise rue du Parveau, confrontant à la dite rue, à main droite venant de l'église St-François à la rue du Clocher, et à une autre maison ayant appartenu à M. Moulinier, seigneur de Beau-

vais, puis à M. Blondeau, seigneur de Laurière; une autre maison sise rue Gaignolle, confrontant à diverses maisons désignées seulement par le nom de leurs possesseurs, entre autres celle du sieur Bargeas, balancier; la terre de Compreignac, paroisse non indiquée; le tènement de Combe-vineuse, paroisse de St-Michel des Lions; une autre maison sise rue Boucherie, confrontant à d'autres maisons désignées seulement par le nom de leurs possesseurs; un jardin sis rue de la Rochette ou Ste-Valérie, confrontant à diverses maisons désignées seulement par le nom de leurs possesseurs; une maison sise rue du Clocher, non confrontée, appartenant à Dlle Ardant, sœur de Jacques Ardant, orfèvre; une maison sise rue du St-Esprit, confrontant à d'autres maisons désignées seulement par le nom de leurs possesseurs; quatre maisons contiguës sises rue du Clocher, devant l'église de St-Michel, confrontant à la maison de la confrérie du Sacré Corps de J.-C. et à la dite église, « la rue qui va au Palais entre deux, » possédée en copropriété par Dlle Marcelle Collusson, veuve de Jacques Guybert, « monnoyeur en la Monnoye de cette ville; » le tènement de Feurie, paroisse de Veyrat; une maison sise dans la Cité, « la dernière faisant le coin du costé gauche venant de la porte Boucherie; » — du fo 226 au fo 250: La terre de la Lande, dans le bourg de Beaune; le clos bas de Puy-las-Rodas, paroisse de St-Michel, confrontant sur le devant à la maison, vigne et jardin de M. Montégut, prêtre de l'église de St-Michel; une autre maison sise rue Lansecot, « vis-à-vis la sortie de l'eau du grand étang; » cinq maisons contiguës sises rue Boucherie, confrontant à diverses maisons et jardins, entre autres celui des PP. Jacobins; une terre sise près de Solignac, dans le tènement de Goule-de-bœuf, près le chemin qui va de Solignac à Boisseuil, la dite terre étant de la fondalité du seigneur abbé de Solignac; une maison « où pendoit cy-devant par enseigne le *Lion d'or*, » sise devant les dames Carmélites, de laquelle sont copropriétaires Simon Cacatte, aubergiste, rue des Petites-Maisons, « où l'on pend pour enseigne la *Croix d'argent*, » et Martial Piquat, me charpentier, demeurant devant la place des FF. Prêcheurs; une vigne sise au clos Lansecot ou las Touyas, paroisse de St-Cessateur, possédée par Joseph Durand, « conseiller du Roy, controlleur en la Monnoye de la dite ville; » une autre maison sise rue Ferrerie, ayant appartenu à Martial Barbou, imprimeur, confrontant à celle de Jacques Ardant, orfèvre, et à la place de la Mothe; le tènement de las petitas

Bourdellas, paroisse de Chaptelat ; une autre maison sise rue du Verdurier, à main droite en descendant de la rue Poulallière et allant à la halle des Bancs-charniers de Manigne ; une autre maison sise rue Lansecot, « étant la seconde de la dite rue » quand on va à l'arbre d'Eygoulène ; le ténement de Beaujallet, paroisse d'Isle, confrontant au chemin qui va de Limoges au Got de Verthamond, duquel est cotenancier D^{lle} Léonarde Alboin, « demeurante dans l'enceinte de l'abbaye de St-Martial ; » une maison sise rue Montant-Manigne, confrontant à d'autres maisons désignées seulement par le nom de leurs possesseurs, et aux appartenances de la Maison commune de Limoges ; une maison en ruine sise rue Manigne, les dites ruines résultant de « l'effondrement des murs des caves ; » la dite maison appartient de présent à Étienne Fourraud, caissier à la recette des tailles de l'Élection de Limoges ; deux maisons contigües sises rue du pont St-Martial, « faisant coin à une petite ruelle qui va du dit pont St-Martial au clos Chauderon et au couvent des religieux Récollets de Ste-Valérie ; » une vigne sise au clos Lauzellas, près St-Cessateur, confrontant « au chemin par lequel on va des fossés de cette ville, près la tour du St-Esprit, à St-Cessateur ; » une maison sise dans la haute cité, « faisant face sur le devant à la fontaine et place publique de la Citté, » et confrontant par le derrière à un petit ruisseau provenant des tanneries, ayant appartenu à J.-B. Romanet, conseiller du Roi et substitut au Bureau des finances de la Généralité de Limoges ; le ténement de la Joffrenie, près le village du Colombier, paroisse de Meazal ; une maison sise rue des Combes, non confrontée, ayant appartenu à M. Martial Baillot d'Estivaux, « conseiller du Roy, juge garde en la cour de la Monnoye de Limoges ; » une autre maison sise rue des Fossés, confrontant d'un côté à celle de M. de Dombei de la Courtaudie, président au Présidial de Limoges ; — du f° 251 au f° 290 : Une vigne sise au clos de St-Michel de Pistorie, ayant appartenu à Messire Léonard Veyrier de la Quintaine, docteur en théologie, chanoine de l'abbaye de St-Martial, et de présent à François Bardinet, m° de poste au faubourg Montmailler ; un plassage de maison sis rue du St-Esprit, confrontant à d'autres maisons désignées seulement par le nom de leurs possesseurs, entre autres le sieur Farne, imprimeur ; un plassage de maison sis rue Biscolle ; une maison sise près l'église de St-Aurélien, appartenant par moitié à Pierre Petit, fondeur, demeurant à Marennes ; le ténement des grands et petits Teils, paroisse de

Beaune ; le pré des Pastoureaux sis au territoire du clos Buchillen, confrontant au chemin par lequel on va de Limoges au lieu de la Borie de Courgnac, le dit pré étant de la fondalité de Messire Léonard Romanet de la Briderie, prêtre doyen de l'église cathédrale, comme pourvu de la vicairie appelée du Patriarche Lamy, desservie à l'autel St-Thomas en l'église cathédrale ; le clos Canadier, *alias* de las Assinas, des Pains de Noël ou de Fonbonne, paroisse de Soubrevas, acquis par Messire Joseph Beaubreuil, « écuyer, garde de la porte du Roy, résidant à Limoges ; » le moulin de Crohebeille, situé sur la rivière de Vincou, paroisse de Nantiat, le dit moulin « composé de quatre moules, l'une à bled, l'autre à mil, la troisième à chanvre et la quatrième à huille ; » une autre maison sise rue Gaignolle, ayant appartenu à Jacques de Verthamond, élu en l'Élection de Limoges, de présent à Grégoire de Verthamond, sieur de Faugeras, confrontant à d'autres maisons désignées seulement par le nom de leurs possesseurs ; une autre maison sise rue Montant-Manigne, confrontant à la maison du sieur Chatenet, fondeur ; le ténement de Mas-Veyrioux, és paroisses de St-Paul et de St-Geniès, non confronté ; une maison sise rue Croix-neuve, confrontant sur le derrière à la maison de l'Intendance ; deux maisons sises rue des Pousses, confrontant à d'autres maisons désignées seulement par le nom de leurs possesseurs ; une autre maison sise rue du pont St-Martial, « la dernière faisant le coin proche le pont, à main droite en descendant par le devant à la rivière de Vienne, » appartenant à Martial Terrier, marchand teinturier ; le ténement de la Faucherie, paroisse de Rilhac-Rancon, appartenant à Dame Marie Marguerite Romanet, veuve de Simon Rogier de Beaune, seigneur de Jauaillac, conseiller du Roi et président au Présidial de Limoges, y demeurant près la fontaine du Chevalet ; une maison sise rue de la Croix de l'Andeix de Manigne, appartenant à Pierre Roche, m° perruquier, et confrontant à d'autres maisons désignées seulement par le nom de leurs possesseurs ; le pré de Lagland, sis au village des Souts, paroisse de St-Martin-du-Temple ; une vigne sise au clos de la Faucille, près le pont St-Martial, paroisse de Ste-Félicité, appartenant à J.-B. d'Entrèyguas, m° tailleur d'habits, mais dépendant de la vicairie des Benoist ou de Saleix, la dite vigne confrontant au chemin qui mène de l'hôpital au pont St-Martial et par le bas à la vigne de Mousnier qui dépend de la vicairie des Baillot ; une autre maison sise en la grande rue des Combes, à droite en descendant, confrontant à la maison du sieur Favard, conseiller au Présidial ; le pré appelé le clos Pilat, paroisse non dénommée, confrontant au chemin qui mène du Treuil-Brulat à Soubrevas.

B. 498. (Registre). — In-folio, 169 feuillets, papier.

1756-1793. — « Terrier général nouveau, » (coté 18). — Tome II, concernant Limoges, les environs et les campagnes. — D'après la pancarte collée sur le plat du volume, ce terrier a été commencé en 1756 et a servi jusqu'en 1793. — Fournier, Garat, Ardant, notaires, ont signé successivement. — La table des matières, au f° 162 et suivants, mentionne 275 articles. Voici les plus intéressants : f° 1 v° : Afferme du tènement de Clavières faite pour neuf années par l'hôpital général à Pierre Leparfait, sieur du Roulet, bourgeois, habitant du bourg de Salagnac en Limousin, moyennant le prix de 200 setiers seigle et 50 ll. argent, 1756 ; — f° 2 r° : Reconnaissance de 35 sols de rente, faite par Marie Plainemaison, femme de Jean Moyran, journalier et autres sur le second et le troisième banc charnier de la halle du St-Esprit, sis à gauche en entrant, « lesquels deux bancs étoient cy-devant situés sous la halle de la place des Bancs, l'un en dedans, l'autre en dehors ; » — Reconnaissances analogues sur d'autres bancs charniers des halles du St-Esprit et de la porte Manigne, aux f°s 28 r°, 115 r° 117 r° et v°, 118 r° et v°, 142 r° ; — f° 2 v° : Reconnaissance de 3 quarts de denier de cens, faite en faveur de l'hôpital général par Messire François Ardant, « écuyer, conseiller secrétaire du Roy en la chancellerie près le Parlement de Flandre à Douay, habitant de cette ville, rue Boucherie, » sur une maison sise rue Puy de la Vieille-Monnoye, « en descendant dans icelle rue du costé gauche ; » — f° 3 v° : Reconnaissance de 20 sols de rente foncière et 10 sols de rente seconde, faite en faveur de l'hôpital par Maureil Parot, boucher, sur trois maisons sises rue de las Barcyretas, « qui a issue dans celle du St-Esprit ; » — f° 4 v° : Reconnaissance de 3 quarts de denier de rente, faite en faveur de l'hôpital par J.-B. Roby, prêtre communaliste de St-Pierre, sur une maison sise rue Cruche-d'or, « provenant du sieur Maledent. d'Aixe, auparavant de M. Louis Maledent, chanoine, qui la tenait de la dame de Marmond et celle-cy du sieur Genesty…., confrontant sur le devant à la dite rue, du costé haut à la maison des héritiers du sieur Duményl, ancien capitaine, lequel représentoit le sieur Chevailler, apoticaire ; » — f° 5 r° : Reconnaissance

de 12 sols 6 deniers plus 5 autres sols de rente annuel'e, faite en faveur de l'hôpital par Nicolas Ardant, sieur du Pic, bourgeois et négociant de cette ville, sur une maison faisant coin à l'extrémité des rues du Consulat et des Taules ; — *Ibid* : Reconnaissance de 9 sols de cens, faite en faveur de l'hôpital par D^lle Catherine Tullier, « bourgeoise de cette ville, demeurant dans la maison des sœurs de la Rivière, paroisse St-Michel de Pistoie, » sur une maison et cave sises rue Rafilhoux et appartenant au sieur Borie, « hôte de l'auberge des *Trois-Roys*…., » confrontant par derrière à la maison du sieur Cybot, tondeur de draps ; — f° 9 r° : Reconnaissance de 15 sols de cens, faite en faveur de l'hôpital par Martial Fautte, « vicaire de la vicairie de Corbefy ou Peytaud, fondée et desservie dans l'église paroissiale de St-Pierre, » sur une maison sise rue Gaignolle et confrontant par le bas à celle du sieur Tanchon, procureur ; — f° 9 v° : Reconnaissance de 10 sols de cens faite en faveur de l'hôpital par Joseph Dalesme de Gorceix, bourgeois, sur une maison sise rue du Mourier (*sic*), près l'hospice de St-François ; — f° 11 v° : Constitution de 500 ll. de rente au capital de 12,000 ll., faite en faveur de l'hôpital par les PP. Jésuites du Collège, 1757 ; — f° 12 v° : Reconnaissance de trois quarts de denier de cens, faite en faveur de l'hôpital par J.-B. Daurat, « écuyer, conseiler secrétaire du Roy près la cour des Aides de Bordeaux, habitant du dit Limoges, » sur une maison sise dans la ruelle qui aboutit à la rue Cruche-d'or ; — f° 13 r° : Reconnaissance de trois quarts de denier de cens, faite en faveur de l'hôpital par Antoine Pigné de Montignac, bourgeois et négociant, sur une maison sise rue Boucherie, confrontant d'un côté à celle de Martial Sardine, imprimeur ; — f° 14 r° : Reconnaissance de trois quarts de denier de cens faite en faveur de l'hôpital par M. Louis Ignace Thévenin du Genesty, bourgeois et négociant, sur la maison qu'il habite rue Poulalière, faisant coin au haut d'icelle, du côté droit en descendant vers la rue Rafilhoux, laquelle maison fut acquise par son père de M. Goudin de la Borderie, trésorier de France, qui la tenoit de M. du Claris, acquéreur de M. Maledent, receveur des décimes ; — f° 15 r° : Reconnaissance de 3 sols de cens, faite en faveur de l'hôpital par M. Jacques Farne, imprimeur, sur la maison qu'il habite rue Ferrerie ; — f° 16 r° : Investiture d'une maison acquise par D^lle Catherine Mingaud, veuve d'Antoine Pénicaud, de D^lle Luvaud, épouse de M. Rouard et héritière universelle de Léonard Veyssière, curé de St-Quentin, son oncle, la dite maison sise au bas du faubourg Boucherie et relevant par indivis de l'hôpital général et de la vicairie de Saragosse, dont J.-B. Bardinet, curé de Couzeix, est présentement titulaire ; — fº 17 rº : Quittance donnée à l'hôpital par Messire J.-B. Pierre Bordier, prêtre, docteur de Sorbonne, supérieur du Séminaire de Limoges et vicaire général du diocèse, d'une somme de 600 ll. léguée au dit séminaire par M. le chevalier de St-Pardoux, de laquelle somme moitié devra être employée en messes et l'autre moitié au rachat des captifs ; — fº 18 vº : Afferme du grand jardin de l'hôpital pour 9 années, moyennant la somme de 500 ll. par an ; — fº 19 rº : Quittance donnée à l'hôpital par messire Jean Grellet, curé de St-Pardoux, d'une somme de 600 ll. à lui léguée par M. le chevalier de St-Pardoux, « dont 300 ll. pour être employées aux réparations et décorations de son église ; » — fº 20 vº : Constitution de 150 ll. de rente au capital de 3,000 ll., faite en faveur de l'hôpital par Messire Joseph Durand, « écuyer, seigneur du Boucheron, de la Chassaigne et autres lieux, conseiller du Roy en la cour des Monnoyes à Paris, demeurant à Limoges en sa maison sise rue Ferrerie ; » — *Ibid* : Délibération du Bureau de l'hôpital extraordinairement convoqué par l'évêque pour juger des prétentions qu'élève le curé de St-Cessateur à faire les fonctions curiales dans la maison du Refuge, membre de l'hôpital, à l'occasion de l'inhumation de la femme Grellet, mendiante, transportée au dit Refuge, « à cause des incommodités qu'elle causoit à l'hôpital, » 1757. Le Bureau déclare faire opposition au curé de St-Cessateur et ordonne que l'inhumation sera faite dans le cimetière des pauvres par le chapelain de l'hôpital qui a administré la défunte. Ce qui fut fait en présence du Bureau lui-même, sans que le curé de St-Cessateur, venu en surplis et avec son étole pour procéder à la levée du corps, ait persisté dans ses prétentions ; — fº 23 rº : Constitution de 416 ll. de rente au capital de 10,000 ll., faite en faveur de l'hôpital par les RR. PP. Bénédictins de St-Jean-d'Angély, représentés par Dom Étienne Augustin Tercinier, procureur syndic des Bénédictins de Limoges ; — fº 23 vº : Afferme du moulin de la Vigerie sur la Vienne, faite pour 9 années à Martial Mignot, meunier, moyennant la somme de 240 ll. ; — fº 25 rº : Afferme faite à Pierre Tricaillon, moyennant 70 ll., de la boutique de serrurier de l'hôpital, en vertu du testament de Martial Tindaraud, mº serrurier, lequel « a légué à l'hôpital tous les outils et ouvrages faits ou à faire de son mestier de serrurier

qui se trouveront dans sa boutique lors de son décès, à la charge qu'il sera construit dans icelluy hôpital une boutique de serrurier où il sera mis un compagnon du dit mestier, lequel, au moyen de six années de travail et qu'il enseignera le dit mestier à deux pauvres du dit hôpital, en rapportant les brevets ou certificat de leurs apprentissages à la fin des dites six années, sera reçu dans le corps de la maîtrise des serruriers de la dite ville, conformément aux patentes du dit hôpital de l'année 1660 et à ce qui est prescrit au dit testament, » 1758 ; — fº 28 vº : Reconnaissance d'un sol de cens faite par Jacques Joseph Marchandon sieur de Naugeat, bourgeois, sur deux maisons sises rue du Consulat, confrontant par derrière à celle du sieur Voisin, imprimeur ; — fº 29 rº : Constitution de 208 ll. de rente au capital de 5.000 ll., faite en faveur de l'hôpital par Jean Pierre Rogier des Essards, écuyer, seigneur de Leyraud, le Buisson, le Bouchet, Mayéras, Beaune, Bonnetie et autres lieux, « conseiller secrétaire du Roy, maison, couronne de France, lieutenant général civil en la sénéchaussée de Limoges, » demeurant en son hôtel, rue des Combes ; — fº 31 rº : Constitution de 100 ll. de rente au capital de 2,000 ll., faite en faveur de l'hôpital par Messire Antoine Noalhier, « chevalier, seigneur des Bayles, conseiller du Roy, président trésorier général de France au Bureau des finances de la Généralité de Limoges,..., à l'acquit et décharge de messire J.-B. Fautte, chevalier, seigneur du Buisson, conseiller du Roy, ancien trésorier de France honoraire au même Bureau, en conséquence du contrat de vente de l'office de trésorier de France qu'icelluy sieur Fautte luy a consenty ; » — fº 35 vº : Reconnaissance de 13 sols d'acapt et 7 sols de rente, faite en faveur de l'hôpital par Pierre Périer, « étapier général de la Généralité de Limoges, » sur une maison sise rue du faubourg des Arènes, près la porte de ce nom ; — fº 36 vº : Reconnaissance de 6 deniers de cens faite en faveur de l'hôpital par messire Guillaume Paschal de Martin, « chevalier, seigneur de la Bastide et du Mas-Bourianne, ancien capitaine au régiment d'Enghien-infanterie, chevalier de l'ordre royal et militaire de St-Louis, » sur une maison et un pré sis au clos Laspoats, près Beauséjour ; — fº 40 rº : Amortissement d'une rente de 4 ll. sur la maison du sieur Thomas, « marchand tondeur de draps, » sise rue de l'Arbre-point ; — fº 42 rº : Reconnaissance de 2 ll. de rente en faveur de l'hôpital, faite par la frairie du très St-Sacrement et Corps de Dieu, « pour cause d'aumône cy-devant fondée en faveur des dits pauvres de l'hôpital par la dite frairie, à la charge de certaines prières qu'on est dans l'usage de faire dans la chapelle de St-Alexis du dit hôpital, le jour de la Fête-Dieu annuellement, auxquelles prières assistent MM. les confrères ; » — fº 45 vº : Délibération du Bureau touchant le legs fait à l'hôpital par Messire Joseph Limousin, président trésorier de France à Limoges, le dit legs produisant un revenu de 559 ll. Exécuteurs testamentaires : Messire Joseph Limousin, écuyer, seigneur de Neuvic, gendre, et Messire Jean-François Renaudin, chevalier, seigneur de Puynège, conseiller du Roi, président trésorier de France au Bureau de Limoges, beau-père du défunt, 1761 ; — fº 47 rº : Constitution de 83 ll. de rente pour 2,000 de principal, faite par les RR. PP. Bénédictins de St-Jean-d'Angély en faveur de l'hôpital ; — fº 50 rº : Brevet du Roi autorisant l'union du prieuré de St-Gérald à l'hôpital général de Limoges, et maintenant à S. M. la nomination aux cinq prieurés dépendant de St-Gérald : St-Jean-Lafont, Born ou Bornion, Clédat, St-Eutrope et le Doignon, tous situés au diocèse de Limoges. (Versailles, 21 avril 1760) ; — *Ibid* : Décret de l'évêque de Limoges relatif à la dite union (29 avril 1761) : Il constate que l'hôpital général « n'a pas la moitié, à beaucoup près, des bâtiments nécessaires pour recevoir la multitude des pauvres malades et autres de toutte espèce qui s'y présentent journellement, » et qu'il est urgent d'agrandir son local : « 1º pour y loger commodément et à l'abry de la contagion les soldats malades ou fatigués d'une longue route ; 2º pour loger les enfants dont on remarque depuis longtemps, avec regret, qu'il périt tous les ans environ les trois cinquièmes, et pour lesquels on ne peut cependant avoir trop d'attention, étant la portion la plus précieuse de l'État ; 3º pour séparer les convalescens des malades et enfin pour y recevoir les vicillars, les estropiés, les aveugles, les insensés, les épileptiques et autres incurables ; » — fº 52 vº : Lettres patentes approuvant le susdit décret. (Marly, juin 1761) ; — fº 53 rº : Requête de l'hôpital au Parlement de Bordeaux, aux fins d'obtenir l'enregistrement des actes précédents ; — fº 54 rº : Homologation du Parlement de Bordeaux (18 mars 1762) ; — fº 54 vº : Reconnaissance de 37 sols de rente au capital de 1,500 ll. faite en faveur de l'hôpital par les Jésuites de Limoges (avril 1762) ; — fº 56 rº et ss : Lettres patentes autorisant l'hôpital de Limoges à acquérir plusieurs terrains pour l'agrandissement de ses bâtiments, « pourvu toutes fois que les dites acquisitions n'excèdent pas la somme de 10,000 ll. » (Versailles,

mai 1762) ; — requête au Parlement de Bordeaux et homologation du Parlement, à l'occasion des dites lettres ; — suivent les contrats d'acquisition de deux terrains sis autour de l'hôpital ; — fº 59 rº : Arrentement perpétuel d'un terrain appelé autrefois du Prieur, sis au village de Beaubreuil, paroisse de St-Gérald, fait à J.-B. de Chèze-Martin, sous le devoir de 3 setiers seigle de rente foncière et directe ; — fº 64 vº : Cession du prieuré commendataire de St-Gérald faite par M. David, vicaire général et prieur du dit St-Gérald, à MM. les administrateurs de l'hôpital, moyennant la pension viagère de 600 ll. (23 mai 1763) ; — fº 70 vº : Vente d'une maison sise rue du Temple, au coin de la ruelle qui conduit à la rue du Clocher, faite par Messire Yrieix Dalesme, chevalier, seigneur de Salvenet et baron de Chatelus, à Joseph Rougerie, serger, pour la somme de 800 ll. de principal et 12 ll. pour pot de vin ; la dite maison chargée de 2 sols de rente foncière et directe en faveur de l'hôpital ; — fº 76 vº : Constitution de rente faite par le Collège de Limoges en faveur de l'hôpital pour un emprunt de 3,000 ll. destiné aux frais de reconstruction du Collège, 1767 ; — fº 77 rº : Afferme de la boutique de serrurier ci-dessus mentionnée, avec l'inventaire des outils qu'elle renferme ; — fº 78 vº : Adjudication du moulin de Vigerie sis à Condat, faite au sieur Fournier, papetier, sous le devoir de 2 setiers froment, 7 setiers seigle, 9 anguilles, 3 gélines et 10 sols argent ; — fº 79 rº : Transaction entre l'hôpital et la communauté de St-Pierre-du-Queyroix au sujet de la maison du sieur Chapellas, mº tapissier, rue basse Manigne et celle du sieur Terrier, teinturier, sise au pont St-Martial. Il est réglé que la mouvance de la première sera commune et que la seconde ne paiera à l'hôpital qu'une rente seconde ; — fº 81 rº : Constitution d'une rente viagère de 800 ll., faite par l'hôpital au sieur Bonneau, curé de la Nouaille en Périgord, pour 10,000 ll. de principal par lui données à l'hôpital ; — fº 83 rº : Constitution de 10 ll. de rente pour 200 ll. de principal, faite en faveur de l'hôpital par les feues Dlles Valérie et Catherine Lacroix. Exécuteur testamentaire : J.-B. Vidaud, sieur de la Barre, « ancien gendarme de la garde du Roy, fils aîné et judiciairement émancipé de J.-B. Vidaud de la Barre, ancien capitaine d'infanterie, de présent à l'hôpital des Invalides, » 1773 ; — fº 85 rº : Constitution de 150 ll. de rente pour 3,000 ll. de principal, faite en faveur de l'hôpital par Messire Charles Roch de Coux, « chevalier, seigneur du Châtenet, Puymaud, la Pauchénerie et autres lieux, demeurant en son château de Châte-net, paroisse de Lubersac en Limousin ; » — *Ibid* : Autre conststution de 100 ll. de rente pour 2,000 ll. de principal, faite par le même en faveur de l'hôpital ; — f° 86 v° : Constitution de 100 ll. de rente pour 2,000 ll. de principal faite en faveur de l'hôpital par Messire J.-B. Thamain, écuyer, seigneur de Cressac et de Puydebaud ; — f° 89 r° : Constitution de 100 ll. de rente pour 2,000 ll. de principal, faite par le sieur Jean Baralier en faveur de D^{lle} Barbe Ardant, marchande : — f° 89 v° : Obligation d'une somme de 171 ll. due à l'hôpital, pour arrérages de rente constituée, par le sieur Léonard Bonnefond, praticien, demeurant en la cité ; — f° 92 v° : Constitution de 70 ll. de rente, faite en faveur de l'hôpital par Grégoire Lafosse de Champdorat, bourgeois ; — f° 93 v° : Investiture faite par l'hôpital à François-Gabriel Reculet, m^e apothicaire, d'une maison de la rue Ferrerie acquise de M. Jacques Pétiniaud, bourgeois et négociant de Limoges, avec reconnaissance de 8 sols de cens ; — f° 100 r° : Vente des dîmes de la paroisse des Églises-le-Doignon, faite par l'hôpital à Messire Léonard de Léobardy, chevalier, seigneur du Vignaud, conseiller du Roi, président trésorier de France au Bureau de Limoges, demeurant au château du Vignaud, paroisse de la Jonchère, moyennant la somme de 6,000 ll. ; — f° 103 r° : Constitution de 50 ll. de rente pour 10,000 ll. de principal, faite en faveur de l'hôpital par Messire François de la Bonne fils, seigneur d'Escabillon ; — f° 105 v° : Afferme des cens, rentes et devoirs dus dans les paroisses de Janailhac, Nexon, St-Hilaire-Lastours, St-Martin-du-Temple, Freyssinet, la Roche-l'Abeille et la Meyze, faite pour neuf années par l'hôpital à Jean Gouzon, huissier au Châtelet de Paris, demeurant à Limoges, rue des Combes, moyennant la somme annuelle de 450 ll. ; — f° 111 v° : Reconnaissance de 10 ll. de rente constituée pour 200 ll. de principal, faite en faveur de l'hôpital par François Placide Nicolas aîné, « monnoyeur de cette ville, y demeurant, rue des Taules, » comme héritier de Messire Louis Claude de Pouget de Nadaillat, chevalier de St-Pardoux ; — f° 112 r° : Amortissement d'une rente de 50 ll. constituée par demoiselle Jeanne Reculet, épouse de Barthélemy-Alexis Dachés, maître d'écriture et bourgeois de Limoges ; — f° 113 v° : Réduction d'une rente constituée de 60 ll. (au capital de 1,200 ll.) à celle de 30 ll. (au capital de 600 ll.), payable à l'hôpital par Messire Henry Léonard de la Châtre de Peyraud, « écuyer, capitaine du second régiment des chevaux-

légers, habitant ordinairement au château de Peyraud, paroisse de Roussac, étant actuellement au dit Limoges ; » — f° 119 v° : Afferme des dîmes de grains et vins, « en deçà et delà de Vienne, » faite par l'hôpital à Martial Vigoureux, marchand, pour la somme de 140 ll., ; — f° 125 r° : Investiture portant reconnaissance en faveur de l'hôpital de 2 sols de cens et 4 sols de rente sur la maison « où étoit anciennement l'auberge du *Lion d'Or*…, faisant face aux rues Vigenaud, du Moulin-à-Vent ou la Rochette et Pélisson…, confrontant par le haut à la maison du sieur Bourdeaux, m° ès arts ; » — f° 129 v° : Arpentement du mas et tènement appelé les Côtes de Vienne, situé en la paroisse de St-Gérald, fondalité et directité de l'hôpital, « le dit arpentement fait par moi François Faure, arpenteur géomètre, résidant à Limoges, rue du Collège. » Contenance : 23 sesterées 4 coupées ; — f° 132 r° : Vente faite à l'hôpital par M. Grégoire Roulhac du Cluzeau, président trésorier de France, d'un jardin à lui appartenant, appelé les Barris-de-St-Gérald, de la contenance de 2 sesterées, pour en faire le cimetière de l'hôpital, 1784 ; — f° 134 r° : Arpentement du clos du Puy-des-Carmes, *alias* clos au Geay, paroisse de St-Michel des-Lions, contenant 14 sesterées 14 coupées ; — f° 141 r° : Reconnaissance d'une rente constituée de 50 ll. pour 1,000 ll. de principal, faite par Pierre Soulignac, négociant de Limoges, au nom de « dame Marie-Anne-Rose Gransault, épouse de messire Marie-Pacifique-Eugène-Joseph Prévost, écuyer seigneur de Wally en Treuil, Renaucourt et autres lieux, demeurant ordinairement en leur terre de Wally ou en leur hôtel d'Arras ; » — f° 145 r° : Reconnaissance de 4 sols de cens faite en faveur de l'hôpital par M. François Carboyneau procureur au Présidial, sur une maison sise rue Joumard ; — f° 145 v° : Reconnaissance de 10 sols de cens faite en faveur de l'hôpital par Messire Marie-Pierre-Charles Meulan d'Ablois, intendant de la Généralité de Limoges, sur deux emplacements de maison sis rue Croix-Neuve, acquis au nom du Roi et relevant de la fondalité de l'hôpital à cause de la frairie des aumônes Ste-Croix, 1786 ; — f° 146 v° : Reconnaissance de trois rentes constituées de 15 ll. au total pour 2,600 ll. de principal, faite en faveur de l'hôpital par Messire Joseph Martin, « chevailler, seigneur baron de Compreignac, Mas de Lage et autres lieux, garde du corps du Roy, compagnie écossoise, demeurant ordinairement en son château de Compreignac, paroisse du même nom, étant actuellement à Limoges ; » — f° 151 v° : Afferme de la moitié des dîmes de la paroisse

e Rilhac-Lastours, faite pour sept années à M. Geof-
roy Maud, curé de la dite paroisse, moyennant 80
etiers seigle de rente annuelle ; — f° 155 v° : Extrait
u testament de dame Marie Michel, « veuve de
Messire Joseph Restais, écuyer, secrétaire du Roi,
ontrôleur en la chancellerie près la cour du Parlement de Toulouse, » laquelle lègue aux pauvres de
hôpital de Limoges la somme de 4,000 ll., « payable
n effets de sa succession dans l'année de son décès,
même incontinent, si son héritier le juge convena-
le. » Le dit héritier, Messire Antoine Michel, « écuyer,
onseiller secrétaire du Roi, maison, couronne de
rance, » et neveu de la défunte, se libère de cette
omme en cédant à l'hôpital : « 1° la somme de
,000 ll. de sort principal au revenu de 50 ll., à pren-
re et restante de celle de 20,000 ll. créée et établie
ar Messire Henri-Joseph de la Fage, syndic général
e la province de Languedoc....; 2° la somme de
,000 ll. de sort principal de rente portant annuellement 150 ll. d'intérêts, à prendre et recevoir de dame
eanne-Thérèze Desazars, veuve de noble J.-B. Borrel,
ncien capitoul de Toulouse...., » 1787 ; — f° 157 r° :
utre contrat relatif à la précédente donation, 1788 ; —
° 160 r° : Reconnaissance de 10 sols de rente faite en
aveur de l'hôpital par Pierre Sohet Thibaud,
maître en chirurgie de cette ville, » sur une maison
se rue Fontaine-des-Barres, *alias* Servière, par lui
cquise de J.-B. Montaudon, conseiller au Présidial,
onfrontant à la maison de M. Cogniasse, médecin. =
es autres actes du registre, non analysés ci-dessus,
ont des reconnaissances, investitures, constitutions
e rentes ou quittances concernant les tenures suivan-
es : Du f° 1 au f° 25 : Le tènement de Mas-Lagorce,
aroisse de Ste-Marie-de-Vaux ; le territoire de Bosc-
e-Mouly, paroisse de St-Paul-St-Laurent, possédé par
e Grégoire Lafosse, sieur de Champdorat et de Bosc-
o-Mouly ; une maison rue Cruche-d'or, confrontant
ar le haut à celle de M. Roby, prêtre ; la terre ou
hâtaigneraie du Petit-Treuil, paroisse de St-Michel ;
a terre de Compreignac ; une maison rue Rafilloux,
cquise de M. Louis Taillandier, curé de Rilhac, et
ouis Barthélemy Taillandier, curé d'Uzurat ; le
ènement du Grand-Treuil, paroisse de Beaune ; une
igne et jardin sis au clos Beaupeyrat ; une maison
ise rue Descendant-Manigne, confrontant à celle de
. Benoît de Lostande ; une terre sise au clos Goufflier,
onfrontant à celle du sieur Dupin, vicaire de St-
Martial ; le pacage de la Croix-Malecayre, paroisse de
t-Michel, confrontant à la terre du sieur François
enoir, « entreposeur du tabac ; » une maison sise

rue Manigne, confrontant par le haut à celle des
demoiselles Péconnet, par le bas à celle de Me Guil-
laume-Joseph Roulhac, seigneur de Roulhac, « conseiller du Roy au Présidial et Sénéchal de Limoges,
possédé jadis par M. Pinot, élu et receveur du
tallion en l'Élection de Limoges ; » une maison sise
rue du Clocher, confrontant par derrière à celle du
seigneur Pabot de Chavaignac ; une autre maison
sise rue Descendant-Manigne, possédée par Joseph
de Roulhac, seigneur de Razeix, « conseiller du roy,
assesseur au Présidial et Sénéchal de Limoges ; »
une maison sise rue Ferrerie, confrontant à celle
de Jean Ardant, orfèvre, et possédée jadis par le
sieur Barbou, imprimeur ; une maison sise rue des
Arènes, confrontant par derrière aux murailles de la
ville ; une maison sise au faubourg Montmailler,
confrontant au chemin qui mène au cimetière des
Arènes ; l'enclos du monastère des Carmélites ; une
maison sise rue Banc-Léger, « englobée dans l'édifice
qui compose les bâtiments du monastère des Ursulines ; » une maison sise place des Bancs, faisant coin à
la rue Lansecot et ayant appartenu au sieur Colomb,
procureur ; le clos de Puy-Ponchet, paroisse de St-
Christophe ; une maison sise au faubourg Boucherie,
confrontant à celle du sieur Londeix, perruquier ; une
maison sise rue du Verdurier, ayant appartenu à
Louis Texier, procureur ; une maison sise au faubourg
Manigne, possédée par demoiselle Marie Baju, épouse
de Me Martial Dupuy, « procureur ez sièges royaux de
cette ville ; » autre maison sise à la place de la porte
des Arènes, « où se tient la foire, » confrontant à
l'église du couvent des petites Clairettes ; le tènement
du Bosc-Mareyche, paroisse de Nexon ; le tènement
de Valeix, paroisse de Nexon ; une maison sise rue
des Combes, confrontant à la ruelle qui mène à la
rue Beaupuy, « où est le petit jeu de Paume ; » une
maison sise rue du Consulat, confrontant à celle
de M. Vallade, médecin, et appartenant à Messire
François Brunet, écuyer, sieur du Ponyol, qui la tient
de son aïeul Messire François Brunet, trésorier de
France ; — du f° 25 au f° 50 : Le clos Boutinerie près
Beauséjour ; le clos de las Brunas, paroisse de St-Michel ;
le tènement de Chaumensouze, paroisse de Jaunillac ;
un emplacement de maison sis rue Biscolle, ayant
appartenu au sieur Peyrat, curé de St-Cessateur ; une
maison sise rue du St-Esprit, appartenant à François
Beaulieu, cardeur ; une maison sise rue Banc-Léger,
confrontant par derrière à celle de Cybot, cartier, et
par le côté à celle de Nicolas du Puymorel, possédée
par Messire J.-B. Vidaud, écuyer, seigneur de la

Barre ; le pré de l'Arbre, dans les appartenances du Puyreyjaud, paroisse de St-Michel : une terre sise au bourg de la Brugère, près Limoges : une terre sise au Clos-au-Geay, paroisse de St-Michel ; une maison sise rue Pennevayre, possédée par Mathieu Gourceyrol, marchand épinglier ; le tènement de la Joffrenie, paroisse de Meuzat ; le tènement de las Traversas, paroisse de Verneuil ; le tènement de Noalhas *sive* Chabiraudie, paroisse de Nexon ; deux maisons et une tannerie sises rue des Tanneries, *sive* Palevézy, possédée par Pierre Audoin, tanneur ; une vigne sise au clos Lansecot ou de las Touzas, près Limoges, confrontant au chemin qui mène des grands Carmes à la Mission, la dite vigne possédée par Pierre Beyraud, marchand aubergiste, tenant l'auberge « où pend pour enseigne l'image de *Ste-Catherine*, près la porte des Arennes ;» une maison sise rue du Verdurier, confrontant à celle de Martial Grudy, pâtissier ; un emplacement de tannerie, borde et maison sis près l'étang de Palevézy, canton des Tanneries, et confrontant au couvent des Cordeliers ; le tènement de Trasmont, paroisse de Bonnac ; une maison, séchoir, étable et jardin sis au village de Valeix, paroisse de Nexon : — du f° 51 au f° 75 : Une terre sise au clos St-Gérald, confrontant du côté de l'orient au cimetière de l'hôpital et du côté de l'occident au chemin qui mène de la Tour-Pissevache à la Croix-Mandonnaud, la dite terre possédée par le sieur J.-B. Poulard, « notaire, tabellion, garde-notes et greffier des arbitrages au dit Limoges ; » une maison et jardin sis près l'hôpital, appartenant à Joseph Baju de la Chèze ; les tènements de Tramond et Lavaud-Salesse, paroisse de Bonnat, vendus au nom de l'hôpital par Messire Joseph Pinot, « écuyer, seigneur de Magré et de Lagrillère, conseiller du Roy, receveur général du domaine et bois en la Généralité de Limoges, administrateur et receveur particulier de l'hôpital ; » les tènements des grands et petits Theils, paroisse de Beaune ; une maison sise rue Pennevayre, devant la place de l'église de St-Michel ; le jardin de l'hôpital affermé pour partie au sieur J.-B. Javaud, jardinier, sous condition « de bien et duement cultiver la dite partie de jardin en saisons requises et d'y faire donner les eaux de la ville suivant l'uzage, à fur et mezure qu'il en sera besoin ; » une maison sise rue des Pousses, « avec un emplacement du côté de la rue Banc-Léger, vis-à-vis l'église Ste-Ursulle, » confrontant au Jeu de Paume du sieur Besse ; le tènement du Mas-Veyrioux, paroisses de St-Genest et St-Paul ; une terre sise près l'hôpital, « confrontant à la maison et blanchissage en cire du sieur d'Héralde ; »

— du f° 75 au f° 100 : Une maison sise rue Lansecot, appartenant à M. Faure, marchand confiseur ; le territoire de St-Lazare près Limoges ; les tènements de Beaubreuil, Puy-Ponchet et Puy-Dieu, paroisse de St-Gérald, membres du prieuré de ce nom uni à l'hôpital ; une vigne sise au clos Lansecot, appartenant au sieur Barthélemy Villette, « m° traiteur de Limoges ;» une terre sise au clos Lansecot ou Villegrain, directité de la frairie de Ste-Agathe, adjugée à J.-B. d'Hérald, marchand cirier, dernier enchérisseur, contre François Bernard, m° sculpteur, J. Daurin, m° sellier, Antoine Villette, m° traiteur et rotisseur, également soumissionnaires ; le pré de St-Gérald, paroisse de Soubrevas ; une osière sise au clos de las Palissas ; les tènements de las petitas Bourdelas, la Faucherie, le grand et le petit Junhac, paroisses de Chaptelat, Bonnat et Ambazac ; une maison faisant coin à la place des Bancs, acquise par Isaac Martial Ardant, notaire royal, de Messire Melchior Cramouzaud, « prêtre, bachelier de Sorbonne et chanoine théologal de l'église royale et collégiale de St-Martial, » le tènement de Mailhac, paroisse de St-Hilaire-Lastours, possédé par Messire François de Bazin, « chevalier, seigneur de Puyfaucon, Marval et autres lieux, chevalier de l'ordre royal militaire de St-Louis, ancien capitaine de cavalerie au régiment Dauphin, demeurant en son château de Puyfaucon ; » une maison sise rue du St-Esprit, confrontant à celle de François Goulinaud, « tailleur de limes ; » un pré sis au clos de las Palissas, confrontant à celui de M. Fougère, médecin ; une maison sise rue du Clocher, acquise de M° Léonard Barbou, « écuyer, seigneur de Bessines et Monismes, conseiller du Roy, président trésorier de France au Bureau de Limoges, » par M° Charles de Chastaignac de Combard, « chevalier, seigneur de Ligoure, Sussac et autres lieux, demeurant à Limoges ; » une terre sise vis-à-vis les murs des dames Ursulines de Limoges ; le tènement de Chégurat, paroisse de Châteauponsac ; un jardin sis au Naveix, confrontant au chemin qui mène de la Vienne au cimetière de la chapelle du Naveix ; une terre sise au tènement du Puy-Ponchet, appartenant à Joseph Germain, « m° tailleur pour femmes, résidant rue du Meurier ; » une maison sise rue Fontaine-des-Barres, confrontant à celle du sieur Thibaut, chirurgien ; le tènement des Champs, paroisse de Bénac, affermé à Martial Sudraud des Isles, « juge de la ville et jurisdiction d'Aixe et Rochefort ; » une maison sise rue Huchette, *sive* Peyraubois, ayant appartenu à J.-B. Duverger, « docteur en médecine, abitant de la ville d'Aixe; » le village du Coudert, aroisse non dénommée; la terre de Montadau, aroisse de Feytiat; une terre sise au Puy las Rodas, aroisse de Soubrevas, adjugée à J.-B. Baralier, docteur en théologie, curé de Sussac; » une terre se au territoire de Beaupeyrat, paroisse de Soubre- as, adjugée au dit J.-B. Baralier, curé de Sussac; ne autre terre sise au Puy las Rodas, paroisse de oubrevas, adjugée également au dit J.-B. Baralier, uré de Sussac; une terre sise à Solignac, dans le énement de Goule-de-Bœuf; — du fⁿ 100 au fⁿ 125 : e ténement de Clavières, paroisse de Nantiat; une aison rue du Clocher, confrontant à celle de Fran- ois Bardy, notaire royal, dans la directité de la frairie e N.-D. des Aydes, représentée par Messire J.-B. Martin, bayle en charge et vicaire de St-Michel-des- ions; le village de Rilhac-Lastours et ses dépen- ances; un ténement sis au clos de las Palissas, aroisse de St-Gérald; le ténement de Peurie, paroisse e Verneuil, *alias* de Veyrat; une maison sise rue roix-Neuve, confrontant par derrière à l'hôtel de Intendance et acquise par Étienne Declareuil, huissier à la connétablie et maréchaussée de rance, » de Pierre Declareuil, son frère, avocat en arlement; les grands et petits prés de St-Gérald, aroisse de Soubrevas-Ste-Claire; les ténements de Beaubreuil et du petit Puy-Ponchet, paroisse de St- Gérald; une terre sise au clos de las Brunas, paroisse e St-Michel-des-Lions, acquise de Messire Nicolas de auze, vicaire de la dite paroisse; une maison sise rès l'église du séminaire de la Mission, paroisse e St-Cessateur, louée à Jean Bardet, muletier de J. Naurissart; une maison sise rue Rafilhoux, con- rontant à celle du sieur Dutreix; le ténement de la Garde, paroisse de St-Denis-des-Murs; une maison sise u clos des Hautes-Palisses, paroisse de St-Gérald; le énement de la Joffrenie et terre de Vialle, paroisse de Meuzat, affermés à Mᵉ Isaac Maleix, « notaire royal à la résidence de la paroisse de Coussac-Bonneval; » e domaine de Lhermiterie, paroisse de Couzeix, acquis de Jacques Audoucet, relieur, par François Béraud, « greffier en chef de la cour consulaire de Limoges; » le ténement de Mas-Veyrioux, paroisse de St-Paul-St-Genest; le clos de las Chaussadas, paroisse de Panazol; le village de Vieillefont, paroisse de Verneuil; le moulin de Vaux et ses dépendances, e tout converti en pâturages, sis sur l'Aurance, paroisse d'Isle; le ténement de la Faucherie, paroisse e Bonnac; le jardin des Orphéroux, sis entre les eux ponts, près le ruisseau des Égouts; une maison

sise place des Bancs, confrontant par le bas à celle que possédait autrefois Mᵉ Hyacinthe Mauet, ancien prieur de Chamboret; — du fⁿ 125 au fⁿ 161 : Une maison sise rue du Haut-Lansecot, confrontant par le bas à celle du sieur Ruaud, « monnoyeur; » une maison sise rue Torte ou Banc-Léger, confrontant par derrière à celle de François Pommeaud, mᵉ apothi- caire, et appartenant à François Cibot, dit le Puissant, boucher; un pré et vigne sis au clos Chaudeyron (*sic*) près le pont St-Martial; le ténement dit de l'hôpital de Freyssinet, échangé contre le clos au Geay, *alias* du Puy des-Carmes, en conséquence du procès mû contre Mᵉ Guillaume Sanson, « chevalier, seigneur de Royère, conseiller du Roy, président trésorier général de France au Bureau des finances en la Généralité de Limoges; » le ténement de Villefelix, paroisse de Couzeix; une maison sise rue Croix-de-l'Andeix-de- Manigne, confrontant à celle du sieur Segond; le clos du Puy-des-Carmes, *alias* clos au Geay, paroisse de St-Michel, ayant appartenu en 1669 à J.-B. Péconnet, orfèvre, puis au sieur Valade, médecin; autre tène- ment sis au même clos, appartenant à François Lenoir, « inspecteur des poudres et salpêtres; » une maison sise au faubourg du Pont-St-Martial, confron- tant à une petite venelle qui mène de la grand'rue à l'église Ste-Félicité, appartenant à Pierre de la Rose, doreur; le ténement de Chez-Gurat, paroisse de Château-Ponsac, affermé à M. le Borlhe, avocat en la Cour, sieur de Chégurat; une maison sise rue Banc- Léger, confrontant par le haut à celle du sieur Cibot, cartier, et acquise par Joseph Jeanty, économe de l'hôpital, de Messire François Vidaud, chevalier, comte du Dognon, seigneur du Curier et autres lieux; le ténement de Malegorse ou Malevialle, sis au village de la Borderie, paroisse de Ste-Marie-de-Vaux; une maison sise rue Torte, confrontant par le haut à celle d'Anne Jumilhac, « femme du nommé Pourade, faiseur de crochets; » une maison sise rue Haute- Pousse, confrontant par le bas « à la Salle de specta- cle appartenant au sieur Besse; » une maison appelée de las Girouetas, « bâtie partie en pierre, partie en bois, » acquise de Mᵉ Gabriel Juge, avocat en Parlement, et confrontant par le haut à l'ancien pressoir de MM. les prêtres de l'Oratoire; le pré des Genest, paroisse de St-Priest-d'Aixe, acquis par François Carbonneau, « procureur ès sièges royaux de Limo- ges, » de Messire Pierre Constant, écuyer, sieur de Preyssac; un derrière de maison sis rue Jouvioud (le devant faisant face à la rue Torte); une maison sise rue Huchette, provenant de la succession de Jean

Villegoureix ; un tènement sis au clos Guybert, près Naugeat, paroisse de St-Gérald, *alias* de Soubrevas-Ste-Claire, possédé par dame Marguerite Colomb, veuve de Jean-François Guybert, « conseiller du Roy, receveur des consignations en la sénéchaussée et siège présidial de Limoges ; » un derrière de maison donnant sur la place de Lamotte, acquis par le sieur Reculés, m⁰ apothicaire ; une partie de maison sise dans la Cité, avec une sortie sur la rue de ce nom, acquise par J.-B. Sazerat, maréchal-ferrant ; le lieu de Meize, paroisse de St Gérald ; une maison sise rue Basse-Manigne, faisant coin à la rue de la Grande-Pousse ; une maison sise rue du Verdurier ; le pacage de las Landas, sis « dans le fonds de las Aulérias et dans les appartenances du bourg de la Meyze, » ayant appartenu à M⁰ Joffre Massy, notaire et procureur de la juridiction de la Roche-l'Abeille ; une maison sise rue de l'Arbre-Peint et confrontant au jardin du sieur Desmoulins ; une maison sise « entre les deux rues des Pousses et confrontant à celle que possédait jadis le sieur Dorat, curé de Châlus, et à l'ancien Jeu de paume du sieur Besse, » acquise de Martial Porcher, « soldat au régiment de Touraine-infanterie, originaire de cette ville ; » le tènement de Peurie, paroisse de Veyrac, confrontant au lieu de Tranchepie ; le grand et petit pré de St-Gérald, affermé à François Cibot, dit Sans-Quartier, boucher, (2 mars 1793).

B. 499. (Cahier). — In-8°, 45 feuillets, papier.

1633-1682. — Lièvo des cens et rentes dus à l'hôpital général sur les maisons de Limoges (1).

B. 500. (Cahier). — In-8°,   feuillets, papier.

1662. — Lièvo de l'hôpital général sous ce titre : « Extraict des cens et rantes, droits et debvoirs deus annuellement à la baylie des Pauvres à vestir à présent unie à l'ospital général de St-Géral de la ville de Limoges.... faicte par moy Gabriel Duboys, huissier, comme ayant charge de MM. les administrateurs du dit ospital général, lesquels me donnent 300 ll. de gages, payables par cartier, pour avoir soing de faire les poursuites des afaires du dit ospital et faire payer les revenus d'iceluy.... 1662. » — Suivent

d'autres extraits des revenus de la confrérie de N.-D. de la Règle, de la confrérie de N.-D. du Puy, de l'hôpital de St-Martial, etc.

B. 501. (Cahier). — In-4°, 21 feuillets, papier.

1662-1708. — Lièvo des cens et rentes dus à l'hôpital général sur les campagnes.

B. 502. (Cahier). — In-folio, 8 feuillets, papier.

1683-1684. — Lièvo de l'hôpital général sous ce titre : « Estat de la recepte des cens, rentes, dismes, pansions, repas, debtes, domaines, droits et devoirs seigneuriaux appartenants aus pauvres de l'hospital général de St-Alexis de Limoges, faicte par moy Jacques David, bourgeois et marchand, administrateur et commis à la susdicte recepte par les dits sieurs administrateurs ses collègues, à commencer le 4 sept. 1683. » — C'est l'indication des paiements faits par les divers tenanciers de l'hôpital).

B. 503. (Cahier). — In-4°, 11 feuillets, papier.

1684-1685. — Lièvo de l'hôpital général sous même titre que la précédente, à laquelle elle fait suite.

B. 504. (Cahier). — In-8°, 11 feuillets, papier.

1686-1687. — Lièvo des cens et rentes dus à l'hôpital général sur les maisons de Limoges et les campagnes.

B. 505. (Cahier). — In-4°, 26 feuillets, papier.

Fin du XVII° siècle. — Lièvo, sans titre ni date, des cens et rentes dus à l'hôpital général sur les maisons de Limoges.

B. 506. (Cahier). — In-4°, 9 feuillets, papier.

1703-1707. — Lièvo des cens et rentes dus à l'hôpital général sur les campagnes.

B. 507. (Cahier). — In-4°, 22 feuillets, papier.

1708. — Lièvo des cens et rentes dus à l'hôpital général sur les maisons de Limoges et les campagnes. — F° 1, r°: Avertissement : « MM. les administrateurs

---

(1) Cette lièvo et les suivantes jusqu'à B, 517, sont rédigées fort sommairement. Les très rares renseignements qu'on en pourrait tirer çà et là se retrouvent sous une forme plus développée dans le *Terrier général* inventorié ci-dessus, B, 497 et 498.

ant voulu faire travailler à la liquidation générale
s arrérages du revenu de l'hôpital, aux fins d'une
ompte et particulière attention à ceux que la pres-
ption pourroit couvrir, il a été remarqué que le cas
; souvent arrivé et mesme l'extinction des fonds,
it à cause qu'il y a des rentes constituées, soit
esme dans les foncières, par l'impossibilité de la
couverte des héritages, et que cette perte très consi-
rable n'est produite que par le défaut des confronta-
ns dans les quatre dernières lièves. La première est
M. Martin qui, sans doute, n'en avoit pas trouvé
ns la précédente. M. Dubois, dans la sienne subsé-
ente, n'en pouvoit pas mettre. M. Maledent à
ivy, observant néanmoins de laisser du blanc pour
. être remply. M. Garat de mesme. Mais par là
défaut, sauf respect, n'étoit pas corrigé....» (1) —
: premier cahier comprend les cens et rentes dus
r diverses maisons sises à Limoges, rues de : Consu-
t, Cruchedor, Rafilboux, Porte-Poulaillère, Temple,
rrerie, Clocher, Gaignolle, Parvaud, Murier, Pont-
érisson, *alias* Fayetaud, Joumard, Combes, Ste-Va-
rie. Table des dites rues sur le plat du cahier,
ec renvoi aux pages. — F° 14 v° : Mention d'une
aison dite de la vicairie de Peyteu, sise rue du
.ocher et ayant appartenu à Pierre Noailler, vicaire,
uis à Martial Colin, théologal de St-Yrieix ; f° 15 r° :
ention d'une maison dite de la vicairie des Servières,
se rue du Clocher et ayant appartenu à M° Dorat,
anoine de St-Étienne ; f° 21 r° : Mention d'un jardin
s sous la tour de Beaupuy, près la rue de Ste-Valé-
e, et confrontant au petit Jeu de paume de la porte
ontmailler.

B. 508. (Cahier). — In-4°, 30 feuillets, papier.

1722. — Liève des cens et rentes dus à l'hôpital
énéral sur les maisons de Limoges.

B. 509. (Cahier). — In-4°, 28 feuillets, papier.

1722. — Liève des cens et rentes dus à l'hôpital
énéral sur les campagnes.

B. 510. (Cahier). — In-4°, 12 feuillets, papier.

1747. — Liève de l'hôpital général sous ce titre :
État des cens et rentes dus sur les maisons, clos

(1) Voy. ces quatre lièves ci-dessous B. 522-525.

près Limoges et bancs charniers, en faveur des pauvres, commancée le 2 septembre 1747. »

B. 511. (Liasse). — 2 cahiers in-folio, 9 et 11 feuillets, papier.

1772. — Liève de l'hôpital général sous ce titre :
« État de ce qui est dû à l'hôpital » par ses tenanciers
de Limoges et des campagnes et par divers autres
débiteurs. (En double).

B. 512. (Cahier). — In-4°, 12 feuillets, papier.

1774. — Liève de l'hôpital général sous ce titre :
« État des rentes dues à l'hôpital sur les paroisses
[hors Limoges] et dettes actives. »

B. 513. (Cahier). — In-4°, 8 feuillets, papier.

1776. — « Liève des dixmes appartenants à l'hôpital général de St-Alexis à cause de la réunion qui
a été faitte à icelui du prieuré de St-Gérald, laquelle
dixme est due à raison du onzième sur les fonds
cy après détaillés et confrontés, qu'on appelle petit
dixmant. » — Les fonds dénommés sont : le clos de
la Roche, la Font-Péchade, le clos de l'Écolière, *alias*
la Croix du Crible, le clos Beausoleil et le Puy-
Vincent.

B. 514. (Cahier). — In-folio, 5 feuillets, papier.

1783. — Liève de l'hôpital général sous ce titre :
« État des arrérages des rentes dues et des reconnaissances à faire faire sur les maisons de Limoges. »

B. 515. (Liasse). — 3 cahiers in-8°, 6, 11 et 22 feuillets, papier.

XVIII° siècle. — Lièves très sommaires des
rentes et autres créances de l'hôpital général. Sans
dates ; mentions de la seconde moitié du XVIII° siècle.

B. 516. (Liasse). — 3 cahiers in-folio, 4, 7 et 10 feuillets, papier.

XVIII° siècle. — Lièves très sommaires des
rentes et autres créances de l'hôpital général. Sans
dates ; mentions de la seconde moitié du XVIII° siècle.

B. 517. (Cahier). — In-folio, 35 feuillets, papier.

XVIII° siècle. — Liève. sans titre ni date, des
rentes dues à l'hôpital général sur les maisons de

Limoges et sur les campagnes. Mentions de la seconde moitié du XVIII° siècle.

B. 518. (Liasse). — 7 pièces, papier.

XVIII° siècle. — Lièves. — Extraits et fragments des lièves de l'hôpital général. Sans dates ; mentions de la seconde moitié du XVIII° siècle.

B. 519. (Liasse). — 82 pièces, papier.

XVII°-XVIII° siècles. — Minutes des lièves générales qui suivent. Écriture des XVII° et XVIII° siècles.

B. 520. (Liasse). — 116 pièces, papier.

XVII°-XVIII° siècles. — Minutes des lièves générales qui suivent. Écriture des XVII° et XVIII° siècles.

B. 521. (Liasse). — 118 pièces, papier.

XVII°-XVIII° siècles. — Minutes des lièves générales qui suivent. Écriture des XVII° et XVIII° siècles.

B. 522. (Registre). — In-folio, 319 feuillets, papier.

1662-1670. — Liève des cens et rentes dus à l'hôpital général de Limoges à cause des unions à lui faites, la dite liève rédigée par M. Martin (cotée 37). — F° 1 *bis* r° et ss : Rentes appartenant en propre à l'hôpital général. — F° 4 r° et ss : Rentes dues à l'hôpital général à cause des aumônes Ste-Croix. — F° 23 r° et ss : Rentes dues à l'hôpital général à cause de l'hôpital St-Martial. — F° 163 r° et ss : Rentes dues à l'hôpital général à cause de la bailie des Pauvres à vêtir. — F° 292 r° et ss : Rentes dues à l'hôpital général à cause de l'hôpital St-Gérald. — F° 311 r° et ss : Rentes dues à l'hôpital général à cause de la confrérie de N.-D. la Joyeuse ou des Pastoureaux. — F° 313 r° et ss : Rentes dues à l'hôpital général à cause de la confrérie de N.-D. de la Règle dite la Pourrade. — F° 319 r° et ss : Rentes dues à l'hôpital général à cause de l'aumônerie de la Salle épiscopale et de l'aumône fondée par MM. Chantois, d'Aixe, en l'église de St-Michel.

B. 523. (Registre). — In-4°, 354 feuillets, papier.

1663-1678. — Liève des cens et rentes dus à l'hôpital général sur Limoges, les environs et les campagnes, la dite liève rédigée par M. Dubois, avocat, (cotée 5). — F° 1 *bis* r° et ss : Rentes dans Limoges. — F° 122 r° et ss : Rentes sur les clos et territoires des environs de Limoges. — F° 178 r° et ss : Rentes dans les paroisses d'Isle, la Brugère, Aixe, Tarn, le Vigen, Beaune, Couzeix, etc. — F° 240 r° et ss : Pensions, dîmes, dettes actives, domaines et droits de tenture pour les enterrements. — F° 284 et ss : Repas fondés en faveur des pauvres de Limoges, amendes dues à l'hôpital (1663-1669), état des legs pieux faits à l'hôpital et forléaux de la Maison de ville. = Parmi les amendes figurent les suivantes : 22 ll. contre les collecteurs de la Meyze, 29 ll. contre les collecteurs de Bellac et 33 ll. contre les collecteurs de St-Priest-la-Plaine par sentences de l'Élection ; 500 ll. contre Barthélemy de la Croix, sieur des Piquets, près Juillac, par sentence des trésoriers de France à Limoges ; 500 ll. contre le sieur de Sanzay « et ses complices, » par sentence du visénéchal de Limoges ; 2,500 ll. contre Florent de Bar, écuyer, sieur de Meynac et du Cluzeau, « par sentence de condamnation de mort rendue en la cour présidiale de Limoges par M. d'Aiguaisseau (*sic*), intendant de justice souverainement, par laquelle il est condamné à avoir la teste tranchée et en 10,000 ll. d'amende, moitié au Roy, le quart aux pauvres et l'autre quart aux réparations du palays ; » 500 ll. contre Claude de Roffignac, écuyer, sieur de Grimondie, par sentence de M. d'Aguesseau, rendue au Présidial d'Angoulême. — F° 1 et ss : Deux tables des matières contenues dans le présent registre.

B. 524. (Registre). — In-folio, 185 feuillets, papier.

1679-1701. — « Liève des cens, rentes, repas, pantions ou aumosnes, dixmes, domaines, debtes actives et autres droits et devoirs apartenants aux pauvres de l'hospital général de St-Alexis...., contenant les payements des redevables, commencée le 2 septembre 1679, » et signée MALEDENT, (cotée 6). — F° 1 *bis* r° et ss : Rentes dans Limoges. — F° 36 r° et ss : Rentes sur les clos et territoires des environs de Limoges : — F° 64 r° et ss : Rentes dans les paroisses de Feytiat, St-Denis-des-Murs, la Geneytouse, St-Léonard, Eyboulouf, St-Geniès, Meuzac, le Vigen, Janail-

.c, Nexon, St-Hilaire-Lastours, etc. — F° 102 r°
ss : Repas fondés en faveur des pauvres de Limoges.
— F° 127 r° et ss : Pensions ou aumônes dues à l'hôpi-
al par les abbayes de St-Martial, de St-Martin et de
a Règle, les prieurés de St-Gérald et des Arènes, la
révôté de Verneuil. l'aumônerie de la Salle épisco-
ale, l'aumône des Chantoix et le Marché au blé. —
° 133 r° et ss : Dîmes, domaines, dettes actives,
onations et legs. — F° 156 r° et ss : État des recettes
t dépenses faites par le dit sieur Maledent, à cause
es diverses rentes énumérées ci-dessus. Total des
ecettes : 2,732 setiers seigle et 15,955 ll. argent ;
otal des dépenses : 15,955 ll. argent. — F° 183 r° :
able des matières. — F° 184 r° : Réduction des
mesures de plusieurs localités voisines à la mesure de
Limoges.

B. 525. (Registre). — In-folio, 265 feuillets, papier.

1701-1723. — « Liève des cens, rentes, repas,
pensions ou aumônes, debtes actives et autres droits
et debvoirs appartenant aux pauvres de l'hospital
général de Sainct Alexis de la ville de Limoges, contenant les payements des redevables. Commencée
le 22 juillet 1701 et faicte par moy sieur Nicolas
Barat, conseiller du Roy et son commissaire en la
maréchaussée du Limousin, administrateur et commis
à la levée des rentes et autres droicts et devoirs esnon-
cés cy-dessus. » — C'est par exception que l'on
trouve l'indication de quittances postérieures à l'année 1723. — Point de récapitulation des redevances y
mentionnées. == 1° Rentes sur diverses maisons sises
à Limoges. Les articles sont sous cette forme : f° 1 r°
: Rue Consulat, *alias* Fougroulaud, sur la maison
cy-devant de M. Douhet, président, à présent de
M. Pierre Tirebas, notaire royal, confrontant à la dite
rue par le devant, à la maison du sieur Nicot, Sr
de la Loge par le haut, et à autre maison de M. Me
Peyrière. président au siège présidial par le derrière
et par le bas, est deub à cause de l'hospital St-Martial,
de cens, lods et rentes : argent 1 sol. » Suivent les
quittances. — F° 49 et ss : Redevances perçues sur
les bancs charniers de la grande et de la petite halle.
— Parmi les noms propres nouveaux on peut relever :
François Bonnet, trésorier de France ; Delage. assesseur en l'Élection ; M. Maillot, trésorier ; Benoist de
Blémond, conseiller ; Pierre Blanchard. contrôleur du
taillon et auditeur des comptes ; le sieur Chevalier,
apôthicaire ; M. Roulhac de Goudaud, procureur du
Roi en l'Élection ; Maledent de Puy-Imbert, chanoine
de la cathédrale, héritier de Mad. de Narmond ; le
Sr Dupré, curé de St-Joueu ; Pierre Mesnager,
me cartonnier ; Joseph Sénamaud, « exempt de la
grande Prévosté ; » MM. Clary et Goudin, trésoriers
de France ; Paul Gay, conseiller au Présidial ; Pierre
Malinvaud, « boutonnier ; » Barthélemy Mercier,
« orpheuvre ; » le sieur Leymarie, prêtre ; Jean
Meynard, médecin ; Mathieu Desvignes, notaire ;
le Sr Guybert, « essayeur de la Monnoye ; » Jean
Lajoumard, procureur ; le sieur Chastaignat, grand
prévôt ; Martial Colin, théologal de St-Yrieix ; M. Dorat,
chanoine de St-Étienne, possesseur de la maison de
la vicairie des Servières ou de Courbefy ; le sieur
Masdot, conseiller ; le sieur Doyneix, notaire : le
sieur Croizier, « juge prévost à l'ordinaire ; » Jean
Dubois, juge de la Cité ; Jean Dupin. conseiller au
Présidial ; Pierre Quinquet, « lieutenant de M. le
viessénéchal (*sic*) ; Vincent Videix, Jean Joubert,
Jean David, Pierre Videuil, etc. épingliers ; Fran-
çois de Lauze. hoste du *Signe de la Croix* ; le
Sr Rouger, curé de Rouzette ; le Sr Pinot, *alias* Pineau,
« capitaine de la Maison commune de Limoges ; »
Martial Masbaret, apothicaire ; Pierre Vigenaud.
« dict lou Nègre : » Louis Ribière, mériglier de St-
Michel ; Guillaume Sadeix, « orpheuvre ; » André
Guybert, « orpheuvre ; » François des Flottes, « gref-
fier prévostel ; » Hilaire Lemoyne, imprimeur : Jean
Moury, imprimeur : Joseph Avril, commis du greffe ;
Me Pierre Avril, avocat, son fils ; Pierre Grammagnat,
« vivant greffier de la Maison de ville ; » le Sr Picat,
grand vicaire de St-Martial ; Barthélemy Chousy, dit
Treize-Métiers ; Barthélemy Vergnaud, « esmalhieur ; »
Pierre Veyrier, chanoine de St-Martial ; le sieur
Deau, prêtre de St-Pierre-du-Queyroix ; Antoine
Tilhet, « orpheuvre ; » le Sr Pontet. « en son vivant
escrivain ; » Jean Thévenin, me esperonnier ; Pierre
Deschamps, « me esculteur ; » Jean Massy, emballeur ;
Jean Mallisen et autre Jean Mallisen, son fils, Pierre
Mallissen, armuriers ; Hélie Douquet, me passemen-
tier ; Paul Gay, apothicaire ; François Guérin, prêtre
de St-Pierre ; Pierre Veyrier, « orpheuvre ; » Guy
Audony, chanoine de Limoges ; Léonard Maison-
grande, « marchand salinier et archer en la grande
prévosté ; » le sieur Maillot, prêtre de St-Pierre, etc.
== II° F° 83 et ss : Rentes sur les clos et territoires des
environs de Limoges. Les articles sont ordinairement
sous cette forme : « Territoire au delà du pont St-
Martial, sur un pré de 4 journaux, cy devant de
Mariotte Bardande, tutrice de Jean Farlier, son fils,
à présent de M. de la Cousture, trésorier de France.

est deub à cause des aumônes Ste-Croix, de cens, lods et rentes, argent : 23 sols 3 deniers. » Suivent les quittances. Les confrontations sont rarement indiquées. — On peut relever les noms suivants : Jean Boudet, « hoste de l'*Aigle d'argent* ; » Marc Antoine de Petiot, assesseur au Présidial ; M. de Petiot, trésorier au Bureau des finances de Poitiers ; Jean Baud, « vivant receveur au Bureau des finances ; » Michel Arbonneaud, contrôleur en la maréchaussée et docteur en médecine ; Pierre Denis, maître chirurgien de Limoges ; le sieur Chastagnat, curé de St-Cristophe, à présent chanoine de St-Martial ; le Sr Avril, curé de Razès, titulaire de la vicairie des Saleix ; le Sr Gadaud, prêtre de St-Michel-des-Lions et chanoine de l'église de Limoges ; le sieur Ramereu, « commis au bureau de tabac ; » le sieur Champeyre, notaire ; M. la Charlonie, contrôleur ; Philippe Pagnon, procureur du Roi au Bureau des finances ; François Pagnon, sgr. du Breuil, assesseur en la grande prévôté de Limoges ; Martial Goudin, prêtre de l'église St-Pierre ; Douhet de la Gorce, « conseiller du Roy et son esleu ; » Nicolas Garat, commissaire en la sénéchaussée du Limousin ; Mad. Jeanne d'Arfeuille, veuve de M. de Narmond, conseiller ; le sieur Freissinaud, prêtre de St Michel ; Antoine Félines, « marchand droguiste, » (1711). = IIIe Fo 125 et ss : Rentes dans diverses paroisses. Même forme d'articles que pour les clos et tènements. — On peut relever les noms suivants : M. Morel de Fromental, trésorier de France ; le Sr Bonnet, curé de St-Denis-des-Murs ; Marc Antoine de Guytard, écuyer, sgr. de Monjeoffre ; le sieur Dubart, curé de Roziers et Masléon ; Mad. Dessagues, veuve de M. Vollondat de la Boysserie, *alias* de la Boyssière ; M. Vollondat, chanoine de St-Martial ; le sieur Rousseau, secrétaire de M. le lieutenant général de Limoges ; M. de Noyéras, juge de Nexon ; Me Charles de David, écuyer, sgr de Vautaux ; Jean Daudet, chirurgien ; M. de Gassion, sgr de St-Laurent-de-Gorre ; M. Texandier, seigneur de l'Aumônerie ; le sieur Duverdier, avocat du Roi ; le sieur Duverdier (son frère), chanoine de St-Martial ; Joseph Pigné, sgr de Mandalèze, conseiller du Roi ; Pierre Mourrier, procureur d'office de la paroisse de Verneuil ; Pierre Leparfait, « vivant notaire du bourg de Bonis, près Boussac ; » le sieur Galeix, notaire du lieu de Villefont, paroisse de Barneuil ; M. de Lamondie, possesseur du fief noble de ce nom dans la paroisse de Mailhaud en Poitou ; Martial Bignet, « hoste du *Chesne-Verd*, » en la paroisse de Bonnat ; le sieur Durand, « conseiller du Roi, controlleur de la Mon-

noye ; » Jouhaud de Fouleystier, juge de Nexon ; Mathieu Boyleau, lieutenant en la juridiction de Verneuil. = IVe Fo 169 et ss : Repas dus à l'hôpital : environ 90 par an. Les articles sont sous cette forme : « Du premier janvier : [pour] un repas fondé à l'hospital St-Martial par sieur Jean Romanet, receveur du taillon, sur un jardin et treilles scitués au pont St-Martial, payé par sieur Gilles de Perrest, marchand, argent 40 sols. » Suivent les quittances. — On peut relever les noms suivants : Joseph de Jullien, trésorier de France ; Jean Mauplo, sieur de Laborie, trésorier de France ; le sieur Borde, « hoste des *Trois-Piliers ; »* Dlle Paule Varachaud, « fille dévote ; » Léonard Barny, juge ordinaire de Limoges ; le sieur Barny (son frère), abbé du Dorat, ancien curé de St-Michel-des-Lions ; François Chabaudie, vicaire de St-Michel-des-Lions. = Ve Fo 192 et ss : Pensions ou aumônes dues à l'hôpital, à savoir : sur l'abbaye de St-Martial : froment, 5 setiers ; fèves, 2 setiers ; argent, 5 deniers ; sur l'abbaye de St-Martin : seigle, 10 setiers ; argent, 2 sols 6 deniers. Redevances analogues, avec mention des quittances, sur l'abbaye de la Règle, le prieuré de St-Gérald, le prieuré des Arènes, la prévôté de Verneuil, l'aumônerie de la Salle épiscopale, l'aumônerie des Chantoix. — On peut relever les noms suivants : Mad. de la Feuillade, abbesse de N.-D. de la Règle ; Mr Jacques Verthamond, prieur de St-Gérald et évêque de Conserans (1711), frère de M. de Verthamond, trésorier de France au Bureau de Limoges ; le sieur Durand, prévôt de St-Martial et de Verneuil, frère du sieur Durand, l'un des administrateurs de l'hôpital ; le sieur Martin, « lieutenant de Compreignac ; » le sieur Roulhac, titulaire de l'Aumônerie ; M. Dumas-Boucher et M. du Puytyssen, trésoriers de France ; le sieur Samie, fermier des revenus des maladreries appelées des Casseaux, dépendant de l'abbaye de la Règle. = VIe Fo 200 et ss : Dîmes de l'hôpital, à savoir : sur la paroisse de St-Symphorien ; sur le grand et le petit Theil, paroisse de Beaune ; sur les paroisses de St-Denis-des-Murs, Rilhac-Lastours et Nantiat, et sur la paroisse de Séreilhac. Les dîmes sont perçues tantôt au total, tantôt en partie ; tantôt sur les grains seulement, tantôt sur les produits. — On peut relever les noms suivants : le sieur Regnaudin, curé de St-Symphorien ; le sieur Pénicaud, prieur-curé de Rilhac-Lastours ; M. Picon des Leizes, propriétaire du lieu noble de ce nom, en la paroisse de Nantiat ; le sieur Négrier, hôte de la *Maison-Rouge* de Bellac ; le sieur Dubois, juge de Compreignac.=VII° F° 209 et ss : Domaines de l'hôpital : 1° La métairie du mas des Horts, paroisse de Chaptelat, au labourage de deux paires de bœufs; 2° les clochettes. « L'office de juré crieur a été acquis de.... traittant, pour Sa Majesté, au mois d'avril 1693. L'hospital est en droit de percevoir pour chaque bail la somme de 15 sols ; » 3° la place du Presche, près Beauséjour; 4° le pré des Pastoureaux, au territoire de Bussilen; 5° le moulin de feu M. Grégoire Deschamps, chanoine de St-Martial, etc. — On peut relever les noms suivants : Jean Durou, dit Beyrand, m° architecte de Limoges; M. Armand de Silhouette, M. Antoine Philippeaux du Fresnoy et les sieurs Bourrié et Pichon, sous receveurs des tailles en l'Élection de Limoges : M° Claude Lemaire, docteur de Sorbonne, supérieur du séminaire de la Mission (1708); M. Marginier, prêtre, syndic du dit séminaire; M. Roulhac, sieur de la Traschaussade, marchand; le sieur Vachier, « directeur et économe du séminaire, » (1704). = VIII° F° 217 et ss : Dettes actives, donations et légats. Les articles sont ordinairement sous cette forme : Feu Sr Poillevet, sieur de Bondy, a légué à l'hospital général de cette ville la somme de 800 ll., pour le restant de laquelle somme sieur Poillevet, son frère, sieur des Frexines, a cédé sur M. Dubay, gentilhomme, demeurant en la paroisse de St-Dizier, près la Forest en la Marche, la somme de 500 ll., pour laquelle susdite somme il fait cinq lettres de change en date du 29 nov. 1698, payables aux pactes mentionnés cy apprès.... » Suit l'état des lettres de change tirées sur MM. Marchandon de Bordeaux, et l'indication des quittances. — On peut relever les noms suivants : M. Debay, écuyer, sgr du Cluzeau, demeurant au lieu du Pommier, paroisse de St-Dizier; le sieur Duvergier, receveur de Bourganeuf; les Bénédictins de Mauriac en Auvergne ; les Bénédictins de St-Savin; la marquise de Sauvebœuf; M. de Vaucourbay, sieur du Puy-Bareau, neveu de M. Roulhac, procureur du Roi en l'Élection; le sieur Lachellerie, lieutenant de Châteauneuf; Jacques Noailher et son fils Pierre, « marchand émailleur; » Bernard Lavaud, « vivant procureur d'office de la ville d'Allassac. en bas Limousin; » Pierre Bonnellic, notaire d'Allassac; M. Desmaisons, conseiller au présidial de Limoges; Bernard Fraisseix, praticien, habitant du village de Freisseix, paroisse de Boutezat au Bas-Limousin ; Bellut. Bernard, Nicolas, notaires à Limoges ; M. Donnet, « vivant lieutenant général d'Uzerche ; M. Donnet, escuyer, sieur de Lambertie, demeurant à Pompadour, » [frère du précédent]; M. le marquis du Saillant. sénéchal du Limousin ; MM. Martial Balliot de la Valette, Descordes de Gris et Croisier, receveurs des décimes; M. Mathieu Benoist, baron de Compreignac; M. l'abbé Michelon, héritier de Messire Jean Michelon, son oncle, « vivant conseiller esleu en l'Élection de cette ville; » Claude de la Marche, écuyer, habitant au lieu d'Oradour en Basse-Marche : M. Seglière, curé du dit Oradour ; Jean Vidaud, sieur de Beauvigier, « lieutenant particulier au Présidial de Limoges, neveu de feu Mad. Barbe Martin, veuve de M° Pierre de la Biche, sgr de Reignefort, conseiller du Roy ès sièges royaux de Limoges; » dame Françoise de Verthamond, veuve en premières noces de Messire Joachim de la Chatardie, chevalier, sgr de St-Gimieys ; M. Materre, curé de St-Martin-Sopers. = IX° Divers : f° 228 v° : « Loterie faite par permission du Roy en la présent ville de Limoges (1701), en faveur des pauvres de l'hospital général, de laquelle loterie il en est provenu pour le bénéfice des dits pauvres la somme de...., laquelle dite somme a estée prestée à divers particuliers de la présent ville cy-bas nommés, à sçavoir : aux RR. PP. Prescheurs du couvent des Jacobins de la présent ville, la somme de 2,000 ll. en capital pour la rente annuelle de 100 ll. payable annuellement à chaque jour et feste de N.-D. d'Aoust : » — f° 229 : « Privilège de l'hospital général de Limoges, concernant le pouvoir que MM. les administrateurs ont d'eslire un compagnon chirurgien (sic) pour le service des pauvres du dit hospital, » en vertu des lettres patentes de fondation données en 1660 : « Cependant s'estant trouvé des personnes assés oppiniatres pour vouloir empescher l'effaict du contenu ez dittes lettres, il a fallu que MM. les administrateurs ayent fait donner au seneschal de ceste ville divers appointements, apprès lesquels, mesme sur l'appel interjeté d'yceux, les adversaires bien conseillés transigèrent au mois de may et le 19 de l'an 1700, par devant Marpiénas, notaire royal du dit Limoges; par laquelle transaction l'on verra au *Terrier général*, à f° 398 où elle est reportée, comme quoy MM. les administrateurs ont un plain pouvoir d'eslire un compagnon chirurgien; » — f° 230 r° : « Renseignements » sur quelques donations faites à l'hôpital : par M. Duverdier de l'Aumônerie, demeurant en son château de Lubersac; par M. François Léger, « natif de Limoges et marié à Paris, conseiller du Roy et son recepveur des dixmes au diocèse de Caen en Normandie, » etc.; — f° 233 r° : État de ce qui est dû à la maison du Refuge, en conséquence des legs faits par Philippe de Jumilhac. sieur de Montégut, par M° Étienne Foudiou, docteur en théologie, curé de Tarnat; — f° 239 v° : « Suivant contrat du…. le sieur Roussel, bourgeois et marchand de cette ville, en compagnie de Jean Pitre, m° sargetier, a afferiné de MM. les administrateurs le provenu des manufactures [de l'hôpital] pour cinq années à venir, à raison de 500 ll. par an et une pièce de sarge de 40 aunes, payable la dite somme de 6 en 6 mois, par avance, » (1709); — f° 247 v° : Quittance d'une somme de 3,000ll. léguée à l'hôpital par feu M. Joseph Limousin, à charge de faire célébrer, chaque année, à son intention, en l'église de St-Pierre-du-Queyroix, « une messe haute où il y aura diacre, sous-diacre et assistant, auquel service assisteront MM. les prestres de la dite église et 12 pauvres du dit hospital, revêtus de noir, portant la croix, où ils se rendront en procession, chantant en y allant et revenant les litanies de la Ste Vierge à son intention, etc.; » — f° 248 v° : Donation d'une rente constituée faite à l'hôpital par M° Martin Dubois, « prestre, ancien prieur et curé de Bujaleuf, directeur des Dames de la Visitation de Limoges, y demeurant dans la maison curiale de St-Maurice de la Cité. » Neuf contrats y relatifs, (1683 et 1705); — f° 253 r° : Testament de M° Maurice Pradelas, « l'un des grands vicaires de l'église cathédrale de Limoges, » léguant 10,000 ll. à l'hôpital, (1712); — f° 257 r° : Donation à l'hôpital d'une rente constituée de 1,090 ll., faite par Mgr Carbonnel de Canisy, ancien évêque de Limoges, (1715); — f° 258 r° : Autre donation d'une rente constituée de 700 ll. faite par le dit évêque à la maison des Repenties de Limoges; — f° 263 : Table des matières du présent registre, mentionnant 66 maisons sises à Limoges, 58 clos et tènements aux environs de Limoges, 38 paroisses sises presque toutes en Limousin; — f° 265 r° : Réduction des mesures de plusieurs localités voisines à la mesure de Limoges.

B. 526. (Liasse). — 6 cahiers in-4°, chacun 20 feuillets, papier.

1708-XVIII° siècle. — Lième des cens et rentes dus à l'hôpital général en 1708, avec de nombreuses additions postérieures à cette date. — Le premier cahier comprend les cens et rentes dus sur diverses maisons, sises à Limoges, rues de : Consulat, Cruchedor, Rafilhoux, Porte-Poulaillère, Temple, Ferrerie, Clocher, Gaignole, Parveau, Murier, Pont-Hérisson, Joumard, Combes, Ste-Valérie, alias Beaupuy. Table des dites rues sur le feuillet de garde, avec renvoi aux pages. — Les mentions sont ordinairement

très sommaires : F° 2 v° : « Sur la maison cy-devant de Marie de Laroche, veuve de M° Pierre Blanchon, contrôleur du taillon et auditeur des comptes, après de Martial Blanchon, auditeur, à présent du sieur Malet fils, marchand, demeurant devant l'église de St-Martial, comme mary de D°° Léonarde Blanchon : argent, 30 sols ; f° 12 v° : Sur la maison cy devant de Jean Tiendet, à présent de Lavaud, confiseur, confrontant à la place devant l'église St-Martial, par le devant, à la rue Faydaud qui descend de la dite place à la grande rue des Combes, la dite maison faisant le coin à main droite à la maison de M. Rouillac, chanoine, appellée la maison de l'Aumônerie de St-Martial : argent, 100 sols. » — Les noms et professions des locataires actuels ou antérieurs sont assez souvent mentionnés. On peut relever : feu M° Simon Tirebas, procureur ; M° Douhet et M° Périère, présidents ; M°° François Brunet et Maillot, trésoriers de France ; Benoît de Blémond, conseiller au Présidial ; le sieur Moulinier, sgr de Rouziers ; M° Pierre Hardy, trésorier de France ; le sieur Chevalier, apothicaire ; le sieur Regnaudin, trésorier de France ; M° Rouillat, sieur de Goudaud, procureur du Roi à l'Élection ; le sieur Dupré, curé de St-Jouvent ; les héritiers de la sœur Hélène Mercier ; Catherine Paillier, fille dévote ; Hélie Teulier, notaire ; Étienne David, m° fondeur ; feu Pierre Farne, greffier ; Joseph Sénemaud, exempt en la grande prévôté ; Paul Gay, conseiller au Présidial ; Moïse Rougier, notaire ; Pierre Ardant, orfèvre ; Louis Champalimaud, marchand ; Pierre Mouret, procureur ; Pierre Chambon, élu à Bourganeuf ; M° Daleyne, chanoine de St-Étienne ; Barthélemy Mercier, orfèvre ; Jacques de Douhet, lieutenant criminel ; Jean Ardant, orfèvre ; Jean Meynard, médecin ; Mathieu Desvignes, notaire ; Isaac Ardant, orfèvre ; Guibert, essayeur de la Monnaie ; M° Chastaignat, grand prévôt ; Étienne Daubias, prêtre ; Jean Rousseau, passementier ; Martial Colin, théologal de St-Yrieix ; M° Dorat, chanoine à St-Étienne ; M° Chazaud, prêtre ; M° Croisier, juge-prévôt en la Cour ; Barthélemy Moulinier, procureur du Roi au Bureau des finances ; feu Jean Dubois, juge de la Cité ; Pierre Nicolas, contrôleur ; M° Manent, chanoine ; Jean Favard, conseiller au Présidial ; Pierre Giquet, lieutenant du visénéchal ; Nicolas Lestrade, procureur ; Joseph Guitard, m° fondeur ; Joseph Duboucheix, officier de la chancellerie. = Le deuxième cahier comprend la suite des cens et rentes dus sur diverses maisons sises à Limoges, rues de : Vicillas-Claux ou Virasclaux, Mirebeuf, Sous-las-Combas, Bailebat, lias Pélisson, faubourg Monmalier, las Vaux de Monmalier, la fontaine des Barres, Fauconnerie, roment, Biscole, Fossé, Croix-Neuve, place St-Michel à côté du clocher et près la maison du Corps-Dieu de St-Michel, Péruse, Plenevaire (*sic*), place de la Motte, les Étangs ou Frégebise, porte des Arènes, faubourg des Arènes, Dessus-l'Arbre ou Puy d'Ey-oulène et Lansecot. Table des dites rues sur le feuillet de garde, avec renvoi aux pages. — Les mentions sont ordinairement très sommaires : F° 2 r° : « Sur la maison y devant de François Testut, m° charpentier, est deu le cens à cause des Pauvres à vêtir : argent, un sol. » Les confrontations sont parfois établies avec grand soin : F° 18, v° : « Faubourg des Arènes, maison et jardin cy-devant des bayles du Corps-Dieu St-Michel, confrontant au chemin allant aux Carmes par le devant, au jardin de la Recluse par le haut, et par le derrière à l'Amphithéâtre et à une ruelle par le bas. Cette maison estoit autrefois au milieu de la place d'Orsay. » — Les noms et professions des locataires actuels ou antérieurs sont assez souvent mentionnés. On peut relever : Jean David, épinglier; Duboys, épinglier; François Delauze, hôte du *Cygne;* Pierre Videuil, épinglier; Beauregard, hôte de *St-Maurice*, dans la rue des Petites-Maisons; Martial Masbaret, apothicaire; Jean Martin, archer en la grande prévôté; Guillaume Saleix, orfèvre; Jean Dubois, avocat; Jean Rivière, médecin; Jean Desflottes, élu; Léonard Desflottes, conseiller au Présidial; René Imbert, apothicaire; Jean Mathieu, orfèvre; Hilaire Lemoine, imprimeur; Dupeyrat, trésorier de France; Léonard Beaubreuil, avocat du Roi au Bureau; Constant, procureur du Roi à l'ordinaire; Jacques Petiot, juge ordinaire et son fils; M. de la Motte, sgr de Gain, assesseur au Présidial; Jean Moury, imprimeur; Mlle Taillandier, hôtesse des *Trois-Anges*, au faubourg des Arènes. « Il y a des anciens qui ont vu l'enseigne et l'hôte; » Marguerite Limouze, « hôtesse de *la Pédoire*; » Pineau, capitaine de la Maison de ville; M° Pierre Grasmaignat, « greffier à l'Hôtel-de-Ville; » Lachenaud, fondeur; Pierre Grandchamp, m° éperonnier; Martial Bargeas, libraire; Farne, curé de St-Paul-St-Laurent. = Le troisième cahier comprend les cens et rentes dus sur diverses maisons sises à Limoges, rues de Lansecot, Jouvion, Maisons-Neuves, Bareyrette, St-Esprit, Roulet, Peyre-au-Boys, Louhonne, Torte, Pissevache, Andeix-du-Vieux-Marché, Blanc-Léger, les Bancs, Manigne, Grande-Pousse, Petite-Pousse, faubourg Manigne, Verdurier. Table des dites rues sur le premier feuillet, avec renvoi aux pages. — Même forme d'articles que précédemment : F° 5 r° : Pressoir situé près l'église de St-Aurélien et « la rue allant de la dite église à la tour du St-Esprit; » f° 18 v° : Il est dû un cens, rue Grande-Pousse, « sur la maison située entre les deux Pousses et les deux Jeux de paulme, où est à présent le Jeu de peaume appelé Tourniol. » — Parmi les noms et professions on peut relever : Barthélemy Chousy, dit Treize-Métiers; Martial Garat, teinturier; Jean Guibert, teinturier; Simon Dupré, teinturier; Vidaud du Doignon, lieutenant particulier au Présidial; Barthélemy Vergnaud, émailleur; Jean Baud de Lesserie, receveur au Bureau des finances; Martial Romanet, lieutenant du vi-sénéchal; Chévaille, sieur de Faugeras, conseiller au Parlement de Bordeaux; Nicolas Sénamaud, hôte des *Trois-Marchands;* Pierre Razès, contrôleur du taillon; Antoine Richet, orfèvre; Jean Ideux, dit le Pape; Jean Voisin, imprimeur; Duchêne, sculpteur; Lacouque, médecin; Poutet, écrivain; Morel, médecin; Simon Dupré, hôte d'une maison sise faubourg Manigne, « où pend pour enseigne l'image de *St-Jacques;* » M. Deloménie, sgr du Claud, conseiller, héritier d'une maison sise au faubourg Manigne, « où pend pour enseigne le *Lion d'or*. » On rencontre également dans ce cahier la mention de tanneurs, corroyeurs, chaussetiers, d'un emballeur, d'un pelletier, d'un tondeur, etc. = Le quatrième cahier comprend les cens et rentes dus sur diverses maisons sises à Limoges, rues de Verdurier, l'Arbre-Peint ou Vieille-Monnoie, Pauche-Boucherie ou Vieille-Monnaie, Palevézy ou des Tanneries, faubourg Boucherie, Cité, Naveix, Pont-St-Étienne, territoire de St-Michel de Pistorie, pont St-Martial. Table des dites rues sur le premier feuillet, avec renvoi aux pages. — Même forme d'articles que précédemment : F° 3 v° : Il est dû un cens rue de l'Arbre-Peint « sur une maison où pend pour enseigne l'image de *Notre-Dame;* » f° 4 r° : Il est dû un cens rue de l'Arbre-Peint « sur une maison cy-devant du sieur Hugon, dite Maison-Dieu; » f° 7 r° : Le répertoire des Aumônes Ste-Croix dit qu'il y a quatre maisons dans la rue de l'Arbre-peint, qui composaient autrefois l'hôpital du commandeur du Palais; f° 17 v° : Maison sise au Naveix, confrontant à la grand'rue allant du cimetière à la rivière de Vienne; f° 18 v° : Vigne située entre les deux ponts et « confrontant au chemin allant du cimetière et place de St-Michel de Pistorie à la vigne de la veuve Pallier. » — Parmi les noms et professions on peut relever : Guillaume Salot, conseiller; Jean Malissen, armurier; Jean Freissinaud, épinglier; Isaac Cibot, avocat du Roi; Germain Thévenin, « hôte du logis de *St-Germain*. » On rencontre également, dans ce cahier, la mention d'un tondeur de draps, d'un maître passementier, d'un faiseur de moules, d'un taillandier, d'un éguilletier, d'un recouvreur, d'huissiers, de notaires, etc. — Le cinquième cahier comprend les cens et rentes dus sur les clos et territoires suivants : au delà du pont St-Martial, Fontpéciade, Chantois ou Chantou, Puyvincent, St-Lazare, Quercy, Chez-Romanet, Peyronnaud, Champlandry, Vaneuf, Chez-Ribière, Bosc-de-Mouly, Condadille, Moulin-Moreau, Boulinarie ou Chez-Boulhou, las Palissas, Ste-Valérie, las Vaux, près Pissevache, Lansecot ou las Touzas, Villeyven, Vigiéraud, St-Cessadre, Beaupeyrat, Soubrevas, Canadier, Puy-las-Rodas, Morinaric, las Barras et Thouny. Table des dits noms au premier feuillet, avec renvoi aux pages. — Même forme d'articles que précédemment : Fᵒ 4 rᵒ : Vigne sise au Puyvincent, « confrontant à la vigne de M. le prieur de St-Gérald et au chemin de St-Lazare à la Chapelle-Brûlée; » fᵒ 11 rᵒ : Maison sise au territoire de Ste-Valérie et « confrontant au cimetière de l'hôpital général. » — Parmi les noms et professions on peut relever : Jean Boudet, hôte de *l'Aigle d'argent*; M. Petiot, sgr de Gain, assesseur au Présidial; M. Petiot, trésorier au Bureau de Poitiers; Barny fils, conseiller au Présidial; Étienne Romanet, lieutenant du vi-sénéchal; Barthélemy Moulinier, procureur du Roi au Bureau des finances; Michel Arbonneau, contrôleur en la maréchaussée de Limousin; Guillaume Mouret, orfèvre; M. Demaison, vi-sénéchal; Rogier, sgr des Essarts, lieutenant général; M. de Narmond, conseiller au Présidial; M. Vernajoux, avocat; M. Mazentin, avocat; Garat, commissaire aux montres de la maréchaussée; Beaubreuil, « procureur ez sièges royaux de Limoges; » Jean Rousset, chirurgien; Dⁱˡᵉ Morin, « matronne; » Messire Jean Mauple, trésorier de France; Laurent Bardinet, épinglier; Jean Dauvergne, avocat. — Le sixième cahier comprend les cens et rentes dus sur les clos et territoires suivants : Aurances et Courgnat; Sannecor, las Brunas, Montjovis, Bonnebourse, Encombe, Boyol, Puy-St-Martin, Fontaure, Laurier, Chinchauveau, la Brugère, Puyponchet, Saufgauflier, las Couturas, Puy-de-la-Latte ou Pey-de-Laliot, St-Paul, le Calvaire, Mas-Blanquet, Puylanaud, Treuil-Guiernaud, Chanterol, le Sablard, Verdurier, las Saignas, las Chaussadas ou Croix-St-Léonard, Ville-Neuve et Soudanas. Table des dits noms au premier feuillet, avec renvoi aux pages. — Même forme d'articles

que précédemment : Fᵒ 2 vᵒ : Terre située aux Aurances, « près le cimetière de Villard, au delà de l'Aurance; » fᵒ 5 vᵒ : Rente sur les Aurances enregistrée « au grand livre de la Maison de ville, couvert de cuir avec une boucle; » fᵒ 11 rᵒ : « Sur la liève de M. Martin, il est dit qu'on croit que cette terre (de Fontaure, près Aigneperse) est tenue par M. Vidaud, receveur; qu'il y a deux titres en parchemin dans le trésor au coffre 14, comme pièces égarées sur le livre des comptes; » fᵒ 15 rᵒ : Vigne sise au territoire du Puy-Labatte, près la Gaponnerie, au bas Chinchauveau, et confrontant « au chemin de la Maison-Dieu au Grand-Treuil, appelée Vic Bruneau. » — Parmi les noms et professions on peut relever : Jean Vidaud, greffier en chef de l'élection; Martial Rouillac, « cy-devant procureur du Roy à l'ordinaire; » Pierre Valade, prêtre de St-Pierre-du-Queyroix, possesseur « des terres, bois et prez appelez à l'Arbre, » sis aux Aurances; Vergnaud, arquebusier; Pierre de Douhet, sieur de Lagorce, élu; Guillem de Janaillac, épinglier; Jean Legros, « mᵉ épinglier; » M. Martin, sgr de la Bastide, trésorier de France; Jean Limousin, émailleur; Claude Traversier, avocat; Léonard Mathéou, mᵉ armurier; Jean Latreille, chirurgien; M. Roussel, avocat. On rencontre également, dans ce cahier, la mention d'un fondeur, d'un passementier, d'un bridier, etc.

B. 527. (Registre). — In-folio, 81 feuillets, papier.

1723-1744. — Liève des cens et rentes dus à l'hôpital général de Limoges sur les paroisses des environs de Limoges (cotée 11). — Même forme d'articles que ci-dessous, B. 528. — Fᵒ 81 vᵒ : Table des paroisses dénommées, au nombre de 45.

B. 528. (Registre). — In-folio, 95 feuillets, papier.

1723-1744. — Liève des cens et rentes [dus à l'hôpital général], commencée en l'année 1723 et qui a servi jusques en l'année 1744, » (cotée 12). — Du fᵒ 1 au fᵒ 40 : Liève des repas de chaque mois. (Cf. ci-dessus la liève de 1701-1723, B. 525, fᵒˢ 169 à 191. Même forme d'articles.) — Du fᵒ 41 au fᵒ 95 : Liève des dettes actives de l'hôpital sur la métairie du mas des Horts, le pré des Pastoureaux, MM. du Séminaire, MM. du Clergé, les Bénédictins, le prieuré de St-Gérald, etc. (Cf. ci-dessus la liève de 1701-1723, B. 525, fᵒˢ 209 à 227. Même forme d'articles. — Parmi les noms nouveaux que fournissent les quittances, on peut relever : M. Touzac, receveur des tailles de Limoges ; le sieur Peytavy et le sieur Bonhomme, économes du séminaire de la Mission ; Jean Dubois de Maumont, bourgeois de Limoges ; M. Michelon, « procureur de MM. les conseillers de la Chambre ecclésiastique et du scyndiq général du Clergé du diocèse de Limoges ; » le sieur Boyer, receveur des décimes ; M. Pilat, *alias* Picat, grand vicaire de l'église de St-Martial ; Messire Pierre de la Biche, sgr de Marsac, trésorier de France ; Jeanne Dubois, veuve de Joseph Recullet, docteur en médecine (1738) ; Joseph Giquet. sieur de la Garde, « capitaine au régiment de Forest (?), décédé en Italie, l'année 1734 ; » le sieur Giquet de Preysac, procureur d'office à Aixe, héritier du susdit Giquet de la Garde ; M. Sarazin, curé de St-Bonnet en bas Limousin, héritier de M. Pierre Sarazin, sieur de la Chapelle, demeurant au bourg de Lubersac ; M. de Verthamond, de Chez-Tandeau, doyen de St-Étienne (1739) ; Jean de Laroudie, docteur en médecine ; Me Annet Tharade, procureur d'office de Nexon ; Me Jean-François Pabot, « escuyer, sgr du Breuil et de Chavaignac, conseiller du Roy, lieutenant de la prévosté du Limousin ; » Me Antoine de Brie, sgr. de Lascaux, « chevalier de l'ordre militaire de St-Louis, ci-devant commandant du régiment royal-infanterie ; » Me Étienne Pichon, « conseiller du Roy, receveur des tailles en l'Élection de Brive ; » le sieur Romanet, curé de St-Victurnien ; Gabriel Thévenin, « sgr du Masbatin, bourgeois et marchand de Limoges ; » Jean Mandat, écuyer, etc. — Fo 95 ro : Table des matières.

B. 529. (Registre). — In-folio, 185 feuillets, papier.

1723-1772. — Liève des cens et rentes [dus à l'hôpital général], commencée en l'année 1723 et qui a servi jusques à l'année 1772, » (cotée 14). — Du fo 1 au fo 156 : lièvre des maisons de Limoges. (Cf. ci-dessus la lièvre de 1701-1723, B. 525, fos 1 à 82. Même forme d'articles). — Parmi les noms nouveaux que fournissent les quittances, on peut relever : J.-B. Voisin, imprimeur et libraire ; François Brunet, trésorier de France ; J.-B. Dorat, « écuyer, conseiller du Roy près la cour des Aydes ; » M. Juge, curé de St-Pierre et grand vicaire de l'église de Limoges (1736) ; M. Dominique d'Hérardes, *alias* d'Héralde, secrétaire de M. de Rochebrune ; M. Juge, avocat du Roi ; M. Ruaud, chanoine de St-Junien, puis M. Fautte, prêtre, et M. Tanchou, prêtre, titulaires successifs de la vicairie de Peyteu ou Courbefit ; les sieurs Courteix

et Isaac Ardant, notaires royaux ; Pierre Guitard, huissier de la juridiction consulaire de Limoges, « adjudicataire du Jeu de paume, » (1765) ; Pierre Coudert, « peigneur de laine ; » feu Ventenat, régent (1750) ; Léonard Faure, dit Grostalon, « gagier de la Maison de ville ; » Joseph Maisonnade, *alias* Meyjonnade, peintre (1754) ; le sieur Vacan, chanoine de St-Étienne ; le sieur Lecler, me jaugeur ; le sieur David, avocat et procureur d'office en la juridiction d'Aixe ; le sieur Plainemaison, curé de Boisseuil ; Baillot d'Estivaux, juge-garde de la Monnaie ; Jean Maury, imprimeur ; François Gouillaud, tailleur de limes ; Nicolas Gelé, capitaine général des fermes ; le sieur Germain, relieur de livres (1742) ; Hyacinthe Manet, ancien prieur et curé de Chamboret (1766) ; le sieur Durand, trésorier de France ; Pierre Ideux, brodeur ; Jacques Duchesne, sculpteur (1728) ; Pierre Jouhannaud, « marchand fripier » (1764) ; le sieur Borie, « hoste des *Trois Roys* ; » Messire François Ardant, « écuyer, conseiller, secrétaire du Roy en la chancellerie près le Parlement de Flandre, » (1756) ; Michel Rimbeuf, « bas-officier des Invalides, demeurant en cette ville ; » Germain Halein, rôtisseur, *alias* poulailler ; Léonard Boissou, « capitaine de la ville ; » Martial Terrier, me teinturier au pont St-Martial ; J.-B. Thomas, imprimeur, etc. — Du fo 157 au fo 184 : Bancs charniers des halles de Limoges. (Cf. ci-dessus la lièvre de 1701-1723, B. 525, fos 49 à 54. Même forme d'articles.) — Parmi les noms nouveaux que fournissent les quittances, on peut relever : Le sieur Pigné, curé d'Éjeaux (1723) ; Pierre Pigné, sgr de Montignac, « brigadier des armées de S. M. Catholique le Roy d'Espagne, et enseigne de ses gardes du corps, » etc.

B. 530. (Registre). — In-folio, 131 feuillets, papier.

1725-1772. — « Lièvre des cens et rentes [dus à l'hôpital général], commencée en l'année 1725 et qui a servi jusques en l'année 1772, » (cotée 15). — Clos et territoires sis aux environs de Limoges. (Cf. ci-dessus la lièvre de 1701 à 1723, B. 525, fos 83 à 125. Même forme d'articles.) — Parmi les noms nouveaux que fournissent les quittances, on peut relever : M. Aureil, curé de Razeix (1743) ; M. Dupuy, vicaire de la vicairie de Benoît (1749) ; Pierre Beyrau, « hoste de l'auberge de *Ste-Catherine* ; M. Champeyre, chanoine de St-Martial (1744) ; le sieur Morin, chirurgien ; le sieur Nadaud, greffier, *alias* secrétaire de la Maison de ville ; Jean Raimbaux, « trésorier des Ponts et chaussées, » (1770) ; le sieur Roche, me chirurgien ;

François Martin, curé de Compreignac (1750), *alias* archiprêtre de St-Exupéry (1765); le sieur Vergnaud, m° arquebusier; le sieur Nadaud, vicaire de l'église de St-Michel (1761), *alias* curé de Chamboret (1765); M. de Fontbesse, curé de l'anazol (1769); Barthélemy Vilette, hôte du *Lion d'or*; M. Baud, chanoine de St-Junien (1771); J.-B. Navières, « greffier en chef de police de la ville de Limoges, » 1772), etc. — F° 130 v° : Table des matières du présent registre, mentionnant 59 clos ou tènements.

B. 531. (Registre). — In-folio, 140 feuillets, papier.

1745-1758. — « Lième des cens et rentes [dus à l'hôpital général], commencée en l'année 1745 et qui a servi jusques en l'année 1758, » (cotée 16). — Clos et territoires sis aux environs de Limoges. (Cf. ci-dessus les lièves de 1701-1723, B. 525, f°s 83 à 125, et la lième de 1725-1772, B. 530. Même forme d'articles.) :-- Rentes sur les paroisses : de Feytiat (tènements de Marseix, Puyandraud et Puymarot), — de St-Denis-des-Murs (tènements des Aymards et Chez-Tandaud), — de la Geneytouse (tènements des Peyraud, Bertus, les Calaus, Rioumaride, la Ribière), — de St-Paul (tènement des Balesme), — d'Eybouleuf (tènement de St-Marsaud), — de St-Genest-St-Paul, (tènement du Mas Veyrieux), — de Meuzat (tènement de la Joffrenie), — du Vigen (tènement des Farges), — de Janailhac (tènement de Chaumensouze), — de Nexon (tènement de Veyrinas-Chadenier, Noualhas, *sive* Chabiraudie, Boumaresche, Valleix), — de St-Hilaire-Lastours (tènement de Mailhac), — de Rilhac-Lastours (tènement de Brard), — de St-Martin-du-Temple (tènement du Soulx), — de St-Laurent-de-Gorre (tènement de la Quintaine), — de Ste-Marie-d'Évaux (tènement de Maslagorce), — de St-Priest-sous-Aixe (tènements du Mas-David, le Genest, las Targarias), — de Tarn (tènements de la Nadaille, le Pré-Long, le Ponthieux, la Vallade), — de Beynat (tènement des Champs-de-Beynat), — de Condat (tènement de Sous-la-Grange, le pré de las Chantras), — d'Isle (tènements de Beaujalat, las Conchas), — de Verneuil (tènement de las Traversas). — de Veyrat (tènements de Peurier, Lavaud-Croze), etc. — Parmi les noms nouveaux que fournissent les quittances on peut relever : M. de Rochebrune, écuyer, commissaire des guerres; M. de Puymarot, écuyer; M. de la Joumard, écuyer, trésorier général de France; M. Joseph de la Nouhaille, sieur de Puyjoubert, juge royal de St-Léonard; Aimé Tarrade, notaire et procu-

reur de la juridiction de Nexon; le sieur Boulestier, juge de Nexon; Messire Jacques-Léonard, chevalier sgr de St-Laurent et de St-Circq, trésorier général au Bureau des finances de Limoges; Gabriel Thévenin sgr du Masbatin; M Thevenin, son frère (?), chanoine de l'église de Limoges; Guillaume Sudruaud des Islos, docteur en médecine, habitant d'Aixe; le sieur Brissaud, juge de Nieul; le sieur d'Arfeuille, curé de St-Quentin (1754); Messire Philippe de la Roche de la Mondie, possesseur du fief noble de la Mondie, paroisse de Meilhand en Poitou; le R. P. Bazile, prieur des Carmes de Mortemart (1752). = F° 63 r° et ss : Dîmes de l'hôpital général sur les paroisses de St-Symphorien. Beaune, Rilhac-Lastours, Nantiat. = F° 68 r° et ss : Dettes actives sur diverses personnes. Rentes : de 100 ll. due à l'hôpital par M. Constant de Beaupeyrat, conseiller du Roi au sénéchal et présidial de Limoges (1752); de 61 ll. 5 sols constituée à l'hôpital par Mgr du Verdier, évêque d'Angoulême (1753); de 400 ll. à cause du bâtiment de l'hôpital de St-Martial, « a présent l'hôtel de la Mounoye, et cour du palais de l'Élection; » de 1,220 ll. sur MM. du Clergé du diocèse de Limoges; de 250 ll. sur MM. du Clergé général de France; de 400 ll. sur MM. du Séminaire; de 250 ll. sur MM. de la Mission; de 100 setiers seigle et 20 charges vin sur le prieur de St-Gérald; de 10 setiers seigle, 9 éminaux avoine et 10 sols argent sur le prévôt de Verneuil. — Rentes analogues dues par l'abbaye de St-Martial, l'aumônerie de la Salle épiscopale, l'abbaye de la Règle, M. Faulte de Puydutour, les Feuillants de Limoges et de Bordeaux, le chapitre de St-Martial, les Bénédictins de Limoges, M. Blondeau, sgr de Compreignac; le comte de Lescours, sgr d'Oradour-sur-Glane; Messire Jean-François Martin de la Bastide, sgr de Nantiat et de Fredaigne, trésorier de France, et dame Charlotte Chauvet, de Nantiat, sa femme; Étienne Pichon, receveur des tailles en l'Élection de Brive; François la Beaune, sgr. d'Escabillon, conseiller du Roi, élu en l'Élection de Limoges (1749); Jacques Morel de Fromental, recteur du collège des Jésuites de Limoges (1743); messire François Martialot, sieur du Puy-Mathieu, « vivant conseiller du Roy, juge royal et prévôt de Limoges; » Mgr l'évêque de Sarlat, abbé de St-Martial (1748). etc. — F° 140 : Table des matières.

B. 532. (Registre). — In-folio, 193 feuillets, papier.

1750-1772. — « Lième des cens et rentes [dus

à l'hôpital général], commencée en l'année 1756 et qui a servi jusques en l'année 1772. « (cotée 19). — Clos et territoires sis aux environs de Limoges. (Continuation de la lièvre précédente. Mêmes divisions. Même forme d'articles.) — Parmi les noms nouveaux que fournissent les quittances on peut relever : M. Bourdichon, curé de Rilhac-Lastours (1774); M. Segond, syndic de la frairie du St-Sacrement ; le sieur David, prieur commendataire de St-Gérald (1763); M. Dubost, chanoine et trésorier du chapitre de St-Martial (1771); Martin de Beaumoulin, écuyer : Messire Guillaume Coustant, chanoine de St-Martial: Messire Jean-Joseph Durand, prêtre, bachelier de Sorbonne et prévôt de St-Martial; Jean Durout, « maître entrepreneur des ponts et chaussées, demeurant faubourg St-Antoine à Limoges, » (1739); M° Durand Duboucheron, conseiller du Roi à la cour des Monnaies de Paris (1766); Mad. Gringaud de Jausignac, veuve de M° Mailhard de la Couture, vivant écuyer, président trésorier de France (1763), etc. — F° 192 : Table des matières.

B. 533. (Registre). — In-folio, 223 feuillets, papier.

1757. — « Lièvre des cens, rentes, dixmes, deptes actives et autres devoirs, appartenances, etc. de l'hospital général de St-Alexis de Limoges, commencée le 1er juillet 1757 par Guillaume Joseph Roulhac du Cluzaud, sgr de Roulhac, juge magistral, conseiller du Roy en la sénéchaussée et siège présidial de Limoges. » — F°° 1 et ss : Clos et territoires sis aux environs de Limoges. — F°° 64 et ss : Dîmes sur quelques paroisses. — F°° 69 et ss : Clos et territoires de Limoges. — F°° 83 et ss : Clos et territoires au delà du pont St-Martial. — F°° 192 et ss : Redevances en repas des halles de Limoges. — (Cf. les lièves de 1701-1723, B. 525, et de 1745-1758, B. 531. Même forme d'articles, mais les quittances ne sont point indiquées. On trouve en marge, pour chaque tènement ou rente constituée, des renvois aux précédentes lièves désignées par les noms de leurs rédacteurs).

B. 534. (Registre). — In-folio 225 feuillets, papier.

1766-1793. — « Lièvre des paroisses et des dettes actives, faite par M. Jean Tauchon, avocat en Parlement, juge des Cambes et de la Cité de Limoges, administrateur et receveur particulier de l'hôpital général, année 1766. » — Les articles sont sous cette forme : F° 1 r° : « Paroisse de Feytiat, sur le tènement

de Marseix, confrontant entre le lieu des.... de Marseix, d'une part, et le lieu de Lagrange, d'autre, il est dû, à cause de l'hôpital St-Martial, de cens portable, mesure de l'Aumônerie, seigle 3 setiers, avoine 8 éminaux. » Suit l'indication des paiements effectués et, en marge, l'indication des sacs, terriers, répertoires et lièves où se retrouvent les titres de propriété de la dite rente. — Les paroisses dans lesquelles l'hôpital possède des domaines sont : Libersac, St-Pardoux en Raicon, Sarlat, la Joffrenie, le Bugue, la Nouaille en Périgord, Lubersac, etc. — Parmi les débiteurs de l'hôpital figurent : Le Clergé de France, le Clergé de Limoges, la confrérie du St-Sacrement, le prieur des Arènes, la prévôté de Verneuil, l'abbaye de la Règle, les PP. Feuillants de Limoges, les Carmes déchaussés, les Jacobins, l'abbaye de Bonnesaigne à Brive, les Bénédictins de St-Angel, le Collège des Jésuites de Limoges, etc. — F° 223 r° : Table des matières. — F° 226 v° : Tarif des lods et ventes au sixième.

B. 535. (Registre). — In-folio, 271 feuillets, papier.

1772-1830. — « Lièvre des maisons et des bancs charniers, faite par M. Jacques Garat, écuyer, administrateur et receveur particulier de l'hôpital de Limoges, année 1772. » — I. Maisons. Les articles sont sous cette forme : F° 1 r° : « Rue Consulat, sur la maison de J. B. Voisin, imprimeur et libraire, conjointement avec celle de M. Marchandon cy-après, est dû accause de l'hôpital St-Martial, argent 6 deniers. » Suit l'indication des paiements effectués et, en marge, l'indication des anciennes lièves où se trouve consignée la dite rente. — Les maisons sur lesquelles l'hôpital perçoit une rente sont situées dans 65 rues différentes : rues du Consulat, Cruche-d'Or, Raffilhoux, du Temple, Ferrerie, du Clocher, Gasniole (Gaignolle), du Parveau, du Mûrier, etc. — Parmi les tenanciers figurent : MM. Depéret, médecin ; Touzac de St-Étienne, receveur des tailles; Boudet, médecin ; Juge, avocat du Roi ; Guitard, huissier: Chavepeyre, chanoine de St-Martial; Beauregard, « bassinier; » Jean David, épinglier ; Jacques Arlant, orfèvre ; Taillandier, hôte des *Trois Anges*, etc. — II. Bancs charniers. Les articles sont sous cette forme : F° 235 r° : « Grande halle, sur le quatrième banc de la veuve de Guillaume Juge, confrontant par le haut au banc de Magdelaine Juge, et par le bas à celui de Cibot dit Malinvaud, est dû accause des aumônes Ste-Croix 30 sols de cens solidaire, avec le banc

d'Aurélien Juge, son frère, situé dans la même halle. »
Suit l'indication des paiements effectués et, en marge,
l'indication des anciennes lièves où se trouve consignée la dite rente. — On distingue : la halle entre
la porte Manigne et la porte Boucherie, la Grande
halle et la halle du St-Esprit. — Fº 267 rº : Table des
rues dans lesquelles l'hôpital perçoit des rentes. —
Fº 271 rº : Table des bancs charniers, avec le nom de
leurs possesseurs.

B. 536. (Registre). — In-folio, 100 feuillets, papier.

1772-1832. — « Liève des clos et territoires,
[aux environs de Limoges], faite par M. Jacques
Garat, écuyer, administrateur et receveur particulier
de l'hôpital général, année 1772. » — Les articles sont
sous cette forme : Fº 1 rº : « Clos et territoire au delà
du pont St-Martial, sur un pré de 4 journaux, cy-devant de Mariette Bardaud, à présent de M. de la
Couture, trésorier de France, confrontant à autre pré
du dit sieur et à la rivière de Vienne, est dû acause
des aumônes Ste-Croix, argent 23 sols 3 deniers. »
Suit l'indication des paiements effectués et, en marge,
l'indication des anciennes lièves où se trouve consignée la dite rente. — Les tènements dénommés, au
nombre de 68, sont : Les prés de la Couture, la Font-Péciade, le clos Chantois, le Puy-Vincent, St-Lazare,
St-Gérald, les Portes-ferrées, Chez-Romanet, le clos
Peyronnaud, Champ-Landry, le Vancnt, le territoire
au delà de la Valoine, Champ-Moury, Chez-Ribière,
Bost-de-Mouly, Condadille, le moulin Moreau, le
clos Boutinerie, las Palissas, Ste-Valérie, etc. —
Parmi les tenanciers figurent : le sieur Navières,
greffier ; Vilette, hôte du *Lion d'or* ; Genty, « faiseur
de cordes ; » Chevalier, arpenteur ; Nadaud, curé de
Chamberet ; Brousseau, entrepreneur ; Roche, chirurgien ; de Fonbesse, curé de Panazol ; Regnier,
« essayeur de la Mounoye, » etc. — Fº 99 vº :
Table des tènements dénommés dans la présente
liève.

B. 537. (Liasse). — 4 pièces, parchemin ; 54 pièces, papier,
(6 imprimées).

1666-1687. — Procédures pour l'hôpital général contre l'abbé de St-Martial, touchant le paiement
de la pension par lui due aux pauvres de l'hôpital.

B. 538. (Liasse). — 7 pièces, parchemin ; 81 pièces, papier,
(2 imprimées).

1670-1772. — Procédures pour l'hôpital général : contre l'abbaye des Feuillants de Limoges, pour
obtenir l'attribution au dit hôpital des aumônes fondées en la dite abbaye, 1670 ; — contre le prieuré de
St-Gérald qui avait usurpé quelques biens appartenant à l'ancien hôpital de ce nom, 1675. On y a joint
un mémoire historique sur le dit prieuré et son
hôpital : « Le prioré-cure de Sainct-Gérald de sa
première fondation estoit une aumosnerie ou hôpital
fondé par Gérald, évesque de Limoges, et par les
Consulz de la ditte ville, régi et gouverné par un
prieur et par des frères. Il estoit le chef de plus de
vingt petitz hôpitaux, lesquelz estoient en partie dans
les provinces de Limousin et de la Marche et dans la
dite ville, partie desquels sont unis à leur chef et les
autres érigés en bénéfices deppandant de la nomination du dit prioré.... Pendant le XIIe, XIIIe et XIVe
siècles, le dit hospital a esté régi et gouverné par un
prieur et par des frères. Le dit prieur et ses frères
recevoient les aumosnes et charités des particuliers
qui composent aujourd'hui tout le revenu du dit
prioré ; mais c'estoit du consentement de l'évesque ou
de son official, qui ratifioit ou recevoit toutes les dites
donations. Pendant tout ce temps là, les dits prieurs
n'ont jamais fait aucune difficulté, conformément à
leur obligation, de recevoir dans le dit hospital tous
les pauvres mandians, malades et infirmes, les enfants
trouvés et orphelins et les femmes enceintes, de les
nourrir et alimenter et de fournir encore les choses
nécessaires, comme ils estoient obligez, à des sœurs
qui estoient establies et consacrées dans le dit lieu
pour le service des pauvres.... » Plus loin, le mémoire
avance qu'au XIVe siècle les prieurs « chassèrent les
pauvres et les sœurs consacrées à leur service, de
leur propre maison pour la démolition d'icelle ; » —
contre la dame abbesse de la Règle et le vicaire général de N.-D. du Mont-Carmel et de St-Lazare,
touchant la pension de 150 ll. due à l'hôpital général
au lieu et place des rentes qu'ils payaient à la
Maison-Dieu, 1683. Procédure commencée devant la
chambre de l'Arsenal de Paris et poursuivie devant le
Conseil privé du Roi. Entre autres pièces figure un
« état des aumôneries et maladreries situées dans le
diocèse de Limoges et de leurs revenus : » Commanderie du St-Esprit de Confolens, 60 ll. ; maladrerie de la
dite ville, 10 ll. ; maladrerie de St-Jacques d'Aixe,

5 ll.; maladrerie de St-Junien, 20 ll.; maladrerie de
St-Léonard, 15 ll.; hôpital de Magnac, 12 ll.; maladrerie et hôpital de Châlus, 20 ll.; maladrerie d'Aixe,
15 ll.; maladrerie de la Madeleine de Limoges, tenue
par l'abbesse de la Règle, 150 ll.; — contre le prieur
de St-Gérald, pour obtenir l'attribution au dit hôpital
des aumônes fondées dans le dit prieuré, 1690; —
contre la dite dame abbesse de la Règle, touchant
même objet que dessus, 1707; — contre le prieuré de
St-Gérald, touchant le paiement de la pension de 100
setiers seigle et 20 charges de vin due aux pauvres
de Limoges sur les revenus du dit prieuré, 1703 et
1735.

B. 539. (Liasse). — 10 pièces, parchemin; 64 pièces, papier,
(1 imprimée).

1667-1696. — Procédures pour l'hôpital général : contre les hoirs de Pierre Cibot, touchant le
paiement de la rente obituaire « fondée par leurs
auteurs, » 1667; — contre Pierre de Petiot, sieur du
Fasbouchet, touchant le paiement de deux repas
annuels fondés en faveur de l'hôpital par feu
Étienne Disnematin, 1672; — contre M° Guillaume
Mauple, sieur de Plenevayre, greffier en chef au
Bureau des finances de la Généralité de Limoges, touchant le paiement de deux repas annuels fondés en
faveur de l'hôpital de St-Martial par feu Pierre
Mauple et Marguerite Bouillon, sa femme, 1682; —
contre M° Louis de St-Martial, marquis de Couros,
Lissac, etc., et autres détenteurs des revenus de la
terre de Lissac qui appartiennent au Refuge, 1696.

B. 540. (Liasse). — 6 pièces, parchemin; 107 pièces, papier,
(3 imprimées).

1682-1734. — Procédures pour l'hôpital général : contre Jacques de Romanet, seigneur de St-
Priest, touchant le paiement d'une somme de 6,000 ll.
léguée au dit hôpital par feu dame Marguerite de
Milhac, veuve de M° Romanet, lieutenant particulier au siège de Limoges, « pour employer la dite
somme à bastir une maison de repenties en la présent
ville ou proche d'icelle; » — contre dame Marie de
Leux, veuve et héritière de M. de Nauzières, inter-
nant M. de Romanet, seigneur de St-Priest, aux
mêmes fins que dessus.

B. 541. (Liasse). — 18 pièces, parchemin; 99 pièces, papier.

1708-1758. — Procédures pour l'hôpital général : contre M° Grégoire de Roulhac, aumônier de la
Salle épiscopale, touchant le paiement de 3 émines
de pain noir « qui avoient accoustumé d'estre distri-
buées à chasque vendredy aux pauvres de la présent
ville et cité dans le palais épiscopal du dit Limoges,
ou quoy que soit depuis longtemps soubs le clocher
de l'église cathédrale, pour la plus grande commodité
et facilité de la distribution, » 1710; — contre deux
pauvres de l'établissement, accusés de vol. La procédure commencée devant le sénéchal de Limoges est
poursuivie devant le Parlement de Bordeaux, le dit
sénéchal ayant renvoyé les parties devant le juge
ordinaire sous prétexte qu'il n'y avait rien de privilégié en la matière, 1718; — contre les héritiers de
Jean Mauple, sieur de Plainemaison, greffier en chef
au Bureau des finances de Limoges, touchant le
paiement de ses dettes, 1742; — contre Dlle Audebert,
Jacques Froment, bourgeois et négociant, Léonard
Gagnant, tailleur, etc., touchant le paiement de quelques dettes, 1742-1752, etc.

B. 542. (Liasse). — 1 pièce, parchemin; 50 pièces et 1 cahier in-4°,
24 feuillets, papier.

1758-1760. — Procédures pour l'hôpital général contre le sieur Jacques Martin, chanoine régulier
de St-Augustin et curé de St-Cessateur, pour abus
de pouvoir dans l'exercice de ses fonctions, 1758 :
«.... La Dlle Grellet, mandiante depuis quelques
années, s'estoit retirée dans le dit hôpital général; et
à cause de quelques incommodités qui luy étoient sur-
venues et pour y prévoir les évènements qui pourroient
en résulter, MM. les administrateurs du dit hôpital
furent obligés de la faire transporter dans leur maison
du Refuge. Son mal s'estant augmenté, l'un des cha-
pelains du dit hôpital luy administra les sacrements.
Elle seroit venue à décéder, ce même chapelain l'auroit inhumée dans le cimetière du dit hôpital. L'on
ne se seroit pas attendu que quiconque fût été capable
de prendre aucun droit sur une pareille conduite et
une œuvre si pieuse qu'elle est charitable. Mais un
intérêt sordide, qui anime pour l'ordinaire la plus part
des sieurs curés des paroisses, a fait éveiller le frère
Jacques Martin, qui s'est avisé de présenter une requête
à vous, Monsieur, contre le sieur Daniel de la Gasne-
rie, prêtre du séminaire de la Mission de Limoges,

employé pour donner le soulagement spirituel des pauvres du dit hôpital, de ce que celui-cy avoit administré les sacremens à cette pauvre Grellet et de ce qu'aussy il l'avoit faite inhumer apprès l'office et prières ordinaires dans le cimetière du dit hôpital, et demandoit qu'on lui donnât acte de sa complainte, et qu'il fût réintégré et maintenu dans sa possession de faire ses fonctions en qualité de curé dans le dit Refuge....» (Cf. ci-dessus. B, 498, p. 110).

B. 543. (Liasse). — 7 pièces, parchemin ; 24 pièces et 9 cahiers in-8⁰ (5 imprimés), 11, 11, 13 13, 6, 6, 9, 9 et 10 feuillets, papier.

1761-1777. — Procédures pour l'hôpital général : contre messire Jacques-Henri Martin, écuyer, seigneur de l'Age, touchant le paiement d'une somme de 59 ll. à lui réclamée, 1761 ; — contre le Bureau du nouveau Collège, touchant la possession par lui réclamée des meubles, ornements et argenterie des trois congrégations établies par les ex-Jésuites dans leur Collège. Vers 1764 ; — contre les nommés Cardaire, en revendication des meubles provenant de la succession de deux pauvres décédés à l'hôpital et qui ont laissé deux enfants nourris parmi les pauvres, 1773. — Autres procédures pour François-Joseph de Malouzieux de Lagane contre Mᵉ Jean-Joseph du Bousquet, chevalier, seigneur de St-Pardoux, au sujet de l'hérédité de feu Catherine de Lachaud, veuve d'Antoine Julien du Bousquet, intervenant l'hôpital général pour droit de substitution, 1775-1777 : « Catherine de Lachaud avoit quatre enfans, un garçon et trois filles, dont une étoit religieuse à Fontevrault; il lui restoit dans le siècle Jean du Bousquet, sieur de Lachaud, Jeanne qui prit ensuite le voile dans l'abbaye de la Drouille, et Marie qui épousa le sieur Chizadour. Catherine de Lachaud fit son testament clos, le 20 juillet 1707, dans lequel elle donna à chacune de ses deux filles, Jeanne et Marie, 3,500 ll., et institua Jean du Bousquet, son fils, pour son héritier général et universel, le chargeant d'une substitution graduelle et perpétuelle entre ses enfants. Et dans le cas où il mourroit sans enfans, elle le greva d'une substitution particulière en faveur d'Isaac de Malouzieux, aïeul de l'exposant, ou à son défaut, de ses descendans... Il faut observer qu'à chacun de ces legs elle opposa la clause qu'au cas que ses légataires n'acceptassent point les liberalités qu'elle leur faisoit, elle les transportoit à l'hôpital de Limoges....»

B. 544. (Cahier). — In-4⁰, 10 feuillets, papier.

Vers 1764. — Procédures. — « État des affaires litigieuses à poursuivre par M. de Labatide de Curzat, administrateur » de l'hôpital général. C'est le relevé des arrérages de rentes dus par les tenanciers du dit hôpital.

VILLE DE LIMOGES

INVENTAIRE-SOMMAIRE

DES

ARCHIVES HOSPITALIÈRES ANTÉRIEURES A 1790.

SÉRIE C.

(Matières ecclésiastiques.)

C. 1. (Liasse). — 1 pièce, papier.

XVIII⁰ siècle. — Catalogue des messes fondées à l'hôpital général. Sans date ; écriture du commencement du XVIII⁰ siècle. — Il y a au total 2,301 messes fondées. entre autres : par M. de Savignac, 364 ; par M. de Lafayette, évêque de Limoges, 104 ; par Mad. Laconque, 208 ; pour M. Peyrat, curé de St-Aurélien, 146 ; par M. de Loménie, 156 ; par M. de Roullhac, 141 ; par M. Moulin, 159 ; par M. Bachellerie. syndic de l'hôpital, 209 ; pour M. de Canisy, évêque de Limoges, 436, etc.

C. 2. (Liasse). — 3 pièces, parchemin ; 25 pièces, papier, (13 imprimées).

1676-1792. — Inhumations (1). — Affermes faites par l'hôpital général : à Martial Doulhac et autres tendeurs de draps, du droit que perçoit le dit hôpital sur les tentures qui se font à Limoges, à charge par lesdits sieurs d'en remettre la moitié aux pauvres de la ville, 1676; — à Pierre Dumay, tapissier, du même droit moyennant la somme de 10 ll. par tenture, 1698. — Tarif des offices de jurés crieurs d'enterrements. fait par l'intendant de la Généralité de Limoges, 1692. — Deux édits du Roi portant création d'office de jurés crieurs d'enterrements dans les villes du royaume, 1690 et 1692. — Ordonnance de l'intendant de la Généralité de Limoges réglant le droit de faire les semonces des enterrements. 1695. — Acquisition faite par l'hôpital général de deux offices de jurés crieurs d'enterrements et de tous cris publics, créés par le Roi à Limoges, et ce pour le prix de 2.200 ll.. 1697. On y a joint le tarif des droits dressé par l'intendant de la Généralité. et autres pièces y relatives. — Procédures pour l'hôpital général : contre Jean Faugeras et autres tapissiers de la ville contestant le droit de l'hôpital sur les offices de jurés crieurs de la ville, 1697 ; — contre les Consuls de Limoges qui n'avaient point payé les droits revenant aux pauvres à l'occasion du service fait à la demande des dits Consuls pour le repos de l'âme du père de M. de Chaumont de la Millière, intendant de Limoges, 1755. — Tarif

(1) Sur les inhumations à Limoges au XVII⁰ siècle, cf. le titre XIV des *Statuts et règlements des églises paroissiales St-Pierre et St-Michel de Limoges,* publ. en 1629, sous l'épiscopat de François de Lafayette.

des droits des pauvres sur les enterrements. Sans date ; écriture du XVII.º siècle. *Nota* : « La croix ne sort pas de l'hôpital qu'on ne prenne trois douzaines de pauvres. » — Trois courts billets demandant les pauvres à l'inhumation de quelques personnes, 1792.

C. 3. (Liasse). — 3 cahiers in-8º, 10, 13 et 7 feuillets, papier.

Septembre 1687 — Septembre 1690. — Inhumations. — « État de la recepte et dépense faicte par Simon Delbort, administrateur des pauvres, dans la charge de la direction des gardes, réception des pauvres et recepte des legs et droits de torche. » de sept. 1687 à sept. 1688. Les articles sont sous cette forme : « Du 5 septembre, reçu pour deux douzaines torches et deux douzaines tourtes à la sépulture de la veuve de Raby, faicte à St-Michel, 1 livre 12 sols.... Reçu pour 34 flambeaux, les autres deux ayant esté mis à l'autel, et pour 3 tourtes à la sépulture de Mad. Ferrant, faicte à St-Michel, 2 ll. 7 sols 6 deniers.... Reçu par ordre de l'assemblée pour droict de tentures à la mort du sieur de Marzat, les dites tentures n'ayant esté faictes que dans la maison seulement, 18 ll. » Total général des recettes : 992 ll., et des dépenses 720 ll. — Autre état des dites recettes et dépenses de sept. 1689 à sept. 1690. Même forme d'articles que précédemment. Total général des recettes et des dépenses 886 ll. en balance.

C. 4. (Registre). — In-8º, 79 feuillets, papier.

Août 1728 — Août 1737. — Inhumations. — « Compte de M. Colomb père, administrateur de la recette faite du droit dû aux pauvres de l'hôpital pour les enterrements, et de la dépense qu'il a faite, rendu par M. Colomb, son fils aussi administrateur. » — Il est divisé par années, et les années sont divisées par recettes et dépenses sous cette forme très sommaire : « 1728, août 23 [Reçu] pour l'enterrement de M. Pastouneau a St-Michel. 5 ll. 15 sols.... pour la croix et 36 pauvres à l'enterrement de Mad. Ardilier, 29 ll.... pour les clochettes, 6 ll. 15 sols.... Compté à Clément, un des gardes pour ses gages de la semaine, 6 ll. .. Compté aux sœurs de St-Alexis, suivant l'usage, 6 ll. .. Compté pour l'enterrement de M. Cibot, rue des Bancs, 4 ll., etc. » — On peut encore relever : 1729, 26 janvier, enterr. du sr Venteuat: 3 février, de Mad. de Loménie ; 21 février, de M. Roulhac, aumônier, frère de M. Roulhac, chanoine ; 3 avril, de M. Borie, médecin ; 12 avril, d'un étranger mort à la

Pyramide, et de M. Durand, prévôt de St-Martial. 1730, 2 août, enterr. de Simon Pouyat, nommé *le Pape*, hôte de céans. 1731, 13 janvier, enterr. de M. Dupout, chirurgien, etc. — Récapitulation des recettes : fº 11 rº 3,992 ll., et fº 49 rº 5,799 ll. Récapitulation des dépenses : fº 28 rº 3,842 ll., et fº 77 vº 5,809 ll.

C. 5. (Registre). — In-8º, 34 feuillets, papier.

Septembre 1737 — Septembre 1741. — Inhumations. — « Registre contenant la recette et dépense faites par l'hôpital par M. Mc Périère de la Gadelle, administrateur, » pour les clochettes. — Même forme d'articles que précédemment. On peut relever : 1737, 19 sept., enterr. de M. Arbonnaud, chanoine de St Martial, fils de M. Arbonnaud, médecin. 1738, 13 février, enterr. de M. Michel, curé de St-Amand ; 24 février, de M. Doulet de la Couture; 9 avril, de M. de Verthamond ; 11 juillet, de M. Juge, curé de St-Pierre, etc. — Total de la recette, 6,917 ll.; de la dépense, 5,533 ll.

C. 6. (Registre). — In-4º, 21 feuillets, papier.

2 sept. 1741 — 1ᵉʳ sept. 1745. — Inhumations. — « Livre de recette et dépense pour le produit des cloches, enterrements et légats et pour les gages des gardes et autres droits attachés au dit emploi en l'hôpital général de St-Alexis de Limoges. » Tome I. — Mentions très sommaires : Reçu pour un petit enterrement, tant ; donné au cordonnier, tant ; donné pour le service de Mad. Dargentan, tant ; donné à M. Dalesme, pour des imprimés, tant ; donné pour livres, alphabets, pratiques chrétiennes, heures et catéchismes, tant. — On peut encore relever : 1742, 12 mars : Enterr. de M. Thomas, procureur des pauvres. 1743, 19 oct. : Donné par ordre de l'administration à M. le prévôt de St-Martial, pour une cession qu'il a faite aux pauvres, la somme de 305 ll. pour une rente de 30 ll. au capital de 750 ll. sur M. Delage de Compreignac ; 8 déc. : Enterr. de M. Ardant, curé de Montjauvy, administrateur. 1744, 2 juin : Donné pour la procession, pour le Roi, 1 livre, 10 sols ; 12 juin : Enterr. de M. Barny, conseiller ; 15 juin : Donné au maître de plain-chant « pour 6 mois qu'il a enseigné les enfants à raison de 4 ll. par mois. » 1745, 4 avril : Payé aux RR. PP. Augustins pour la rétribution des messes qu'ils ont dites pour l'hôpital, 25 ll. 4 sols ; 27 avril : Payé pour les canolles données aux enfants le jour de la procession du mardi de Pâques. 4 ll. 4 sols ; 26 juin : Reçu des confrères de la frairie du St-Sacrement de St-Pierre 12 ll. ; 18 juillet : Payé à M. Blanchard pour accomoder le soleil (*custode*) du Refuge, 3 ll. — Total de la recette : 5,277 ll. 17 sols, et de la dépense : 4,961 ll. 12 sols 8 deniers. Signé : Chavepeyre, chanoine administrateur. Plus loin : Romanet, Garat, Devoyon, administrateurs.

C. 7. (Registre). — In-4°, 31 feuillets, papier.

5 sept. 1745 — 1ᵉʳ sept. 1749. — Inhumations. — « Livre de recette et dépense pour le produit des cloches, enterrements et légats jusqu'à concurrence de 100 ll., pour les gages des gardes et autres droits et charges attachés au dit emploi en l'hôpital général de St-Alexis de Limoges. » Tome II. — Mentions moins sommaire que dans le registre précédent. Les professions sont assez souvent indiquées. On peut relever les articles suivants : 1745, 21 déc. : Enterr. de M. Martin, peintre ; 31 août : Enterr. de M. Jayac, trésorier de France. 1746, 1ᵉʳ déc. : Enterr. de M. Raymond Garat, administrateur. 1747, 27 juillet : Payé pour frais faits à l'occasion de la succession de feu M. le chevalier de St-Pardoux, décédé en la paroisse de St-Maurice et enterré dans la chapelle de St-Alexis, lequel par son testament institue les pauvres ses héritiers, pour l'enterrement et le service faits dans la dite chapelle, pour le droit de la paroisse St-Maurice, pour le contrôle du testament et de l'inventaire, pour les honoraires de M. de Freys-ignac qui l'a assisté dans sa maladie, pour les services du sieur Dhéralde, chirurgien et apothicaire, pour les déboursés de M. Baud, chez lequel il est décédé, pour arrérages dus à la compagnie du Rosaire qui a fait un service, pour frais de l'encan et vente des meubles faite au bureau de l'administration, au total 406 ll. 1 sol ; 15 juillet : Enterr. de M. Romanet, théologal, ancien administrateur ; 23 août : Payé au Père sacristain des Augustins les messes depuis le mois d'août dernier jusques au 1ᵉʳ sept. prochain, à 5 messes par mois. 25 ll. 4 sols : 29 août : Payé six paires de souliers pour les chantres, 12 ll. 10 sols ; 17 sept. : Enterr. de M. le marquis de Pigné, brigadier des armées du roi d'Espagne, décédé à Limoges, dans la paroisse de St-Pierre. 1749, 11 avril : Enterr. de M. de Douhet de la Corse, président ; 22 juin : Service pour M. Pichot, inspecteur des manufactures de Nîmes, qui a fait aux pauvres de Limoges un legs de 1,000 ll.; juillet : Enterr. de Mᵐᵉ Ardant, orfèvre; 10 juillet :

Enterr. de M. Chassin, orfèvre ; 13 juillet : Enterr. de M. Morisau, sculpteur ; 17 juillet : Enterr. de M. Maillard de la Couture ; 25 août : Enterr. de M. Juge de St-Martin, vicaire de St-Étienne ; 16 déc. : Enterr. de M. Bicard, maréchal de la Cité. 1749, 5 mars : Enterr. de M. Constant de Beaupeyrat, frère du conseiller. — Total de la recette : 5.953 ll. 13 sols 1 denier, e de la dépense : 2,711 ll. 4 sols, 8 deniers. Signé : Pichon, chanoine de St-Martial. Plus loin : Romanet, administrateur. S. Garat, Constant, Jacques Garat, Devoyon, Jérémie Martin.

C. 8. (Registre). — In-8°, 31 feuillets, papier.

Septembre 1751 — Décembre 1755. — Inhumations. — « Registre contenant la recette et la dépense faite par M. Arbonnaud, docteur en médecine, doyen du Collège de médecine de Limoges, médecin de l'hôpital dudit Limoges et administrateur d'icelluy, pour le produit des cloches, enterrements, légats, jusques à la concurrence de 100 ll., pour les gages des gardes et autres droits et charges attachés aux dits emplois du dit hôpital général. » — Même forme d'articles que précédemment. On peut relever : 1751, 9 sept. : « Donné pour avoir décoré la chapelle de Saint-Alexis pour le service de feu Mad. de Coetlosquet, belle-sœur de Mgr l'évêque, savoir : 3 ll. au nommé Fonjaudrau, tapissier ; » 23 sept. : Enterr. de M. Chichaud, ancien curé de Panis. 1752, 15 oct. : Enterr. de M. Pétiniaud, administrateur. 1753, 2 mars : Enterr. de M. Malevergne, curé de St-Michel ; 7 mars : de M. de Blémont, ancien administrateur ; 1 mai : de M. David des Étangs, etc. — Total général des recettes : 2,493 ll., et des dépenses : 1,801 ll.

C. 9. (Liasse). — 3 cahiers in-folio, 4, 5 et 5 feuillets, papier.

Décembre 1755 — Août 1758. — Inhumations. — « Compte que rend le sieur Texandier, administrateur chargé de la recette du produit des cloches et enterrements, ensemble de la dépense attachée au dit employ, » de déc. 1755 à août 1756. Même forme d'articles que précédemment. On peut relever les articles suivants : 1755, 21 déc. : Enterr. de M. l'abbé Bégogne à St-Maurice ; 1756, 29 mars : Enterr. de M. des Flottes de Fombesse. *Passim* : Services en mémoire de M. Debrie, sgr de Lacaux ; de M. Tindaraux, sgr de la Boissière ; de M. Barbou de Mouisme, etc. Total général de la recette : 1,133 ll., et de la dépense : 510 ll. — Autre compte-rendu par le même, de sept. 1756 à sept. 1757. Même forme d'articles que précédemment. Total général de la recette : 1,427 ll., et de la dépense : 609 ll. — Autre compte-rendu par le même, de sept. 1757 à août 1758. Même forme d'articles que précédemment. Total général de la recette : 2,110 ll., et de la dépense : 405 ll.

C. 10. (Registre). — In-f⁰, 15 feuillets, papier.

31 oct. 1758 — 29 août 1761. — Inhumations. — « Livre et compte pour M. Roullac de Trachaussade écuyer, administrateur de l'hôpital général de St-Alexis, chargé de la recepte et dépense des sonnettes et tentures pour les enterrements et légats. » — Mentions très-sommaires : Reçu de M. Texandier, tant ; payé aux gardes, tant ; reçu pour un enterrement, tant. On peut encore relever : 1758, 10 déc. : « Ayant fait la visitte des troncs de St-Martial et St-Aurélien. y avons trouvé 45 sols un denier.» 1759. 13 janv. : Enterr. de M. Midy, ancien administrateur ; 13 fév. : Enterr de M. Peyrière de la Gardelle, ancien administrateur ; 31 mars : Payé au précepteur pour avoir averti les administrateurs deux fois, 1 livre 4 sols ; 4 mars : Enterr. de Mad. Silhouette, veuve de M. Pichon ; 21 mars : Enterr. d'un suisse de l'Intendance ; 1er août : Payé pour 50 couvertes achetées à l'hôpital de Toulouse, à raison de 22 ll. la couverte, 1,100 ll Escompte de 6 %. Frais de transport. 52 ll. 10 sols ; 24 nov. : Service pour M. de Fombesses, ancien administrateur. 1760, 11 janv. : Enterr. de M. Salet, aumônier de l'évêque ; 5 fév. : Enterr. de M. l'abbé de la Bastide, ancien administrateur ; 25 avril : Enterr. de M. Dhéralde aîné, chirurgien de l'hôpital ; 31 mai : Enterr. de Mad. de Peyramont, femme de M. Guinaud, à St-Michel ; 15 juillet : Donné « au précepteur pour avoir fait l'assembée pour les thèses aux Jésuites,» 1 liv. e 4 so's ; 9 sept. : Enterr. de M. Juge de la Borie, avocat, à St-Michel ; 1er oct. : Enterr. de M. Farne, ancien administrateur ; 17 oct. : Enterr. de M. Roulhac de Trachaussade, ancien administrateur. 1761, 15 mai : Enterr. de Mad. Roby, femme de M. Laforest, chirurgien. — Total de la recette : 1423 ll. 8 sols, et de la dépense : 1423 ll. 8 sols.

C. 11. (Cahier). — In-8°, 17 feuillets, papier.

Septembre 1761 — Août 1764. — Inhumations. — « Livre de compte de M. Labiche de Reignefort, administrateur chargé des sonnettes. » — Même forme d'articles que précédemment. On peut relever les articles suivants : 1761, 8 sept. : Enterr. de M. Ribière ; 1762, 10 fév. : Enterr. de M Maledent ; 18 avril, de M. Avril, tous trois chanoines de St-Étienne. *Passim :* Services en mémoire de M. Durand, contrôleur à la Monnaie, de M Dhéralde, chirurgien, de M. du Puy-Molinier, etc. — Total de la recette : f⁰ 7 v⁰ : 2236 ll., et f⁰ 16 v⁰ : 2104 ll. Total de la dépense . f⁰ 8 r⁰ : 332 ll., et f⁰ 17 r⁰ : 429 ll.

C. 12. (Cahier). — In-8°, 20 feuillets, papier.

Septembre 1765 — Août 1767. — Inhumations. — « Compte de M. Brisset, chargé de la recette des sonnettes. » — Même forme d'articles que précédemment. On peut relever les articles suivants : 1765, 5 sept. : Enterr. de M. Roger des Essarts, lieutenant général, ancien administrateur : 9 sept. : de M. le marquis de Montalembert ; 18 oct. : de M. Brugère. curé de St-Michel ; 26 nov. : de M. Valade, ancien chanoine d'Eymoutiers ; 29 nov. : de Mad. de Reignefort. 1766, 25 janv. : Enterr. de M. l'abbé Faute, vicaire à St-Martial ; 16 déc. : de M. Boisse, médecin, etc. — Total de la recette et de la dépense : f⁰ 9 v⁰, 1,818 ll. en balance, et f⁰ 19 v⁰ : 2,341 ll. en balance.

C. 13. (Cahier). — In-8°, 14 feuillets, papier.

Septembre 1769 — Août 1771. — Inhumations. — « Compte des sonnettes par M. Guérin, administrateur. » — Même forme d'articles que précédemment. On peut relever les articles suivants : 1769. 8 oct. : Enterr. de M. Mérigot, ancien chanoine de St-Étienne. 1770. 20 fév. : Enterr. de M. Veyrier, chanoine de St-Martial. *Passim :* Services en mémoire de M. de Canizy, ancien évêque de Limoges ; de M Constant, conseiller ; de M. Pichon, prévôt de St-Maurice ; de M. Gadarde, chanoine, etc. — (Ce cahier n'enregistre que les recettes dont le total général monte à 2,277 ll.)

C. 14. (Registre). — In-8°, 38 feuillets, papier.

Septembre 1771 — Août 1779. — Inhumations. — « Comptes des recettes et dépenses du produit des sonnettes et enterrements faits par M. Jacques Garat, écuyer, administrateur. » — Même forme d'articles que précédemment. On peut relever : *Passim :* Services en mémoire de M. Goursaud. missionnaire ; de M. Limousin, trésorier de France ;

de M. de Fressanges, curé de St-Michel. 1771, 1 nov. : Enterr. du sieur Jourdan, chirurgien de l'hôpital; 1772, 25 janv. : Enterr. de M. Ardant, orfèvre; 27 janv. : de M. Descordes de Parpayat; 3 fév. : de M. Cognasse, chanoine de St-Martial. 1773, 7 janv. : Enterr. de M. Séhemaud, vicaire de St-Martial; 9 mars. : de M. de la Briderie, procureur du Roi; 15 juin : de M. Simon, ancien curé de St-Pierre; 16 juillet : de M. Roche, capitaine de ville. 1774, 31 janv. : Enterr. de M. Malevergne de Freyssignac, docteur en médecine, « enseveli aux RR. PP. Corde-liers »; 15 août : de M. de Feytiat, trésorier de France; 19 juin : de M. Beaubreuil « ancien officier de la Monnoie, » etc. — Première récapitulation des recettes et des dépenses : 1,812 ll. en balance; deuxième : 1,691 ll. en balance; troisième : 1,189 ll. en balance; quatrième : 1,075 ll. pour les recettes et 349 ll. pour les dépenses; cinquième : 1,236 ll. pour les recettes et 358 ll. pour les dépenses; sixième : 893 ll. pour les recettes et 546 ll. pour les dépenses; septième : 1,236 ll. pour les recettes et 446 ll. pour les dépenses.

C. 15. (Cahier). — In-8º, 26 feuillets, papier.

Septembre 1771 — Août 1777. — Inhumations. — « Compte de M. Garat et de M. Jayac pour les sonnettes. » — (C'est un double du registre précédent pour les années correspondantes.)

C. 16. (Registre). — in-fº, 47 feuillets, papier.

Août 1779 — Novembre 1793. — Inhu-mations. — « Registre de recette et dépense pour les enterrements. » — Sur le feuillet de garde on lit : Détail des droits que les pauvres de l'hôpital général de Limoges ont sur les enterrements : 1º Enterrement en général : pour la croix, 20 ll.; pour chaque dou-zaine de pauvres, 3 ll.; pour tenture, 10 ll., à savoir : s'il y a tenture à la maison, à l'église ou ailleurs, c'est autant de pièces de 10 ll. Pour les clo-ches où il y a tenture, 8 ll. 2º Second enterrement : pour la croix, 20 ll.; pour chaque douzaine de pau-vres, 3 ll.; pour les cloches, 7 ll. 3º Troisième enterre-ment : quand il y a douze pauvres et qu'on fait le grand tour, 5 ll. 15 sols. 4º Quatrième enterrement : quand il y a douze pauvres et qu'on fait le petit tour, 3 ll. 5º Petits enterrements : à St-Pierre, à St-Michel des Lions, à St-Maurice-Cité où il y a six pauvres, 1 livre; au dit St-Maurice-Cité quand il y a douze

pauvres, 12 ll; ainsi des autres paroisses. 6º Observa-tions : Quand on demande (ce qui est très rare) les pauvres comme ils vont aux enterrements de MM. les administrateurs c'est-à-dire avec les habits bleus, le précepteur, les chantres en surplis et les bâtons, les droits sont : pour la croix, 20 ll ; pour chaque tenture, 10 ll.; chaque douzaine de pauvres, 10 ll. et les clo-ches, 10 ll. 7º MM. les administrateurs ont le droit de croix gratis. 8º Pour chaque service qui se fait à l'hôpital, 2 ll. 13 sols, 6 deniers. Du 13 janv. 1787, il a été délibéré qu'il seroit donné 4 sols de plus pour les services. 9º Lorsqu'aux enterrements nº 3 on prend deux douzaines de pauvres, on donne pour la seconde douzaine 35 sols. Ainsi la somme totale est de 7 ll. 10 sols. » — Parmi les nombreuses mentions de services et d'enterrements, on peut relever : 1779, 9 oct. : Enterr. à St-Michel des Lions, de M. Juge, père, maire de cette ville, ancien administrateur; 23 oct. : Deux services pour feu Mgr de Carbonnel de Canisy, ancien évêque de Limoges. 1780, 18 fév. : Enterr. de M. Laforest, père, à St-Paul; 15 mars : Deux services, l'un pour feu M. Durand, trésorier de France, et l'autre pour feu M. Durand, prévôt de St-Martial; 18 mars : Service pour M. Beaubreuil, garde-scel de la monnaie de Limoges; 8 mai : Enterr. de M. Ardant de la Grénerie, ancien administrateur; 17 mai : Enterr. de Mad. de l'Eychoisier, épouse de M. de Sombreuil, à St-Michel des Lions; 26 mai : Enterr. de M. Baillot, sgr du Queyroix, trésorier de France à St-Michel des Lions; 4 juin : Enterr. de M. Navières, curé de St-Pierre, ancien administra-teur; 7 sept. : Enterr. de M. Nouailher, père, gendre de M. Pétiniaud, secrétaire du Roi; 13 sept. : Enterr. de Mad. des Cordes de Félix, veuve de M. Étienne, ancien président à l'Élection; 7 oct. : Enterr de M. Ardant du Pic, père, ancien administrateur; 3 nov. : Enterr. de M. Ardant, orfèvre à Saint-Michel. 1781, 19 fév. : Enterr. de M. l'abbé du Peyrat de Beaupré, official; 4 mars : Enterr. de M. Jayat, tré-sorier de France, ancien administrateur; 19 mai : Enterr. de M. de Meaumont, sgr de Bujaleuf, à St-Pierre; 11 juillet : Enterr. de M. Jacques Bardet, chirurgien; 18 juillet : Un service pour MM. les anciens administrateurs; 3 sept : Enterr. de M. Roul-hac, lieutenant-général à St-Paul-St-Laurent; 2 déc. : Enterr. de M. Delaloge du Tillet, contrôleur du bureau de tabac. 1782, 20 janv. : Enterr. de M. Pouyat, principal du Collège; 6 août : Enterr. de M. Maillard des Chapelles, chevalier de St-Louis. 1783, 31 janv. : Enterr. de M. Roulhac, chanoine de

St-Martial, ancien administrateur; 22 mars : Service pour M. Limousin, trésorier de France; 17 juillet : Enterr. de Mad. Roulhac, veuve de M Malledent de Fontjaudran, conseiller au Présidial; 26 sept. : Service pour M. Garat de St-Yrieix, ancien administrateur; 3 oct. : Enterr. de M. Hugon, conseiller au Présidial; 22 déc. Enterr. de M. Fougères, administrateur en charge et médecin de l'hôpital. 1784. 21 fév. : Enterr. de M. Fayole, procureur au Présidial; 15 mars : Enterr. de M. Carboyneau, procureur au Présidial; 27 mars : Service pour M. d'Hérald, aîné, chirurgien de l'hôpital; 29 avril : Enterr. de M. Farne de Couzeix, ancien administrateur; 12 mai : Enterr. de M. Barbou des Courières, administrateur en charge; 23 juillet : Enterr. de M. Crouchaud, procureur au Présidial; 23 juillet : Service pour M. Rogier du Buisson, lieutenant-général; 23 août : Enterr. de M. Petit, ancien administrateur du bureau de tabac; 24 août : Enterr. de M. Juge de St-Martin, ancien administrateur et conseiller du Roi; 15 nov. : Enterr. de Mad. Lyron, épouse de M. Boudet, docteur en médecine; 2 déc. : Enterr. de Mad. Martin, épouse de M. Jaquet, secrétaire de l'intendance. 1785, 26 janv. : Enterr. à St-Martial de M. de Montesquiou, abbé de cette église, fait en date du 3 déc. dernier, où tout l'hôpital a assisté; 23 mai : Enterr à St-Martial de M. Londeix, maître de psallette; 6 juillet : Enterr. de Mad. Garat, veuve de M. Perrière de Lagardelle, conseiller à l'Élection; 13 août : Deux services, l'un à la chapelle St-Alexis, l'autre à celle du Refuge, pour M. Rogier des Essards, lieutenant-général; 6 nov. : Enterr. de M. Peyroche, secrétaire du Roi, ancien administrateur; 24 nov. : Enterr. de Mad. la marquise de Vicq. 1786, 16 fév. : Enterr. de M. Romanet, abbé de Breuil, ancien administrateur; 11 sept. : Enterr. de M. Nicolas, ancien administrateur. 1787, 2 fév.: Enterr., à St-Michel des Lions, de M. le chevalier de la Bastide; 7 fév. : Enterr., à St-Maurice, de M. de Magnosky, capitaine dans le régiment de Bergheim; 1ᵉʳ mars : Enterr., à St-Martial de M. Dubost, chanoine de St-Martial, ancien administrateur; 29 août: Enterr. de M. Pétiniaud de Labourgade, secrétaire du Roi, ancien administrateur; 29 août: Enterr. de M. Estier, receveur au bureau des lettres; 12 sept. : Enterr. à l'hôpital de M. Beaubreuil, ancien administrateur. 1788, 7 fév. : Enterr. de M. de la Carolie, directeur des postes; 23 juin : Enterr. de M. Traverse, maître en chirurgie; 18 déc. : Enterr. de M. Cibot, chanoine de St-Martial, ancien administrateur. 1789, 21 janv. : Enterr. de M. Tuillier, chanoine de St-Martial, ancien administrateur; 6 avril : Enterr. de M. Michel, secrétaire du Roi, ancien administrateur; 14 mai : Enterr. aux Pénitents-Blancs de M. Martin de Fontjaudran; 24 mai : Enterr. a St-Maurice de M. Barny, juge de Grandmont; 7 juin : Enterr. de M. de la Bastide de Cursat, ancien administrateur; 16 août : Enterr. de M. Devoyon, ancien procureur du Roi au Bureau des finances et ancien administrateur; 1ᵉʳ sept. : Enterr. de M. Pétiniaud du Garaud, ancien administrateur. 1790, 25 oct. : Enterr. de M. Crouchaud, avocat. 1791, 20 juillet : Service pour les administrateurs et les religieuses de St-Alexis. 1792, 5 oct. : Enterr. de M. Canthillon de la Couture. 1793, 22 oct. : Service pour M. de Canisy, ancien évêque de Limoges. — *Nota* : Les dates données ci-dessus ne sont point celles de l'enterrement, mais celles du jour où se sont effectués les paiements (1) — A côté des gens de condition mentionnés ci-dessus, on trouve dans ce registre des noms de personnes appartenant aux classes inférieures de la société et notamment des étudiants, maîtres d'écoles, boulangers, bouchers, pâtissiers, tapissiers, tailleurs, pelletiers, teinturiers, tanneurs, horlogers, relieurs, porcelainiers, fondeurs, plafonneurs, etc. — Outre les indications des recettes ou dépenses qui résultaient pour l'hôpital de l'envoi des pauvres aux inhumations et du prêt des objets de culte, on trouve encore diverses dépenses payées sur la caisse des enterrements et enregistrées à ce titre. 1783, 23 mars : Remis à M. Jeanty pour chaussures des chantres, 25 ll. 3 sols qu'il avait avancés au cordonnier. 1785, 30 avril : Donné à Laguenie, maître pâtissier, la somme de 78 ll. pour avoir fourni 520 patés commandés au prix de 3 sols, pour la distribution générale aux pauvres, le jour de la procession; 24 juin : Donné pour la distribution aux pauvres, ainsi qu'il est de coutume les jours de processions générales, celle-ci par mandement de MM. les vicaires généraux, 24 ll.: Donné pour les porte-croix, les porte-bâtons, etc., à la même procession, ainsi qu'il est d'usage, 1 livre 16 sols. 1789, 12 septembre : Payé une paire de pantoufles pour Marie Boissou; un recarelage pour Nicard; une paire de souliers pour Gary, tous les deux sonneurs. 1793, 1 avril : Payé sur le billet de la sœur Clairval pour la procession du mardi de Pâques, 40 ll. — La balance des recettes et des dépenses est établie d'année en année, et vérifiée par

---

(1) Cette remarque importante s'applique également aux registres précédents.

le receveur de l'hôpital ou un commissaire du Bureau. Chaque exercice est clos par le Bureau lui-même, dont tous les membres signent.

C. 17. (Cahier). — In-f°, 63 feuillets, papier.

Mars 1757 — Juin 1774. — Inhumations. — Répertoire général sur lequel ont été transcrits les comptes-rendus particuliers qui précèdent. Même forme d'articles, mais il n'y a aucune récapitulation de recettes ni de dépenses. (Les premiers feuillets manquent.)

C. 18 (Liasse). — 1 pièce, papier.

1784. — Cimetière. — Acquisition faite par l'hôpital général de M° Grégoire Roulhac du Cluseau, sgr de Roulhac, conseiller du Roi, président trésorier de France au Bureau de Limoges, d'un terrain bâti, de la contenance de 2 sesterées, fermé de tous côtés par un mur appelé les barris de St-Gérald, paroisse de St-Cessateur, près le cimetière de l'hôpital, « pour se conformer aux dispositions de la déclaration du Roy du 10 mars 1776, et pour satisfaire à l'ordonnance de Mgr l'évêque de Limoges qui, trouvant le cimetière actuel du dit hôpital trop resserré, attendu qu'il ne contient qu'une éminée de terrain, et trop près des bâtiments du dit hôpital et de ceux de la maison du Refuge, leur a enjoint de se procurer un emplacement plus spacieux et plus éloigné des individus qui composent l'hôpital. »

C. 19. (Liasse). — 17 pièces, papier.

1610-1760. — État religieux. — Extraits baptistaires de différents pauvres ou malades reçus à l'hôpital général.

C. 20. (Liasse). — 1 pièce, papier.

1738. — État religieux. — Contrat de mariage d'Aimé Mijounet, garçon perruquier, avec Catherine Lemoine, tous deux de Bourges, la future déclarant apporter une dot de 300 ll.

C. 21. (Liasse). — 10 pièces, papier.

1703-1792. — État religieux. — Extraits mortuaires de différents pauvres ou malades décédés soit à l'hôpital, soit dans les paroisses où ils avaient été placés. (1)

(1) Cf. les Registres paroissiaux de l'hôpital général de Limoges ap. *Invent. des Arch. comm. de Limoges* par M. A. Thomas, GG, 158-170, — et le Bull. Soc. arch. du Limousin, XXIX, 115.

Département de la Haute-Vienne.

VILLE DE LIMOGES

INVENTAIRE-SOMMAIRE

DES

ARCHIVES HOSPITALIÈRES ANTÉRIEURES A 1790.

SÉRIE D.

(Répertoires de Titres.)

D. 1. (Registre). — In-f°, 162 feuillets, papier.

XIII°-XVII° siècles. — « Répertoire des titres de l'hospital général de St-Alexis de Limoges, » fait en 1685. — Il est divisé ainsi qu'il suit : pp. 5 et ss. : Titres concernant spécialement l'hôpital général; — pp. 37 et ss : Titres de la confrérie des Aumônes Ste-Croix; — pp. 87 et ss. : Titres concernant spécialement l'hôpital de St-Gérald; — pp. 113 et ss. : Titres de la confrérie des Pauvres à vétir; — pp. 125 et ss. : Titres de la confrérie de N.-D. de la Règle alias des Tailladours) et de N.-D. de la Conception alias de St-Laurent des Trépassés); — pp. 157 et ss.: Titres de la confrérie de N.-D. la Joyeuse (alias des Âtres); — pp. 161 et ss : Titres concernant spécialement l'hôpital de St-Martial; — pp. 189 et ss.: Titres concernant l'hérédité de feu Mgr. de Lafayette, évêque de Limoges; — pp. 197 et ss. : Titres concernant le Refuge des filles repenties; — pp. 213 et ss.: Titres de la confrérie des Pauvres à vétir; — pp. 287 et ss. : Titres concernant spécialement l'hôpital de St-Gérald. — (Pour chacune de ces divisions, voy. ci-dessous les divers fonds qui suivent la série H.)

D. 2. (Cahier). — In-f°, 26 feuillets, papier.

XIII°-XVIII° siècles. — Répertoire analytique des titres de rentes secondes dues à l'hôpital général. Sans date; écriture du XVIII° siècle. — Les actes mentionnés, au nombre de 100 environ, sont relatifs aux rentes dues sur les maisons de Limoges et les territoires environnants. (Cf. ci-dessus la série B.)

D. 3. (Cahier). — In-4°, 15 feuillets, papier.

XV°-XVII° siècles. — Répertoire sommaire des titres de l'étude de M° Ardant, notaire, qui concernent l'hôpital général. Sans date; écriture du XVII° siècle. — Les actes mentionnés, au nombre de 250 environ, sont relatifs aux rentes dues sur les maisons de Limoges et les territoires environnants. (Cf. ci-dessus la série B.)

D. 4. (Registre). — In-f°, 220 feuillets, papier.

1764. — Répertoire analytique des titres de

l'hôpital général sur diverses maisons de Limoges, fait en 1764. Au dos du volume : « Lièvre des maisons et bancs charniers du R. P. Nadaud. » (Le feuillet de tête manque). — Les maisons sont celles qu'énumère le Terrier général inventorié et les titres de rentes analysés ci-dessus dans la série B. Elles sont rangées selon l'ordre alphabétique des noms de rues à la table des matières. — Les articles sont sous cette forme : « Faubourg Manigne, à gauche, allant des FF. Prêcheurs à la ville, la première maison faisant coin et où peut pour enseigne *l'Aigle d'argent*, appartient au sieur Montégut, gendre à Plantadis, et est de sa mouvance.... la cinquième relève des Aumônes Ste-Croix dont suivent les extraits des titres : Le 19 mars 1494, Jean et François de las Ribières, frères, hôtes du faubourg Manigne, reconnaissent aux Consuls de Limoges pour les Aumônes St-Croix une maison qui fut de la nommée Sarazinaude, size au faubourg Manigne, confrontant à la maison de feu Guill. Lamiraud et à la maison de Me Martial de la Voulte, sous le cens de 2 sols avec l'accapt accoutumé. » Suit l'énumération de divers titres relatifs à la dite rente. — Parmi les noms de personnes figurent les suivants : feu Guill. de Solignac, orfèvre, 1489; Pierre Deschamps, sculpteur, 1693; Me Louis Mousnier, « juriste, » 1491; le sieur Roche, chirurgien, 1524; Me Mathieu Morel, docteur en médecine, 1678; Me Jean David, chanoine de St-Martial et vicaire de la vicairie des Marteaux, 1741; Jean Runud, hôte du *Lion d'or*, 1650; le sieur Baud, possesseur d'une maison sise au faubourg Manigne, à droite en montant des FF. Prêcheurs à la ville, la dite maison sise dans la « fondalité de la vicairie de Paule Beyneyche à St-Martial, en l'autel de N.-D. de la Corolle (*sic*, » XVIII siècle; Joseph Maillard, apothicaire, 1571; Jacques Dolmède, « marchand graissier, » 1663; le sieur Jean Cibot, hôte de la *Tête noire*, 1571; Pierre Bruneau, orfèvre, tenancier d'une maison sise présentement entre la porte Manigne et la tour de Banclégier, « où est l'image de la Ste-Vierge, » la dite maison confrontant « au soulard de l'abbaie de Grandmont, » 1491; Pierre Guibert, orfèvre et propriétaire du jeu de Paume, 1645; Me Barthélémy de Ve thamond, sieur de Chez-Tandeau, « sindic des Mères religieuses Ursulines, » 1664; Léonard Germain, relieur de livres, 1742; Albert Gasniadour, fondeur, 1630; feu Martial Boyol, apothicaire, 1411; dame Marie Alesme, bru de M. Beaubreuil, juge prévôt, 1641; Jean Barry, capitaine de la Maison de ville, 1664; Jean Jacqueton, « brigadier de Limoges. » 1493;

Jean de Murus, passementier, 1613; Joseph Guitard, me fondeur, 1667; MMes Laurent et Pierre Parlier, prêtres, oncle et neveu, 1535; le sieur Lombardie, « balancier, frère du vicaire de St-Pierre, » et tenancier d'une maison sise rue Haute-Pousse, dans la fondalité de la frairie de St-Eutrope, 1762; Me Pierre de Charlonie, notaire, 1499; Me Pierre Thomas de Bounie, seigneur de la Chèze, notaire royal. 1754; Pierre Ydeux, brodeur, et Rolland Ydeux, barbier, 1494; feu Aymeric David, ceinturier, 1403; Jean Clément, notaire, 1532; Radulphe le Patrenostrier, marchand, 1316; Antoine Tilhet, orfèvre, 1669; Laurent Bayard, drapier, 1352; Pierre Mague, « bourcier, » 1380; dame Antoinette des Cordes, femme de Me Jean de Chevaille, seigneur de Faugeras, conseiller au Parlement de Bordeaux, 1685; Martial Peyteau le jeune, orfèvre, 1559; Jean Guibert le jeune, orfèvre. 1514; Barthélémy Reynaud, fondateur d'une vicairie en l'église St-Pierre, XVIe siècle; Me Audoy Mercier, prêtre, vicaire de la vicairie des Brunet, « à l'autel de Madame la Joyeuse, à St-Pierre, » 1515; Pierre Guibert. orfèvre, 1570; Me Pierre Martin. procureur au Parlement de Bordeaux, 1491; Me Guill. Maledent de Fonjaudran, conseiller en la maréchaussée, 1741; Jacques Noalher, vicaire de la vicairie des Saleys, 1492; Martial Garat vicaire de la dite vicairie, 1602; Madame, sœur unique du Roi, vicomtesse du Limousin, 1602; Guill. Botin, curé de St-Priest. 1490; Jacques Martin. sieur du Rouveys, auditeur des comptes, 1670; Jean Denouveau, dit Canthaud, fondeur, 1553; Pierre de Leima, curé de Boisseuil, et Jacques de Leima, son cousin, curé de St-Maurice les Brousses, 1472; Louis Darfeuille, procureur au Présidial. 1635; Jean Cathure (?), imprimeur, 1655; Paul Gay, apothicaire, 1502; noble Charles de Clary, seigneur baron de St-Angel, trésorier de France, 1675; Antoine Goudin, trésorier de France,1684; dame Léonarde Gabrielle d'Ussel, abbesse des Alloix, 1751; Jean Pelette. orfèvre 1551; Catherine Teulier, « bourgeoise, demeurant chez les sœurs de la Rivière, » 1756; Me François de Loménie, receveur des tailles à Bourganeuf, 1669; Adémar Colin, curé de St-Paul lez Limoges et vicaire de la vicairie de feu Audoin, 1502; Me Guill. Salot, conseiller au Présidial, 1613; Me Joseph Fayen, médecin, 1622; Jean de Braziis, curé de St-Pierre-du-Queyroix, 1326; Laurent de Breuilh, dit Féminas, peintre. 1555; Me Jean Bastide, prieur du Châtenet lez Limoges, XVIe siècle; Me Joseph Reculet. médecin, 1737; J.-B. Daurat, « écuyer, secrétaire du Roy et depuis premier président au siège présidial, » 1757; M⁰ Paul Gay, conseiller au Présidial. 1561; Antoine Colomb, apothicaire, 1528; François Colomb, apothicaire. 1570; Jean Brunier, ceinturier, 1657; Barthélémy Vergnaud, émailleur, 1650, etc., etc.

D. 5. (Registre). — In-f⁰, 420 feuillets, papier.

XVIII⁰ siècle. — Répertoire général des titres de l'hôpital général de St-Alexis de Limoges, fait au XVIII⁰ siècle. — Tome 1. — P. 3. Avertissement où l'on fait connaître les divisions du Répertoire et la manière dont il est composé. — P. 5. Notions préliminaires où l'on donne : 1° l'origine supposée des hôpitaux en Limousin, origine qu'on attribue aux vicomtes; 2° la liste des établissements et associations charitables qui furent réunis en 1660, sous le titre d'hôpital général de St-Alexis. C'étaient : les hôpitaux de St-Martial, St-Gérald et St-Jacques; la maladrerie dite la Maison-Dieu; les confréries des Pauvres à vêtir (à celle ci avait été unie au XIV° siècle la confrérie des Suaires), des Aumônes Ste-Croix, de N.-D. du Puy en Velay, de N.-D. de Rocamadour, les Chandelles de l'hôpital de St-Gérald, de N.-D. la Joyeuse autrement dite des Pastoureaux, des Treize Chandelles, de N.-D. des Arènes, du Cierge des Boulangers, de N.-D. de la Règle autrement dite des Tailladours, de N.-D. de la Conception autrement dite des Trépassés; l'aumônerie de la Salle épiscopale; 3° la définition des Quarteries, qui sont des cens et unalités divisibles en quatre parties égales. — P. 8, chap. 1, Réunions, droits et priviléges de l'hôpital général. Liste et inventaire-sommaire des actes qui les établissent. — P. 25, chap. II, Rentes dues dans la ville de Limoges : RUE HAUTE-POUSSE : Il est dû à l'hôpital général sur une maison située à droite en venant de la place des Bancs, 15 sols de cens de rente foncière et directe, avec la fondalité, l'accapt accoutumé et les lods et ventes à raison de 20 deniers par livre, à cause de la réunion des Aumônes Ste-Croix. Suit l'énumération des premiers propriétaires de cette maison et des titres qui établissent la dite rente depuis 1404; — P. 27. Sur une autre maison située à droite en venant de la place des Bancs, il est dû 2 sols de rente foncière et directe à cause de la réunion de l'hôpital St-Gérald. Suit.... depuis 1269; — P. 31. Sur une autre maison située à.... en venant de la place des Bancs. 5 sols de cens ou rente, à cause de la réunion des Pauvres à vêtir. Suit.... depuis 1312; — P. 33. Sur une autre maison située à gauche en venant de la place des Bancs, une rente annuelle et perpétuelle de 4 sols, à cause de la réunion de la confrérie des Pauvres à vêtir. Suit.... depuis 1380; — P. 35. Sur une autre maison située à droite en venant de la place Bancs, 2 sols, 6 deniers de rente foncière et directe, à cause de la réunion de la confrérie des Aumônes Ste-Croix. Suit.... depuis 1464; — P. 37. Sur une autre maison ou escure située à droite en venant de la place des Bancs. 2 sols, 6 deniers de rente foncière et directe, à cause de la réunion de la confrérie des Aumônes Ste-Croix. Suit.... depuis 1412; — P. 39. Sur deux maisons qui autrefois n'en faisaient qu'une, situées à gauche en venant de la place des Bancs, 10 sols de rente foncière et directe, avec l'accapt accoutumé et 7 sols 6 deniers de rente annuelle et perpétuelle, à cause de la réunion de l'hôpital St-Gérald. Suit.... depuis 1691; — P. 41. RUE BANCLÉGER OU DU VIEUX-MARCHÉ. Il est dû à l'hôpital général sur une maison qui autrefois en faisait deux, située à droite en venant de la place des Bancs, 18 deniers de rente foncière à cause de la réunion de la confrérie St-Martial en l'église St-Michel-des-Lions, déjà réunie à celle des Pauvres à vêtir, et 2 sols de rente annuelle et perpétuelle à cause de la réunion de la confrérie de N.-D. de Rocamadour déjà unie à celle de N.-D. du Puy. Suit.... depuis 1300; — P. 45. Sur une autre maison située à droite en venant de la place des Bancs, 10 sols de rente annuelle et perpétuelle à cause de la réunion de la confrérie de N.-D. du Puy déjà unie à l'hôpital St-Gérald. Suit.... depuis 1366; — P. 47. Sur une autre maison située à droite en venant de la place des Bancs, 8 sols, 6 deniers de rente foncière et directe, à cause de la réunion de la confrérie des Pauvres à vêtir. Suit.... depuis 1274; — P. 51. Sur une autre maison dont l'emplacement n'est pas déterminé, 11 sols de rente annuelle et perpétuelle à cause de la réunion de la confrérie des Pauvres à vêtir. Suit.... depuis 1308; — P. 53. Sur une autre maison appelée de l'Artige, 5 sols de rente foncière et directe et 10 sols de rente annuelle et perpétuelle à cause de la réunion de la confrérie des Pauvres à vêtir. Suit.... depuis 1411; — P. 58. Sur une autre maison située à gauche en venant de la place des Bancs, 10 sols de rente, à cause de la réunion de la confrérie des Pauvres à vêtir. Suit.... depuis 1241; — P. 63. Sur une autre maison située à.... en venant de la place des Bancs, 5 sols de cens ou rente, à cause de la réunion de la confrérie des Pauvres à vêtir. Suit.... depuis 1489; — P. 65. Sur une autre maison qui autrefois en faisait deux, située. à gauche en venant de la place des Bancs, 50 sols de rente annuelle et perpétuelle, à cause de la réunion de la confrérie des Pauvres à vêtir. Suit.... depuis 1390; — P. 69. Sur une autre maison autrefois en soulas (solar), située devant l'andeys du Vieux-Marché, à droite en venant de la place des Bancs et faisant coin à la rue Pissevache, 6 deniers de rente foncière et directe, à cause de la réunion de la confrérie des Pauvres à vêtir. Suit.... depuis 1742; — P. 71. Sur une maison située devant la place et où était cy-devant l'andeys du Vieux-Marché, faisant coin à la rue Torte, 30 sols de rente annuelle et perpétuelle, à cause de la réunion de la confrérie des Pauvres à vêtir. Suit.... depuis 1331; — P. 75. RUE CORBASURE, *alias* CORBASURIER. Il est dû à l'hôpital général sur deux maisons situées derrière la rue Banc-léger, du côté des Ursulines, 5 sols de rente foncière et directe à cause de la réunion de la confrérie de N.-D. du Puy, déjà unie à l'hôpital St-Gérald. Suit.... depuis 1255; — P. 77. RUE PISSEVACHE. Il est dû à l'hôpital général sur une maison dont l'emplacement n'est pas déterminé, 12 sols de rente à cause de la réunion de la confrérie des Aumônes Ste-Croix. Suit.... depuis 1494; — P. 79. Sur une autre maison faisant coin à la rue Torte, 20 sols de rente foncière et directe, à cause de la réunion de la confrérie des Aumônes Ste-Croix. Suit.... depuis 1331; — P. 82. RUE TORTE, *alias* BOUSSAGERIE. Il est dû à l'hôpital général sur une maison située à droite en venant de la rue Banc-léger et faisant coin à une petite ruelle qui conduit à la rue Jouviond, 5 sols de rente foncière et directe et 52 sols de rente annuelle et perpétuelle à cause de l'échange fait avec Jean Rouard, conseiller élu en l'Élection. Suit.... depuis 1671; — P. 85. Sur une autre maison qui autrefois en faisait deux, située à gauche en venant de la rue Banc-léger, 5 sols de rente foncière et directe à cause de la réunion de la confrérie des Pauvres à vêtir Suit.... depuis 1354; — P. 88. Sur une autre maison située à droite en venant de la rue Banc-léger, 2 sols de rente foncière et directe à cause de la réunion de l'hôpital St Gérald. Suit.... depuis 1418; — P. 91. Sur une autre maison située près l'église St-Aurélien à.... en allant à la dite église. 10 sols de rente annuelle et perpétuelle, à cause de la réunion de N.-D. du Puy. Suit.... depuis 1331; — P. 93. Sur une autre maison située à.... en venant de la rue Banc-léger, 32 sols, 6 deniers de rente annuelle et perpétuelle à cause de la réunion de l'hôpital St-Gérald. Suit.... depuis 1546; — P. 95.

Sur une autre maison située à droite en venant de la rue Banc-léger, ayant son aspect à l'église St-Aurélien et joignant par le derrière à la rue Jouviond, 1 obole de rente foncière et directe, à cause de la réunion de la confrérie des Pauvres à vêtir. Suit.... depuis 1380; — P. 98. Sur une autre maison située à.... en venant de la rue Banc-léger, 5 sols de rente annuelle et perpétuelle à cause de la réunion de N.-D. du Puy. Suit.... depuis 1375; — P. 101. Sur deux maisons joignant ensemble, situées à gauche en venant de la rue Banc-léger, 9 sols de rente annuelle et perpétuelle à cause de la réunion de la confrérie de N.-D. du Puy. Suit.... depuis 1437; — P. 106. Sur une autre maison située à.... en venant de la rue Banc-léger 3 sols de rente foncière et directe, à cause de la réunion de la confréie des Aumônes Ste-Croix. Suit.... depuis 1553; — P. 107. RUE RULLET. près la rue Torte. Il est dû à l'hôpital général sur une maison située à.... en venant de l'église St-Aurélien, 3 sols de rente foncière et directe, à cause de la réunion de la confrérie des Pauvres à vêtir. Suit.... depuis 1491; — P. 110. Sur une autre maison située à.... en venant de l'église St-Aurélien, 2 sols de rente annuelle et perpétuelle, à cause de la réunion de la confrérie des Pauvres à vêtir. Suit.... depuis 1371; — P. 112. Sur une autre maison située derrière l'église St-Aurélien, convertie en jardin, 7 sols 6 deniers de rente foncière et directe, à cause de la réunion de la confrérie des Aumônes Ste-Croix. Suit.... depuis 1597; — P. 114. RUE DE LA HUCHETTE OU DE LA PEYRE-AU-BOIS. Il est dû à l'hôpital général sur une maison dont l'emplacement n'est pas déterminé 6 deniers de rente foncière et directe [à cause de la réunion de la confrérie des Aumônes Ste-Croix]. Suit....depuis 1777; — P. 115. Sur trois autres maisons dont deux dans la rue de la Huchette et l'autre dans la rue Louchonne, 10 sols de rente annuelle et perpétuelle à cause de la réunion de la confrérie des Pauvres à vêtir. Suit.... depuis 1410; — P. 117. RUE DE LA BARREYRETTE, *alias* DE LOUCHONNE OU DU DIEU D'AMOUR. Il est dû à l'hôpital général sur une maison dont l'emplacement n'est point déterminé, 20 sols de rente foncière et directe et 10 sols de rente annuelle et perpétuelle à cause de la réunion de la confrérie des Pauvres à vêtir. Suit.... depuis 1380; — P. 121. Sur une autre maison qui autrefois en faisait deux dont l'emplacement n'est pas déterminé, 7 sols de rente foncière et directe, à cause de la réunion de la confrérie des Pauvres à vêtir. Suit.... depuis 1330; — P. 125. RUE DU ST-E PAIT. Il est dû à l'hôpital général sur une maison située la seconde à gauche en entrant par la rue Lansecot, 5 sols de rente annuelle et perpétuelle à cause de la réunion de N.-D. du Puy. Suit.... depuis 1526; — P. 127. Sur une autre maison dont l'emplacement n'est pas déterminé, 10 sols de rente annuelle et perpétuelle à cause de la réunion de la confrérie des Pauvres à vêtir. Suit.... depuis 1656; — P. 128. Sur une autre maison située à gauche en venant de la rue Lansecot, 2 sols de rente foncière et directe à cause de la réunion de la confrérie des Pauvres à vêtir. Suit.... depuis 1744; — P. 130. Sur une autre maison située à droite en venant de la rue Lansecot, 18 deniers de rente foncière et directe et 48 sols 6 deniers de rente annuelle et perpétuelle à cause de la réunion de la confrérie des Aumônes Ste-Croix. Suit...depuis 1494; — P. 132. RUE DES MAISONS-NEUVES, *alias* CHARÉTAILLE, derrière le Cheval Blanc. Il est dû à l'hôpital général sur une maison dont l'emplacement n'est pas déterminé, 18 deniers de rente foncière et directe à cause de la réunion de la confrérie des Aumônes Ste-Croix. Suit.... depuis 1553; — P. 133. Sur une autre maison dont l'emplacement n'est pas déterminé, 12 deniers de cens et rente à cause de la réunion de la confrérie des Pauvres à vêtir. Suit.... depuis 1492; — P. 134. RUE JOUVIOND. Il est dû à l'hôpital général sur une maison située à gauche en venant de la rue Torte, 2 sols de rente foncière et directe à cause de la réunion de la confrérie des Pauvres à vêtir. Suit.... depuis 1299; — P. 137. Sur une autre maison dont l'emplacement n'est pas déterminé, 5 sols de rente annuelle et perpétuelle à cause de la réunion de la co frérie des Chandelles des pauvres de St-Gérald. Suit.... depuis 1345; — P. 138. PLACE DES BANCS, *alias* RUE DU MARCHÉ. Il est dû à l'hôpital général sur une maison située à gauche en venant de la rue Banc-léger, 10 sols de rente annuelle et perpétuelle à cause de la réunion de la confrérie des Pauvres à vêtir. Suit.... depuis 1516; — P. 139. Sur une autre maison située à gauche en venant de la rue Lansecot, 5 sols de rente foncière et directe à cause de la réunion de la confrérie des Pauvres à vêtir. Suit.... depuis 1382; — P. 142. Sur une autre maison faisant coin à la rue Lansecot 100 sols de rente foncière et directe réduite par la suite à 2 sols et aujourd'hui à 1 sol à cause de la réunion de la confrérie des Pauvres à vêtir. Suit... depuis 1400; — P. 148. RUE LANSECOT. Il est dû à l'hôpital général sur une maison faisant coin à celle du St-Esprit, 10 sols de rente annuelle et perpétuelle à cause de la réunion

de la confrérie des Pauvres à vêtir. Suit.... depuis 1375; — P. 151. RUE ET PRÈS LA PORTE DE LANSECOT. Énumération de titres communs à plusieurs rentes constituées au dit endroit en faveur de la confrérie des Pauvres à vêtir depuis 1364. On ne dit point que l'hôpital général en ait hérité; — P. 154. Sur une maison située rue Lansecot, faisant coin aux rues du du St-Esprit et Torte et dont le derrière joint à la rue de Louchonne, il est dû à l'hôpital général 6 deniers de rente foncière et directe à cause de la réunion de la confrérie des Pauvres à vêtir. Suit.... depuis 1404; — P. 156. RUE HAUT-LANSECOT, *alias* D'EYGOULÈNE ou DE L'ARBRE D'EYGOULÈNE. Il est dû à l'hôpital général sur une maison ayant une sortie par derrière du côté des étangs, 5 sols de rente foncière et directe à cause de la réunion de l'hôpital St-Martial. Suit.... depuis 1655; — P. 157. Sur une autre maison située à droite en montant à l'arbre d'Eygoulène et dont le derrière joint au grand étang, 3 sols de rente foncière et directe à cause de la réunion de la confrérie des Pauvres à vêtir. Suit... depuis 1384; — P. 160. Sur une autre maison, la seconde à gauche en venant de la rue Torte à l'arbre d'Eygoulène, 1 sol de rente foncière et directe à cause de la réunion de la confrérie des Aumônes Ste-Croix. Suit....depuis 1494; — P. 162. Sur une autre maison qui autrefois en faisait deux, située à gauche en venant de la rue Jouviond, 1 denier de rente foncière et annuelle à cause de la réunion de la confrérie des Aumônes Ste-Croix. Suit.... depuis 1490; — P. 164. Sur une autre maison située à droite en venant de la place des Bancs, ayant une sortie sur la place de la Motte, 10 sols de rente foncière et directe, à cause de la réunion de la confrérie des Aumônes Ste-Croix. Suit.... depuis 1494; — P. 166. Sur une autre maison, la troisième à gauche en venant de la rue Torte à l'arbre d'Eygoulène, vis-à-vis la sortie de l'eau du grand étang, 10 sols de rente foncière et directe et 2 sols de rente annuelle et perpétuelle à cause de la réunion de la confrérie des Aumônes Ste-Croix. Suit.... depuis le XVII° siècle; — P. 167. Sur une autre maison dont l'emplacement n'est pas déterminé, 5 deniers de rente foncière et directe à cause de la réunion de la confrérie des Aumônes Ste-Croix. Suit.... depuis 1784; — P. 168. Sur une autre maison située à droite en montant de la rue Torte à l'arbre d'Eygoulène, 10 sols de rente foncière et directe et 2 sols de rente annuelle et perpétuelle à cause de la réunion de la confrérie des Aumônes Ste-Croix. Suit.... depuis 1489; — P. 170.

Sur une autre maison située à droite en venant de la rue Torte à l'arbre d'Eygoulène. 5 sols de rente foncière et directe à cause de la réunion de l'hôpital St-Martial. Suit.... depuis 1230; — P. 173. Sur une autre maison situé à.... en venant de la rue Torte à l'arbre d'Eygoulène, 5 sols de rente annuelle et perpétuelle à cause de la réunion de la confrérie des Aumônes Ste-Croix. Suit.... depuis 1494; — P. 174. Sur une autre maison située à.. . en venant de la rue Torte à l'arbre d'Eygoulène, 18 deniers de cens et rente, à cause de la réunion de l'hôpital St-Martial. Suit.... depuis 1566; — P. 175. Sur une autre maison située au-dessus de l'arbre d'Eygoulène, à droite en allant à la porte des Arènes, 23 sols de rente foncière et directe à cause de la réunion de la confrérie de N.-D. du Puy. Suit... depuis 1299; — P. 178. Sur une autre maison située devant le petit étang, 2 deniers de rente foncière et directe. à cause de la réunion de la confrérie de N. D. du Puy. Suit.... depuis 1436; — P. 180. RUE DEVANT LE PETIT ÉTANG D'EYGOULÈNE. Il est dû à l'hôpital général sur une maison située devant le dit étang à gauche en venant de la fontaine d'Eygoulène à la rue Croix Neuve, 5 sols de rente annuelle et perpétuelle à cause de la réunion de la confrérie de N.-D. du Puy, déjà unie à l'hôpital St-Gérald. Suit... depuis 1300; — P. 182. Sur une autre maison située devant le dit étang, à gauche en venant de la rue Torte à la rue Croix-Neuve, 3 sols de rente foncière et directe à cause de la réunion de la confrérie des Aumônes Ste-Croix. Suit.... depuis 1507; — P. 184. Sur une autre maison située devant le dit étang, faisant le coin au chemin par lequel on va d'icelui à la porte des Arènes, 10 sols de rente annuelle et perpétuelle à cause de la réunion de la confrérie de N.-D. du Puy. Suit.... depuis 1423; — P. 185. Sur cinq maisons désignées par les noms de leurs propriétaires, 26 sols 1 obole de rente foncière et directe à cause de la réunion de la confrérie de N.-D. du Puy. Le titre unique de cette rente est de 1251; — P. 186. RUES D'EYGOULÈNE ET DE FRÉGEBIZE. Il est dû à l'hôpital général sur une maison située en la rue qui va du petit étang d'Eygoulène à la porte des Arènes, faisant coin aux rues Frégebize et d'Eygoulène, 9 sols de rente foncière et directe à cause de la réunion de la confrérie des Aumônes Ste-Croix et 2 sols de rente foncière et directe à cause de la réunion de la confrérie des Pauvres à vêtir. Suit.... depuis 1289; — P. 190. RUE DES ARÈNES. Il est dû à l'hôpital général sur une maison située à droite en venant de la rue Frégebize à la porte des Arènes, 30 sols de rente annuelle et perpétuelle à cause de la réunion de la confrérie des Pauvres à vêtir. Suit.... depuis 1330; — P. 193. Sur une autre maison située à gauche en descendant de la place d'Aine, 13 sols de rente foncière et directe à cause de la réunion de la confrérie des Aumônes Ste-Croix. Suit.... depuis 1553; — P. 195. Sur une autre maison située à droite en descendant de la porte des Arènes, 10 sols de rente foncière et directe, à cause de la réunion de la confrérie des Aumônes Ste-Croix. Suit.... depuis 1389; — P. 197. PLACE D'AINE, *alias* DES ARÈNES. Il est dû à l'hôpital général sur une maison, jardin et dépendances formant autrefois cinq maisons et auparavant des treilles, faisant coin à la rue de las Touzas, près les Clairettes, 13 sols de rente foncière et directe. et 7 sols de rente annuelle et perpétuelle à cause de la réunion de la confrérie des Pauvres à vêtir. Suit.... depuis 1315; — P. 204. RUE DE LAS TOUZAS. Il est dû à l'hôpital général sur cinq maisons dont l'emplacement n'est pas déterminé, 1 liv. 16 sols de rente foncière et directe à cause de la réunion de la confrérie de N.-D. du Puy. Suit.... depuis 1258; — P. 206. FAUBOURG DES ARÈNES. Il est dû à l'hôpital général sur une maison située à... en venant de la place d'Aine au couvent des grands Carmes 25 sols de rente annuelle et perpétuelle à cause de la réunion de l'hôpital St-Martial. Suit.... depuis 1554; — P. 207. Sur un demi-journal ou environ d'un verger ou jardin où l'on bâtit ensuite une maison, laquelle fut après démolie et englobée dans l'emplacement qui est entre la place d'Orsay et le pré des grands Carmes, 5 sols 6 deniers de rente foncière et directe à cause de la réunion de la confrérie des Aumônes Ste-Croix. Suit.... depuis 1494; — P. 209. RUE FRÉGEBIZE. Il est dû à l'hôpital général sur une maison ou escure, située au canton de Frégebize, dans la ruelle qui conduit de l'échelle de Frégebize au-dessous de la porte des Arènes, à la maison noble de Breuil, aujourd'hui l'intendance. 5 sols de rente annuelle et perpétuelle, à cause de la réunion de la confrérie des Pauvres à vêtir. Suit.... depuis 1338 : — P. 214. Sur une autre maison située à gauche en venant de la rue Croix-Neuve au petit étang d'Eygoulène, 10 sols de rente foncière et directe à cause de la réunion de la confrérie des Aumônes. Ste-Croix. Suit.... depuis 1362; — P. 2.7. RUE CROIX-NEUVE. Il est dû à l'hôpital général sur une maison située à droite en venant des étangs, faisant le coin à la rue qui descend de la place St-Michel à la dite rue Croix-Neuve, 5 sols de rente foncière et directe à cause de la réunion de la confrérie des Aumônes Ste-

Croix. Suit... depuis 1494 ; — P. 219. Sur une autre maison située à droite en venant des étangs à la dite rue, joignant celle qui fait le coin en venant de la place St-Michel à la dite rue, 5 sols de rente foncière et directe à cause de la réunion de la confrérie des Aumônes Ste-Croix. Suit.... depuis 1494 ; — P. 221. Rue Biscole ou des Écoles, *alias* des Fossés. Il est dû à l'hôpital général sur une maison située à droite en venant de la rue Croix-Neuve aux Fossés, 4 sols de rente foncière et directe à cause de la réunion de la confrérie de N -D. du Puy, déjà unie à l'hôpital St-Gérald. Suit.... depuis 1330 ; — P. 224. Sur une autre maison, qui autrefois en faisait deux, située à droite en venant de la rue Croix-Neuve aux Fossés, 15 sols de rente foncière et directe à cause de la réunion de la confrérie de N.-D. du Puy. Suit.... depuis 1397 ; — P. 227. Sur une autre maison située à gauche en venant de la rue Croix-Neuve aux Fossés, 6 sols de rente foncière et directe à cause de la réunion de la confrérie de N.-D. du Puy. Suit.... depuis 1508 ; — P. 230. Sur une maison et terrain situés à gauche en venant de la rue Croix-Neuve aux Fossés, 12 sols de rente foncière et directe réduite à 1 sol en 1610, à cause de la réunion de la confrérie de N.-D. du Puy. Suit... depuis 1415 ; — P. 233. Sur une autre maison située à gauche en venant de la rue Croix-Neuve aux murs de la ville, 5 sols de rente foncière et directe à cause de la réunion de la confrérie de N.-D. du Puy. Suit.... depuis 1400 ; — P. 236. Sur une autre maison aujourd'huy divisée en deux avec un jardin par derrière, située à gauche en venant de la rue Croix-Neuve aux murs de la ville, 5 sols de rente foncière et directe à cause de la réunion de la confrérie de N.-D. du Puy. Suit.... depuis 1390 ; — P. 239. Sur une autre maison située à..... en venant de la rue Croix-Neuve aux Fossés de la ville, 4 sols de rente annuelle et perpétuelle à cause de la réunion de la confrérie des Pauvres à vêtir. Suit.... depuis 1272 ; — P. 240. Rue Froment. Il est dû à l'hôpital général sur une maison située à.... en venant de la rue Croix-Neuve, 10 sols de rente annuelle et perpétuelle à cause de la réunion de la confrérie de N.-D. du Puy. Suit... depuis 1475 ; — P. 242. Rue Fontaine-des-Barres, *alias* Servière. Il est dû à l'hôpital général sur une maison située dans les Combes, à droite en venant de la rue Froment, 6 sols 6 deniers de rente annuelle et perpétuelle à cause de la réunion de la confrérie de la Nativité N.-D. déjà unie à l'hôpital St-Martial. Suit ... depuis 1372 ; — P. 244. Rue de la Fauconnerie ou des Trépassés, au-dessus de la Fontaine-des-Barres. Il est

dû à l'hôpital général, sur une maison située à gauche en descendant de la rue Froment, 2 sols 6 deniers de rente foncière et directe, et sur une autre maison joignant à la précédente et ayant son aspect en la grande rue des Combes, à droite en descendant de la place Dauphine, *alias* Montmailler, 3 sols de rente annuelle et perpétuelle, à cause de la réunion de la confrérie des Pauvres à vêtir. Suit.... depuis 1331 ; — P. 250. Rue Fontaine-des-Barres, *alias* Servière et Rue Froment. Il est dû à l'hôpital général sur deux maisons joignant ensemble, aujourd'huy réunies en une, situées en la dite rue Fontaine, mais ayant sortie et aspect dans la rue Froment, 10 sols de rente annuelle et perpétuelle pour le total des deux maisons et 6 sols de rente foncière et directe pour la partie qui fait face à la dite rue Froment. Suit.... depuis 1363 ; — P. 254. Rue Fontaine-des-Barres et Rue des Combes. Il est dû à l'hôpital général sur deux maisons qui autrefois en faisaient trois et un jardin, situés en la rue des Combes et ayant leurs sorties sur la rue Fontaine, 5 sols de rente foncière et directe à cause de la réunion de la confrérie des Pauvres à vêtir, et 4 sols de rente annuelle et perpétuelle, à cause de la réunion de la confrérie des Aumônes Ste-Croix. Suit.... depuis 1377 ; — P. 262. Sur deux autres maisons dont l'une fait face à la rue des Combes et n'a pas de sortie dans la rue Fontaine et dont l'autre fait face à la rue des Combes et n'a pas de sortie dans la dite rue des Combes, 5 sols de rente foncière et directe, à cause de la réunion de la confrérie des Pauvres à vêtir. Suit.... depuis 1377 ; — P. 267. Rue Fontaine-des-Barres. Il est dû à l'hôpital général sur une maison située à droite, en venant de la Fontaine-des-Barres aux murs de la ville, 5 sols de rente annuelle et perpétuelle, à cause de la réunion de l'hôpital St-Martial Suit.... depuis 1455 ; — P. 269. Rue des Combes. Il est dû à l'hôpital général sur une maison située à gauche, en montant à la Porte-Montmailler, 12 sols 6 deniers de rente foncière et directe, à cause de la réunion de la confrérie des Aumônes Ste-Croix. Suit.... depuis 1500 ; — P. 271. Sur une autre maison située à gauche en montant à la Porte-Montmailler, 12 sols 6 deniers de rente foncière et directe, à cause de la réunion de la confrérie des Aumônes Ste-Croix. Suit... depuis 1507 ; — P. 273. Sur une autre maison située à droite en montant à la Porte-Montmailler, 3 sols de rente foncière et directe, à cause de la réunion de la confrérie des Aumônes Ste-Croix. Suit.... depuis 1507 ; — P. 275. Sur une autre maison située à droite en montant à la

Porte-Montmailler et faisant coin à une petite ruelle qui conduit à la rue de la Rochette ou du Moulin-à-Vent, 3 ll. de rente à cause de la réunion de la confrérie de N.-D. de la Conception ou de St-Laurent-des-Trépassés. Suit.... depuis 1651 ; — P. 277. Sur une autre maison située devant la fontaine du Chevalet, faisant coin à la petite ruelle de Joumard, 5 sols de rente annuelle et perpétuelle, à cause de la réunion de la confrérie de N. D. du Puy. Suit.... depuis 1274 ; — P. 279. Sur une autre maison située à droite en montant à la Porte-Montmailler et faisant coin à une rue qui conduit à celle de Viraclaux, 10 so s de rente annuelle et perpétuelle, à cause de la réunion de la confrérie des Pauvres à vêtir. Suit.... depuis 1475 ; — P. 280. Sur une autre maison et un four situés dans le sol des Combes, 10 sols de rente annuelle et perpétuelle, à cause de la réunion de la confrérie de N.-D. du Puy. Suit.... depuis 1381 ; — P. 281. RUE PRÈS LA PORTE-MONTMAILLER, allant à la rue Viraclos. Il est dû à l'hôpital général sur une maison situ e à gauche en allant à la rue Viraclos, 2 sols de rente annuelle et perpétuelle, à cause de la réunion de la confrérie du Cierge des Boulangers unie déjà à l'hôpital St-Martial. Suit... depuis 1284 ; —. P. 183. RUE MEYMI ou PÉLISSON. Il est dû à l'hôpital général sur une maison située à.... en venant de la grande rue des Combes, 2 sols de rente annuelle et perpétuelle, à cause de la réunion de la confrérie du Cierge des Boulangers. Suit.... depuis 1400 ; — P. 284. Sur une autre maison située à.... en venant de la grande rue des Combes, 5 sols de cens ou rente, à cause de la réunion de la confrérie du Cierge des Boulangers ou du Luminaire ardant devant l'autel Ste-Croix, en l'église St-Martial. Suit.... depuis 1416 ; — P. 285. Sur une autre maison située à droite en venant de la grande rue des Combes 6 deniers de rente foncière et directe et 7 ll. de rente annuelle et perpétuelle, à cause de la réunion de l'hôpital St Martial. Suit ... depuis 1620 ; — P. 287. FAUBOURG MONTMAILLER. Il est dû à l'hôpital général sur une maison située à gauche en allant de la place Dauphine, *alias* Montmailler, au couvent de la Visitation 5 sols 6 deniers de rente foncière et directe, à cause de la réunion de la confrérie des Aumônes Ste-Croix. Suit.... depuis 1498 ; — P. 289. Sur une autre maison située à..... en allant à Montjauvy, 10 sols de rente foncière et directe, à cause de la réunion de la confrérie des Pauvres à vêtir. Suit.... depuis 1268 ; — P. 291. Sur une autre maison qui autrefois en faisait deux, ayant un jardin par le derrière, située en la

place Dauphine, *alias* Montmailler, à gauche en venant du cimetière des Arènes à la dite place, 18 deniers de rente foncière et directe, à cause de la réunion de l'hôpital St-Martial. Suit. . depuis 1500 ; — P. 295. Sur une autre maison située à gauche en allant de la place Dauphine à Montjauvy. 1 sol de rente foncière et directe, à cause de la réunion de l'hôpital St-Martial. Suit ... depuis 1396 ; — P. 297. Sur une autre maison située à gauche en venant de la place Dauphine à Montjauvy, 1 sol de rente foncière et directe, à cause de la réunion de l'hôpital St-Martial. Suit... depuis 1260 ; — P. 300. Sur une autre maison et un jardin autrefois divisés en deux, situés à gauche en allant à Montjauvy, 13 sols 4 deniers de rente foncière et directe, à cause de la réunion de l'hôpital St-Martial. Suit.... depuis 1314 ; — P. 303. Sur une autre maison située à gauche en allant à Montjauvy, 12 sols de rente foncière et directe, à cause de la réunion de l'hôpital St-Martial. Suit.... depuis 1500 ; — P. 305. Sur une autre maison qui autrefois en faisait deux, située à gauche en montant à Montjauvy, 7 sols de rente foncière et directe, à cause de la réunion de l'hôpital St-Martial. Suit.... depuis 1490 ; — P. 307. Sur une autre maison ayant un four et une boutique par le dessous et un jardin par le derrière, située à.... en allant à Montjauvy, 4 sols de rente foncière et directe, à cause de la réunion de la confrérie des 13 Chandelles de N.-D. des Arènes, 5 sols de rente annuelle et perpétuelle à cause de la réunion de la confrérie des Pauvres à vêtir et 4 sols de rente annuelle et perpétuelle à cause de la réunion de la confrérie du Cierge des Boulangers. Suit.... depuis 1360 ; — P. 309. Sur une autre maison située à.... en allant à Montjauvy, 7 sols de rente foncière et directe, à cause de la réunion de la confrérie des Pauvres à vêtir. Suit.... depuis 1364 ; — P. 310. Sur une autre maison ayant une boutique par le dessous et une eysside par le derrière, située à.... en allant à Montjauvy, 3 sols de rente foncière et directe, à cause de la réunion de la confrérie des Pauvres à vêtir. Suit.... depuis 1419 ; — P. 311. Sur trois autres maisons joignant ensemble, situées à.... en allant à Montjauvy, 9 sols 3 deniers de rente foncière et directe, à cause de la réunion de l'hôpital St-Martial. Suit. .. depuis 1296 ; — P. 312. Sur une autre maison située au delà de la Porte-Montmailler, à.... en allant à Montjauvy, 4 sols de rente annuelle et perpétuelle, à cause de la réunion de la confrérie des Aumônes Ste-Croix. Suit.... depuis 1314 ; — P. 313. RUE BEAUPUY OU DE LA ROCHETTE, *alias* DU MOULIN-A-VENT OU STE-VALÉRIE, *alias* le sol des Combes, *alias* le Sault. Il est dû à l'hôpital général sur une maison située à.... en allant à la Porte-Montmailler. 6 sols de rente foncière et directe, à cause de la réunion de l'hôpital St-Martial. Suit.... depuis 1500; — P. 314. Sur un jardin et treilles, situés près la tour Beaupuy. 10 sols de cens et rente, à cause de la réunion de la confrérie des Pauvres à vêtir. Suit.... depuis 1380; — P. 316. Sur une autre maison ayant un jardin par le derrière, située près et au-dessous la tour Beaupuy, à droite en montant à la Porte-Montmailler. 5 sols 4 deniers de rente foncière et directe, à cause de la réunion de la confrérie des Pauvres à vêtir Suit.... depuis 1400; — P. 319. Sur une autre maison ayant un four en dedans, située en la rue Beaupuy, à.... en allant à la Porte-Montmailler, 6 sols de rente foncière et directe, à cause de la réunion de la confrérie de N.-D. du Puy, déjà unie à l'hôpital St-Gérald. Suit.... depuis 1400; — P. 321. Sur une autre maison située en la rue Ste-Valérie, à droite en montant à la Porte-Montmailler, 5 sols de rente foncière et directe, à cause de la réunion de l'hôpital St-Martial. Suit.... depuis 1477; — P. 323. Sur une autre maison située à gauche en montant à la Porte-Montmailler, 25 sols de rente annuelle et perpétuelle, à cause de la réunion de la confrérie de N.-D. de la Conception, autrement dite de St-Laurent-des-Trépassés. Suit.... depuis 1600; — P. 325. Sur un jardin et treilles situés autrefois où était une maison près la tour Beaupuy, à droite en montant à la Porte-Montmailler, 3 émines froment de rente foncière et directe, à cause de la réunion de la confrérie des Aumônes Ste-Croix. Suit.... depuis 1374; — P. 326. Sur un verger ou jardin, situé au-dessous de la tour Beaupuy, à droite en montant à la Porte-Montmailler, 6 sols de rente foncière et directe, à cause de la réunion de la confrérie des Aumônes Ste-Croix. Suit.... depuis 1380; — P. 328. Sur une autre maison située à.... en allant à la Porte-Montmailler, 4 sols de rente foncière et directe, à cause de la réunion de l'hôpital St-Martial. Suit.... depuis 1499; — P. 329. Sur une autre maison située à gauche en venant des Fossés à la fontaine du Chevalet, 2 sols 6 deniers de rente annuelle et perpétuelle, à cause de la réunion de la confrérie des Pauvres à vêtir. Suit.... depuis 1325; — P. 332. Sur une autre maison ayant un jardin par le derrière, située à gauche en venant des Fossés à la fontaine du Chevalet, 6 deniers de rente foncière et directe, à cause de la réunion de l'hôpital St-Martial. Suit.. depuis 1500; —P. 333. Sur une autre maison située à gauche en venant des Fossés à la fontaine du Chevalet, 4 sols de rente foncière et directe et 26 sols de rente annuelle et perpétuelle à cause de la réunion de la confrérie de N.-D. du Puy, et 12 sols de rente annuelle et perpétuelle à cause de la réunion de la confrérie des Pauvres à vêtir. Suit.... depuis 1322; — P. 338. Sur une autre maison ayant un jardin à côté, située à gauche et faisant coin en allant à la place de la Terrasse, *alias* de Vieillas-Claux, aujourd'huy connue sous le nom de place Fitz-James, 1 sol de rente foncière et directe, à cause de la réunion de la confrérie des Pauvres à vêtir. Suit.. depuis 1327; — P. 341. Sur une autre maison située dans le Sol (ou le Sault) des Combes, dont l'emplacement n'est pas déterminé, 6 sols de rente foncière et directe, à cause de la réunion de l'hôpital St-Martial. Suit.... depuis 1331; — P. 343. Sur une autre maison située au Sault des Combes, dont l'emplacement n'est pas déterminé 12 deniers de cens ou rente, à cause de la réunion de l'hôpital St-Martial. Suit.... depuis 1292; — P. 344. Rue Vigenaud ou Sol des Combes. Il est dû à l'hôpital sur une maison où pendait pour enseigne le *Lion d'Or*, située à gauche en venant de la rue des Combes à la rue du Moulin-à-Vent ou de la Rochette, 2 sols de rente foncière et directe à cause de la réunion de l'hôpital St-Martial et 4 sols de rente annuelle et perpétuelle à cause de la réunion de la confrérie des Pauvres à vêtir Suit... depuis 1486; — P. 346 Rue Pont-Hérisson, *alias* Fagetaud. Il est dû à l'hôpital général sur une maison située au canton Fagetaud ou rue Pont-Hérisson, à droite en venant de la rue des Combes à la rue du Clocher. 4 sols de rente foncière et directe, à cause de la réunion de la confrérie des Aumônes Ste-Croix. Suit.... depuis 1194; — P. 347 Sur deux maisons joignant ensemble, l'une en bois et l'autre en pierre, situées dans les Combes, rue Pont-Hérisson, à droite en venant de la grande rue des Combes à celle du Clocher, 5 sols moins 3 oboles de rente foncière et directe, à cause de la réunion de l'hôpital St-Martial. Suit.... depuis 135?; —P. 348. Rue Joumard. Il est dû à l'hôpital général sur une maison située à gauche en venant de la rue des Combes au derrière de l'hospice St-François, 2 sols de rente foncière et directe, à cause de la réunion de l'hôpital St Martial. Suit.... depuis 1490; — P. 349. Sur une autre maison située à gauche en venant de la rue des Combes au derrière de l'hospice St-François, 4 sols de rente foncière et directe, à cause de la réunion de l'hôpital St-Martial. Suit.... depuis 1164; — P. 351. Sur une autre maison située au-dessous et près le portail Imbert, à gauche en venant de la grande rue des Combes au derrière de l'hospice St-François. 20 sols de rente annuelle et perpétuelle, à cause de la réunion de la confrérie des Pauvres à vêtir. Suit.... depuis 1273 ; — P. 353. RUE DU MEURIER, *alias* BAYARDIE. Il e-t dû à l'hôpital général sur une maison située en la dite rue, en descendant de Bayardie, à gauche en venant du portail Imbert au portail de l'abbaye St-Martial, 10 sols de rente foncière et directe, à cause de la réunion de l'hôpital St-Martial. Suit.... depuis 1460 ; — P. 357. Sur une autre maison réduite en soular dont l'emplacement n'est pas déterminé, 10 sols de rente foncière et directe, à cause de la réunion de l'hôpital St-Martial. Suit.... depuis 1671 ; — P. 358. RUE DU MEURIER OU PARRAU, *alias* BEAUVEYR. Il est dû à l'hôpital général sur une maison située au-dessous du Meurier, à droite en venant du portail Imbert à la rue du Clocher, 15 sols de rente annuelle et perpétuelle, à cause de la réunion de la confrérie des Pauvres à vêtir. Suit.... depuis 1383 ; — P. 361. Sur une autre maison et escure situées au-dessous du Meurier, à droite en venant du portail Imbert à la rue du Clocher, 20 sols de rente foncière et directe, à cause de la réunion de la confrérie des Pauvres à vêtir. Suit.... depuis 1400 ; — P. 362. Sur une autre maison située au-dessous du Meurier, à droite en descendant du portail Imbert à la rue du Clocher, 15 sols réduits plus tard à 1 denier de rente foncière et directe, à cause de la réunion de la confrérie des Pauvres à vêtir. Suit... depuis 1400 ; — P. 367. RUE GAIGNOLE alias GASNIOLG. Il est dû à l'hôpital général sur deux maisons joignant ensemble situées entre les deux rues allant de celle du Clocher à la place de l'Intendance et au portail Imbert, 5 sols de rente foncière et directe, à cause de la réunion de la confrérie des Pauvres à vêtir. Suit.... depuis 1350 ; — P. 372. Sur une maison située à droite en venant de l'Intendance à la rue du Clocher, 5 sols de rente annuelle et perpétuelle à, cause de la réunion de la confrérie des Pauvres à vêtir. Suit.... depuis 1381 ; — P. 375. Sur une autre maison située à droite en venant de la place de l'Intendance à la rue du Clocher, 12 deniers de rente foncière et directe, à cause de la réunion de la confrérie des Aumônes Ste-Croix. Suit.... depuis 1507 ; — P. 376. Sur une autre maison située à droite en descendant de la place de l'Intendance à la rue du Clocher, 13 sols de rente foncière et directe, à cause de la réunion de la confrérie de N.-D. du Puy. Suit.... depuis 1340 ; — P. 380. Sur une autre maison située à droite en descendant de la place de l'Intendance à la rue du Clocher, 5 sols de rente annuelle et perpétuelle, à cause de la réunion de l'hôpital St-Martial. Suit.... depuis 1606 ; — P. 381. Sur une autre maison située à gauche en descendant du portail Imbert à la rue du Clocher, 15 sols de rente foncière et directe, à cause de la réunion de l'hôpital St-Martial Suit.... depuis 1353 ; — P. 383. Sur une autre maison située à gauche en descendant du portail Imbert à la rue du Clocher, 5 sols de rente annuelle et perpétuelle, à cause de la réunion de la confrérie de N.-D. du Puy. Suit.... depuis 1373 ; — P. 385. RUE DU CLOCHER. Il est dû à l'hôpital général sur une maison située près l'église St-Martial faisant coin à la rue Pont-Hérisson, 7 ll. réduites plus tard à 5 ll. de rente foncière et directe à cause de la réunion de l'hôpital St-Martial. Suit.... depuis 1500 ; — P. 388. Sur une autre maison située à droite en venant de l'église St-Martial à celle de St-Michel, la troisième de celle qui fait le coin de la rue Gaignole, 1 obole de rente foncière et directe, à cause de.... Suit.... depuis 1740 ; — P. 390. Sur une autre maison située à gauche en venant de l'église St-Martial à celle de St-Michel-des-Lions ayant appartenue aux pauvres de l'hôpital général, 3 sols de rente foncière et directe et 30 ll. de rente annuelle et perpétuelle à cause de.... Suit.... depuis 1716 ; — P. 392. Sur une autre maison, qui autrefois en faisait deux, située à gauche en montant à l'église de St-Michel-des-Lions, 6 sols de rente foncière et directe, à cause de la réunion de la confrérie des Aumônes Ste-Croix. Suit.... depuis 1494 ; — P. 394. Sur une autre maison située à gauche en montant à l'église de St-Michel-des-Lions, 3 sols 4 deniers de rente foncière et directe, à cause de la réunion de la confrérie des Aumônes Ste Croix. Suit.... depuis 1490 ; — P. 396. Sur une autre maison située à gauche en montant à l'église St-Michel-des-Lions, 6 deniers de rente, à cause de la réunion des Aumônes Ste-Croix. Suit.... depuis 1494 ; — P. 397. Sur cinq parties (de douze qu'il y a) d'une maison située à gauche en montant à l'église St-Michel-des-Lions 16 sols de rente foncière et directe à cause de la réunion de la confrérie des Aumônes Ste-Croix. Suit.... depuis 1494 ; — P. 399. Sur une autre maison située à.... en montant à l'église St-Michel-des-Lions joignant une autre maison du prieur de St-Gérald, 4 sols 6 deniers de rente foncière et directe, à cause de la réunion de la confrérie des Aumônes Ste-Croix. Suit.... depuis 1399 ; — P. 400. Sur une autre maison située devant la place St-Michel et par devant les lions de pierre d'icelle place, à droite en venant de la rue Ferrerie à la place de l'Intendance, 2 sols de rente foncière et directe, à cause de la réunion de la confrérie des Aumônes Ste-Croix. Suit.... depuis 1424; — P. 403. Sur une autre maison située devant la place St-Michel et par devant les lions de pierre d'icelle place, à droite en venant de la rue Ferrerie à la place de l'Intendance, 2 sols de rente foncière et directe, à cause de la réunion de la confrérie des Aumônes Ste-Croix. « Icelle rente fait partie de celle de 10 sols due solidairement tant sur la dite maison que sur trois autres y attenantes, l'une du côté supérieur et les deux autres du côté inférieur. » Suit.... depuis 1424; — P. 405. Sur une autre maison située devant la place St-Michel et faisant coin à la rue du Clocher, à droite en venant de la rue Ferrerie à la place de l'Intendance, 2 sols de rente foncière et directe, à cause de la réunion de la confrérie des Aumônes Ste-Croix. « Icelle rente fait partie de celle de 10 sols due solidairement tant sur la dite maison que sur trois autres y attenantes, deux du côté supérieur et une du côté inférieur. » Suit.... depuis 1424; — P. 407. Sur une autre maison située au haut de la rue du Clocher, joignant celle qui fait le coin à droite en venant de la dite rue à l'église St-Michel-des-Lions, 4 sols de rente foncière et directe, à cause de la réunion de la confrérie des Aumônes Ste-Croix. « Icelle rente fait partie de celle de 10 sols due solidairement tant sur la dite maison que sur trois autres y attenantes du côté supérieur. » Suit.... depuis 1424; — P. 409. Rue Pennevaire ou de la Pérusse. Il est dû à l'hôpital général sur une maison faisant coin à la rue Ferrerie, et qui autrefois en formait deux, les trois quarts de 8 deniers de rente foncière et directe, à cause de la réunion de la confrérie des Aumônes Ste-Croix et quarteries. Suit.... depuis 1659; — P. 411. Sur une autre maison située en la dite rue par laquelle on va de l'église St-Michel à la fontaine d'Eygoulène. 10 sols de rente annuelle et perpétuelle, à cause de la réunion de la confrérie des Aumônes Ste-Croix. Suit.... depuis 1494; — P. 413. Sur une autre maison située à gauche en venant de l'église St-Michel à la fontaine d'Eygoulène, 7 sols de rente foncière et directe, à cause de la réunion de la confrérie des Aumônes Ste-Croix et 8 sols de rente annuelle et perpétuelle à cause de la réunion de la confrérie des Pauvres à vêtir. Suit.... depuis 1271; — P. 417. Sur une autre maison située à gauche en venant de l'église St-Michel-des-Lions aux étangs et à la fontaine d'Eygoulène, 5 sols de rente foncière et directe, à cause de la réunion de la confrérie des Aumônes Ste-Croix. Suit.... depuis 1494; — P. 420. Sur une autre maison située à gauche en venant de l'église St-Michel-des-Lions à la fontaine d'Eygoulène, 5 sols de rente foncière et directe, à cause de la réunion de la confrérie des Aumônes Ste-Croix. Suit.... depuis 1494; — P. 422. Sur une autre maison faisant coin à la place de la Motte et qui autrefois en faisait deux, 12 deniers de rente foncière et directe, à cause de la réunion de la confrérie des Aumônes Ste-Croix. Suit.... depuis 1494; — P. 424. Place de la Motte. Il est dû à l'hôpital général sur le derrière d'une maison faisant face à la place de la Motte, le devant faisant face à la rue Ferrerie et relevant de la foudalité de l'abbesse de la Règle, 12 deniers de rente foncière et directe à cause de la réunion de la confrérie des Aumônes Ste-Croix. Suit.... depuis 1494; — P. 426. Sur le derrière d'une autre maison qui en formait autrefois deux, faisant face à la place de la Motte, le devant faisant face à la rue Ferrerie, 2 sols de rente foncière et directe, à cause de la réunion de la confrérie des Aumônes Ste-Croix. Suit.... depuis 1453; — P. 428. Sur le derrière d'une autre maison dont le devant fait face à la rue Ferrerie, 2 sols 6 deniers de rente foncière et directe, à cause de la réunion de la confrérie des Aumônes Ste-Croix. Suit.... depuis 1402; — P. 430. Sur une maison, écurie et jardin, 20 sols de rente foncière et directe, à cause de la réunion de la confrérie des Aumônes Ste-Croix. Suit.... depuis 1494; — P. 433. Rue Ferrerie. Il est dû à l'hôpital général sur une maison située à droite en venant de l'église St-Michel-des-Lions à la place des Bancs, devant le ruisseau appelé Paulte, 5 sols de rente foncière et directe, à cause de la réunion de la confrérie des Aumônes Ste-Croix. Suit.... depuis 1500; — P. 435. Sur une autre maison située devant le ruisseau appelé Paulte, à droite en venant de l'église St-Michel-des-Lions à la place des Bancs, ayant une sortie sur la place de la Motte, 8 sols de rente foncière et directe, à cause de la réunion de la confrérie des Aumônes Ste-Croix. Suit.... depuis 1494; — P. 438. Sur une autre maison ayant une sortie sur la place de la Motte, 2 sols de rente foncière et directe, à cause de la réunion de la confrérie des Aumônes Ste-Croix. Suit.... depuis 1494; — P. 441 Sur une autre maison située à droite en venant de l'église St-Michel-des-Lions à la place des Bancs, ayant une sortie sur la place de la Motte, 6 deniers de rente foncière et directe, à cause de la réunion de la confrérie des Pauvres à vêtir. Suit.... depuis 1380; — P. 443. Sur une autre maison située à droite en venant de l'église St-Michel-des-Lions à la place des Bancs, 6 deniers de rente foncière et directe, à cause de la réunion de la confrérie des Pauvres à vêtir. Suit.... depuis 1743 ; — P. 446. Sur une autre maison située à droite en venant de la place des Bancs à l'église St-Michel-des-Lions, 26 sols de rente foncière et directe, à cause de la réunion de la confrérie des Pauvres à vêtir. Suit.... depuis 1474 ; — P. 450. Sur une autre maison située à droite en venant de la place des Bancs à l'église St-Michel-des-Lions, 3 sols de rente, à cause de la réunion de la confrérie des Aumônes Ste-Croix. Suit... depuis 1494 ; — P. 452. Sur une autre maison située à droite en venant de la place des Bancs à l'église St-Michel-des-Lions, 12 deniers de rente foncière et directe, à cause de la réunion de la confrérie des Aumônes Ste-Croix. Suit.... depuis 1500 ; — P. 454. RUE DU TEMPLE. Il est dû à l'hôpital général sur une maison située à gauche en descendant de la rue Ferrerie à la rue des Taules et faisant coin à une petite ruelle à droite en allant de ladite rue du Temple à celle du Clocher, 2 sols de rente foncière et directe, à cause de la réunion de la confrérie des Aumônes Ste-Croix. Suit.... depuis 1494 ; — P. 456. Sur une autre maison située à gauche en descendant de la rue Ferrerie à la rue des Taules, 5 sols de rente annuelle et perpétuelle, à cause de la réunion de la confrérie des Aumônes Ste-Croix. Suit.... depuis 1462 ; — P. 460. Sur une autre maison située à gauche en descendant de la rue Ferrerie à la rue des Taules, 5 sols de rente foncière et directe, à cause de la réunion de la confrérie des Pauvres à vêtir. Suit.... depuis 1299 ; — P. 464. Sur une autre maison située à gauche en descendant de la rue Ferrerie à la rue des Taules, 20 sols de rente annuelle et perpétuelle, à cause de la réunion de la confrérie des Pauvres à vêtir. Suit.... depuis 1467 ; — P. 467. Sur une autre maison située à droite en descendant de la rue Ferrerie à la rue des Taules, 12 sols de rente foncière et directe, à cause de la réunion de la confrérie des Pauvres à vêtir. Suit... depuis 1498 ; — P. 469. Sur une autre maison située à.... en venant de la rue Ferrerie à la rue des Taules, 2 sols de rente foncière et directe, à cause de la réunion de la confrérie des Pauvres à vêtir ; — P. 470. RUE CONSULAT, *alias* FONTGROULEAU. Il est dû à l'hôpital général sur une maison située à gauche en venant de la place des Bancs à la rue Fourie, 12 deniers de rente foncière et directe, à cause de la réunion de l'hôpital St-Martial. Suit.... depuis 1321 ; — P. 473. Sur une autre maison, de la largeur de 17 pieds par le devant entre les deux murs, de 10 pieds 9 pouces sur le derrière et de 37 pieds de profondeur, dont l'emplacement n'est pas déterminé, 30 sols de rente foncière et directe, à cause de la réunion de la confrérie des Pauvres à vêtir. Suit.... depuis 1372 ; — P. 476. Sur une autre maison située à droite en descendant de la place des Bancs à la rue Fourie, 6 deniers de rente foncière et directe, à cause de la réunion de la confrérie des Aumônes Ste-Croix. Suit.... depuis le XVIIIe siècle ; — P. 478. Sur une autre maison située à droite en venant de la place des Bancs à la rue Fourie, 13 sols de rente foncière et directe, à cause de la réunion de la confrérie des Aumônes Ste-Croix. Suit.... depuis 1500 ; — P. 480. RUE PORTE-POULAILLÈRE, faisant coin aux rues Consulat et des Taules. Il est dû à l'hôpital général sur une maison qui autrefois en faisait deux, 5 sols de rente annuelle et perpétuelle, à cause de la réunion de la confrérie des Pauvres à vêtir, et 12 sols, 6 deniers de rente annuelle et perpétuelle, à cause de la réunion de la confrérie des Pauvres à vêtir. Suit.... depuis 1418 ; — P. 483. RUE FOURIE ou DE LA FAURIE. Il est dû à l'hôpital général sur une maison située à.... en venant de la rue du Consulat à l'église St-Pierre, 10 sols de rente annuelle et perpétuelle à cause de la réunion de la confrérie des Pauvres à vêtir. Suit.... depuis, 1317 ; — P. 484. Sur une autre maison située à.... en venant de la rue du Consulat à l'église St-Pierre, 15 sols de cens ou rente ; à cause de la réunion de la confrérie des Aumônes Ste-Croix. Suit.... depuis 1500 ; — P. 485. Sur une autre maison située à.... en venant de la rue du Consulat à l'église St-Pierre, 2 sols 2 deniers de rente foncière et directe, à cause de la réunion de la confrérie des Aumônes Ste-Croix. Suit.... depuis 1553 ; — P. 486. RUE DESCENDANT-MANIGNE. Il est dû à l'hôpital général sur une maison située à droite en venant de la place des Bancs à l'Andeyx-Manigne, 20 sols de rente annuelle et perpétuelle, à cause de la réunion de la confrérie des Aumônes Ste-Croix. Suit.... depuis 1261 ; — P. 488. Sur une autre maison située à gauche en venant de la place des Bancs à la croix de l'Andeyx, 5 sols de rente foncière et directe, à cause de la réunion de la confrérie des Aumônes Ste-Croix. Suit.... depuis 1751 ; — P. 490. Sur une autre maison située à gauche en venant de la place des Bancs à la croix de l'Andeyx-Manigne, 5 sols de rente foncière et directe, à cause de la réunion de la confrérie des Aumônes Ste-Croix. Suit.... depuis 1494 ; — P. 493. Sur une autre maison située à gauche en venant de la place des Bancs à la croix de l'Andeyx-Manigne, 10 sols de rente foncière et directe, à cause de la réunion de la confrérie des Pauvres à vêtir. Suit… depuis 1317; — P. 496. Rue Manigne. Il est dû à l'hôpital général sur une maison située à droite en venant de la croix de l'Andeyx-Manigne à la rue Raffilloux, 12 deniers de rente foncière et directe, à cause de la réunion de la confrérie des Aumônes Ste-Croix. Suit… depuis 1278; — P. 498. Sur un plassage, aujourd'huy bâti en maison, de la longueur d'environ 30 pieds et de la largeur d'environ 15 à 16 pieds, situé à droite en venant de la croix de l'Andeyx-Manigne à la rue Raffilloux, 12 deniers de rente foncière et directe, à cause de la réunion de… Suit… depuis 1777; — P. 500. Sur le plassage d'une maison située à droite en venant de la croix de l'Andeyx-Manigne à la rue Rafilloux, 10 sols de rente foncière et directe et 9 ll. 10 sols de rente annuelle et perpétuelle, à cause de la réunion de la confrérie de N.-D. du Puy, déjà unie à l'hôpital St-Gérald. Suit… depuis 1300; — P. 504. Sur une autre maison située à gauche en venant de la croix de la rue Raffilloux, les trois quarts d'un denier de rente foncière et directe, à cause de la réunion de la confrérie des Aumônes Ste-Croix et quarteries. Suit… depuis 1480; — P. 506. Sur une autre maison, qui autrefois en faisait deux, située à gauche en venant de la croix de l'Andeyx-Manigne à la rue Cruchedor, 3 deniers de rente foncière et directe, à cause de la réunion de la confrérie des Aumônes Ste-Croix. Suit… depuis 1737; — P. 508. Sur une autre maison faisant coin à la rue Cruchedor, située à droite en venant de la rue Manigne à la rue Cruchedor, 20 sols de rente foncière et directe, à cause de la réunion de la confrérie de N.-D. du Puy. Suit… depuis 1279; — P. 512. Rue Basse-Manigne. Il est dû à l'hôpital général sur une maison située à gauche en venant de la croix de l'Andeyx à la porte Manigne, 2 deniers de rente foncière et directe et 30 sols de rente annuelle et perpétuelle, à cause de la réunion de la confrérie des Pauvres à vêtir. Suit… depuis 1314; — P. 516. Sur une autre maison située à gauche en venant de la croix de l'Andeyx à la porte Manigne, 45 sols de rente foncière et directe à cause de la réunion de l'hôpital St-Martial. Suit… depuis 1600; — P. 518. Sur une autre maison située à gauche en venant de l'Andeyx à la porte Manigne et dont le derrière va jusqu'à la rue du Verdurier, 5 sols de rente annuelle et perpétuelle, à cause de la réunion de la confrérie des Pauvres à vêtir. Suit… depuis 1491; — P. 519. Sur une autre maison située à…. en venant de la croix de l'Andeyx à la porte Manigne,

10 sols de rente annuelle et perpétuelle, à cause de la réunion de la confrérie des Aumônes Ste-Croix. Suit… depuis 1494; — P. 520. Sur une autre maison située à gauche en venant de la croix de l'Andeyx à la porte Manigne; 12 sols 6 deniers de rente foncière et directe, à cause de la réunion de la confrérie des Aumônes Ste-Croix. Suit… depuis 1757; — P. 521. Sur une autre maison située à droite en venant de la croix de l'Andeyx à la porte Manigne, 12 sols 6 deniers de rente foncière et directe, à cause de la réunion de la confrérie des Aumônes Ste-Croix. Suit… depuis 1494; — P. 523. Sur une autre maison située à droite en venant de l'Andeyx à la porte Manigne, 11 sols de rente foncière et directe, à cause de la réunion de la confrérie des Aumônes Ste-Croix. Suit… depuis 1494; — P. 525. Sur une autre maison située à droite en venant de la croix de l'Andeyx à la porte Manigne, faisant coin à la rue Grande-Pousse, à droite en montant dans la dite rue, 12 deniers de rente foncière et directe, à cause de l'échange fait avec Jean Rouard, élu en l'Élection. Suit… depuis 1671; — P. 527. Sur une autre maison située à droite en descendant de la croix de l'Andeyx, à la porte Manigne, faisant coin à la rue Petite-Pousse, à gauche en montant dans la dite rue, 3 sols de rente foncière et directe, à cause de la réunion de la confrérie des Aumônes Ste-Croix. Suit… depuis 1494; — P. 529. Rue Grande-Pousse. Il est dû à l'hôpital général sur une maison située à gauche en montant de la rue Basse-Manigne à la rue Haute-Pousse, 10 sols de rente annuelle et perpétuelle, à cause de la réunion de la confrérie des Aumônes Ste-Croix. Suit… depuis 1365; — P. 533. Rue Petite-Pousse. Il est dû à l'hôpital général sur une maison située à gauche en montant de la rue Basse-Manigne à la rue Haute-Pousse, 8 sols de cens et rente, à cause de la réunion de la confrérie des Pauvres à vêtir. Suit… depuis 1490; — P. 535. Sur une autre maison située à gauche en venant de la rue Basse-Manigne à la rue Haute-Pousse, 8 sols de cens ou rente, à cause de la réunion de la confrérie des Pauvres à vêtir. Suit… depuis 1657; — P. 537. Sur une autre maison ayant une cave située à droite en venant de l'ancienne porte de Banc-Léger où est actuellement l'image de la Ste-Vierge, en la rue Haute-Pousse, 6 deniers de rente foncière et directe, à cause de la réunion de la confrérie des Pauvres à vêtir. Suit… depuis 1490; — P. 539. Rue Cruchedor. Il est dû à l'hôpital général sur une maison située à gauche en venant de la rue Manigne à la rue du Consulat, un denier de rente fon-

14

cière et directe, à cause de la réunion de la confrérie des Aumônes Ste-Croix et quarteries. Suit.... depuis 1502 ; — P. 541. Sur une autre maison située à gauche en venant de la rue Manigne à la rue du Consulat, un denier de rente foncière et directe, à cause de la réunion de la confrérie des Aumônes Ste-Croix et quarteries. Suit... depuis 1700 ; — P. 543. Sur une autre maison dont le devant fait face à la rue Crochedor et le derrière à une petite ruelle qui conduit aux derrières de la Maison de ville et qui va aboutir à la rue Descendant-Manigne, un denier de rente foncière et directe, à cause de la réunion de la confrérie des Aumônes Ste-Croix. Suit.... depuis 1502 ; — P. 546. Sur une autre maison dont le devant fait face à la rue Crûchedor et le derrière à une ruelle qui conduit aux derrières de la Maison de ville et qui va aboutir à là rue Descendant-Manigne, un denier de rente foncière et directe, à cause de la réunion de la confrérie des Aumônes Ste-Croix. Suit... depuis 1645. — P. 548. RUELLE DE CRUCHEDOR. Il est dû à l'hôpital général sur une maison située à gauche en venant de la rue Cruchedor à la rue Descendant-Manigne, un denier de rente foncière et directe, à cause de la réunion de la confrérie des Aumônes Ste-Croix. Suit.... depuis 1496 ; — P. 551. RUE RAFFILLOUX, *alias* GAUMERDIER. Il est dû à l'hôpital général sur une maison située au-dessous de la porte Poulaillère et faisant coin à la rue de la dite porte, un denier de rente foncière et directe, à cause de la réunion de la confrérie des Aumônes Ste-Croix. Suit.... depuis 1500 ; — P. 554. Sur une autre maison située près et au-dessous de la porte Jalinière, à gauche en venant de la rue des Taules à la rue du Verdurier, 1 denier de rente foncière et directe, à cause de la réunion de la confrérie des Aumônes Ste-Croix.... Suit depuis 1500 ; — P. 556. Sur une autre maison située à droite en venant de la rue des Taules à la rue du Verdurier, 12 sols, 6 deniers de rente foncière et directe, à cause de la réunion de la confrérie des Pauvres à vêtir. Suit.... depuis 1380 ; — P. 560. Sur une autre maison faisant coin aux rues Raffilloux et Manigne 1 denier de rente foncière et directe, à cause de la réunion de la confrérie des Aumônes Ste-Croix. Suit.... depuis 1474 ; — P. 562. Sur une autre maison située à gauche en venant de la rue des Taules à la rue du Verdurier, 22 sols de rente annuelle et perpétuelle, à cause de la réunion de la confrérie des Tailladours, autrement dite de N.-D. de la Règle. Suit.... depuis 1654 ; — P. 563. Sur une autre maison située à gauche en venant de la rue des Taules à la rue du Verdurier, 20 sols de

rente annuelle et perpétuelle, à cause de la réunion de la confrérie des Aumônes Ste-Croix. Suit... depuis 1494 ; — P. 565. Sur une autre maison faisant coin à la rue de l'Arbre Peint, un denier de cens à cause de la réunion de la confrérie des Aumônes Ste Croix. Suit.... depuis le XVIIᵉ siècle ; — P. 567 Sur une autre maison située à droite en venant de la rue Manigne à l'église St-Pierre, 20 sols de rente annuelle et perpétuelle, à cause de la réunion de la confrérie des Aumônes Ste-Croix. Suit... depuis 1494 ; — P. 569. Sur une autre maison, qui autrefois en faisait deux, située à droite en venant de la rue Manigne à l'église St-Pierre, 9 sols de rente foncière et directe, à cause de la réunion de la confrérie des Pauvres à vêtir. Suit.... depuis 1358 ; — P. 574. Sur une autre maison située à droite en venant de la rue Manigne à l'église St-Pierre, un denier de rente foncière et directe, à cause de la réunion de la confrérie des Aumônes Ste-Croix. Suit.... depuis 1400 ; — P. 577. Sur une des maisons comprises au décret de 1404, située à droite en venant de la rue Manigne à l'église St-Pierre, un denier de rente foncière et directe, à cause de la réunion de la confrérie des Aumônes Ste-Croix. Suit.... depuis 1400 ; — P. 579. Sur une des maisons comprises au décret de 1404, située à droite en venant de la rue Manigne à l'église St-Pierre, un denier de rente foncière et directe, à cause de la réunion de la confrérie des Aumônes Ste Croix. Suit.... depuis 1400 ; — P. 581. Sur une des maisons comprises au décret de 1404, située à droite en venant de la rue Manigne à l'église St-Pierre, un denier de rente foncière et directe, à cause de la réunion de la confrérie des Aumônes Ste-Croix. Suit.... depuis 1400 ; — P. 584. RUE DU VERDURIER *alias* DU VERDIER DE MANIGNE. Il est dû à l'hôpital général sur une maison située à gauche, en venant de la rue Raffilloux, 10 sols de rente foncière et directe, à cause de la réunion de la confrérie des Aumônes Ste-Croix. Suit.... depuis 1494 ; — P. 588. Sur une autre maison, qui autrefois n'en faisait qu'une, avec une autre y joignant, et dont elle fut séparée vers 1478, icelle maison située à droite en venant de la rue Raffilloux, 15 sols de rente annuelle et perpétuelle, à cause de la réunion de la confrérie des Pauvres à vêtir. Suit.... depuis 1366 ; — P. 592. Sur une autre maison, qui autrefois n'en faisait qu'une, avec une autre y joignant et dont elle fut séparée vers 1478, icelle maison située à droite en venant de la rue Raffilloux et faisant coin à une petite rue qui conduit de celle du Verdurier à celle qui vient de la croix de l'Andeyx à la porte Manigne,

15 sols de rente annuelle et perpétuelle, plus un denier de rente foncière et directe, à cause de la réunion de la confrérie des Pauvres à vêtir. Suit.... depuis 1366; — P. 596. Sur une autre maison située à.... en venant de la rue Raffilloux aux bancs charniers, 7 sols de rente annuelle et perpétuelle, à cause de la réunion de la confrérie des Pauvres à vêtir. Suit.... depuis 1490; — P. 597. Sur une autre maison située à gauche en venant de la rue Raffilloux aux bancs charniers, 50 sols de rente foncière et directe, à cause de la réunion de la confrérie des Aumônes Ste-Croix. Suit.... depuis 1494; — P. 599. RUE DU PETIT VERDURIER. Il est dû à l'hôpital général sur une maison située à.... en venant de la grande rue du Verdurier à la rue Manigne et à la croix de l'Andeyx, 3 sols de rente foncière et directe, à cause de la réunion de la confrérie des Aumônes Ste-Croix. Suit.... depuis 1502; — P. 600. Sur un plassage de maison situé à droite en venant de la grande rue du Verdurier à la rue Manigne et à la croix de l'Andeyx, 6 deniers de rente foncière et directe, à cause de la réunion de la confrérie des Aumônes Ste-Croix. Suit..... depuis 1494; — P. 602. RUE DE L'ARBRE-PEINT. Il est dû à l'hôpital général sur une maison située à droite en venant de la grande rue du Verdurier à la rue Pauche-Bouché-rie, 30 sols de rente foncière et directe, à cause de la réunion de la confrérie des Aumônes Ste-Croix. Suit.... depuis 1494 ; — P. 605. Sur une autre maison située à droite en venant de la grande rue du Verdu-rier à la rue Pauche-Boucherie, 12 sols, 6 deniers de rente annuelle et perpétuelle, à cause de la réunion de la confrérie des Pauvres à vêtir. Suit.... depuis 1472 ; — P. 607. Sur une autre maison située à droite en venant de la grande rue du Verdurier à la rue Pauche-Boucherie et faisant coin devant l'Arbre-Peint, autrement appelé l'Arbre-de-Vieille-Monnoie (ôté depuis l'année 17....), 3 sols de rente annuelle et perpétuelle à cause de la réunion de la confrérie des Pauvres à vêtir. Suit... depuis 1321 ; — P. 610. Sur une autre maison aujourd'hui divisée en deux, située à gauche en venant de la grand rue du Verdurier à la rue Pauche-Boucherie, 20 sols de rente foncière et directe, à cause de la réunion de la confrérie des Pauvres à vêtir. Suit.... depuis 1400 ; — P. 614. Sur une autre maison située à gauche en venant de la grand rue du Verdurier à la rue Pauche-Boucherie, 7 sols de rente annuelle et perpétuelle, à cause de la réunion de la confrérie des Aumônes Ste-Croix. Suit... depuis 1494; — P. 616. Sur une autre maison située à gauche en venant de la grand rue du Verdurier à la rue Pauche-Boucherie, 3 oboles de rente foncière et directe, à cause de la réunion de la confrérie des Aumônes Ste-Croix. Suit... depuis 1502; — P. 618. Sur une autre maison située à gauche en venant de la grand rue du Verdurier à la rue Pauche-Boucherie, 3 oboles de rente foncière et directe, à cause de la réunion de la confrérie des Aumônes Ste-Croix. Suit.... depuis 1502; — P. 620. Sur une autre maison située à gauche en venant de la grand rue du Verdurier à la rue Pauche-Boucherie, 3 oboles de rente foncière et directe, à cause de la réunion de la confrérie des Aumônes Ste-Croix. Suit.... depuis 1502; — P. 622. RUE DE VIEILLE MONNOIE. Il est dû à l'hôpital général sur une maison située à droite en venant de la rue de l'Arbre-Peint aux Fossés, ou autrement rue de la Promenade, 3 sols de rente foncière et directe, à cause de la réunion de la confrérie de N.-D. de la Conception ou de St-Laurent-des-Trépassés. Suit.... depuis 1628; — P. 623. Sur une autre maison située à gauche en venant de la rue de l'Arbre Peint aux Fossés, autrement appelés rue de la Promenade, 4 sols de rente foncière et directe, à cause de la réunion de la confrérie des Pauvres à vêtir. Suit.... depuis 1285 ; — P. 626. Sur une autre maison située près et dessous l'Arbre-Peint, à gauche en venant de la rue de l'Arbre-Peint aux Fossés ou rue de la Promenade, 4 sols, 6 deniers de rente foncière et directe, à cause de la réunion de la confrérie des Pauvres à vêtir. Suit.... depuis 1200 ; — P. 630. Sur une autre maison située à gauche en venant de la rue de l'Arbre-Peint aux Fossés de la ville, 18 sols de rente annuelle et perpétuelle, à cause de la réunion de la confrérie de N.-D. du Puy. Suit.... depuis 1480 ; — P. 632. Sur une autre maison située à gauche en venant de la rue de l'Arbre-Peint aux Fossés de la ville, un denier de rente foncière et directe, à cause de la réunion de la confrérie des Aumônes Ste-Croix. Suit.... depuis 1755 ; — P. 634. Sur une autre maison située devant le puits de la dite rue, à.... en venant de la rue de l'Arbre-Peint aux Fossés de la ville, 10 sols de rente annuelle et perpétuelle, à cause de la réunion de la confrérie des Pauvres à vêtir. Suit.... depuis 1400 ; — P. 636 RUE PAUCHE BOUCHERIE. Il est dû à l'hôpital général sur une maison située à gauche en venant de la rue de l'Arbre-Peint à la rue Boucherie, 5 sols de rente foncière et directe et 25 sols de rente annuelle et perpétuelle, à cause de la réunion de l'hôpital St-Martial. Suit.... depuis 1591 ; — P. 639. Sur une autre maison située à droite en venant de la rue de l'Arbre-Peint à la rue Boucherie, 5 sols de rente foncière et

directe, à cause de la réunion de la confrérie des Pauvres à vêtir. Suit.... depuis 1284 ; — P. 642. Rue Boucherie. Il est dû à l'hôpital général sur une maison, cave et jardin, situés à droite en venant de l'église St-Pierre à celle du Collège, 3 oboles de rente foncière et directe, à cause de la réunion de la confrérie des Aumônes Ste-Croix. Suit.... depuis 1404 ; — P. 644. Sur une autre maison située à droite en venant de l'église St Pierre à celle du Collège, un denier de rente foncière et directe, à cause de la réunion de la confrérie des Aumônes Ste-Croix. Suit.... depuis 1384 ; — P. 647. Sur une autre maison située à droite en venant de l'église St-Pierre à celle du Collège, un denier de rente foncière et directe, à cause de la réunion de la confrérie des Aumônes Ste-Croix. Suit.... depuis 1384 ; — P. 650. Sur une autre maison située à droite en venant de l'église St-Pierre à celle du Collège, un denier de rente foncière et directe, à cause de la réunion de la confrérie des Aumônes Ste-Croix. Suit.... depuis 1502 ; — P. 652. Sur une autre maison située à droite en venant de l'église St-Pierre à celle du Collège, un denier de rente foncière et directe, à cause de la réunion de la confrérie des Aumônes Ste-Croix. Suit.... depuis 1502 ; - P. 655. Sur une autre maison située à droite en venant de l'église St-Pierre à celle du Collège, 2 deniers de rente foncière et directe, à cause de la réunion de la confrérie des Aumônes Ste-Croix. Suit.... depuis 1432 ; — P. 659. Sur une autre maison faisant coin à droite en venant de la rue Boucherie à celle de l'Arbre-Peint, un denier de rente foncière et directe, à cause de la réunion de la confrérie des Aumônes Ste-Croix. Suit.... depuis 1432 ; — P. 661. Sur une autre maison située à droite en venant de l'église du Collège à la place Boucherie, 20 sols de rente annuelle et perpétuelle, à cause de la réunion de la confrérie des Aumônes Ste-Croix. Suit.... depuis 1489 ; — P. 663. Sur deux autres maisons qui autrefois n'en faisaient qu'une, situées à droite et faisant coin en venant de l'église du Collège à la place Boucherie, un denier de rente foncière et directe, à cause de la réunion de la confrérie des Aumônes Ste-Croix. Suit.... depuis 1502 ; — P. 667. Sur une autre maison située en la ruelle qui conduit de la rue Boucherie à celle de Vieille-Monnoie, à droite en allant à cette dernière rue, un denier de rente foncière et directe, à cause de la réunion de la confrérie des Aumônes Ste-Croix. Suit.... depuis 1502 ; — P. 669. Sur une autre maison appelée des Girouettes, située en la ruelle qui conduit de la rue Boucherie à celle de Vieille-

Monnoie à droite en allant à cette dernière rue, un denier de rente foncière et directe, à cause de la réunion de la confrérie des Aumônes Ste-Croix. Suit.... depuis 1725 ; — P. 671. Sur une autre maison faisant coin à droite en venant de la place Boucherie à l'église du Collège, un denier de rente foncière et directe, à cause de la réunion de la confrérie des Aumônes Ste-Croix. Suit.... depuis 1502 ; — P. 673. Sur une autre maison située à droite en venant de la place Boucherie à l'église du Collège. 10 sols de rente foncière et directe et 20 sols de rente annuelle et perpétuelle à cause de la réunion de la confrérie de N.-D. du Puy. Suit.... depuis 1288 ; — P. 678. Sur une autre maison située à droite en venant de la place Boucherie à l'église du Collège, 4 deniers 1 obole de rente foncière et directe, à cause de la réunion de la confrérie des Aumônes Ste-Croix. Suit.... depuis 1406 ; — P. 680. Sur une autre maison située à droite en venant de la place Boucherie à l'église du Collège, 5 deniers de rente foncière et directe, à cause de la réunion de confrérie des Aumônes Ste-Croix. Suit.... depuis 1502 ; — P. 682. Sur une autre maison située à droite en venant de la place Boucherie à l'église du Collège, un denier de rente foncière et directe, à cause de la réunion de la confrérie des Aumônes Ste-Croix. Suit ... depuis 1450 ; — P. 684. Sur une autre maison et jardin situés à droite en venant de la place Boucherie à l'église St-Pierre, un denier de rente foncière et directe, à cause de la réunion de la confrérie des Aumônes Ste-Croix. Suit.... depuis 1502 ; — P. 686. Sur une autre maison située à droite en venant de la place Boucherie à l'église St-Pierre, un denier de rente foncière et directe, à cause de la réunion de la confrérie des Aumônes Ste-Croix. Suit.... depuis 1502 ; — P. 688. Sur une autre maison située à droite en venant de la place Boucherie à l'église St-Pierre. 1 obole de rente foncière et directe et 3 sols de rente annuelle et perpétuelle, à cause de la réunion de la confrérie des Aumônes Ste-Croix. Suit.... depuis 1494 ; — P. 690. Sur une autre maison située à droite en venant de la place Boucherie à l'église St Pierre 1 obole de rente foncière et directe, à cause de la réunion de la confrérie des Aumônes Ste-Croix ; — P. 691. Sur une autre maison située à droite en venant de la place Boucherie à l'église St-Pierre, un denier de rente foncière et directe, à cause de la réunion de la confrérie des Aumônes Ste-Croix. Suit.... depuis 1503 ; — P. 692. Sur une autre maison située à droite en venant de la place Boucherie à l'église St-Pierre, un denier de rente foncière et directe, cause de la réunion de la confrérie des Aumônes Ste-Croix. Suit.... depuis 1502; — P. 693. Sur une autre maison située à droite en venant de la place Boucherie à l'église St-Pierre, 5 deniers de rente foncière et directe, à cause de la réunion de la confrérie des Aumônes Ste-Croix. Suit.... depuis 1502; — P. 695. Sur une autre maison située à droite en venant de la place Boucherie à l'église St-Pierre, 2 deniers de rente foncière et directe, à cause de la réunion de la confrérie des Aumônes Ste-Croix. Suit.... depuis 1502; — P. 693. Sur une autre maison située à droite en venant de la place Boucherie à l'église St-Pierre, un denier de rente foncière et directe, à cause de la réunion de la confrérie des Aumônes Ste-Croix. Suit.... depuis le XIVe siècle; — P. 700. Sur une autre maison située à droite en venant de la place Boucherie à l'église St-Pierre, un denier de rente foncière et directe, à cause de la réunion de la confrérie des Aumônes Ste-Croix. Suit.... depuis 1416; — P. 702. Sur une autre maison située à droite en venant de la place Boucherie à l'église St-Pierre, un denier de rente foncière et directe, à cause de la réunion de la confrérie des Aumônes Ste-Croix. Suit.... depuis 1470; — P. 704. Sur une autre maison située à.... en venant de la place Boucherie à l'église St-Pierre, 3 pites de rente foncière et directe, à cause de la réunion de la confrérie des Aumônes Ste-Croix. Suit.... depuis 1360; — P. 705. Rue de la Cigogne, derrière l'église du Collège. Il est dû à l'hôpital général sur une maison et un pressoir (autrefois cinq maisons) dont l'emplacement n'est pas déterminé, 5 sols de rente foncière et directe, à cause de la réunion de la confrérie de N.-D. du Puy. Suit.... depuis 1274; — P. 707. Devant le cimetière de St-Pierre. Il est dû à l'hôpital général sur une maison située à gauche en venant de la fontaine St-Pierre à la rue Mirebœuf, 12 deniers de rente foncière et directe à cause de la réunion de la confrérie des Aumônes Ste-Croix. Suit.... depuis 1507; — P. 709. Rue Mirebœuf, alias Maynebœuf ou Mayrebiou. Il est dû à l'hôpital général sur une maison située à gauche en venant de la fontaine St-Pierre à la place des Arbres, 3 ll. de cens ou rente, à cause de la réunion de la confrérie des Aumônes Ste-Croix. Suit.... depuis 1626; — P. 711. Sur une autre maison et un verger situés à.... en venant de la fontaine St-Pierre à la porte Tourny, 4 sols de rente annuelle et perpétuelle, à cause de la réunion de la confrérie des Pauvres à vêtir. Suit.... depuis 1490; — P. 712. Sur une autre maison située à droite en venant de

l'église St-Pierre à la porte Tourny, un sol de rente foncière et directe à cause de la réunion de la confrérie des Pauvres à vêtir. Suit.... depuis 1391; — P. 717. Sur une autre maison située près et devant l'église St-Pierre-du-Queyroix, 10 sols de rente annuelle et perpétuelle, à cause de la réunion de la confrérie de N.-D. du Puy. Suit.... depuis 1388; — P. 720. Sur une autre maison située à droite en venant de la porte Tourny au jardin du Collège, 3 ll. de rente foncière et directe, à cause de la réunion de l'hôpital St-Martial. Suit.... depuis 1602; — P. 723. Rue Palevezy et Place Boucherie. Il est dû à l'hôpital général sur une maison (qui autrefois en faisait deux et un solar) située à droite en venant de la place Boucherie et faisant coin aux rues Palevezy et de la Promenade, un denier de rente foncière et directe, à cause de la réunion de la confrérie des Aumônes Ste-Croix. Suit.... depuis 1358; — P. 727. Sur une autre maison située à gauche en venant de la place Boucherie à l'étang de Palevezy, 3 sols de rente foncière et directe, à cause de la réunion de la confrérie des Aumônes Ste Croix. Suit.... depuis 1507; — P. 729. Sur une autre maison située à gauche en venant de la place Boucherie à l'étang de Palevezy, 8 sols de rente foncière et directe, à cause de la réunion de la confrérie des Aumônes Ste-Croix. Suit.... depuis 1507; — P. 731. Sur une autre maison, borde et tannerie et un demi-journal de jardin y joignant, situés à droite en venant de l'étang de Palevezy à l'église St-Maurice, 8 deniers de rente foncière et directe, à cause de la réunion de la confrérie de N. D. du Puy. Suit.... depuis 1413; — P. 734. Sur une autre maison faisant coin à la ruelle où passe le ruisseau des tanneries, à droite en venant de la Porte-Boucherie à l'église St-Maurice, 5 sols de rente foncière et directe, à cause de la réunion de la confrérie de N.-D. du Puy et 4 ll. pour deux repas de rente annuelle et perpétuelle, à cause de la réunion de l'hôpital St-Martial. Suit.... depuis 1465; — P. 733. Sur une autre maison et chouchière situées à droite en venant de la place Boucherie au ruisseau de Palevezy, 15 sols de rente foncière et directe, à cause de la réunion de la confrérie des Pauvres à vêtir. Suit.... depuis 1464; — P. 742. Sur une autre maison située à droite en venant de la place Boucherie à l'étang de Palevezy, 5 sols de rente annuelle et perpétuelle, à cause de la réunion de l'hôpital St-Martial. Suit.... depuis 1542; — P. 744. Sur une autre maison située à.... en venant de la place Boucherie à l'église St-Maurice, 4 sols de rente foncière et directe, à cause de la réunion de la confrérie de N.-D. du Puy. Suit.... depuis 1251 ; — P. 745. Faubourg Boucherie. Il est dû à l'hôpital général sur partie d'une maison, située au dit faubourg (l'autre partie, qui fait coin à la ruelle des Charseix, relevant de la foudalité de la vicairie de Saragosse) et sur cinq autres maisons y contiguës joignant ensemble, avec leurs jardins par derrière, lesquelles autrefois ne formaient qu'une maison et un verger, le tout de la contenance de 10 coupées 3 quarts et un huitième de coupe, une obole de rente foncière et directe, à cause de la réunion de la confrérie des Pauvres à vêtir. Suit.... depuis 1404 ; — P. 755. Sur une autre maison et écurie situées à l'extrémité du faubourg Boucherie, à gauche en descendant du dit faubourg et faisant coin vis-à-vis la place de la Cité, 10 sols de rente foncière et directe, à cause de la réunion de la confrérie des Pauvres à vêtir. Suit.... d puis 1480 — P. 757. Rue de la Cité. Il est dû à l'hôpital général sur une maison faisant coin à celle de la Vieille-Poste ou d'Escudier, 10 sols de rente foncière et directe à cause de la réunion de la confrérie des Pauvres à vêtir. Suit.... depuis 1481 ; — P. 762. Sur la partie de derrière d'une autre maison avec jardin et appentis ou hangar y joignant, le dit derrière de maison ayant une sortie sur la rue de la Cité et une autre sur un emplacement ou grand chemin qui conduit de la dite rue et place de la Cité au cimetière et à l'église St-Maurice, 5 sols de rente foncière et directe à cause de la réunion de la confrérie des Pauvres à vêtir. Suit ... depuis 1732 ; — P. 764. Le Naveix. Il est dû à l'hôpital général sur une lèze de jardin située au Naveix, 3 sols, 9 deniers de rente foncière et directe, à cause de la réunion de la confrérie de N.-D. du Puy. Suit.... depuis 1775 ; — P. 766. Sur une maison située dans la rue qui va du cimetière de la chapelle du Naveix à la rivière de Vienne, à droite en descendant, 34 sols de rente annuelle et perpétuelle, à cause de la réunion de la confrérie de N.-D. du Puy. Suit.... depuis 1668 ; — P. 768. Sur une autre maison et jardin, joignant ensemble, situés au clos Masgoulet, paroisse de St-Christophe, à droite en venant de l'église du dit St-Christophe au Naveix, 10 sols de rente annuelle et perpétuelle, à cause de la réunion de la confrérie de N.-D. du Puy. Suit.... depuis 1796 ; — P. 770. Sur une autre maison ayant un jardin par le derrière, de la contenance d'environ un demi journal, le tout situé au lieu du Naveix, paroisse de St-Domnolet, en la rue qui conduit du cimetière du Naveix à la rivière de Vienne, à.... en descendant, 10 sols de rente fon-

cière et directe, à cause de la réunion de l'hôpital St-Martial Suit... depuis 1606: — P. 772. Faubourg Manigne. Il est dû à l'hôpital général sur deux maisons qui ci-devant n'en faisaient qu'une, situées à droite en venant de la rue Manigne aux Jacobins, 12 sols, 6 deniers de rente foncière et directe, à cause de la réunion de la confrérie des Pauvres à vêtir. Suit.... depuis 1364 ; — P. 778. Sur une autre maison ayant un jardin par le derrière, située à droite en venant de la place Manigne aux Jacobins, 2 sols de rente foncière et directe, à cause de la réunion de la confrérie des Aumônes Ste Croix. Suit.... depuis 1261 ; — P. 781. Sur une autre maison ayant un plassage et un petit jardin placé sur le derrière, située à gauche en venant de la place Manigue aux Frères Prêcheurs, 10 sols de rente foncière et directe, à cause de la réunion de la confrérie des Pauvres à vêtir. Suit.... depuis 1389 ; — P. 785. Sur une autre maison située à gauche en venant de la rue Manigue aux Jacobins et dont le devant fait face à la croix et fontaine du dit faubourg et le derrière a une sortie dans la rue des Petites-Maisons, 10 sols de rente annuelle et perpétuelle, à cause de la réunion de la confrérie des Pauvres à vêtir. Suit ... depuis 1500: — P. 789. Sur deux journaux de terrain faisant partie de l'enclos des religieuses Carmélites et faisant coin au chemin qui conduit de la place St-Gérald à la rue des Petites Maisons et à un autre chemin qui conduit de la même place au pont St-Martial, 14 sols de rente foncière et directe, à cause de la réunion de la confrérie des Pauvres à vêtir. Suit.... depuis 1229 ; — P. 792. Rue du Pont St-Martial. Il est dû à l'hôpital général sur deux maisons ayant un jardin par le derrière et qui faisaient autrefois trois maisons, le tout joignant ensemble, situées à droite en descendant à la Vienne et faisant coin à une ruelle qui conduit de la dite rue au clos Chaudeyron, 10 sols de rente foncière et directe, à cause de la réunion de la confrérie des Pauvres à vêtir. Suit.... depuis 1300 ; — P. 796. Sur deux maisons joignant ensemble, ayant un jardin sur le derrière, situées à droite en descendant à la Vienne et faisant coin à une ruelle appelée rue Torte qui conduit à la dite rivière, 2 deniers de rente foncière et directe, à cause de la réunion de la confrérie des Pauvres à vêtir. Suit.... depuis 1491 ; — P 802. Sur une autre maison ayant un jardin sur le derrière située à droite en descendant à la Vienne, 2 deniers de cens de rente foncière et directe, 40 sols de rente annuelle et perpétuelle, à cause de la réunion de la confrérie des Pauvres à vêtir. Suit.... depuis 1500;

— P. 806. Sur une autre maison ayant un jardin sur le derrière, située à droite en descendant à la Vienne, 2 deniers de rente foncière et directe et 40 sols de rente annuelle et perpétuelle, à cause de la réunion de la confrérie des Pauvres à vêtir. Suit.... depuis 1492; — P. 809. Sur une autre maison ayant un jardin sur le derrière, située en la ruelle appelée rue Torte qui conduit de la grand rue du Pont St-Martial à la Vienne à.... en allant à la dite rivière. 2 deniers de rente foncière et directe, à cause de la réunion de la confrérie des Pauvres à vêtir. Suit.... depuis 1601; — P. 811. Sur une autre maison qui autrefois en faisait deux, faisant coin à la rue du Pont St-Martial à droite en descendant à la Vienne. 10 sols de rente annuelle et perpétuelle, à cause de la réunion de la confrérie des Pauvres à vêtir. Suit.... depuis 1317; — P. 814 Sur une autre maison située près de la Vienne, 5 sols de rente, à cause de la réunion de la confrérie des Chandelles des pauvres de l'hôpital St-Gérald. Suit.... depuis 1251; — P. 815. Sur un four avec ses bâtiments et jardin contigus, situés à.... en descendant à la Vienne, 30 sols de rente foncière et directe, à cause de la réunion de la confrérie des Pauvres à vêtir Suit.... depuis 1291; — P. 817. Sur une autre maison située à gauche en descendant à la Vienne, 1 sol de rente foncière et directe, à cause de la réunion de la confrérie des Pauvres à vêtir. Suit.... depuis 1782; — P. 818. Table des matières du chapitre premier. — P. 820. Table des matières du chapitre second, divisée en quatre colonnes : noms des rues et places par ordre alphabétique; noms les propriétaires en 1783; rentes dues et leur qualité ; pages.

D. 6. (Registre). — In-folio, 453 feuillets, papier.

XVIIIᵉ siècle. — Répertoire général des titres de l'hôpital général St-Alexis de Limoges, fait au XVIIIᵉ siècle. — Tome II — P. 5. Chapitre I. Rentes dues sur les clos ou territoires aux environs de Limoges. Clos Canadier, *alias* Lac Anrdier, autrement des pains de Noël ou des Trois-Treuils, de Font-Bonne ou de la Croix-Mallet, de Mauvisty ou des Aumônes, paroisse de Soubrevas. Il est dû à l'hôpital général sur les 14 sesterées 12 coupées 3 quarts du dit clos, 8 setiers froment de rente foncière, à cause de la réunion de la confrérie des Aumônes Ste-Croix. Suit l'énumération des titres qui établissent la dite rente, depuis 1256; — P. 18. Bourg de Soubrevas-Ste-Claire. Il est dû à l'hôpital général sur une maison faisant coin et ayant un jardin sur le derrière,

2 sols, 6 deniers de cens ou rente, à cause de la réunion de la confrérie de N.-D. du Puy. Suit l'énumération des possesseurs de la dite maison et des titres qui établissent la dite rente depuis 1372 ; — P. 21. Clos Pilat, *alias* Mrilhac, paroisse de Soubrevas. Il est dû à l'hôpital général sur les 8 journaux du dit clos, un setier de froment de rente foncière et directe, à cause de la réunion de la dite confrérie. Suit.... depuis 1497; — P. 24. Clos Haut-Villeyrent, paroisse de St-Michel-des-Lions. Il est dû à l'hôpital général sur les 6 journaux du dit clos, 40 sols de rente foncière et directe, à cause de la réunion de la dite confrérie. Suit.... depuis 1336; — P. 28. Sur 5 autres journaux, 2 setiers de froment réduits en 1562 à un setier de rente foncière et directe, à cause de la réunion de la dite confrérie. Suit.... depuis 1456; — P. 33. Clos Mourinarie, près le Puy-las-Bordas, paroisse de St-Michel-des-Lions. Il est dû à l'hôpital général sur une vigne d'environ 5 journaux, un setier de froment de rente foncière et directe. à cause de la réunion de la confrérie des Pauvres à vêtir. Suit.... depuis 1519; — P. 38. Sur une autre vigne, un setier de froment de rente foncière et directe, à cause de la réunion de la dite confrérie. Suit.... depuis 1519; — P. 39. Sur une autre vigne, une émine de froment de rente foncière et directe, à cause de la réunion de la dite confrérie. Suit....depuis 1519; — P. 40. Clos de las Barras, *alias* de Treize chenaux, près le Puy-las-Rodas, paroisse de St-Michel-des-Lions. Il est dû à l'hôpital général sur une terre de la contenance de 7 journaux, une émine de froment de rente foncière et directe, à cause de la réunion de la dite confrérie. Suit... depuis 1527; — P. 44. Sur une vigne de la contenance de 4 journaux, un setier de froment de rente foncière et directe, à cause de la réunion de la dite confrérie. Suit.... depuis 1527; — P. 47. Sur une autre vigne de la contenance de 8 journaux, un setier de froment de rente foncière et directe à cause de la réunion de la dite confrérie. Suit.... depuis 1519; — P. 51. Sur une autre vigne de la contenance de 4 journaux, 3 quartes de froment de rente foncière et directe à cause de la réunion de la dite confrérie. Suit.... depuis 1519; — P. 54. Clos Puy-las-Rodas, paroisse de St-Michel-des-Lions, *alias* paroisse de Soubrevas Ste Claire. Il est dû à l'hôpital général sur une terre de la contenance de 5 journaux, une émine de froment de rente foncière et directe, à cause de l'échange fait avec Jean Rouard, conseiller du Roi, élu en l'Élection de Limoges. Suit.... depuis 1662; — P. 57. Sur une autre terre de la contenance de 6 journaux, 3 quartes de froment de rente foncière

et directe, à cause de la réunion de la confrérie des Aumônes Ste-Croix. Suit.... depuis 1507; — P. 59. Sur une autre terre de la contenance de 3 sesterées, avec une maison et une grange, 5 sols de rente foncière et directe. Suit.... depuis 1702; — P. 61. CLOS THOUNY. Il est dû à l'hôpital général sur une terre de la contenance de 6 journaux, dont partie est convertie en pré, un setier de froment de rente foncière et directe, à cause de la réunion de la confrérie des Pauvres à vêtir. Suit.... depuis 1527: — P. 67. Sur une autre terre de la contenance de 8 journaux, un setier de froment de rente foncière et directe. à cause de la réunion de la confrérie des Aumônes Ste-Croix. Suit.... depuis 1488 ; — P. 69. Sur un pré de la contenance de journaux, 10 coupes de froment de rente foncière et directe, à cause de la réunion de la dite confrérie. Suit... depuis 1508;— P. 71. Sur une autre terre ci-devant en vigne, de la contenance de 3 journaux, 3 quartes de froment de rente foncière et directe, à cause de la réunion de la dite confrérie. Suit.... depuis 1550; — P. 73 CLOS DU MAS-BAYA. Il est dû à l'hôpital général sur une terre de la contenance de 2 sesterées, située au-delà du ruisseau de l'Aurance, sur le chemin de St-Junien, 5 sols de rente foncière et directe, à cause de la réunion de la confrérie de N.-D. du Puy. Suit.... depuis 1389 ; — P. 75. CLOS ou BORDERIE DERRIÈRE LE MAS-JAMBOST, paroisse de St-Michel-des Liens. Il est dû à l'hôpital général, sur une borderie de la contenance de sesterées, 5 setiers de seigle de rente foncière et directe à cause de la réunion de l'hôpital St-Martial. Suit.... depuis 1337 ; — P. 77. CLOS DE L'AUMONERIE DE ST-MARTIAL, près le Mas-Batent, paroisse de St-Michel-des-Lions. Il est dû à l'hôpital général, sur les cinq sesterées du dit clos, 3 setiers de seigle de rente foncière et directe. mesure de l'Aumônerie, à cause de la réunion de l'hôpital St-Martial. Suit.... depuis 1447 ; — P. 81. MOULIN DE SAUMIÈRAS, alias le MOULIN-ROUX. paroisse de St-Michel-des-Lions. Il est dû à l'hôpital général sur le dit moulin, situé sur le ruisseau de l'Aurance, 10 setiers de froment de rente annuelle et perpétuelle, à cause de la réunion de la confrérie des Aumônes Ste-Croix. Suit.... depuis 1417 ; — P. 85. TERRITOIRE DU PRÉ A L'ARBRE, aux appartenances du lieu de Puyreijaud, paroisse de St-Michel-des-Lions. Il est dû à l'hôpital général sur un pré, de la contenance de 3 journaux, un setier de froment de rente foncière et directe, et sur une levée sortant du dit pré et tenant à un autre pré appelé Dessous-le-Bost où passe l'eau provenant du ruisseau du dit Pré à l'Arbre. 8 deniers de rente foncière et directe, à cause de la réunion de l'hôpital St-Martial. Suit.... depuis 532 ; — P. 90. MOULINS RABAUD, alias DE LA COURCELLE ou du PUY-FRANC, paroisse de St-Michel-des Lions. Il est dû à l'hôpital général. sur les dits moulins, situés sur le ruisseau de l'Aurance, plus sur un pré et pastural y joignant, appelé le Pré-Rabaud. de la contenance de 7 journaux et demi. plus sur un jardin situé au territoire de Puy-Franc de la contenance de 2 journaux. plus sur une terre appelée de Leyssard, convertie en bois de la contenance de 4 sesterées, plus sur un autre jardin, de la contenance d'une sesterée, joignant aux dits moulins, avec un pastural de la contenance d'un journal et demi, 15 setiers de seigle de rente foncière et directe à cause de la réunion du dit hôpital. Suit.... depuis 1525; — P. 94. TERRITOIRE DES RIBIÈRES DE L'AUMONERIE. paroisse de St Michel-des-Lions. Il est dû à l'hôpital général sur certains prés, situés près du ruisseau de l'Aurence. de la contenance de journaux, 9 Il. 5 sols de rente foncière et directe, à cause de la réunion du dit hôpital. Suit.... depuis 1453 ; — P. 100. TERRITOIRE DU MAS-SARRAZIN. au delà du ruisseau de l'Aurance, paroisse de St-Michel-des-Lions. Il est dû à l'hôpital général sur une terre, peyrière et pacage de la contenance de 8 sesterées, 7 sols 6 deniers de rente foncière et directe, à cause de la réunion de la confrérie des Aumônes Ste Croix. Suit.... depuis 1527 ; — P. 102. CLOS DES FONTAINES-ST-PIERRE, alias DE LAS FONTS-ST-PEY. Il est dû à l'hôpital général sur un pré de la contenance de 3 journaux avec un petit pré contigü. un setier de froment de rente foncière et directe, à cause de la réunion de l'hôpital St-Martial. Suit.... depuis 1504 ; — P. 104. CLOS DU PRÉ-AU-BOIS, près Corgnac, paroisse de St-Michel-des-Lions. Il est dû à l'hôpital général sur une terre de la contenance de journaux, 2 setiers de froment de rente foncière et directe, à cause de la réunion de la confrérie des Aumônes Ste-Croix. Suit.... depuis 1370 ; — P. 106. MOULINS DE VAUX ET PRÉ MARBOY, paroisse d'Isle. Il est dû à l'hôpital général sur l'emplacement des dits moulins, à présent converti en pastural, situé près le ruisseau de l'Aurance et sur le pré Marboy, de la contenance de 8 journaux, situé dans le mas d'Envaud, 8 setiers de seigle de rente annuelle et perpétuelle, à cause de la réunion de la dite confrérie. Suit.... depuis 1293 ; — P. 110. TERRITOIRE DE SANNECOU, paroisse de Montjauvy. Il est dû à l'hôpital général sur une terre de la contenance de 3 sesterées, située le long de l'ancien chemin de

Limoges à Nieul, 2 setiers de seigle de rente foncière et directe, à cause de la réunion de l'hôpital St-Martial. Suit.... depuis 1473; — P. 112. Sur une autre terre de la contenance de journaux, un setier de froment de rente foncière et directe à cause de la réunion de la confrérie des Pauvres à vêtir. Suit.... depuis 1383; — P. 113. Sur une autre terre et vigne de la contenance de 5 journaux, une émine de froment de rente foncière et directe, à cause de la réunion de la dite confrérie. Suit.... depuis 1358 : — P. 114. Clos de las Assinas, *alias* aux Consuls, paroisse de Montjauvy. Il est dû à l'hôpital général sur une terre de la contenance de 8 journaux, située entre le chemin qui conduit de Limoges à Couzeix d'une part, et le chemin allant de la Croix-Malecare ou Buchilhen au dit Couzeix d'autre part, une quarte de froment de rente foncière et directe, à cause de la réunion de la confrérie des Aumônes Ste-Croix. Suit.... depuis 1359; — P. 116. Sur certaines terres abses, appelées les Absines des Consuls, de la contenance de journaux, situées le long du chemin qui conduit de Limoges à Couzeix, 2 setiers de froment de rente foncière et directe, à cause de la réunion de la dite confrérie. Suit.... depuis 1392; — P. 117. Clos Sannecor, au lieu de Chez-las-Bélageas, près la Croix-Malecare, paroisse de St-Michel-des-Lions. Il est dû à l'hôpital général sur une terre de la contenance de 5 journaux, aujourd'hui convertie en pré, située près la Croix-Malecare, 6 ll. de rente foncière et directe, à cause de la réunion de l'hôpital St-Martial. Suit.... depuis 1635; — P. 120. Clos de las Brunas, *alias* aux Brunots, près Montjauvy, paroisse de St-Michel-des-Lions. Il est dû à l'hôpital général sur une terre, de la contenance de 6 journaux, 5 sols de rente foncière et directe, sans qu'on indique pour quelle cause. Suit.... depuis 1690; — P. 122. Sur une cabane et sur une terre, de la contenance de 8 journaux, 3 deniers de rente foncière et directe sans qu'on indique pour quelle cause. Suit.... depuis 1781; — P. 124. Sur une autre terre qui autrefois en faisait deux, de la contenance de 5 journaux, 10 deniers de rente foncière et directe, à cause de la réunion de l'hôpital St-Gérald. Suit.... depuis 1501; — P. 125. Sur une autre terre autrefois en vigne, de la contenance de journaux, 3 setiers de seigle et un setier de froment de rente foncière et directe, à cause de la réunion de la confrérie des Aumônes Ste-Croix. Suit.... depuis 1289; — P. 126. Territoire du Haut-Montjauvy, paroisse de St-Michel-des-Lions. Il est dû à l'hôpital général sur une terre à présent convertie en pré, de la contenance de 18 journaux, formant angle entre le chemin qui va de la Croix-Buchilhen à la Croix-Malecare et le chemin qui va de Limoges à Couzeix, une quarte de froment de rente foncière et directe, à cause de la réunion de la dite confrérie. Suit.... depuis 1665; — P. 129. Clos Malecare. Il est dû à l'hôpital général sur une terre autrefois en vigne, de la contenance de 18 journaux, 3 setiers de froment de rente annuelle et perpétuelle, à cause de la réunion de la dite confrérie. Suit.... depuis 1558; — P. 130. Bourg de Montjauvy. Il est dû à l'hôpital général sur une terre autrefois en vigne, de la contenance de journaux, située devant l'église paroissiale du dit bourg, 3 sols de cens ou rente, à cause de la réunion de la confrérie des Pauvres à vêtir. Suit.... depuis 1322; — P. 132. Sur une autre terre de la contenance de sesterées, où étaient ci-devant bâties plusieurs maisons, entre le grand chemin qui va de Limoges, à Couzeix et celui qui va du dit grand chemin à l'église de Montjauvy, 10 sols de rente foncière et directe, à cause de la réunion de l'hôpital St-Martial. Suit.... depuis 1027; — P. 135. Sur une autre terre de la contenance de sesterées, où étaient ci-devant bâties plusieurs maisons, 3 sols, 6 deniers de rente foncière et directe, à cause de la réunion du dit hôpital. Suit.... depuis 1480; — P. 136. Clos Bonnebourse, aux appartenances du bourg de Montjauvy. Il est dû à l'hôpital général sur une maison, jardin et terre joignant ensemble, de la contenance de 7 journaux, un sol de rente foncière et directe, à cause de la réunion de la confrérie des Pauvres à vêtir. Suit.... depuis 1671; — P. 138. Sur une autre maison ayant un jardin sur le derrière, de la contenance de 4 journaux, un sol de rente foncière et directe, à cause de la réunion de la dite confrérie Suit.... depuis 1671; — P. 140. Clos St Martial-de-Montjauvy. Il est dû à l'hôpital général sur une maison, grange, jardin et autres héritages, le tout de la contenance de 4 journaux, situés au-delà du faubourg Montmailler, à droite en allant du dit faubourg à Montjauvy, 45 sols de rente annuelle et perpétuelle, à cause de la réunion de l'hôpital St-Martial. Suit.... depuis 1551; — P. 142. Clos Davin, paroisse de Montjauvy. Il est dû à l'hôpital général sur une terre ci-devant en vigne, de la contenance de 4 journaux, un setier de froment de rente foncière et directe, à cause de la réunion de la confrérie des Pauvres à vêtir. Suit.... depuis 1495; — P. 146. Territoire de Pouzadour. Il est dû à l'hôpital général sur une vigne, de la contenance de 5 journaux, 6 sols de rente annuelle et perpétuelle, à cause de la réunion de la confrérie de N.-D., célébrée en la chapelle de l'hôpital St-Martial. Suit.... depuis 1432; — P 147. TERRITOIRE DES TUILIÈRES, paroisse de St-Michel-des-Lions. Il est dû à l'hôpital général sur une terre de la contenance de 3 seterées, un setier de froment de rente foncière et directe, à cause de la réunion de l'hôpital St-Martial. Suit.... depuis 1473; — P. 150. CLOS DE COMBEVIXOUSE, paroisse de St-Michel-des-Lions. Il est dû à l'hôpital général sur une terre ci-devant en vigne, de la contenance de 1 journaux, une émine de froment de rente foncière et directe, à cause de la réunion de la confrérie des Pauvres à vêtir. Suit.... depuis 1511; — P. 155. CLOS DU PUY-ST-MARTIN, près les Tuilières, paroisse de St-Michel-des-Lions. Il est dû à l'hôpital général sur une terre ci-devant en vigne, de la contenance de 7 journaux, 3 émines de froment de rente foncière et directe, à cause de la réunion de l'hôpital St Martial. Suit.... depuis 1382; — P. 159. Sur une autre terre composée de 3 vignes, de la contenance de 18 journaux, 5 setiers de froment de rente foncière et directe, à cause de la réunion du dit hôpital. Suit.... depuis 1323; — P 162. Sur une autre terre composée de deux vignes, de la contenance de 10 journaux, 4 setiers de froment de rente foncière et directe, à cause de la réunion du dit hôpital. Suit.... depuis 1372; — P. 166. Sur une autre terre, composée de deux vignes, de la contenance de 10 journaux, 4 setiers de froment de rente foncière et directe, à cause de la réunion du dit hôpital. Suit.... depuis 1351; — P. 170. Sur une autre terre ci-devant en vigne, de la contenance de 6 journaux, 2 setiers de froment de rente foncière et directe, à cause de la réunion du dit hôpital. Suit.... depuis 1504; — P. 173. Sur une autre terre ci-devant en vigne, de la contenance de 8 journaux, 3 émines de froment de rente foncière et directe, à cause de la réunion du dit hôpital. Suit.... depuis 1371; — P. 175. Sur une autre terre ci-devant en vigne, de la contenance de 6 journaux, un setier de froment de rente foncière et directe, à cause de la réunion du dit hôpital. Suit.... depuis 1531; — P. 177. Sur une autre terre de la contenance d'un journal, située au petit clos de St-Martin, une émine de froment de rente foncière et directe, à cause de la réunion de la confrérie des Aumônes Ste-Croix. Suit.... depuis 1508; — P. 179. Sur une autre terre convertie en jardin et pré, de la contenance de 3 émines, située au clos de St-Martin devant le mas Loubier, 3 quartes de froment de rente foncière et directe, à cause de la réunion de la dite confrérie. Suit.... depuis 1507; — P. 181. CHAMPCHOUVEAU, *alias*

CHINCHOUVEAU, paroisse de St Michel-des-Lions. Il est dû à l'hôpital général sur une terre ci-devant en vigne, de la contenance de 6 journaux, un setier de froment de rente foncière et directe à cause de la réunion de la confrérie des Pauvres à vêtir. Suit.... depuis 1461; — P. 187. Sur une autre terre ci-devant en vigne, de la contenance de 6 journaux, 3 deniers de rente foncière et directe, à cause de la réunion de la confrérie des Aumônes Ste-Croix. Suit.... depuis 1672; — P. 189 Sur une autre terre ci-devant en vigne, de la contenance de · journaux, 5 sols de rente annuelle et perpétuelle, à cause de la réunion de la confrérie des Pauvres à vêtir. Suit.... depuis 1400; — P. 161. Sur une autre terre ci-devant en vigne, de la contenance de 4 journaux, 5 sols de rente annuelle et perpétuelle, à cause de la réunion de la dite confrérie. Suit.... depuis 1462; — P. 193. Sur une autre terre ci-devant en vigne, de la contenance de 5 journaux, 12 sols, 6 deniers de rente annuelle et perpétuelle, à cause de la réunion de la dite confrérie. Suit.... depuis 1513; — P. 195. Sur une autre terre ci-devant en vigne, de la contenance de 4 journaux, 6 ll. de rente foncière et directe, à cause de la réunion de l'hôpital St-Martial. Suit.... depuis 1644; — P. 198. Sur une autre terre ci-devant en vigne, de la contenance de 12 journaux, 21 sols de rente annuelle et perpétuelle, à cause de la réunion de la confrérie de N.-D. de la Règle. Suit.... depuis 1562; — P. 199. TERRITOIRE DU PETIT-TREUIL, paroisse St-Michel-des-Lions. Il est dû à l'hôpital général sur une terre ci-devant complantée en châtaigners, de la contenance d'une sesterée, 40 sols de rente foncière et directe, à cause de la réunion de la confrérie de N.-D. de la Conception, autrement dite de Saint-Laurent-des-Trépassés. Suit.... depuis 1635; — P. 201. TERRITOIRE DE LA BRUGIÈRE ou clos de Goutenègre, paroisse du dit lieu. Il est dû à l'hôpital général sur un pré et terre joignants ensemble, appelés communément de Goutenègre, de la contenance d'une sesterée, une émine de froment de rente foncière et directe, à cause de la réunion de la confrérie de N.-D. du Puy. Suit.... depuis 1513; — P. 203. CLOS DE LAS PRÉROUDAS, ès appartenances du lieu de la Graule, au bourg de la Brugière. Il est dû à l'hôpital général, sur une terre, un petit jardin et l'emplacement d'une maison, le tout joignant ensemble, de la contenance de sesterées, 3 setiers de rente foncière et directe, réduits à 2 setiers en 1629, à cause de la réunion de la confrérie de N.-D. de la Joyeuse. Suit.... depuis 1629. — P. 206. CLOS AUX BOYOLS;

paroisse St-Michel-des-Lions. Il est dû à l'hôpital général sur une terre ci-devant en vigne, de la contenance de journaux, près d'Aigueperse, 3 quartes de froment de rente foncière et directe réduites en 1370 à 2 quartes, à cause de la réunion de l'hôpital St-Martial. Suit.... depuis 1370; — P. 208. Territoire de Viraclos, *alias* Vibillas-Claux, paroisse St-Michel-des-Lions. Il est dû à l'hôpital général sur un pré ci-devant en vigne et vinière, de la contenance de journaux, 2 setiers froment de rente foncière et directe, à cause de la réunion de la confrérie de N.-D. de la Conception, autrement dite de St-Laurent-des-Trépassés. Suit.... depuis 1577; — P. 211. Maladrerie ou Maison-Dieu. Il est dû à l'hôpital général sur l'abbaye de la Règle de Limoges, 8 setiers de seigle de rente annuelle et perpétuelle, à cause de la réunion de la confrérie des aumônes Ste-Croix et 150 ll. de rente annuelle et perpétuelle pour tenir lieu des pensions et rentes qui se payaient aux pauvres lépreux par la dame abbesse de la Règle. Suit.... depuis 1460; — P. 214. Territoire du Puy-la-Latte, près la Paponnerie. Il est dû à l'hôpital général sur une terre ci-devant en vigne, de la contenance de 8 journaux, une émine de froment de rente foncière et directe, à cause de l'échange fait avec Jean Ronard, élu en l'Élection. Suit.... depuis 1671; — P. 216. Clos Sauf-Gouffier. Il est dû à l'hôpital général sur une terre ci-devant en vigne de la contenance de 12 journaux, 2 setiers de froment de rente foncière et directe, à cause de la réunion de la confrérie des Pauvres à vêtir. Suit.... depuis 1527; — P. 222. Territoire du Puy-Ponchet, paroisse St-Cristople. Il est dû à l'hôpital général sur une terre ci-devant en vigne, de la contenance de 6 journaux, 6 coupes de froment de rente foncière et directe, à cause de la réunion de la confrérie de N.-D. de la Conception. Suit.... depuis 1635; — P. 224. Sur une autre terre ci-devant en vigne de la contenance de 6 journaux, 6 coupes de froment de rente foncière et directe, à cause de la réunion de la dite confrérie. Suit.... depuis 1628; — P. 226. Sur une terre de la contenance de 9 sesterées, 3 sols 4 deniers de rente foncière et directe, à cause de la réunion de la dite confrérie. Suit.... depuis 1554; — P 228. Sur une autre terre ci-devant en vigne, de la contenance de 3 quartelées, une quarte de froment de cens, à cause de la réunion de la dite confrérie. Suit.... depuis 1538; — P. 231. Sur une autre terre ci devant en vigne, de la contenance de 16 journaux. 3 quartes de froment de rente foncière et directe, à cause de la

réunion de la dite confrérie. Suit.... depuis 1549; — P. 233. Territoire du Mas Blanquet, près le Casseau. Il est dû à l'hôpital général sur 2 journaux d'un pré qui en contient 12, une émine de froment de rente foncière et directe, à cause de la réunion de la confrérie des Aumônes Ste-Croix. Suit.... depuis 1507; — P. 236. Clos du Treuil Guyernaud, *alias* de Ste-Croix. Il est dû à l'hôpital général sur une terre ci-devant en vigne, de la contenance de 6 journaux, 10 sols de rente foncière et directe, à cause de la réunion de la confrérie des Pauvres à vêtir. Suit.... depuis 1493; — P. 240. Sur une autre terre, ci-devant en vigne, de la contenance de 8 journaux, 12 sols, 6 deniers de rente foncière et directe, à cause de la réunion de la dite confrérie. Suit.... depuis 1459; — P. 245. Territoire du Puy-Lanaud. Il est dû à l'hôpital général, sur une terre ci-devant en vigne, de la contenance de journaux, 3 sols, 6 deniers de rente annuelle et perpétuelle, à cause de la réunion de la confrérie de N.-D. de la Règle. Suit.... depuis 1514; — P. 246. Clos du Petit Chantecros, près le Mas-Rome. Il est dû à l'hôpital général sur une terre de la contenance de 3 quartelées, 15 deniers de rente foncière et directe, à cause de la réunion de la dite confrérie. Suit.... depuis 1651; — P. 248. Territoire du Naveix, près l'église St-Maurice. Il est dû à l'hôpital général sur une terre ci-devant en vigne, de la contenance de journaux, située le long du chemin qui conduit de Limoges au Naveix, un setier de froment de rente foncière et directe, à cause de la réunion de la confrérie des Pauvres à vêtir. Suit.... depuis 1532; — P. 250. Territoire du Puyaurey, près las Saignas, paroisse de St-Domnolet. Il est dû à l'hôpital général sur le pré Gouraud, de la contenance de 5 journaux, 3 émines de froment de rente foncière et directe, à cause de la réunion de la dite confrérie. Suit.... depuis 1304; — P. 256. Clos ou territoire de Villeneuve. Il est dû à l'hôpital général sur une terre de la contenance de journaux, 7 blancs ou 2 sols, 11 deniers de rente foncière et directe, à cause de la réunion de la confrérie de N.-D. de la Règle. Suit.... depuis 1445; — P. 258. Clos des Lardons. Il est dû à l'hôpital général, sur une terre de la contenance de 5 journaux, 2 sols, 6 deniers de rente foncière et directe, à cause de la réunion de la dite confrérie. Suit.... depuis 1498; — P. 260. Clos de la Croix Saint-Léonard ou de Villas-reinas, paroisse de Panazol. Il est dû à l'hôpital général sur une terre ci-devant en vigne, de la contenance de 24 journaux, un setier de froment de rente foncière et directe, à

depuis 1560. — P. 261. VILLAGE DE LA BARRE ET
PARER-GIRALD, paroisse de Panazol. Il est dû à
l'hôpital général sur une grange, une terre d'une
émine, une autre terre de 3 quartelées, un pré appelé
Giblied, de la contenance de 3 journaux, une autre
terre de 5 quartelées, et un jardin d'une demi-coupée,
le tout situé au dit village, 20 ll. de rente annuelle et
perpétuelle, à cause du legs de Jacques Nizaud.
Suit.... depuis 1715. — P. 267. CLOS DE LAS CHAUSSADAS,
paroisse de Panazol. Il est dû à l'hôpital général, sur
une terre ci-devant en vigne, de la contenance de
16 journaux, 2 setiers de froment de rente foncière et
directe, à cause de la réunion de la confrérie des
Pauvres à vêtir. Suit.... depuis 1532. — P. 272. Sur
une autre terre, ci-devant en vigne, de la contenance
de 10 journaux, un setier de froment de rente foncière
et directe, à cause de la réunion de la dite confrérie.
Suit... depuis 1489; — P. 278. CLOS DU VERDURIER
OU DE VILLECORNE, alias de las PLANTAS AU SABLARD. Il
est dû à l'hôpital général sur une terre de la contenance de 9 journaux, une émine de froment de rente
foncière et directe, à cause de la réunion de la confrérie de N.-D. de la Règle. Suit.... depuis 1415; —

sur un pré, ci-devant en terre, de la contenance de 3 sesterées et demie, un setier de froment
de rente foncière et directe, à cause de la réunion de
la dite confrérie. Suit.... depuis 1483; — P. 284.
Sur une autre terre de la contenance de 3 journaux,
un denier de rente foncière et directe, à cause de la
réunion de la dite confrérie. Suit.... depuis 1493; —
P. 285. CLOS DE LAS PLANTAS, ès appartenances du
village de Viregagnon, près St-Lazare. Il est dû à
l'hôpital général sur le dit clos, 3 setiers de seigle
de rente foncière et directe, mesure de la Cité ou du
Pont-St-Martial, et 10 ll. de rente annuelle et perpétuelle pour 5 repas, à 40 sols chacun, à cause de la
réunion de l'hôpital St-Martial. Suit.... depuis 1576; —
P. 289. TERRITOIRE DE ST-LAZARE. Il est dû à l'hôpital
général sur une terre de la contenance de 3 sesterées, une émine de seigle de rente foncière et directe,
à cause de la réunion de la confrérie des Aumônes
Ste-Croix. Suit.... depuis 1494; — P. 291. TERRI-
TOIRE DE CHAMPEAUDRIE. Il est dû à l'hôpital général
sur une terre de la contenance de 6 sesterées, situées
près et au-delà du Pont-St-Martial, 10 sols de rente
annuelle et perpétuelle, à cause de la réunion de la
confrérie de N.-D. du Puy. Suit.... depuis 1300, etc